RELAÇÕES INTERNACIONAIS

DESAFIOS E OPORTUNIDADES DE NEGÓCIOS DO BRASIL

Copyright© 2018 by Literare Books International.
Todos os direitos desta edição são reservados à Literare Books International.

Presidente:
Mauricio Sita

Capa, diagramação e projeto gráfico:
Lucas Chagas

Revisão:
Daniel Muzitano

Diretora de Projetos:
Gleide Santos

Diretora de Operações:
Alessandra Ksenhuck

Diretora Executiva:
Julyana Rosa

Relacionamento com o cliente:
Claudia Pires

Impressão:
Rotermund

Dados Internacionais de Catalogação na Publicação (CIP)
(Câmara Brasileira do Livro, SP, Brasil)

Relações internacionais : desafios e oportunidades de negócios no Brasil / [organizador Edmir Kuazaqui]. -- São Paulo : Literare Books International, 2018.

Vários autores.
Bibliografia.
ISBN 978-85-9455-080-4

1. Administração de negócios 2. Direito internacional 3. Globalização 4. Marketing internacional 5. Política mundial 6. Relações econômicas 7. Relações internacionais I. Kuazaqui, Edmir.

18-13874   CDD-658.84

Índices para catálogo sistemático:

1. Negócios : Relações internacionais : Administração 658.84

Literare Books
Rua Antônio Augusto Covello, 472 – Vila Mariana – São Paulo, SP.
CEP 01550-060
Fone/fax: (0**11) 2659-0968
site: www.literarebooks.com.br
e-mail: contato@literarebooks.com.br

PREFÁCIO 1

Setembro de 2017, início da primavera no Brasil. Mas, nem tudo são flores nesse país que vive, no momento em que escrevo este texto, uma das piores crises políticas de sua história. Uma crise que se arrasta há alguns anos desde a descoberta de um esquema de lavagem de dinheiro que movimentou bilhões de reais em propina.

É surreal a quantidade de dinheiro usurpada dos cofres públicos. Enquanto os protagonistas desse rombo ostentam suas riquezas ilícitas sem nenhum pudor, a população perece com serviços básicos precários. Segurança pública é um deles. A má gestão, somada aos desvios de recursos, é, sem dúvida, um dos causadores da barbárie que se instalou no estado do Rio de Janeiro.

Os últimos fatos na Rocinha vieram, lamentavelmente, confirmar a degradação da qualidade da gestão em relação à segurança pública. O preço pago pelo cidadão? Toque de recolher, escolas paradas, comércio de portas fechadas etc. É a vida pausada forçosamente por conta da ineficiência estrutural e gerencial do país.

Mas, vamos além. Extrapolamos os limites do Brasil para olhar o mundo. A relação dos Estados Unidos com a Coreia do Norte está cada vez mais delicada. As negociações para fazer o líder norte-coreano Kim Jong Un abandonar suas ambições nucleares não estão surtindo efeito. As ameaças de um conflito maior entre os dois países já causaram certo impacto na economia no país norte-americano.

As incertezas quanto ao futuro dessa crise sacodem o mercado financeiro em todo o mundo. E o que isso tem a ver com o Brasil? Tudo! Qualquer oscilação no dólar pode causar uma quebra na cadeia produtiva mundial afetando, diretamente, as importações e exportações do país.

Crise interna e crise externa: dois casos aparentemente tão diferentes, mas com poder para impactar brutalmente a ordem econômica do país. De um lado, os casos de corrupção que ganham os noticiários internacionais, manchando a reputação do Brasil lá fora. O efeito dominó que isso traz é danoso: com a perda de credibilidade, o país perde investimentos. Por outro lado, só a título de exemplo, as declarações arriscadas de Donald Trump e Kim Jong Un que sacudiram o mundo e reacenderam o temor de uma possível terceira guerra mundial.

Em contextos como esses, o profissional de administração tem papel estratégico. No livro "Relações internacionais: desafios e oportunidades de negócios" cujo prefácio tenho a satisfação de assinar, o administrador Edmir Kuazaqui e outros especialistas revelam como é importante a atuação desse profissional perante questões internacionais.

É dentro desse contexto bastante conturbado que os profissionais de administração precisam referenciar e agir. O que fazer diante de tais circunstâncias absolutamente inusitadas? Continuar preso às referências do passado é circunscrever-se ao museu de novidades e ao amanhã de anteontem de um anacronismo que insiste em prevalecer na realidade das organizações e no conjunto da sociedade.

Vá em frente e aproveite a leitura.

Adm. Wagner Siqueira
Presidente do Conselho Federal de Administração

PREFÁCIO 2

Por vezes, ao analisar a história mundial parece existir um ciclo ou etapas de fluxo e contrafluxo que se repetem continuamente. Desde a bíblica estória da Torre de Babel – aqui usada apenas como analogia gerencial e econômica, e não teológica – em que grande volume de conhecimento, de técnicas e de materiais foi compartilhado para a construção de uma grande edificação multicultural, para depois haver uma dispersão e afastamento cultural pelos quatro cantos do mundo.

Ou ainda com o surgimento do Império Romano – o primeiro empreendimento multinacional ocidental – que facilitava a troca de bens e – em menor escala – tecnologia do oriente ao ocidente pela Rota da Seda e do norte ao sul, com ferro das ilhas Britânicas e grãos do Egito para armar e alimentar exércitos e populações na notória extensão territorial, dando lugar a agrupamentos autossustentáveis – ou sua tentativa – no modelo econômico feudal predominante na Europa por quase cinco séculos.

Para terminar esse longínquo passeio histórico e falar do oriente, é interessante ver as lendas e histórias sobre a grande armada chinesa liderada por Zheng He, que, após navegar pelo sudeste asiático, Índia e África, foi abandonada para lidar com questões internas daquela nação.

Voltando à nossa época, é provável que o leitor desta obra tenha vivido – e ainda experiencie – os efeitos da globalização econômica fundamentada pelas rotas de transporte e acelerada principalmente pela comunicação global e pela possibilidade de troca de mercadorias e de conhecimento entre todos os povos, para a construção de uma 'Torre de Babel' virtual e mundial, e, agora, esteja sendo testemunha de projetos político- econômicos de cunhos nacionalista e isolacionista em diversas partes do mundo.

Sobre esses movimentos, e, principalmente, sobre como navegar nesses mares de incerteza, foi desenvolvido este livro. Todos os autores são especialistas nas áreas tema e coordenados pelo professor Edmir Kauzaqui, grande parceiro de diversas batalhas no Conselho Regional de Administração do estado de São Paulo – onde lidera nosso grupo de excelência em relações internacionais e comércio exterior – na busca por um Brasil mais internacionalizado, por uma sociedade mais aberta, por empresas mais bem preparadas para o mercado global, e, especialmente, por administradores capazes de gerenciar todo esse processo.

Temas abrangendo gestão de processos, finanças internacionais, cadeias logísticas globais, *marketing* e direito internacional fornecerão ao leitor ferramentas indispensáveis no atual cenário.

Voltado a todos que pretendem internacionalizar seus negócios ou suas carreiras, e, mesmo àqueles que querem entender um pouco melhor o ambiente em que vivemos, este volume possui outro grande destaque ao tratar temas emergentes e que já demonstram seu potencial de retorno: economia criativa, internacionalização da educação e mentoria internacional.

Leitura ideal para estudantes de graduação, assim como para administradores buscando compreender melhor o contexto nacional no ambiente internacional.

Adm. Roberto Carvalho Cardoso
Presidente do Conselho Regional de Administração/SP

PREFÁCIO 3

> History has numerous instances of old and well-established civilizations fading away or being ended suddenly, and vigorous new cultures taking their place. It is some vital energy, some inner source of strength that give life to a civilization or a people, without which all effort is ineffective, like the vain attempt of an aged person to play the part of youth.
> Jawaharlal Nehru – The Discovery of India

No mesmo momento em que reflito sobre os temas que deveria abordar neste prefácio, leio a notícia da saída da Grã-Bretanha da União Europeia. A decisão dos ingleses, ainda que alcançada por uma diferença muito pequena entre os "sim" – fico – e os "não" – parto –, evidencia a reação, principalmente das camadas sociais menos favorecidas da sociedade e as mais afastadas dos grandes centros urbanos da Inglaterra a um processo associativo que teve início há mais de sessenta anos.

A fundação da Comunidade Europeia do Carvão e do Aço (CECA), em 1951, em Paris, inaugurava, então, uma era de esperança para um continente recém-saído de uma guerra cataclísmica, e que buscou na sua sucessora, a União Europeia, firmar um espaço unificado no processo de globalização que se acentuava à medida que o século XX avançava.

Meio século após, a crise da União Europeia é aguçada. Será posto em cheque o sonho de seus idealizadores, Robert Schuman, então ministro dos Negócios Estrangeiros da França, e de Jean Monnet, o primeiro presidente da CECA? Há frustração para com o empenho dos vários líderes europeus que tanto lutaram, mediante medidas ousadas, como uma moeda comum para agregar economias e sociedades tão díspares, como a Alemanha e a Grécia, em criar não apenas uma união geoeconômica e geopolítica, mas uma fusão de almas e sonhos?

Quais serão as consequências práticas dessa decisão, não somente para a Grã-Bretanha, mas para o ocidente e para o mundo? Estaria o século XXI "desconstruindo" o século XX? Na contraleitura, essa desconstrução estaria criando "janelas de oportunidades" para países como o Brasil, que ainda buscam ser inseridos num planeta cada vez mais agregado, e, ao mesmo tempo, radicalmente diferente do "conforto" bipolar da Guerra Fria?

Desvio minha atenção para o outro lado do planeta e olho para o mapa do Oriente Médio e para o caos humano que a guerra na Síria e a crise dos refugiados, rejeitados pela Europa, escancarou. Aí, a temática, ainda mais complexa – e pungente -, tange o "confronto das civilizações" alardeado por Samuel Huntington e seu discípulo Neil Ferguson, e que, na minha maneira de ver, é resumida à incapacidade das culturas de entenderem e conviverem com a alteridade.

Com efeito, está sendo muito complexa a aceitação pelo ocidente de que a dinâmica do mundo mudou e de que é necessário conviver com paradigmas novos e distintos nas relações internacionais. Acostumado a exportar seus valores e a impor seus conceitos civilizatórios como verdades absolutas e perenes sobre mais da metade da massa humana do planeta, o Ocidente não tem sabido lidar com o novo fenômeno, qual seja, o de que não serão mais possíveis situações como as Guerras do Ópio de 1842 e de 1860, para impor à China o consumo da droga a fim de equilibrar uma balança comercial bilateral deficitária para a Grã-Bretanha; ou a abertura forçada do Japão Tokugawa às potências ocidentais; ou o fim melancólico do Raj britânico e as independências da Índia e do Paquistão, com as sequelas que deslancharam; ou as fronteiras impossíveis que separam tribos, famílias e línguas pela África afora; ou, ainda pior, a imposição de uma "ordem" político-religiosa "à ocidental" ao oriente islâmico.

As ex-colônias, por sua vez, antes de emergirem como elemento maior nas relações internacionais, tiveram de absorver o impacto e administrar o legado da independência que tão traumaticamente alcançaram ao longo do século XX, principalmente as fronteiras forjadas de forma artificial e arbitrária pelos colonizadores. Embalados por uma afluência que lhes foi "outorgada", no início, pelas economias ocidentais que buscavam mão de obra barata fora de seus territórios para reduzir custos de produção no afã de maximizar o lucro de suas empresas, os "países em desenvolvimento" reclamam agora dos crescentes espaços que essa afluência lhes propiciou, e se julgam dela merecedores.

O caso do Oriente Médio é emblemático. A dificuldade das potências ocidentais em compreender que, na raiz, os conflitos que sacodem o mundo islâmico se "resumem" a uma divisão tão ancestral quanto o próprio Islã – o cisma entre sunitas e xiitas –, cria muralhas civilizacionais que estão ficando intransponíveis. Essa divisão é acirrada a cada dia e é colocada em confronto – ostensivo – uma mesma fé que cala um discurso de união religiosa que até pouco tempo era considerado verdadeiro. Pior, expatria-se para o ocidente e influencia a juventude europeia de origem muçulmana, principalmente, que, alienada do convívio, pelos seus compatriotas, e estrangeira nos países de sua ancestralidade, vai buscar no radicalismo religioso, e na militância terrorista, sua maior razão.

Mais a leste, os dois países mais populosos do planeta, a China e a Índia, registram um crescimento invejável para a grande maioria dos países. A China caminha a passos largos – mesmo que desacelerados em função da reorganização das suas economia e sociedade – para tornar-se a maior economia do planeta dentro de vinte anos, e a Índia já se coloca como o 7º (ou 5º, segundo algumas fontes) maior PIB mundial. As oportunidades que os mercados chinês e indiano oferecem são da dimensão desses países e de suas populações. O Japão, de sua parte, é instalado no conforto de uma população que envelhece e encolhe, precisando de novas forças que a imigração – ainda vedada –, principalmente, pode oferecer.

Os Estados Unidos voltam-se para o Oceano Pacífico e elegeram a parceria transpacífica como o motor geoeconômico – e geopolítico – do século XXI, sucessor do atlantismo do século XX. O acordo recém-firmado, que tem características muito mais engajadas que outros de formatos assemelhados e inclui os chamados "novos temas" da agenda internacional – direitos trabalhistas, propriedade intelectual, questões previdenciárias, dentre outros – desloca o eixo do comércio e da economia internacionais para a orla do Pacífico e pode ter consequências profundas para as Américas. Os países da sua costa oeste – o Chile, o Peru e o México – já se decidiram e firmaram o acordo constitutivo, e a Colômbia, e até mesmo a Argentina, mostram-se interessadas em integrar esse novo paradigma.

Nesse projeto complexo – e penoso, de certa maneira – de reconstituição da pangeia pós-moderna, onde estão inseridos o Brasil e suas empresas? Quais são as chances de embarcarmos nesse transatlântico que segue uma rota tão distinta das que cursamos nestes últimos anos? Seriam o nosso compromisso "atlantista" com a União Europeia, que aparentemente se reformula – ou desestrutura, para os mais críticos –, e o acordo Mercosul-EU ainda é o melhor roteiro? Quais seriam as melhores parcerias para nós? A alteração do eixo da nossa diplomacia da direção "sul-sul" para a "norte-sul" abriria maiores espaços para as nossas empresas? Ou seria uma opção aparentemente mais "fácil" diante da timidez dos nossos empresários em explorar universos desconhecidos, ainda que promissores? Haveria grandes oportunidades para as nossas empresas numa Europa que aparentemente está, no mínimo, se questionando?

E quanto à América Latina, qual o rumo a seguir? Uma aliança renovada e mais empenhada com a nossa principal parceira do sul, a Argentina, em que o relacionamento é tão denso quanto complexo? No contexto que se delineia de provável distanciamento do bolivarianismo que sufragamos nesses últimos anos, estar-se-ia formando um novo eixo de poder, refratário ao "desenvolvimentismo" que embasou as políticas econômicas dos últimos governos na América do Sul?

Questionamentos urgentes que precisam encontrar respostas, sobretudo do empresariado nacional, pois é ele o principal agente – e destinatário – da tarefa de explorar as novas fronteiras que a globalização – ou seja, a universalização – das economias descortina. Talvez a melhor resposta a esse desafio seja a inclusão equilibrada de todas as fronteiras – norte – sul – leste – oeste – no roteiro dos nossos governo e empresariado.

Os eminentes *"scholars"* que discutem neste livro temas tão fundamentais para o Brasil merecem a atenta leitura do público interessado no nosso futuro. Aproveito a oportunidade para agradecer ao professor Edmir Kuazaqui, coordenador desta edição, a gentileza de ter-me convidado para prefaciar textos tão significativos.

Fausto Godoy, 24/06/2016

Fausto M. Godoy. Diplomata. Concentrou sua carreira na Ásia e serviu ao longo de dezesseis anos em onze países do continente, além de Bruxelas, Buenos Aires e Washington. Foi Embaixador do Brasil no Paquistão e no Afeganistão. Tem lecionado sobre a Ásia no curso de relações internacionais da Escola Superior de Propaganda e *Marketing* (ESPM) e coordena o Núcleo de Estudos e Negócios Asiáticos que a instituição inaugurou em agosto de 2016. Participou de vários eventos internacionais sobre a Ásia. Colecionou ao longo de sua carreira arte e etnografia asiática, que deu em comodato ao Museu de Arte de São Paulo.

AUTORES

Dr. Edmir Kuazaqui (Organizador e autor). Doutor e mestre em administração pela universidade Mackenzie, com linhas de pesquisas em comércio internacional e gestão de pessoas. Pós-graduado em *marketing* pela Escola Superior de Propaganda e *Marketing* (ESPM). Graduado em administração com habilitação em comércio exterior pelas faculdades de administração e ciências contábeis Tibiriçá. Coordenador dos programas de pós-graduação em administração geral, MBA em *marketing* internacional e formação de *traders*, MBA em pedagogia empresarial, MBA em comunicação e jornalismo digital, MBA em compras, MBA em *marketing*, MBA em turismo de eventos e negócios e MBA em comércio exterior da Universidade Paulista (UNIP). Professor titular dos cursos de graduação em administração, relações internacionais, ciências do consumo e dos cursos de férias em *marketing* internacional e formação de *traders* e de *marketing* cinematográfico da ESPM. Professor convidado de programas de pós-graduação de IES no Brasil. Consultor e presidente da Academia de Talentos, empresa especializada em consultorias e treinamento empresarial. Palestrante internacional com vasta experiência. Autor com publicações nacionais e internacionais, destacando livros de *marketing* internacional, saúde e cinematográfico. Coordenador do Grupo de Excelência em Relações Internacionais e Comércio Exterior do Conselho Regional de Administração do estado de São Paulo (CRA/SP). E-mail: ekuazaqui@uol.com.br.

Angelita Gomes Drunkenmolle (autora) é mentora e fundadora do projeto de mentoria *on-line*: Mentoring Young Talents Brazil - MYTB, sendo responsável pela mentoria de jovens em diferentes partes do país e no exterior. Atuou em vendas e *marketing* em empresas multinacionais como: Xerox do Brasil, Hoechst, Agfa Gevaert, Häfele do Brasil e Air Products. Residiu em diferentes países (Inglaterra, Austrália, Alemanha e EUA), o que lhe proporcionou diferentes percepções culturais de aprendizado. Possui grande interesse pela educação especial (superdotação e as suas implicações sociais), atuando como *blogger* via mídia social em sua página Tenho Altas Habilidades, e agora? Membro do Grupo de Excelência em Relações Internacionais e Comércio Exterior do Conselho Regional de Administração do estado de São Paulo (CRA/SP).

Bruno Henrique de Araújo (autor) é graduado em Administração de Empresas com ênfase em Mercadologia pela ESPM. Pós-graduado em gestão de vendas e *marketing* pela ESPM. Mestre em Administração de Empresas com ênfase em Finanças Estratégicas pelo Mackenzie. Doutorando em Administração de Empresas com ênfase em Gestão Internacional. Professor das disciplinas de finanças (contabilidade, viabilidade de projetos, finanças corporativas, dinâmica do mercado financeiro) para os cursos de *Design*, Comunicação Social e Relações Internacionais da ESPM. Consultor do Investe São Paulo para fomento de gestão de negócios internacionais. Dez anos de atuação em gestão de varejo, foco em gestão de pessoas, processos, financeira, mercadológica. Participante de congressos internacionais de gestão de varejo e estratégias de exportação de empresas da América Latina.

João Pinheiro de Barros Neto (autor) é administrador, doutor em sociologia (relações internacionais) pela PUC-SP, mestre em administração pela PUC- SP, bacharel em administração com habilitação em comércio exterior pela FASP, coordenador e professor do curso de extensão em liderança aplicada da Pontifícia Universidade Católica de São Paulo - PUC (COGEAE). Tem dezesseis livros publicados como autor, coautor e organizador, além de vários artigos. Membro da Banca Examinadora do Prêmio Nacional da Qualidade - PNQ (2002, 2004, 2007, 2008, 2009, 2010, 2011, 2012, 2013, 2014 e 2015). Professor de graduação na PUC-SP, UNISA e UNINOVE. Membro do Grupo de Excelência em Instituições de Ensino Superior - GEGIES e do Grupo de Excelência em Relações Internacionais e Comércio Exterior – GERICE do Conselho Regional de Administração de São Paulo - CRA SP.

Luis Alberto Porto Alegre Gudergues (autor) é pós-graduado em *marketing* pela ESPM / SP e graduado em administração com ênfase em comércio exterior pela faculdade Ibero Americana. Profissional com mais de 27 anos de experiências nacional e internacional na reestruturação de empresas, por meio da gestão de projetos estratégicos, gestão da mudança e inovação, incluindo o redesenho e modelagem dos processos de negócios. Participou como executivo e como consultor de mais de 40 projetos e 35 diagnósticos nas áreas: administrativa, comercial, operacional, logística e produção nas seguintes empresas: CSN, Vale, Grupo Gerdau, Grupo Bertin, Grupo Varig, FIAT Brasil, FIAT Portugal, Grupo Votorantin, CTIS, dentre outras. CEO e fundador da PYXIS Soluções em Negócios – www.pyxissolucoes.com.br. – Consultoria de gestão da mudança e inovação de processos de negócios. Professor na pós-graduação de administração geral e MBA de *marketing* internacional – Formação de *traders* na UNIP. Professor de Modelagem de Processos – BPM (Business Process Management) na pós-graduação de governança estratégica de TI na UMC – Universidade de Mogi das Cruzes – 2009. Membro do Grupo de Excelência em Relações Internacionais e Comércio Exterior do Conselho Regional de Administração do estado de São Paulo (CRA/SP).

Maisa E. Raele Rodrigues (autora) é advogada, especialista e mestre em direito das relações sociais pela PUC-SP. Ex-juíza classista do trabalho do TRT da 2ª. Região. Professora convidada do curso de direito da Escola Superior de Advocacia – ESA. Professora dos cursos de pós-graduação da Universidade Paulista (UNIP). Palestrante da central prática de educação corporativa. Membro efetivo do comitê de direito empresarial do trabalho da Ordem dos Advogados do Brasil, seção São Paulo. Ex-coordenadora do núcleo de legislação e direito internacional da comissão de direito empresarial do trabalho da OAB/SP. Autora de livros e artigos. Participante do Grupo de Excelência em Relações Internacionais e Comércio Exterior do Conselho Regional de Administração do estado de São Paulo (CRA/SP). E-mail: Raele@terra.com.br.

Marcelo Coelho Galdino (autor) é mestre e graduado em administração de empresas pela Universidade São Marcos (2003). Professor de ensino superior desde 2002, atualmente é professor no curso de pós-graduação em administração geral da Universidade Paulista (UNIP) e executivo na Caixa Econômica Federal. Foi coordenador do curso de administração de empresas da Faculdade de Administração e Ciências de São Paulo (UNOPEC). Palestrante e consultor na área de finanças. Membro do Grupo de Excelência em Relações Internacionais e Comércio Exterior do Conselho Regional de Administração do estado de São Paulo (CRA/SP).

Marcelo Rocha e Silva Zorovich (autor) é coordenador do curso de graduação em administração de empresas da ESPM-SP, onde também foi vice-coordenador do curso de relações internacionais. Professor dos cursos de administração, relações internacionais e da pós em negócios internacionais. Coordenador do Cintegra-ESPM. PhD *candidate* pelo IRI-USP, mestre em administração (ESPM-SP), mestre em economia política internacional (University of Miami) e mestre em relações internacionais (Université Laval, Québec, Canadá). MBA pela FEA-USP e graduação em CSO/*Marketing* pela ESPM. Trabalhou como diretor de contas regionais e negócios para a América Latina em empresas como Nielsen Company e Kantarworldpanel entre 1995 e 2010, somando mais de 20 anos de trabalho nas áreas de pesquisa de mercado, gestão empresarial, *marketing* global, economia política internacional (EPI), negócios e relações internacionais, envolvendo vários setores da economia com destaque para trabalhos desenvolvidos no Brasil, EUA, Canadá, América Latina, Suíça (treinamento na OMC – Graduate Institute of Geneva), Londres, Praga e China. Ministrou aulas na Middlesex em Londres e na University of New York, em Praga. Atua como Professor convidado da fundação Dom Cabral na pós em gestão de negócios, no MBA da FIA em gestão de negócios, além do MBA em EPI pela Laureate International Universities. Participou do "Twelfth Annual Tel Aviv University Workshopon Israel and Middle East" (2017). Membro do Conselho da Fundação do colégio Visconde de Porto Seguro. Experiência internacional inclui vivência no Canadá e nos EUA, além de trabalhos desenvolvidos em países como México, Costa Rica, Peru, Chile, Colômbia, Argentina, Uruguai, Venezuela, Panamá, dentre outros. Membro do Grupo de Excelência em Relações Internacionais e Comércio Exterior do Conselho Regional de Administração do estado de São Paulo (CRA/SP).

Teresinha Covas Lisboa (autora) é pós-doutorada em *Business administration* pela FCU-Florida Christian University. Doutorado em administração pela Universidade Presbiteriana Mackenzie, mestrado em administração hospitalar, especialização em didática do ensino superior, especialização em administração hospitalar, extensão universitária: Harvard University, Drexel University, MIT, Yale University, FIA, FGV; diretora do SINDAESP-Sindicato das Empresas de Administração do estado de São Paulo. Diretora da Associação dos administradores do estado de São Paulo, diretora da Federação Brasileira de Administradores Hospitalares. Presidente da FAPESA-Fundo de Apoio à Pesquisa e Extensão Ltda., coordenadora dos cursos de pós-graduação da faculdade INESP. Sócia-diretora da escola técnica INESP. Docente de cursos de pós-graduação em gestão empresarial, administração hospitalar e dos serviços de saúde, hotelaria hospitalar, gestão de pessoas, liderança (INESP, Uni-Facef, FEHOSP, Faap, Unifieo, Unisa, FCMSCSP, Universidade Metodista). Membro da comissão técnica de elaboração da RDC-06/2012, que dispõe sobre as boas práticas de funcionamento para as unidades de processamento de roupas dos serviços de saúde (ANVISA). Membro da comissão técnica de elaboração e revisão do manual de processamento de roupas de serviços de saúde: prevenção e controle de riscos (ANVISA). Autora e coautora de diversas obras nas áreas de administração geral, administração hospitalar e recursos humanos. Consultora na área de administração dos serviços de saúde. Coordenadora científica do congresso de hotelaria hospitalar da Federação Brasileira de Administração Hospitalar (2014, 2015 e 2016). Coordenadora do Grupo de Excelência em Gestão de Instituições de Ensino Superior do CRA/SP e Membro dos Grupos de Excelência de Administração em Saúde e também de Relações Internacionais e Comércio Exterior do CRA/SP.

Vera Lúcia Saikovitch (autora) é bacharel, mestre e doutora em administração de empresas pela FEA-USP, especializadas em *marketing* e promoção comercial no exterior. Atuou em comércio exterior por duas décadas, como executiva e participante/dirigente em associação de classe (ADEDE/ABECEX). Conselheira da ADIFEA (Associação dos Diplomados da Fea-USP). Docente em cursos de graduação e pós-graduação, *lato* e *stricto sensu*, desde 1988, nas áreas de *marketing*, comércio internacional, administração, liderança e empreendedorismo na Faculdade Cásper Líbero, Unisa, Faculdade Anhembi Morumbi, dentre outras. Professora aposentada do Instituto Federal de Educação, Ciência e Tecnologia de São Paulo – IFSP, sendo membro e coordenadora de seu Comitê de Ética em Pesquisa desde 201; autora de artigos e capítulos de livros, parecerista de revista acadêmica eletrônica e palestrante sobre empreendedorismo e ética em pesquisa. Membro do Grupo de Excelência em Relações Internacionais e Comércio Exterior do Conselho Regional de Administração do estado de São Paulo (CRA/SP).

AGRADECIMENTOS

A agregação de conhecimentos e competências, bem como as realizações profissionais, dependem de esforços individuais e de grupo. Trata-se de uma evolução cujas pessoas e empresas contribuem para a formação do indivíduo. Desta forma, agradecemos a todos os alunos que acompanhamos no decorrer de nossa carreira acadêmica, em especial da pós-graduação em administração geral e MBA em *marketing* internacional e formação de *traders* da Universidade Paulista (UNIP) e aos alunos da graduação em administração, relações internacionais e ciências sociais e de consumo da Escola Superior de Propaganda e *Marketing* (ESPM). Aos empresários e consultores que, de forma empreendedora e profissional, têm contribuído para o desenvolvimento econômico-social do país.

Não poderia deixar de citar Anna Maria Porto Alegre Gudergues, Benjamim Lopes Gudergues (*in memoriam*), Carlos Barbosa Correa Júnior, Daniel Sguerra, Dorineide de Assis Oliveira Galdino, Edna Kuazaqui, Edson Toshyiassu Kuazaqui, Giovanna Oliveira Galdino, Gleder Maricato, Iorucika Kuazaqui, Jesuíno I. Argentino Júnior, Luis Antonio Volpato, Luis Fernando Dabul Garcia, Marcus Amatucci, Mário René Schweriner, Naná, Lili e Riquinha, Renato Sadayoshi Nakatsubo, Roberto Kanaane, Rodrigo Ulhoa Cintra de Araújo, Teresinha Otaviana Dantas da Costa, Victor Trujillo e Yoshie Kameoka Kuazaqui.

Agradeço aos colaboradores do Grupo de Excelência em Relações Internacionais e Comércio Exterior (GERICE) do CRA/SP. Em especial, o Conselho Federal de Administração (CFA) e o Conselho Regional de Administração (CRA), a dizer, aqui representados pelo administrador Roberto Carvalho Cardoso, pelo valioso trabalho de acreditamento da profissão de administração.

Finalmente, aos autores que contribuíram para o desenvolvimento e concretização desta obra, Angelita Gomes Drunkenmolle, Bruno Araújo, João Pinheiro de Barros Neto, Luis Alberto Porto Alegre Gudergues, Maisa Emilia Raele Rodrigues, Marcelo Coelho Galdino, Marcelo Rocha e Silva Zorovich, Teresinha Covas Lisboa e Vera Lúcia Saikovitch.

Organizador.

SUMÁRIO

Capítulo 1 – Introdução	29
Capítulo 2 – *Marketing* internacional: estratégias de entrada e operação em mercados internacionais	37
Introdução	39
As teorias de comércio e marketing internacional	40
A evolução do marketing internacional	44
A evolução dos negócios internacionais	48
Competências centrais de países	49
Diagnóstico para a internacionalização	51
Os 6P's em marketing internacional	53
E-commerce no comércio exterior	55
Estratégias de *marketing* internacional	55
Estratégias de produtos e serviços	56
Estratégias de empresas e negócios	58
Estratégias de entrada e operação em mercados internacionais	58
Exportação indireta	58
Exportação direta	59
Consórcios de exportação	60
Franquias internacionais	60
Merger	61
Joint-venture	61
Aquisições e fusões	62
Investimento direto	62
Considerações finais	63
Estudo de caso	63
Questões para reflexão	66
Questões sobre o estudo de caso	67
Capítulo 3 – Relações internacionais: desafios e oportunidades de negócios do Brasil. Cadeia global de valor	71
Introdução	73
Conteúdo sobre cadeias globais de valor e centros de excelência	75
Aplicações teórica e prática	80
O setor automotivo global e brasileiro	83

Estrutura *input-output*	84
Dispersão geográfica	91
Governança	93
Contexto institucional	95
Estudo de caso	98
Considerações finais	102
Questões para reflexão	106
Questões para o estudo de caso	106
Capítulo 4 – Finanças aplicadas às relações internacionais	**113**
Introdução	115
Planejamento e controle financeiro aplicado às atividades de relações internacionais	116
Decisões de aplicação e captação de recursos financeiros, risco x retorno e incerteza	117
Decisões financeiras	118
Fontes de recursos	118
Recursos próprios	118
Recursos de terceiros	118
Principais fontes de financiamento – Fontes internas	118
Fontes externas	118
Custo dos recursos próprios e de terceiros	120
Custo do capital de terceiros a curto e longo prazos	121
Segmentação do risco empresarial	121
Gestão do fluxo de caixa e os métodos de avaliação de investimentos	121
Decisões de investimentos	122
Decisões de financiamento	123
O fluxo de caixa é um instrumento que:	124
Avaliação de investimentos e financiamentos	124
Taxa de juros	124
Métodos de avaliação dos investimentos	126
Período de *payback*	126
Falhas no modelo	127
Payback time descontado	128

Método do Valor Presente Líquido – VPL	129
Método da Taxa Interna de Retorno – TIR	129
Formação de preço na exportação e o custo na importação	130
Mercado de câmbio	134
Mercado cambial brasileiro	134
Taxa cambial	135
Contrato de câmbio	135
Contratos de compra	136
Contratos de venda	137
Estudo de caso	137
Norwich Tool: como tomar uma decisão de investimento em um novo torno	137
Questões sobre o estudo de caso	138
Questões para reflexão	139

Capítulo 5 – Desafios e oportunidades de negócios por meio da gestão dos processos — 141

Introdução	143
Discutindo os conceitos iniciais	145
A importância de conhecer os processos em profundidade	146
A importância e necessidade de melhorar os processos para sobreviver em ambientes disruptivos	149
A aplicação das técnicas de modelagem e redesenho dos processos na busca por ser uma empresa classe mundial	152
A importância da gestão dos processos no atingimento das metas e dos resultados das empresas	161
Apresentar *insights* de gestão por processos na busca da excelência e eficiência das empresas	166
Considerações finais	172
Estudo de caso	176
Questões sobre o estudo de caso	176
Questões para reflexão	177

Capítulo 6 – O perfil do profissional globalizado — 183

Introdução	185

Competências necessárias para o profissional atuar na sociedade globalizada	187
O ambiente de atuação do profissional globalizado	189
A emergência de novas competências para o desempenho em nível global	192
O perfil do profissional globalizado na visão de profissionais expatriados	196
Qualificações, habilidades e experiências – a competência-chave: transitar na diversidade	200
Cultura organizacional	202
Estudo de caso. Carlos Ghosn	211
Questões sobre o estudo de caso	213
Considerações finais: a relevância do desenvolvimento contínuo de competências	213
Questões para reflexão	214

Capítulo 7 – Métodos quantitativos aplicados em relações internacionais — 219

Introdução	221
Introdução à análise e coleta de dados	223
Nomenclaturas	224
Tipos de variáveis	227
Coleta de dados & preparação dos dados	228
Entendimento do cenário	230
Uso de gráficos e consolidação de dados	231
Medidas de tendência central Média	235
Mediana	235
Moda	236
Medidas de dispersão	236
Exemplo de análise de medida de tendência central e dispersão	237
Correlação	240
Estatística inferencial	244
Modelos – Análise Gravitacional / Atração de investimentos	244
Estudo de caso – Exportação de jogadores brasileiros	247

Métricas	250
Análise e discussão dos resultados	250
Questões sobre o estudo de caso	252
Questões para reflexão	252

Capítulo 8 – Direito internacional voltado para os negócios: direito internacional privado e contratos internacionais — 255

Introdução	258
O papel do direito internacional	260
Do comércio internacional	262
Contrato: noção e evolução histórica	265
Contrato internacional: um conceito, diferenças e semelhanças com o contrato nacional	267
Do contrato internacional: lei de regência	270
Das convenções internacionais	274
Contratos internacionais: foro competente	276
Da arbitragem	279
Lex mercatoria	280
Contratos internacionais: cláusula *hardship*	283
Convenção das Nações Unidas sobre os contratos de compra e venda internacionais de mercadorias – CISG	286
Considerações finais	288
Questões para reflexão	290
Estudo de caso	291
Apêndice	291

Capítulo 9 – Internacionalização da educação — 303

Introdução	305
Conceitos	307
Os efeitos da globalização na internacionalização da educação	309
Instrumento – MEC	312
Perfil institucional	312
Projeto pedagógico institucional – PPI	312

Cronograma de implantação e desenvolvimento da instituição e dos cursos (presencial e a distância)	313
Oferta de cursos	313
Perfil do corpo docente	313
Organização administrativa das IES	314
Políticas de atendimento aos discentes	314
Infraestrutura	314
Avaliação e acompanhamento do desenvolvimento institucional	315
Aspectos financeiros e orçamentários	315
A figura do Estado	318
Pesquisa com profissionais/bolsistas	326
Considerações finais	328
Texto para discussão	329
Questões para debates	330

Capítulo 10 – Economia criativa: desenvolvimento pelo uso de recursos intangíveis — 335

Introdução	337
A economia criativa em países em desenvolvimento	343
As instituições de apoio à criatividade empresarial	353
Organismos internacionais	353
Instituições brasileiras	355
Trabalho de outras instituições no Brasil	357
Projetos culturais: como obter investimento	360
Setores e desafios da economia criativa	362
Setores criativos do Ministério da Cultura	362
Economia criativa no Quênia	364
Considerações finais	367
Questões para reflexão	369
Caso ilustrativo: Academia da Estratégia	370

Capítulo 11 – Mentoria internacional 375

Introdução 377

Evolução e conflitos entre gerações: tradicional, *baby boomers*, X e Y 378

Mentoria ou *coaching*? 381

Interferências cultural e internacional na mentoria 383

Reação do mercado profissional na transição entre as gerações 388

Como, quando e a quem a mentoria pode ser aplicada como intervenção? 391

Análise das necessidades e dificuldades entre as gerações 394

Dos ganhos: mentoria versus empresa versus colaboradores 400

Mentoria internacional *on-line* como solução inovadora 402

Conceitos de mentoria - Passado e presente 403

Questões para reflexão 404

Estudo de caso: projeto MYTB – *Mentoring Young Talents Brazil* 405

Questões sobre o estudo de caso 412

Considerações finais 413

CAPÍTULO 1

Introdução

Dr. Edmir Kuazaqui

DR. EDMIR KUAZAQUI

"Seduzir clientes em um contexto cultural significa levar em conta as questões culturais no momento de determinar como sua empresa irá agir em um ambiente específico."
DANIELS, John L. & DANIEL, Dr. N. Caroline (1996, p.75).

As empresas estão inseridas em espaços altamente desafiadores, derivadas do ambiente onde desenvolvem seus negócios e pelas concorrências nacional e internacional. O mercado doméstico deve ser fortalecido para que a empresa emigre naturalmente para o mercado internacional, sustentado pelas suas competências essenciais.

Para que o processo de internacionalização seja concretizado, devem existir profissionais com conhecimentos operacionais, técnicos e comerciais, de forma a identificar e aproveitar as oportunidades do mercado externo. Os cursos de graduação, bem como os de tecnologia superior relacionados ao mercado externo, apresentam conteúdos necessários, mas nem sempre suficientes para o desenvolvimento profissional.

Desta forma, este livro pretende apresentar temas que completam o ensino na área internacional, em especial os cursos de relações internacionais e comércio exterior. Para o desenvolvimento do capítulo 2 (*marketing* internacional), foram utilizadas as principais teorias de *marketing* internacional, derivadas de Philip Kotler e devidamente enquadradas dentro do pensamento gerencial contemporâneo de C.K. Prahalad, Peter Dicken e outros autores.

Foi realizada a análise documental a partir de materiais publicados no Ministério do Desenvolvimento, Indústria e Comércio (MDIC), Organização das Nações Unidas (ONU), Organização Mundial do Comércio (OMC), dentre outros. Como alicerce teórico, foram realizadas dez entrevistas de profundidade junto com gestores de grandes empresas, no sentido de solidificar os conceitos apresentados, bem como contextualizá-los com a realidade brasileira.

Este capítulo 3, diga-se, a respeito de cadeias globais de valor (CGVs), desenvolveu-se a partir da perspectiva teórica de Gereffi e Fernandez-Stark (2011), na qual denota a relevância das CGVs por estarem relacionadas diretamente à economia dos países, assim como pela importância conjugada entre o aspecto produtivo, a transferência de tecnologia, a inserção no comércio internacional e relação com as decisões dos formuladores de políticas públicas. Destaca-se o setor automotivo, ilustrado a partir de pesquisa quantitativa do tipo *survey*, com aplicação ligada a fornecedores da indústria automobilística, bem como a outras pesquisas empíricas. No caso da pesquisa 91, questionários respondidos, com foco na formação de Centros de Excelência (COEs), responsáveis pelo processo de geração de valor (FROST; BIRKINSHAW; ENSIGN, 2002), dispersos pela CGV e que indicam uma possibilidade de *upgrading* e maior inserção na cadeia automotiva. O estudo conclui que as atividades ligadas à inovação, à aquisição de tecnologia e à rede de negócios contribuem para o entendimento da inserção brasileira nas CGVs como fator de competitividade. A concentração dessa pesquisa no setor automotivo deve-se também em função de sua importância nos cenários industrial e produtivo, no qual representa aproximadamente 18% de participação no PIB industrial brasileiro, além de se destacar pela liderança em inovação tecnológica (ANFAVEA, 2016). Nesse contexto, quais os desafios e as oportunidades para o Brasil?

Para o desenvolvimento do capítulo 4 (Finanças aplicadas às relações internacionais), foram utilizadas teorias de planejamento e controle financeiro, derivadas de Lawrence Gtiman e Masakazu Hoji, relacionando ao estudo do cenário internacional enquadrado por Paul Krugman e outros autores. Foram trabalhados os conceitos de tomada de decisão e risco, além dos mecanismos para obtenção de crédito e recursos, conforme pensamento de José Roberto Securato, Silva Neto e outros autores. Por fim, foi realizada uma análise do mercado de câmbio a partir de materiais publicados pelo Banco Central (BC) concomitante ao posicionamento de Humberto Casagrande Neto e Ricardo Faro, no sentido de unificar os conceitos de finanças a relações internacionais.

Para o desenvolvimento do capítulo 5 (Processos), foram utilizadas as principais teorias de administração estratégica, competitividade e globalização de Philip Kotler, Robert S. Kaplan, David P. Norton, M. A. Hitt, R. D. Ireland e R. E Hoskisson e devidamente enquadradas dentro do conceito moderno de administração da produção e operação e na adoão da gestão por processos, de Nigel Slack, Michael Hammer e James Champy; os dois últimos, os pais da reengenharia. Para buscar uma linguagem mais atual, além da experiência e do conhecimento adquirido pelo autor por meio dos projetos realizados como executivo e consultor, foi realizada uma pesquisa com diversos executivos na área de comércio exterior, de modo a identificar as principais dificuldades e qual o grau de importância é dado aos processos em suas organizações.

No desenvolvimento do capítulo 6 (O perfil do profissional globalizado), foram utilizados os principais enfoques sobre trabalho e competências, derivados por: Jeremy Rifkin (2004), Joel Souza Dutra (2016) Guy Le Boterf (2015), Cláudia Cristina Bitencourt (2005), Roberto Ruas *et al.* (2005), Philippe Zarifian (2003), Fleury e Fleury (2001) e María Angélica Ducci (1997), alinhados ao pensamento gerencial de Robert Quinn (2012). Foi realizado ainda um levantamento bibliográfico e documental a partir de pesquisas em artigos e materiais disponibilizados por organizações e entidades representativas. Como alicerce prático, foram realizadas entrevistas com profissionais expatriados e alunos de cursos de pós-graduação com atuação em empresas fora do Brasil.

O capítulo 7 (Métodos quantitativos aplicados em relações internacionais) tratará da coleta, interpretação e análise necessárias para o profissional globalizado. Tanto no meio acadêmico como no profissional existe a necessidade na coleta, representação e interpretação e análises de dados e informações que podem fazer a diferença quanto ao processo decisório. O profissional de relações internacionais está inserido num vasto ambiente gerador de documentos que pode sustentar e fazer a diferença nos negócios de uma empresa.

O capítulo 8 (Direito internacional voltado para negócios) desenrolou-se a partir da natureza, eficácia e avanço da ordem jurídica da sociedade internacional, mormente, no que diz respeito aos contratos internacionais empresariais. A meditação procurou revisitar, de modo crítico, a edificação doutrinária e legal, tendo como ponto de partida o pensamento, dentre outros, de Irineu Strenger, Francisco Rezek, Hildebrando Accyoli, Amilcar de Castro, Maristela Basso e Orlando Gomes. Buscou-se ainda abordar o tratamento judicial dispensado ao tema, tanto no Brasil, tal como no exterior. Valeu-se também de documentação indireta consubstanciada em pesquisa documental jurídica coadunada a organismos internacionais, tais como a ONU e a OMC. A materialização prática resultou da jurisprudência trazida à colação.

O capítulo 9 (Internacionalização da educação) apresentará a trajetória que envolve a discussão sobre a globalização, internacionalização e a transnacionalização do ensino superior. Serão apresentados os principais conceitos sobre o tema, sua diversidade e como os docentes e discentes são preparados para os novos desafios do mercado internacional. Os depoimentos que serão apresentados envolvem docentes e discentes que estão sendo preparados e aqueles que já passaram por experiências voltadas para a internacionalização.

O capítulo 10 tratará da economia criativa, importante assunto contemporâneo que tem alavancado as relações econômicas e financeiras de nações. Por se tratar de um assunto emergente, diversos organismos internacionais têm tratado e estudado o fenômeno, de forma a contribuir para o seu pleno desenvolvimento.

O capítulo 11 é dedicado à mentoria internacional e irá discorrer sobre os conflitos encontrados entre as gerações: tradicional, *baby boomers*, X e Y, bem como as interferências cultural e internacional entre as gerações. Será observado como o mercado profissional tem reagido nesta transição entre as gerações, levando-se em conta: como, quando e a quem a mentoria pode ser aplicada enquanto intervenção e melhoria dos canais de desenvolvimentos acadêmico, profissional e pessoal. Será utilizado como *case* um grupo de mentoria *on-line* e de página *web*: ambos aplicados para jovens do ensino médio e universitários. Observando-se as novas práticas de mentoria internacional diante da mudança comportamental e de aprendizado das novas gerações. Espera-se, com isso, que a mentoria tenha o papel de gerar informações, criar oportunidades e evitar prejuízos entre as gerações.

Desta forma, este livro procura contribuir para o recrudescimento das atividades de internacionalização, de forma a respaldar significativamente os desenvolvimentos econômico e social das empresas e pessoas.

Administrador Edmir Kuazaqui (Organizador)

Referência

DANIELS, John L. & DANIEL, Dr. N. Caroline. *Visão global. Criando novos modelos para as empresas do futuro.* São Paulo: Makron, 1996.

CAPÍTULO 2

Marketing internacional: estratégias de entrada e operação em mercados internacionais

Dr. Edmir Kuazaqui

DR. EDMIR KUAZAQUI

"Boas empresas satisfazem necessidades, ótimas empresas criam mercados."
(Kotler, 2016)

Objetivos do capítulo:

- Discutir as principais teorias que sustentam o *marketing* internacional.
- Discutir a importância do diagnóstico empresarial e a relevância do planejamento estratégico nos processos de internacionalização.
- Analisar as principais estratégias de internacionalização que as empresas brasileiras podem utilizar para o crescimento de negócios.
- Discutir casos práticos de sucesso até as referidas estratégias internacionais.
- Compreender que as empresas devem realizar práticas empreendedoras, criativas e inovadoras que sustentem de forma diferenciada o crescimento de seus negócios.

Introdução

As empresas necessitam evoluir e proteger a sua posição competitiva. Uma das formas de evolução e proteção consiste em obter o crescimento sustentado por meio do desenvolvimento de negócios em mercados internacionais. Essa internacionalização de negócios envolve estratégias que devem estar devidamente contextualizadas com o ciclo de vida da empresa e respectivo planejamento estratégico, de forma a garantir que recursos e insumos sejam bem utilizados com os melhores resultados.

RELAÇÕES INTERNACIONAIS

As empresas brasileiras enfrentam desafios em seu ambiente de negócios, seja em função da instabilidade política, pelo rumo econômico, pela falta de política de comércio exterior e infraestrutura no país e/ou seja pela falta de competitividade diante do mercado externo. Daí deriva a necessidade de um planejamento estratégico consistente e competente, de forma que o processo de emigração para o mercado externo seja realizado de forma sustentada.

O país tem características e particularidades distintas que geram oportunidades e ameaças em negócios domésticos e internacionais. Para obter a diferenciação e a vantagem competitiva necessária, a empresa deve adotar posturas empreendedoras, criativas, inovadoras e éticas em suas ações, de forma que se incorporem ao seu planejamento estratégico. Essas posturas serão percebidas e reconhecidas pelos seus consumidores, facilitando a entrada da empresa no mercado internacional.

Algumas empresas, tratando de comércio exterior, têm em seu histórico a simples prática de tirar pedidos e comercializar produtos sem valor agregado, situação acentuada pelas políticas equivocadas do governo federal. Desta forma, resta aos profissionais fazer a diferença nos negócios empresariais, contribuindo efetivamente para os desenvolvimentos econômico e social do país.

Os próximos itens irão desenvolver as técnicas que as empresas podem utilizar para realizar o seu diagnóstico empresarial que servirão como subsídios para decidir se a empresa tem condições para sustentar operações em mercados externos. Posteriormente, serão discutidas as principais estratégias de crescimento e desenvolvidas as principais ações de *marketing* internacional – estratégias de entrada e operação em mercados internacionais -, e seus desdobramentos nos negócios da organização.

As teorias de comércio e *marketing* internacional

Pode-se afirmar que as teorias de *marketing* internacional surgiram com o nascimento do próprio *marketing*. Após o término da segunda guerra mundial, as realidades dos países participantes dos esforços de guerra estavam diretamente relacionadas à possibilidade de uma quebra econômica internacional, ocasionada principalmente pela derrota alemã, levando ao que foi denominado à época como efeito dominó, levando vários países europeus à bancarrota. Por outro lado, com a derrota japonesa em Pearl Harbor, a possibilidade do comunismo, principalmente a partir da China, poderia ser alastrada, fazendo com que parte da política democrática e capitalista diminuísse de poder.

Desta forma, em 1946, voluntariamente, 45 economias, aqui representadas por países, se uniram na Convenção de Bretton Woods (World Trade Organization, 2016), no sentido de discutir e estabelecer normas e práticas para que o comércio internacional entre os países fosse restabelecido. Dessas discussões, surgiram os pilares que norteiam as práticas de negócios internacionais.

Esses pilares, considerados como preceitos básicos de comércio internacional, tinham como objetivos iniciais a eliminação do colapso mundial, a diminuição da concentração de poder de nações mais fortes sob os pontos de vista econômico e político, bem como uma forma de recrudescer as transações internacionais. Em síntese, preconizava, conforme a Organização Mundial de Comércio *apud* Ministério das Relações Exteriores (2016):

- A redução ou eliminação das restrições do governo em relação ao comércio, reduzindo as diferenças estruturais dos países, de acordo com sua condição econômica. Conforme o Banco Central do Brasil (2016), "O balanço de pagamentos é o registro estatístico de todas as transações – fluxo de bens e direitos de valor econômico – entre os residentes de uma economia e o restante do mundo, ocorridos em determinado período de tempo". Países com problemas no seu balanço de pagamentos, principalmente após o período conturbado da guerra, poderiam ser menos competitivos em relação a outros com equilíbrios político e econômico;

- O controle das restrições impostas pelos monopólios privados, descentralizando o poder econômico e democratizando os recursos numa base mais competitiva. Desta forma, estabelece-se a relação de livre mercado, equilibrando as relações de demanda e ofertas internacionais. Esse arranjo voluntário de trocas democratiza as relações das transações internacionais, possibilitando um equilíbrio de forças competitivas;

- A diminuição dos impactos nas áreas de produção e emprego, estabilizando as relações internacionais entre os países, equilibrando economicamente e modernizando sua base produtiva. Produção é um termo comumente utilizado a partir da revolução industrial, no sentido de caracterizar e indicar o nível de riquezas de um determinado setor e país. A estabilização e o incremento da produção preconizam um melhor desenvolvimento econômico-social por meio da geração de trabalho formal, de remuneração e de impostos que teoricamente deveriam ser transferidos para a infraestrutura de uma sociedade.

Conforme a OMC (*apud* MDIC, 2016) "o Art. XXVIII do GATT, os membros podem decidir se engajar em rodadas de negociação visando à diminuição das tarifas de importação e à abertura dos mercados". A partir de diferentes rodadas de negociação, foram formulados os grupos de princípios elementares do GATT. Esses princípios elementares persistem até os dias de hoje, evoluindo de acordo com situações entre os países, as novas rodadas de negociação (sendo que uma das mais recentes é a de Doha) e devidamente contextualizadas com a evolução do comércio internacional.

• Nação mais favorecida, onde as partes envolvidas, de caráter institucional, devem outorgar-se, reciprocamente, isonomia ao melhor tratamento outorgado a um outro parceiro comercial. Em outras palavras, significa dizer que todas as nações terão garantidas as vantagens recebidas por outra, como, por exemplo, a redução de tarifas. Salvo o acordado em tratados e acordos internacionais, as relações comerciais entre países devem estar relacionadas à demanda e à oferta, valendo-se das negociações comerciais.

• Mercados abertos, ressaltando a proibição de todas as formas de protecionismo, com exceção das barreiras tarifárias. O protecionismo pode incidir sobre a proibição de importação de determinados bens, bem como a taxação de produtos considerados estrangeiros. A questão dos mercados abertos está condicionada aos princípios elementares, destacando-se:

• Tratamento nacional, não podendo haver espécie alguma de discriminação entre o produto nacional e o estrangeiro depois de seu processo de desembaraço, e, principalmente, a nacionalização. Tais processos, se devidamente respeitados dentro da normatização de comércio exterior, não podem estabelecer diferenças, como as tributárias, sobre produtos nacionais e importados. Deve-se ressaltar que a política da isenção de IPI, frequentemente praticada pelo governo federal, deve ser revista, pois fere a referida cláusula;

• Transparência: onde os procedimentos relacionados aos processos de comércio exterior e internacional não podem estar ocultos perante as partes interessadas, inclusive a concorrência. O GATT deve ser devidamente notificado sobre as normas e procedimentos que possam afetar o fluxo do comércio no país e entre países, como, por exemplo, o incremento de consórcios de exportação;

- Procedimentos à importação: onde se possa impedir que a burocracia à importação se torne uma barreira comercial, ou seja, uma barreira não tarifária. Essa burocracia pode estar relacionada aos aspectos documentais, bem como procedimentos que façam com que o exportador tenha dificuldades na comercialização e distribuição, bem como por parte do importador, como nos procedimentos de desembaraço e nacionalização de bens;
- As restrições quantitativas, por sua vez que limitam o volume de operações, seja ele de caráter de exportação e importação, são proibidas. Nenhuma das partes, inclusive o governo, pode estabelecer restrições quanto aos volumes transacionados, valendo-se das necessidades de mercado;
- As práticas consideradas desleais, em senso comum de comércio, são proibidas. Tais práticas envolvem o não cumprimento dos itens anteriores comentados, bem como de outras consideradas como "fora da lei";
- O comércio equitativo (*fair trade*) deve prevalecer, de forma a proibir os subsídios aos produtores nacionais. Tais subsídios devem ser indicados como todos aqueles diretos e indiretos pelas entidades nacionais e internacionais, considerando toda a cadeia produtiva, desde os fornecedores de matéria-prima e serviços, produção, comercialização e venda ao consumidor final.

Desta forma, a partir de Bretton Woods, estabeleceram-se os alicerces e parâmetros para uma nova estrutura econômica mundial, que prevalece até os dias de hoje. Esse processo exigiu décadas para a sua consolidação e resultou na criação da Organização Mundial do Comércio (OMC), em 1995, na Rodada Uruguai do GATT, consolidando nas rodadas seguintes, como a de Doha, em 2001. Posteriormente, a criação do FMI concretizou a ordenação de fluxos de capitais, por intermédio do Banco Mundial, complementando em grande parte a necessidade de equilíbrio e controle entre o fluxo de mercadorias e respectivos capitais.

Se tudo isso conduziu a uma estruturação de práticas positivas de comércio internacional, as empresas tiveram a oportunidade de desenvolver negócios em mercados internacionais, baseadas, principalmente, na livre disputa de mercados.

Citando o modelo de Uppsala, o primeiro fator impulsionador de uma empresa para mercados externos é a percepção de que não existem mais possibilidades de sua expansão em mercados domésticos, mas onde possa existir a possibilidade de comercializar seus produtos em mercados internacionais em que se possa estender sua base produtiva. Tal situação envolve inicialmente o aproveitamento gradual de seus recursos empresariais até a instalação de unidades (filiais) além-mar.

Mostrou-se então um rápido panorama histórico-conceitual das relações comerciais e sua inserção no âmbito das mudanças e transformações do sistema internacional. Tais mudanças e transformações afetam tanto as relações multilaterais quanto bilaterais dos componentes dos sistemas nacional e internacional, a saber, em que as empresas devem procurar sua perfeita adaptação.

A evolução do *marketing* internacional

Tudo isso facilitou o processo de compra e venda entre as empresas e a comercialização entre os países. Por outro lado, dentro de uma visão mais focada, os países que participaram do esforço de guerra, em especial, os Estados Unidos da América (EUA), tiveram seus recursos provenientes de impostos de pessoas e empresas deslocados para a guerra, em vez de prover a economia com a infraestrutura, crédito mais em conta e benefícios econômicos e sociais.

Desta forma, durante esse período, empresas deixaram de produzir e inovar, e, do outro lado, as pessoas não tinham grandes opções para consumir. Com o término da guerra, os investimentos voltaram para suas respectivas funções, aumento da oferta de produtos e serviços, bem como o de consumo.

As condições econômicas benéficas geraram um aumento do nível de produção das empresas, empregos e geração de impostos. Essa situação favoreceu o crescimento vegetativo entre 1946 e 1964, gerando o chamado *baby boom*. Esse aumento desproporcional de novos consumidores gerou movimentações financeira, econômica e social no mercado norte-americano, o que impulsionou a criação e o desenvolvimento de novos produtos e serviços, assim como favoreceu o aparecimento de um segmento denominado como *baby boomers*. Essa situação evidenciou a necessidade das empresas de empreender e incentivar a criatividade e a inovação, gerando uma transformação de hábitos de consumo, novas técnicas e tecnologias.

Quadro 1 – Evolução histórica dos mercados consumidores a partir da 2ª Guerra Mundial

Período/ década	Características	Perfil psicográfico	Produtos e serviços
1950	Inicialmente houve o aumento dos produtos e serviços ofertados a gestantes, e, posteriormente, aos seus filhos (os chamados *baby boomers*).	Constituído pela geração pós-guerra, onde o patriotismo nacional norte-americano se mesclava a fortes e dramáticas experiências, criando dicotomias entre as diferentes culturas e subculturas. O temor, oriundo do apocalipse que poderia ser ocasionado pela bomba atômica, gerou uma verdadeira enxurrada de filmes, como *Them! O mundo em perigo*. Por outro lado, a mulher começou a ter destaque e grande importância na composição de receitas e despesas do lar, favorecendo o início da revolução sexual.	• Tecnologia hospitalar e serviços voltados ao pré-natal e às gestantes. • Produtos e serviços para gestantes (como roupas e medicamentos). • Produtos para as crianças: ✓ Brinquedos do gênero "Toy "R" Us". ✓ Alimentação infantil "Gerber". ✓ Fraldas biodegradáveis. • Sucrilhos e similares. • O início do rock, como um movimento de contestações.
1960	Aumento e melhoria da infraestrutura e recursos das instituições de ensino básico, a fim de atender às novas demandas.	As profundas transformações ocasionadas pela diminuição de empregos e riquezas, aliada a uma instabilidade política, ocasionou um ambiente de negatividade em relação à vida. Surgia o *way of life*, à procura pelo novo, o movimento hippie. O *marketing* é visto como uma solução, e não como um meio de obtenção de lucros por meio da satisfação do consumidor.	• Melhoria das estruturas das instituições de ensino médio. • Sopas em lata Campbell como ícone ocidental, imortalizado por Andy Warhol. • O *Band-Aid* sendo comercializado ao mercado consumidor e não somente hospitalar. • Ralph Nader inicia uma revolução que geraria o Código de Defesa do Consumidor.

RELAÇÕES INTERNACIONAIS

Período/década	Características	Perfil psicográfico	Produtos e serviços
1970	O crescimento da inserção e participação da mulher no mercado de trabalho contribuiu para mudanças significativas. Melhoria das estruturas das instituições de ensino superior, inclusive por meio das fundações corporativas.	Em decorrência da diminuição de uma sociedade matriarcal, do movimento de libertação da mulher e de aumento de participação no mercado de trabalho, novos hábitos e costumes foram construídos no íntimo sentido de tentar uma continuidade do *way of life*, iniciado na década passada. No cenário musical internacional, grandes grupos musicais continuam suas carreiras de sucesso, alavancando o fenômeno do *rock* e também outras tendências.	• Movimento de libertação da mulher (*Woman´s lib*) influenciado sobremaneira pela pílula. • Necessidade de alimentação rápida via *fast-foods* (McDonald´s, 7-Eleven, dentre outros). • Aumento da demanda habitacional e surgimento dos guetos (favelas). • A indústria de cinema como forma de contestação política.
1980	Início da globalização econômica. Evolução da tecnologia, principalmente.	Segmentos de mercado emergem em razão da necessidade das empresas em se diferenciarem e de criarem vantagem competitividade em relação à concorrência: • *Yuppies* (*Young people in a Professional Job with a high income*), como jovens executivos iniciados em Wall Street. • *White Collars* (os chamados "colarinhos brancos" de escritórios). • *Blue Collars* (os "colarinhos azuis", ou seja, operários de fábricas). *Singles*, ou seja, solteiros, descasados e assemelhados que moram sozinhos	Com o declínio das relações de trabalho, diferentes fórmulas mágicas são criadas no sentido de manter os negócios de uma empresa. Uma delas, a reengenharia, é utilizada como solução para todos os problemas, inclusive a própria ineficiência gerencial de algumas empresas. Como todo modismo, não colheu os frutos desejados. • Jeremy Rifkin e sua obra *O fim dos empregos* vêm preconizar um futuro cheio de convulsões econômicas e sociais. • Movimento musical *discotheque* como prova absoluta da decadência de valores culturais e da indústria fonográfica ocidental.

Período/década	Características	Perfil psicográfico	Produtos e serviços
1990	Início da sociedade informacional e aprofundamento do fenômeno da globalização econômica. Têm início as grandes flutuações econômicas mundiais, fazendo com que as nações tentem criar e manter mecanismos de defesa no sentido de equilíbrio.	• A abertura de mercados forçou as empresas a reverem seus conceitos e filosofias, no sentido de atender às diferentes demandas regionais, seus hábitos e costumes. • Tendência a uma vida mais saudável e natural em que parte do mercado europeu se constituiu como um dos principais consumidores de produtos de origem natural, com produção controlada e de origem orgânica. Como exemplo temos o gado orgânico e os vegetais cultivados de maneira politicamente correta.	• *E-business* (como negócio e marca registrada da IBM) e o *e-marketing*, sem a fundamentação e experiência necessárias. • O *e-commerce*, vendido como solução para a ineficiência, e, na verdade, como instrumento alternativo de distribuição no sentido de ser adequado aos novos tempos e atender à geração pós-*baby boomers*, o McDonald's lança o hambúrguer com um certo sabor adulto, batizado de *ArchDeluxe*. • O filme *Independence day*, dirigido por Roland Emmerich, confirma toda a neurose norte-americana e o patriotismo.
2000	O milênio promete grandes revoluções, mudanças e transformações de ordem tecnológica e científica, como o homem em Marte (conforme George W. Bush). Por outro lado, os grandes desequilíbrios econômicos preconizados por Rifkin trazem grandes preocupações à humanidade, da mesma forma que a própria natureza	• O atentado do dia 11 de setembro vem contemplar que a abertura de mercados não deve ser vista somente sob o ponto de vista comercial. • Os jovens apresentam-se menos compromissados com o futuro e mais ligados ao presente e às ações de curto prazo. A internet, os jogos virtuais e o cinema "pipoca" dominam o mercado ocidental em detrimento dos reflexos do pseudofinal da Guerra do Iraque, em 2004.	• Os mercados de entretenimento e saúde como um dos mais promissores do milênio que se inicia. • Os transgênicos como realidade contemporânea. • A água como recurso não renovável e a incapacidade de instituições para mantê-la para consumo. • *Marketing* e desenvolvimento de competências como uma forma de obter o diferencial, e, principalmente, a vantagem competitiva.

também vem ameaçando a ordem mundial ou pelo menos de alguns países.	• As constantes e polêmicas discussões sobre a questão ecológica, inclusive o Tratado de Kyoto, vêm trazer à tona diversos problemas que podem comprometer a qualidade e a continuidade da vida no planeta. • Os tsunamis vêm ressaltar a fragilidade de diferentes nações. • O milênio apresenta um novo tipo de consumidor – Z, ainda sem grandes definições de perfil.	• X-Men 2, filme dirigido por Bryan Singer, evocando a necessidade urgente da união e relacionamento, dentre todos os segmentos da sociedade, independentemente de raça, cor ou credo. • A paixão de Cristo, dirigido por Mel Gibson, mais polêmico do que artístico, reacende a filosofia e ideias dos valores cristãos.

Fonte: adaptado a partir do autor (2007).

O perfil comportamental de cada geração influencia na sociedade sob dois aspectos principais:

• O mercado preconiza consumidores com necessidades e desejos que se expressam de formas distintas e possuem hábitos distintos de consumo. Tomam suas decisões e possuem percepções diferentes, pois cresceram e se desenvolveram dentro de ambientes diferenciados, e, portanto, com visões de mundo distintas.

• As empresas são geridas por pessoas que refletem o seu perfil nas estratégias de negócios. De acordo com o perfil de cada geração, as empresas utilizaram ferramentas e técnicas de gestão, de forma a gerenciar melhor as suas operações de negócios. Se a geração X era mais formal e tradicional em suas ações, a geração Y tem uma visão mais imediatista, de curto prazo, que faz com que eles fiquem menor tempo nas empresas em detrimento de gerações anteriores.

A evolução dos negócios internacionais

A evolução dos negócios internacionais ocorreu concomitantemente a duas situações específicas: a necessidade das empresas em crescer, e nem sempre com possibilidades e oportunidades no mercado doméstico, e a facilidade da migração dos fatores produtivos e financeiros. A realidade dos mercados abertos, em especial do fenômeno da globalização produtiva e financeira, foi o que facilitou e impulsionou a entrada e saída de bens, produtos, serviços, e, consequentemente, os fluxos financeiros. Dicken (2010, p.587) evolui no conceito e afirma que "a diversidade das economias existente no mundo oferece muitas possibilidades para gerar comunidades satisfatórias e justas, e, de modo mais genérico, para reconsiderar a globalização como um processo justo e transformável, e não uma força da natureza".

A expansão das empresas resulta com certeza em benefícios econômicos e sociais. E existe uma lógica sobre o fluxo de produtos e serviços. Quanto ao consumidor, proporciona com que os consumidores possuam opções de produtos e serviços de forma competitiva; sob o ponto de vista das empresas, acesso às novas tecnologias e formas de abordar o mercado e os negócios.

Competências centrais de países

Países possuem estruturas econômicas que refletem o seu potencial de negócios. Segundo Kotler (2012), as economias podem ser classificadas como de subsistência, exportadoras de matérias-primas e de serviços, semi-industrializadas e industrializadas:

• As economias de subsistência têm sua estrutura econômica orientada para a agricultura e a pecuária, onde boa parte de sua produção é direcionada para o consumo interno. O excedente, se houver, pode ser objeto de troca por outras mercadorias. Neste caso, devido à precariedade e à limitação de recursos, essas economias não possuem atratividades de negócios, exceto bens de produção como terras e mão de obra sem qualificação. Uma das formas de geração de desenvolvimento é a entrada de investimento estrangeiro, no sentido de captação de recursos financeiros e tecnológicos, de forma a aproveitar esses bens de produção e gerar um excedente exportável.

• As economias exportadoras de matéria-prima e de serviços são estruturas cuja orientação é decorrente de abundância de recursos naturais em que a comercialização almeja suprir as deficiências de outros recursos. Neste caso, os recursos financeiros oriundos das atividades exportadoras devem ser democratizados, de forma a suprir o desenvolvimento de outros setores, fortalecendo a economia no geral. Em síntese, pode gerar uma série de oportunidades diretas, como a comercialização de maquinários, peças e equipamentos que visem à manutenção e à sustentabilidade das atividades exportadoras.

- As economias semi-industrializadas, em desenvolvimento ou emergentes possuem uma estrutura com crescente participação industrial, suficientes para atender o público interno; constituído por uma classe média em evolução. Possui capacidade de produção e excedentes exportáveis. Tem relevante participação na corrente de comércio internacional, constituída por exportações e importações.

- Finalmente, a partir de boas políticas industriais, de comércio exterior e internacional, aliadas a uma excelente gestão público-privada, as estruturas desenvolvidas, orientadas para bens industriais e de capital. Essas estruturas oferecem várias oportunidades de mercado tanto para exportação como importação de serviços, podendo também ser orientadas para oferta de capital intelectual e serviços.

Um dos pontos principais a ser discutido é que cada tipo de economia proporciona uma série de oportunidades de mercado, na qual não se deve impedir, a partir dos fundamentos estabelecidos em Bretton Woods, que economias menos favorecidas não tenham direito àquelas mesmas oportunidades de negócios.

A internacionalização envolve melhorias em todos os sentidos, a destacar, a produção. A concentração da base produtiva proporciona um maior poder de barganha junto com *stakeholders*, economia de escala e produtividade. Dicken (2010, pp. 169-170) destaca critérios que justificam a localização da produção de forma concentrada em determinado lugar: "tamanho e sofisticação do mercado, refletidos nos níveis de renda, estrutura de demanda e gostos do consumidor, vantagens relacionadas ao custo de localizar diretamente no mercado; barreiras impostas pelo governo à entrada no mercado". A produção em massa, em tese, consolida a posição competitiva da empresa, aumentando as barreiras ao acesso de novos entrantes, bem como solidificando a comercialização a preços competitivos. As cápsulas de Jintan são produzidas no Japão e redistribuídas por exportação em diferentes países.

McDaniel e Gitman (2011, p.11) afirmam que os principais sistemas econômicos internacionais são divididos em livre mercado ou capitalismo e economias planejadas, como o comunismo e o socialismo. Essa realidade faz referência aos países de onde se originam as operações, porém, devido à diversidade mundial, é conveniente a adoção de um mercado múltiplo consumidor. Em outras palavras, o tipo de economia de um país ou região indica as características relacionadas à produção e à comercialização. Entretanto, a postura comercial deve envolver a possibilidade de relacionamentos mais múltiplos.

Diagnóstico para a internacionalização

Empresas estão inseridas dentro de determinados ambientes de negócios e possuem limites impostos derivados de seus recursos e táticas. Dessa forma, o diagnóstico visa coletar elementos internos e externos à empresa que possibilite e que possa, de forma habilidosa, analisar como proceder diante da alocação de recursos e estratégias no decorrer dos processos de internacionalização.

Outra forma de diagnóstico que envolve mais especificamente a empresa é a Análise *swot*, desenvolvida por Kenneth Andrews e Roland Cristensen, docentes da Harvard Business School. A matriz, a partir de profundas e extensas pesquisas nos ambientes interno e externo, possibilita a identificação dos pontos fortes e fracos (ambiente interno) e ameaças e oportunidades provenientes do ambiente externo. Considerando entrevistas com gestores de grandes empresas, em pesquisa realizada pelo autor, detectou-se:

- Pontos fortes: empresas que apresentam solidez em seus respectivos mercados domésticos, robustez em seus negócios e capacidade de realizar estratégias de qualidade, que tratam com tradicionalidade as suas finanças e conseguem reter e capitalizar o seu capital intelectual. Empresas que possuem um eficaz Sistema de Informação de *Marketing* (SIM) e capacidade de resiliência estratégica aproveitam as oportunidades que essa posição pode proporcionar.

- Pontos fracos: empresas que não possuem histórico e tradição em seus negócios, atuando em mercados voláteis e com uma grande variabilidade em vendas, sejam internas ou externas.

- Oportunidades: empresas que conseguem identificar potenciais de negócios a partir do monitoramento de variáveis incontroláveis mais significativas para o seu empreendimento.

- Ameaças: empresas que conseguem se movimentar estrategicamente nas diferentes variações do mercado, uma vez que reduzem ou eliminam as possíveis ameaças para a boa performance de seus negócios.

Empresas devem procurar oportunidades no mercado internacional de forma a completar as suas estratégias de crescimento, não sendo simplesmente uma alternativa de vendas quando o mercado doméstico não estiver contribuindo eficazmente para os seus resultados. Uma das formas de compreender melhor a empresa é por meio do método dos Fatores Críticos de Sucesso (FCS), segundo Porter (1986), que define as unidades de performance essenciais que a empresa deve ter para completar os objetivos a partir de sua missão. Esses fatores influenciam na posição competitiva de uma empresa dentro de um setor econômico e geralmente pesam no/afetam o sucesso ou fracasso de uma empresa. Pode-se considerar como Fatores Críticos de Sucesso (FCS), conforme pesquisa efetuada pelo autor:

• Solidez no mercado doméstico. A internacionalização envolve compromissos e investimentos de médio e de longo prazo. A empresa necessita ter um fluxo de caixa que contemple a sustentabilidade de seus negócios no mercado doméstico e democratize parte de suas receitas em investimentos que sustentem as operações internacionais. Por vezes, por falta de um planejamento mais formal ou variações na demanda, as empresas sofrem interrupções ou mesmo não conseguem atender às crescentes exigências da emigração de negócios. Desta forma, não se pode considerar que a migração para mercados internacionais seja uma simples opção caso o mercado doméstico não atenda às expectativas da empresa, mas deve estar dentro de seu planejamento estratégico de negócios.

• Potencial de mercado doméstico e plano de *marketing*. A empresa deve garantir que suas vendas no mercado interno sejam constantes ou mesmo crescentes, de forma a assegurar o investimento adicional e a construção de um plano de *marketing* que contemple o mercado interno, e, em especial, o mercado internacional, pois envolve uma série de particularidades regionalizadas que devem ser atendidas. Deste modo, antes de emigrar internacionalmente, a empresa deve atender a todas as possibilidades de negócios no mercado doméstico, esgotando todas as alternativas possíveis. Para tanto, um plano de *marketing* e *marketing* internacional são condições essenciais para o sucesso de qualquer empreendimento.

• Conhecimentos e competências operacionais, técnicas e comerciais. A internacionalização envolve o cumprimento de exigências burocráticas e técnicas que estão relacionadas aos processos envolvidos, bem como de normatizações de comércio exterior e internacional. Esse atendimento visa a responder de forma pontual a diferentes demandas de mercado, sendo cada caso uma realidade diferente. Assim, ao realizar negócios internacionais, a empresa deve atender a três níveis: saber como fazer, por quais razões e como vender. Já se foi o tempo em que cada profissional tinha foco somente na sua área.

Todos esses fatores podem conduzir a empresa aos melhores resultados em mercados internacionais. Entretanto, conforme pesquisas do autor, ainda prevalece no mercado brasileiro uma visão de curto prazo, pois o empresariado conduz a sua produção de acordo com as variações do mercado, ocasionando por vezes uma inconstância no atendimento da demanda internacional.

Os 6P's em *marketing* internacional

McCarthy (1978) apresenta um conjunto de ferramentas que compõe o chamado *marketing mix*, ou seja, os chamados 4P's - produto, praça, promoção e preço -, que devem ser oferecidos ao mercado mediante a identificação de necessidade e de desejos no mercado doméstico. Considerando o mercado internacional e as diferentes características de cada país, as bases de segmentação devem ser evidenciadas onde não se deve comercializar o mesmo composto de *marketing* oferecido no mercado interno.

Além desse *mix*, Kotler (1986) acrescenta mais dois P's considerando o *marketing* internacional.

Quadro I – *Marketing Mix* Internacional

Ferramentas	Aplicação
Produto	Tem como definição clássica algo que deva atender a uma necessidade e a um desejo de um determinado mercado. Entretanto, para a obtenção do diferencial competitivo necessário, a empresa deve evoluir para uma situação em que consiga resolver os problemas de seus consumidores, entendendo-os de forma completa. A adaptabilidade diante do mercado internacional está relacionada diretamente aos aspectos físicos – tamanho, cor e embalagem, por exemplo.

Praça	Formas de efetuar a distribuição física envolvendo as logísticas interna e externa. A comercialização envolve uma série de decisões que conduz a alterações nas outras ferramentas de *marketing*, como, por exemplo, o preço final ao consumidor, bem como a seleção das melhores estratégias de distribuição.
Promoção	Investimento realizado pela empresa ou de forma cooperada, relativo à propaganda, à publicidade, a relações públicas, à promoção de vendas e à venda pessoal. Alguns autores consideram como ferramentas relacionadas à comunicação de *marketing*. A intensidade de cada ferramenta deve estar de acordo com os objetivos e com o orçamento de *marketing*.
Preço	Nível de investimento que o consumidor considera compatível com as suas expectativas e que esteja disposto a pagar. Pode sofrer adaptabilidades em relação a outras ferramentas que devem traduzir na melhor margem aos negócios de uma empresa.
Public Relations	A ferramenta de relações públicas trata da identificação e do fortalecimento das relações entre os diferentes públicos de interesse. Esses públicos de interesses são os *stakeholders* devidamente identificados e que fazem parte do sistema de valores da empresa.
Power	Trata-se da capacidade da empresa em gerar estratégias de resultados a partir de dados e informações de mercado. Não está diretamente relacionado ao porte, mas a maioria dos casos está intimamente ligada a empreendimentos de grandes.

Os 4P's iniciais fazem alusão ao produto físico que deve ser transferido de uma região para outra. Já os 2P's complementares fazem referência a um grupo de ações coordenadas – estratégias - que visam a melhor introdução de um produto, empresa ou mesmo negócio em determinado mercado internacional. Ao fazer uso dos chamados 6P's em *marketing* internacional, a empresa estará utilizando o *megamarketing*, que será analisado no capítulo posterior.

E-commerce no comércio exterior

Os processos de exportação e importação estão intimamente relacionados à distribuição cuja logística e a distribuição física oneram os custos e despesas ao consumidor final e diminuem a margem de rentabilidade. Geralmente, a comercialização de produtos está inserida dentro do canal de distribuição tradicional, onde cada participante acrescenta sua margem de comercialização.

O comércio virtual praticado pelas empresas é uma forma de comercialização onde a venda é diretamente ao consumidor final. Se a empresa pode ter um esforço maior para atender às necessidades individuais de seu mercado, por outro lado tem menores custos de contato e comercialização, devido ao processo geralmente ter um alto nível de informatização.

Conforme o Ministério do Desenvolvimento, Indústria e Comércio (2016), o comércio eletrônico faturou 41,3 bilhões de reais em 2015, a saber, contra 424 bilhões de euros das empresas europeias em 2014, demonstrando ainda um grande potencial de negócios. Vários fatores contribuem para essa situação com as empresas brasileiras, destacando ainda a falta de utilização virtual por parte das PME's (expressiva participação em volume de empresas que atuam no comércio exterior), ou seja, a precariedade tecnológica relativa à banda larga.

Uma das recomendações é para o recrudescimento das atividades de exportação, que, segundo especialistas e detectadas por pesquisa efetuada pelo autor, é a desburocratização de procedimento de comercialização e venda internacional para as empresas, bem como uma cobrança justa de tributos quando a venda for destinada para o mercado externo. Outro ponto fundamental é o acesso às informações: os processos de exportação são considerados por muitos como complexos, e a potencialização dessa sensação aumenta quando existem desdobramentos de processos, como é a adoção do comércio eletrônico pelas empresas.

Estratégias de *marketing* internacional

Estratégias podem ser definidas como ações devidamente criadas e coordenadas e que, em conjunto, contribuem para os resultados de um negócio. Em se tratando de *marketing* internacional, podem ser categorizadas como de produtos e serviços e de negócios ou empresas.

As áreas de *marketing* e vendas são importantes para os processos de internacionalização, uma vez que são diretamente responsáveis pela adaptação de seus negócios com relação às características e particularidades da demanda, inclusive àquelas relacionadas à multiculturalidade que devem ser superadas a partir da modelagem de estratégias de internacionalização.

Uma das estratégias mais contundentes do *marketing* internacional está relacionada ao *megamarketing*. Kotler (1986) define como:

> A aplicação estrategicamente coordenada das habilidades econômicas, psicológicas, políticas e de relações públicas necessárias para obter a cooperação de uma série de públicos, a fim de se ingressar e/ou operar num determinado mercado. Seus desafios peculiares podem surgir em situações nacionais ou internacionais.

O *megamarketing* deve, em virtude de sua abrangência, envolver grandes empresas e negócios. Essa aplicação estratégica envolve a identificação dos chamados "públicos de interesse" e o desenvolvimento de formas que os tornem solidários à entrada e operação da empresa e de seus negócios. Essa solidariedade reside no fortalecimento dos vínculos de relacionamento com os diferentes *stakeholders*, instituições governamentais e não governamentais, de forma a reduzir ou mesmo eliminar as possíveis barreiras de entrada, principalmente.

Estratégias de produtos e serviços

As estratégias de produtos e serviços estão devidamente relacionadas à distribuição física, à logística e à comercialização de um produto do mercado doméstico para o mercado internacional. Não se pode considerar que um produto seja simplesmente vendido, mas que a sua aquisição parta de uma necessidade ou de um desejo de mercado. Mesmo assim, a introdução de um novo produto em um determinado mercado não pode ser resumida simplesmente à oferta aos consumidores, mas a todo um conjunto de ações que visem que a compra seja efetuada de forma sistemática pelo mercado.

Desta forma, considerando os níveis de produto defendidos por Kotler (2012), o passo inicial, após cumpridas as exigências de pesquisa e de planejamento estratégico, é introduzir e explicar ao novo mercado os benefícios centrais do produto, bem como suas características e seus diferenciais competitivos.

O nível básico então consiste na parte intangível do produto, devidamente percebida pelo consumidor. Uma rede de *fast-foods*, além da direta satisfação de alimentação, deve incluir um portfólio associado a uma série de processos que tornem os produtos disponíveis em tempo adequado e dentro de instalações que visem à comodidade do consumidor. Redes como o *McDonald's* procuram atender pessoas que desejam uma alimentação rápida dentro de padrões de qualidade e comodidade; a rede *Subway*, no Brasil, procura destacar a saudabilidade em seus lanches. Além de um portfólio devidamente equilibrado, a Comunicação Integrada de *Marketing* (SIM) é importante no sentido de introduzir o novo conceito, construí-lo na mente do consumidor e convencê-lo a efetuar a primeira compra – demanda primária – e, posteriormente, as compras subsequentes – recompra.

Figura 1 – Níveis de produto e estratégias

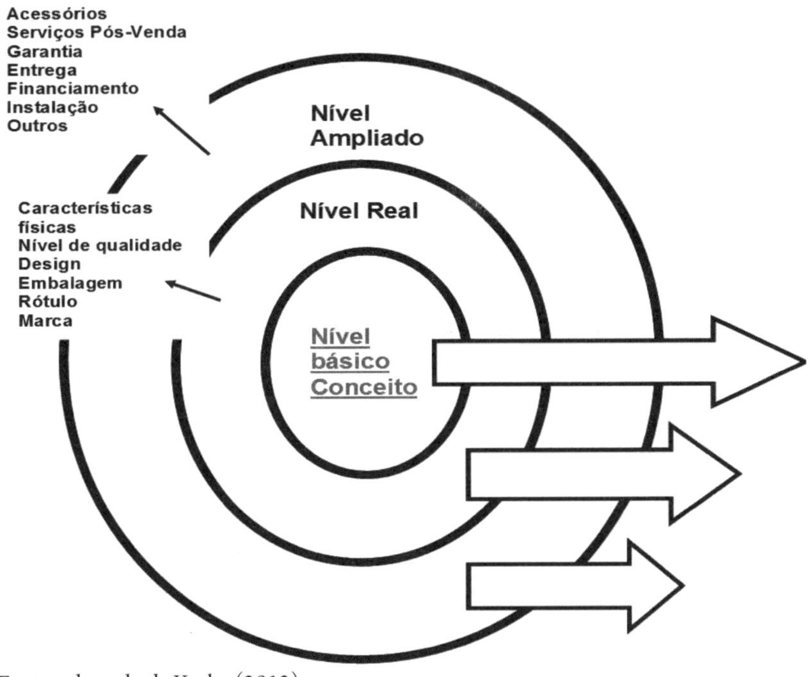

Fonte: adaptado de Kotler (2012).

Após a consolidação do nível básico, deve-se introduzir e desenvolver o nível real. Ao visitar um supermercado, consumidores adquirem produtos físicos, tangíveis a partir dos benefícios percebidos. Esse nível está diretamente relacionado às características físicas do produto, envolvendo tamanho, cor, marca e embalagem, dentre outros, a fim de a empresa consolidar a ideia do benefício central.

Finalmente, o nível ampliado está diretamente relacionado aos produtos e serviços acessórios ao produto principal. Vários serviços favorecem a comercialização de produtos, como financiamentos, seguros e assistência técnica. O nível ampliado também pode favorecer as vendas de um produto após o seu lançamento. Acessórios e serviços podem ser ofertados de forma planejada, de modo a manter a participação de mercado e incentivar as recompras do produto.

Estratégias de empresas e negócios

As estratégias de empresas e negócios transcendem as estratégias de produtos e serviços, uma vez que os valores envolvidos e os volumes econômicos, financeiros e de pessoas são significativos, ampliando decisões relativas aos investimentos envolvidos, bem como às formas de trazer a melhor rentabilidade e resultados às operações e aos negócios.

Estratégias de entrada e operação em mercados internacionais

As estratégias de entrada e operação em mercados internacionais podem ser definidas como um conjunto de ações devidamente organizadas, equilibradas e testadas pelas empresas em determinados mercados e situações, de forma a conduzi-las para uma melhor representatividade em negócios internacionais. De modo geral, conforme o autor deste capítulo (2007), podem ser categorizadas e organizadas em exportação indireta, exportação direta, consórcios de exportação, franquias internacionais, *joint-ventures, mergers,* investimento direto e aquisições.

Exportação indireta

Esta estratégia é utilizada quando a empresa terceiriza os processos operacionais para outra especialista na área, principalmente na parte produtiva. São várias as razões dessa decisão. Uma delas faz alusão ao porte da empresa, que nem sempre tem conhecimentos específicos, condições operacionais e técnicas para assumir os processos burocráticos e técnicos de uma venda internacional. A absorção de atividades de comércio exterior por parte da empresa requer responsabilidades quanto aos recursos econômicos e humanos que redundam em custos e despesas para empresa.

Por outro lado, nem sempre os valores e a frequência das operações justificam que a empresa assuma as responsabilidades, pois exigem uma estrutura e uma formação específicas. Então, o risco pode ser considerado pequeno. Muitas vezes as empresas pretendem testar e aprender com o mercado, participando de eventos, feiras e similares internacionais. Desta forma, no Brasil um passo inicial é a terceirização por meio de uma comercial importadora e exportadora ou mesmo uma *trading company*. De forma geral, a primeira categoria de empresa pode comercializar qualquer tipo e volume de produtos; já a segunda, geralmente adquire e revende bens básicos (*commodities*).

Exportação direta

Parte da premissa de que a empresa tem volume e frequência suficientes de operações que justifiquem a implantação de um setor de comércio exterior. Geralmente, surge de um desdobramento da área financeira, pois parte dos aspectos operacionais envolve questões e relacionamentos com a estrutura econômico-financeira de um país – bancos, por exemplo – ganhando autonomia a partir do aumento do volume de operações e necessidade de foco e consistência por parte dos colaboradores internos.

Desta maneira, existe a necessidade de formação e experiência na área, uma vez que as operações de comércio exterior requerem conhecimentos operacionais, técnicos e comerciais específicos. Conforme dados do Ministério do Desenvolvimento, Indústria e Comércio Exterior (MDIC), existem no Brasil cerca de 20 mil empresas autorizadas a exportar e importar produtos, sendo grande parte delas de micro e pequeno porte. Entretanto, percebe-se, pela análise da balança comercial, a baixa representatividade desse segmento no volume de exportações na pauta de comércio exterior brasileiro, o que nos leva a importantes considerações:

As micro e pequenas empresas, pelas suas próprias características, possuem falta de poder de barganha com relação aos *stakeholders* e acesso aos mercados internacionais, limitando seu volume de negócios. Desta forma, ou essas empresas expandem os seus negócios de forma sustentada a partir do planejamento estratégico gradual ou obtêm incentivos do governo ou mesmo da iniciativa privada.

Ao planejar as exportações, sejam indiretas ou diretas, deve-se obedecer aos aconselhamentos referentes às estratégias de produtos e serviços. Embora alguns produtos como frutas não necessitem atender às obrigações dos níveis de produtos, outros, mais complexos, necessitam de um planejamento estratégico, como a exportação de automóveis e aparelhos eletrônicos. Nesses casos, questões relacionadas a uma comunicação que os diferencie dos concorrentes, bem como a necessidade de informações e assistência, tornam mais particulares a estruturação do que e como devem ser realizados os processos de exportação.

Consórcios de exportação

Nem sempre as micro e pequenas empresas têm condições de realizar pesquisas e arcar com os investimentos relacionados aos processos de internacionalização. Devido ao porte, não têm acesso e poder de barganha junto com fornecedores, canal de distribuição e consumidores. Desta forma, os consórcios de exportação (e também os de importação) fazem alusão ao agrupamento de empresas do mesmo setor econômico, de forma a obter a melhor otimização e resultados de negócios.

Neste caso, é constituída uma terceira empresa, a saber, que visa à obtenção de economia de escala e melhor produtividade coadunadas às oportunidades de mercado. Conforme o site Aprendendo a Exportar (2016), trata-se de uma exportação indireta em que as empresas se reúnem em forma de associações sem fins lucrativos e/ou em cooperativas por meio de sociedade de propósito específico, segundo lei complementar no 123 de 2006 e com as alterações da Lei Complementar no 128 de 2008. A Agência Brasileira de Promoção de Exportações e Investimentos (APEX) pode auxiliar na viabilização de consórcios de exportação e também de importação. O Brasil tem experiências em vários setores econômicos, como o têxtil, moveleiro, bebidas, dentre outros.

Franquias internacionais

Uma empresa pode ser detentora de uma marca, processos e técnicas que a distinguem e a posicionem perante determinado mercado. Assim, a partir de um negócio formatado, pode negociar que outros interessados possam usufruir as particularidades de seu negócio, de modo a obter resultados de forma cooperada. As franquias são uma opção estratégica que visam ao crescimento sustentado de empresas, dentro e fora do país.

Para os franqueadores, é uma opção de crescimento sem a necessidade de capital próprio, por vezes escasso e caro. Neste caso, a empresa deve ter um modelo de negócios formatado, com processos definidos e um mercado com possibilidades de expansão, em vez de simplesmente ampliar seu canal de distribuição por meio de terceiros.

Envolve a presença de franqueados que, por meio de contrato, permite que esses investidores possam usufruir o negócio mediante o cumprimento de direitos e deveres. Pode ser uma excelente oportunidade para que empreendedores se tornem empresários, pois recebem um negócio já existente e podem usufruir uma gestão supervisionada.

Um dos pontos a serem considerados é que o sistema de franquias pode ser um ótimo negócio para ambas as partes, porém essa parceria sofre algumas críticas. Uma delas é que embora seja considerada uma forma de parceria estratégica, algumas franquias descapitalizam os franqueados, seja pela questão do alto investimento inicial, seja pela contribuição periódica de investimentos em *marketing*, e, principalmente, pelos *royalties* cobrados.

Merger

Também conhecida como parcerias estratégicas, é o conjunto de estratégias que visa ao aproveitamento de oportunidades únicas de mercado por meio da parceria entre empresas de setores diferentes. Instituições de Ensino Superior (IES) podem aproveitar oportunidades de consultoria em negócios por meio de empresas juniores. Outro exemplo é a parceria entre o Hospital Albert Einstein e a Faculdade de Medicina, entidades que podem preparar seus alunos ou mesmo solidificar/desenvolver pesquisas que possibilitem o desenvolvimento de novas tecnologias na área de saúde.

Joint-venture

Trata de um contrato de empresas do mesmo segmento econômico, geralmente de países diferentes. Essas empresas procuram aproveitar uma oportunidade de mercado a partir da união de esforços dentro de um período de tempo determinado, objetivando um melhor resultado. Outros benefícios podem estar relacionados à superação de barreiras em novos mercados, como a facilidade no acesso a canais de distribuição, bem como a criação, desenvolvimento e acesso a novas tecnologias e a consequente redução de custos.

Como exemplo, temos a suíça Nestlé e a inglesa R&R que criaram a empresa Froneri, com vendas de 2,7 bilhões de francos suíços e mais de 15.000 funcionários em mais de 20 países. A ideia da parceria surgiu da oportunidade de unir os negócios complementares e as marcas fortes de ambas as sócias em uma só empresa.

Aquisições e fusões

A primeira trata da situação onde a empresa adquire parte ou o total de um negócio, de forma a facilitar a sua entrada em mercados internacionais, bem como a diminuição do tempo de adaptação e o crescimento nos negócios internacionais. O grupo Fasano iniciou as suas atividades com negócios voltados para restaurantes de alto padrão. Posteriormente, diversificou seus negócios para os meios de hospedagem e adquiriu o Shore Club Miami Beach que será reaberto como Fasano Hotel and Residences at Shore Club, dando continuidade ao seu plano de expansão internacional, iniciado em 2003. Outro exemplo foi a aceleração do crescimento do Banco Santander/SA (Brasil) com a aquisição, em 2000, do Banco do Estado de São Paulo (BANESPA), onde a instituição financeira obteve a rápida expansão de seus canais de varejo e de sua carteira de clientes. Nem sempre a aquisição leva em consideração empresas do mesmo setor econômico, mas também empresas de setores diferentes que visem à diversificação de negócios da empresa.

Investimento direto

Trata de a empresa decidir fabricar e vender diretamente em outro país. Conforme Amatucci (2009, p.6), seu pressuposto é de que a mobilidade de capital deve entrar nos projetos estratégicos e na alavancagem do nível de competitividade das empresas. Nessa estratégia, as empresas devem ter um nível de segurança no mercado doméstico e uma maturidade de negócios, pois envolve, além da mobilidade de capital, uma análise de riscos e processos. A decisão envolve, além de demanda segura, a segurança econômico-financeira desta operação de internacionalização, deixando de ser uma simples extensão de sua matriz para unidades mais autônomas de organização de negócios.

Cavusgil, Knight e Risenberger (2010, p.310) apresentam o termo iniciativa colaborativa internacional como "uma aliança comercial transnacional em que as empresas parceiras juntam seus recursos e dividem os custos e os riscos do empreendimento" quando se referem ao investimento direto.

Cavusgil, Knight e Risenberger (2010, p.374) discutem essa estratégia como uma "internacionalização para dentro" cuja empresa busca oportunidades nos mercados internacionais.

Considerações finais
A decisão de se internacionalizar consiste na análise de diferentes situações que envolve a empresa e seus consumidores. Não é uma decisão que deve ser efetuada de forma isolada, mas condicionada ao seu planejamento estratégico que deve garantir a sustentabilidade de seus negócios. Para que esse processo se realize de forma completa, o passo inicial é o diagnóstico empresarial. Embora muitos casos de internacionalização de sucesso tenham envolvido ações empreendedoras, criativas e até inovadoras, migrar para mercados internacionais requer uma obrigação dentro dos objetivos e metas da empresa.

Essa sustentabilidade não envolve somente as questões relacionadas ao lucro, mas todas as outras decisões que contextualizem a existência da empresa, bem como a geração de empregos, impostos, enfim, as consequências econômicas e sociais. Pensando dessa forma, todas as decisões de evoluir e crescer em negócios, inclusive dentro da perspectiva internacional, redundam em grandes benefícios para a sociedade em geral.

São diversos os benefícios para as empresas que procuram a internacionalização. A garantia de sua posição competitiva, a evolução natural das vendas, as experiências e o aprendizado com novas culturas e situação pontuam as empresas que desejam emigrar para mercados internacionais de forma planejada.

Estudo de caso
O mercado de *food service* no Brasil está em expansão. Conforme o Mercado e Consumo (2015), a participação do setor nos gastos de famílias representa 33,3%, tendo um crescimento anual superior ao Produto Interno Bruto (PIB). Dentre as classes sociais, as famílias categorizadas como classe A gastam entre 45% e 50% do seu orçamento em alimentação fora do lar, enquanto que as classes B, C e D gastam 35%, 25% e 20% respectivamente.

O *Burger King* é uma rede de restaurantes do segmento de *fast-foods* norte-americana, fundada em 1953 por James McLamore e David Edgerton, tendo uma expansão irregular a partir de várias fases de administração. Em 2002, foi aberto o capital da empresa, sendo em 2 de setembro de 2010 a venda de suas ações para a 3G Capital, no Brasil, por 3,26 bilhões de dólares, o que facilitou a expansão da empresa em solo brasileiro.

A rede está dentre as seis maiores redes mundiais de alimentação, junto com o *McDonald's, Kentucky Fried Chicken, Subway, Pizza Hutt e Starbucks*. Entretanto, essa magnitude não está devidamente representada no Brasil, onde é concorrente direto do *McDonald's*, que detém em torno de um terço do mercado brasileiro de *fast-food*. Uma das razões é que a empresa líder entrou no país em 1979, tendo solidificado sua posição estratégica e *share of market* por meio das estratégias de entrada e operação em mercados internacionais, como o investimento direto, *joint-venture* e franquias.

O *Burger King* tem como missão ser a mais prazerosa experiência de alimentação, e, como visão, ser a marca de *fast-food* preferida, mais rentável, com pessoas talentosas e forte presença nacional. Segunda maior rede de hambúrguer do mundo, possui um posicionamento diferente da empresa líder, a começar pelo tipo de produto, grelhados com carnes selecionadas e com a possibilidade de personalização do lanche a partir do cliente. O Brasil representa em torno de 1% do faturamento anual da rede.

Sua primeira loja foi instalada em 2004, no shopping Ibirapuera, por meio de franquia entre a *Burger King* do Brasil e a *Burger King Corporation*, mas foi em 2011 que iniciou o processo de expansão por meio da estratégia de *joint-venture*, envolvendo a 3G Capital e a Vinci Partner. Além disso, a Temasek, empresa controlada pelo governo de Cingapura, injetou US$100 milhões de dólares no capital da empresa. Da primeira loja em 2004, a rede expandiu-se no país para 193 lojas em 2013 e 293 em 2014.

Globalmente, o *Burger King*, conforme o site *Marketing* 91 (2014), apresenta como pontos fortes uma marca reconhecida internacionalmente, uma quantidade de restaurantes e a diversificação geográfica em mais de setenta países como os Estados Unidos, e outros, na Ásia, Oriente Médio, América Latina, África e Canadá. Como pontos fracos, a vulnerabilidade às influências regulatórias trabalhistas norte-americanas e também internacionais. Outro ponto a ser considerado é que grande parte da rede é constituída pelos mesmos franqueados independentes por décadas, dificultando as negociações que envolvem as taxas e *royalties*.

Como oportunidades, a rede estabeleceu uma parceria com a *Starbucks*

Corp, em Seattle, para reformular o seu menu e incluir o café. Além disso, tem incorporado ingredientes considerados saudáveis, participação em campanhas sociais e ampliação da extensão do nível ampliado, incluindo *T-Shirts*.

Como ameaças, a estratégia de diminuir os preços tem inquietado alguns franqueados, pois eles consideram que não está de acordo com o contrato pactuado. Também a desaceleração da economia mundial tem impactado nos resultados financeiros da empresa, bem como o fato de que parte dos consumidores está à procura de alimentos mais saudáveis.

No Brasil, estando em segundo lugar, a empresa pode optar em seguir o líder, utilizando um *benchmarking* competitivo, de forma a tentar conquistar seus clientes. Outra é a identificação de nichos onde a empresa pode obter melhor inserção e crescimento dos negócios.

Para crescer de forma sustentada, a estratégia da rede envolve a presença em pontos de vendas obrigatórios como os da concorrência para ganhar visibilidade e também na periferia das capitais e cidades do interior. A estratégia envolve a política de preços cada vez mais competitiva, tendo como parte dos esforços a conquista da preferência da classe C.

A primeira estratégia faz sentido, levando em consideração o mercado das duas maiores empresas do setor de hambúrgueres. A primeira, devido à sua longevidade, investe maciçamente em pesquisa de localização de mercado. Entretanto, o *Burger King* não tem condições de se igualar ou superar a quantidade de pontos de vendas do *McDonald's* no curto e no médio prazo, sendo então uma opção dentre as diferentes redes de *fast-foods*. O *McDonald's* no Brasil, administrado pela *master* franqueada Arcos Dourados, conta com mais de 850 restaurantes e 84 *McCafés* no país.

A segunda estratégia leva em consideração o aumento gradual da classe C na economia brasileira, fenômeno que está ocorrendo no país desde 2003. Com um portfólio considerado diferente, a empresa procura o distanciamento da padronização dos lanches da empresa líder para uma oferta de produtos diferentes e com mais sabor.

Outro ponto importante é o novo posicionamento da marca. Conforme o Mundo do *Marketing* (2014), a estratégia está focada na experiência do consumidor. A campanha "Do seu jeito" trata da autenticidade do cliente e na sua opção de escolher os ingredientes dos lanches como o *Whooper* Rodeio e o *Chicken* Rodeio, resultados de pesquisas realizadas junto com o mercado consumidor.

RELAÇÕES INTERNACIONAIS

Para criar um novo posicionamento, uma empresa do porte do *Burger King* deve investir maciçamente em meios de comunicação de massa. Conforme o site Administradores (2014), a campanha envolveu ações com cobertura nacional em veículos de TV aberta, TV por assinatura, redes sociais, rádio e mobiliário urbano. Em vez de atores, a propaganda utilizou relatos de consumidores reais, no sentido de reforçar o posicionamento de marca voltada para a autenticidade.

De forma geral, a empresa tem apresentado resultados satisfatórios no país, considerando o seu curto tempo de permanência e considerando a posição da empresa líder e as características do Brasil, além da recessão econômica e da forte concorrência.

Questões para reflexão (10)

1. Qual a variável mais importante considerando o mercado internacional?

2. Qual a importância da pesquisa e do conhecimento das gerações comportamentais para os negócios e estratégias de *marketing* internacional?

3. Identifique, além dos financeiros e econômicos, benefícios das empresas que se internacionalizam.

4. Como os princípios elementares preconizados em Bretton Woods favorecem as empresas que desejam se internacionalizar?

5. Elabore uma análise *swot* de sua empresa. Que investimentos se tornam necessários para que ela se internacionalize ou aprofunde suas relações com o mercado internacional?

6. Identifique os principais *stakeholders* do sistema de valores da sua empresa. Como eles podem contribuir para o sucesso dos seus processos de internacionalização?

7. Como as empresas devem adaptar seu *marketing* mix de acordo com cada mercado internacional? O que deve ser adaptado?

8. Enumere e explique as diferenças e aplicações entre o *marketing* doméstico e o *megamarketing*.

9. Como as estratégias de exportação indireta e direta podem ser determinantes para empresas que desejam internacionalizar seus negócios?

10. Uma empresa pode utilizar mais de uma estratégia para a entrada e operação em mercados internacionais? Justifique e exemplifique a sua resposta.

Questões sobre o estudo de caso

1. Como você analisa as estratégias da empresa para o mercado brasileiro contextualizadas com as estratégias de entrada e operação em mercados internacionais?

2. Que similaridades e diferenças você identifica nas estratégias da empresa com outras do mesmo porte no mercado brasileiro?

3. Que oportunidades e ameaças você identifica na empresa considerando o mercado brasileiro?

4. Considerando que a empresa tem um planejamento e uma estratégia global, você concorda que essa se adapte às características, evidenciando a econômica, do mercado brasileiro?

5. Outras estratégias de entrada e operação poderiam ser consideradas para o crescimento da empresa?

Referências

ADMINISTRADORES. Burger King *Comemora 10 anos no Brasil e lança nova campanha*. Disponível em: <http://www.administradores.com.br/noticias/marketing/burger-king- comemora--10-anos-no-brasil-e-lanca-nova-campanha/93486/>. Acesso em 06 de fev. de 2016.

AMATUCCI, Marcos (Organizador); KUAZAQUI, Edmir; CONTEL, Fábio; TUROLLA, Frederico Araújo; AVRICHIR Ilan; FIGUEIREDO, Júlio; LIMA, Manolita Correia; BACHA, Maria de Lourdes; TELLES, Renato; BERNARDES, Sérgio Pio; ROCHA, Thelma; STREHLAU, Vivian Iara. *Internacionalização de empresas. Teoria, problemas e casos*. São Paulo: Atlas, 2009.

AGÊNCIA BRASILEIRA DE PROMOÇÃO DE EXPORTAÇÕES E INVESTIMENTOS (APEX). Disponível em: <http://www.apexbrasil.com.br/home/index>. Acesso em 9 de maio de 2016.

APRENDENDO A EXPORTAR. Disponível em: <http://www.aprendendoaexportar.gov.br/artesanato/019_frameset.htm>. Acesso em 9 de maio de 2016.

BANCO CENTRAL DO BRASIL. Disponível em: <http://www4.bcb.gov.br/pec/series/port/metadados/mg152p.htm>. Acesso em 19 de jun. 2016.

BURGER KING. Sobre o BK. Disponível em: <http://www.burgerking.com.br/about-bk.> Acesso em 06 de fev. de 2016.

CAVUSGIL, S. Tamer; KNIGHT, Gary; RISENBERGER, John R. *Negócios internacionais. Estratégia, gestão e novas realidades*. São Paulo: Pearson, 2010.

DEMONSTRAÇÕES FINANCEIRAS. BK Brasil *Operação e assessoria a restaurantes S.A.* 31 de dezembro de 2014 com Relatório dos Auditores Independentes. Disponível em: <http://bk-latam-prod.s3.amazonaws.com/sites/burgerking.com.br/files/documents/RDP438_2015_SPO.pdf>. Acesso em 06 de fev. de 2016.

DICKEN, Peter. *Mudança Global. Mapeando as novas fronteiras da economia mundial*. 5ª ed. Porto Alegre: Bookman, 2010. EVOLUTION OF JINTAN SEAMLESS CAPSULE. Disponível em: <https://translate.google.com.br/translate?hl=pt-BR&sl=en&u=http://www.jintan.co.jp/en/capsule/&prev=search>. Acesso em 08 de maio de 2016.

EXAME. *Nestlé e R&R criam empresa bilionária de sorvete*. Disponível em: <http://exame.abril.com.br/negocios/noticias/nestle-e-r-r-criam-empresa-bilionaria-de-sorvete>. Acesso em 08 de maio de 2016.

FERRAZ, Daniel Amin. *Joint venture e contratos internacionais*. Belo Horizonte: Mandamentos, 2001

FOLHA DE SÃO PAULO. *Grupo Fasano anuncia abertura de hotel de luxo nos EUA, Miami*. Disponível em: <http://www1.folha.uol.com.br/turismo/2015/08/1670648-grupo-fasano-anuncia-abertura-de-hotel-de-luxo-nos-eua-em-miami.shtml>. Acesso em 10 de fev. de 2016.

HITT, M. A.; IRELAND, R. D.; HOSKISSON, R.E. *Administração estratégica: competitividade e globalização*. 2a ed.. São Paulo: Thomson Learning, 2008.

KOTLER, Philip. Mega*marketing*. New York: Harvard Business Review, 1986.

KOTLER, Philip; ARMSTRONG, Gary. Princípios de *marketing*.12ed. São Paulo: Prentice-Hall, 2012.

KOTLER, PHILIP. *HSM entrevista Philip Kotler*. Intermanagers. Disponível em: <http://www.sebraepb.com.br:8080/bte/download/Marketing/94_1_arquivo_kotler.pdf>. Acesso em 20 de ago. de 2016.

KUAZAQUI, Edmir. *Marketing* internacional: *desenvolvendo conhecimentos e competências em cenários globais*. São Paulo: M.Books, 2007.

MARKETING 91. *SWOT analysis qof Burger King*. Disponível em: <http://www.marketing91.com/swot-analysis-of-burger-king/>. Acesso em 06 de fev. de 2016.

McCARTHY, E. Jerome. *Basic marketing: a managerial approach*. 6th ed. Richard D. Irwin, Homewood, 1978.

McDANIEL, Carl; GITMAN, Lawrence J. *O futuro dos negócios*. São Paulo: Cengage, 2011.

MCDONALD'S. Disponível em: <http://www.mcdonalds.com.br/?utm_source=Google&utm_medium=cpc&utm_content=Institucional_Desktop_1&utm_campaign=Institucional_Desktop&gclid=CMWe1s-55soCFQwEkQodW9gFkA>. Acesso em 06 de fev. de 2016.

MERCADO E CONSUMO. *Panorama do mercado de food service no Brasil.* Disponível em: <http://mercadoeconsumo.com.br/noticias/panorama-mercado-de-food-service-brasil/>. Acesso em 05 de fev. de 2016.

MINISTÉRIO DAS RELAÇÕES EXTERIORES. Organização Mundial do Comércio. Disponível em: <http://www.itamaraty.gov.br/pt-BR/politica-externa/diplomacia-economica-comercial-inanceira/132-organizacao-mundial-do-comercio-omc>. Acesso em 15 de jun. de 2016.

MINISTÉRIO DO DESENVOLVIMENTO, INDÚSTRIA E COMÉRCIO. Rodadas de Negociação. Disponível em: <http://www.desenvolvimento.gov.br/sitio/interna/interna.php?area=5&menu=369>. Acesso em 19 de jun. de 2016.

MINISTÉRIO DO DESENVOLVIMENTO, INDÚSTRIA E COMÉRCIO. Disponível em: <http://www.mdic.gov.br/index.php/component/content/article?id=1325>. Acesso em 20 de jun. de 2016.

MUNDO DO *MARKETING*. *Burger King estrutura novo posicionamento de marca.* Disponível em: <https://www.mundodomarketing.com.br/ultimas-noticias/31892/burger-king-estrutura-novo-posicionamento-de-marca.htmlh>. Acesso em 06 de fev. de 2016.

PORTER, Michael E. *Estratégia competitiva: técnicas para análise de indústria e da concorrência.* 7. ed. Rio de Janeiro: Elsevier Campos, 1986.

WORLD TRADE ORGANIZATION. *General agreement on tariffs and trade 1947.* Disponível em: <http://www.wto.org>. Acesso em 15 de maio de 2016.

CAPÍTULO 3

Relações internacionais: desafios e oportunidades de negócios do Brasil. Cadeia global de valor

Marcelo Rocha e Silva Zorovich

"A qualificação do processo como cadeia de valor advém do fato de a produção ocorrer em estágios que agregam valores adicionados." (GEREFFI; FERNANDEZ-STARK, 2011)

Objetivos do capítulo

- Discutir as principais perspectivas teóricas que sustentam a discussão acerca de cadeias globais de valor (CGV).
- Discutir a importância da inserção brasileira nas CGVs como fator de competitividade no setor automotivo.
- Analisar os principais desafios e oportunidades para o Brasil no setor e comparar com outros países.
- Estudo de caso complementar: combustíveis derivados de petróleo.

Introdução

Este capítulo a respeito de cadeias globais de valor (CGVs)[1] desenvolveu-se a partir da perspectiva teórica de Gereffi e Fernandez-Stark (2011), na qual denota a relevância das CGVs por estarem relacionadas diretamente à economia dos países, aos fatores produtivos, à transferência de tecnologia, bem como à inserção no comércio internacional e relação com as decisões dos formuladores de políticas públicas.

1 - Agradecimentos ao Professor José Luiz Pimenta Jr. pelos comentários e sugestões, assim como pela parceria nos estudos setoriais, e, sobretudo, referentes às CGVs.

Destaca-se o setor automotivo, ilustrado a partir de pesquisa quantitativa do tipo *Survey* (AGRESTI, FINLAY, 2012), com aplicação ligada às subsidiárias estrangeiras desse setor no Brasil, além de outras pesquisas empíricas. No caso da pesquisa quantitativa, 91 questionários foram respondidos[2], com foco na formação de centros de excelência (COEs). Os COEs podem ser entendidos como unidades organizacionais que incorporam um conjunto de capacidades que tenham sido explicitamente reconhecidas pelas empresas como uma importante fonte de criação e geração de valor (FROST; BIRKINSHAW; ENSIGN, 2002). Ademais, observa-se que esses recursos podem ser alavancados e/ou disseminados para outras partes da empresa e dispersos pela CGV, indicando uma possibilidade de *upgrading* aplicado à cadeia automotiva.

O estudo conclui que as atividades ligadas à inovação, à aquisição de tecnologia e à rede de negócios contribuem para a formação dos COEs, bem como para o entendimento da inserção brasileira nas CGVs como fator de competitividade. A concentração dessa pesquisa no setor automotivo ocorreu também em função de sua importância nos cenários industrial e produtivo, no qual representa aproximadamente 18% de participação no PIB industrial brasileiro, além de se destacar pela liderança em inovação tecnológica e competitividade (ANFAVEA, 2016).

No campo das relações internacionais, esse caso também sugere a importância do tripé formado pelas relações entre Estado(s)-Estado(s), Empresa(s)-Empresa(s) e Governo(s)-Empresa(s) (STEGER, 2003; DICKEN, 2010; ASQUER, 2012), favorecendo a formulação de estratégias para se delinear investimentos, fomentar a produtividade, além da potencial geração de empregos e renda.

Segundo a OECD (2012, 2013), a troca de mercadorias e serviços dentro das CGVs movimentou cerca de 60% do aumento do comércio internacional, passando de US$ 1 trilhão em 1990 para US$ 4,5 trilhões em 2010 (OECD, 2012; BAMBER, 2013), indicando oportunidades para o Brasil em

---

2 - Dissertação (Programa de mestrado em administração com concentração em gestão internacional) - Escola Superior de Propaganda e Marketing, São Paulo, SP, 2012. Zorovich, Marcelo Rocha e Silva. *A formação de centros de excelência no setor automobilístico brasileiro* / Marcelo Rocha e Silva Zorovich. – São Paulo, 2012. Disponível em: <http://www2.espm.br/sites/default/files/pagina/marcelo_zorovich.pdf>. Acesso em 01 de maio de 2016.

um momento em que o país discute suas parcerias comerciais internacionais visando à retomada do crescimento econômico. Neste contexto, quais os desafios e as oportunidades para o Brasil?

Conteúdo sobre cadeias globais de valor e centros de excelência

Ao longo das últimas décadas, o comércio internacional tem passado por várias transformações em âmbitos nacional, regional e global (OCDE, 2013; WTO, 2014; UNITED STATES TRADE REPRESENTATIVE, 2016). Enquanto as tendências de comércio internacional têm apontado para a fragmentação dos processos produtivos nas chamadas cadeias globais de valor, o Brasil parece ter perdido oportunidades e mantido sua participação de menos de 2% no comércio internacional (WTO, 2014). Ademais, o país pode ampliar sua adesão a novos acordos comerciais internacionais como forma de expandir suas parcerias e ampliar sua integração nas CGVs.

Concomitantemente, parte dessas mudanças está associada às empresas que têm desverticalizado e internacionalizado funções de manufatura e serviços cada vez mais complexos. Conforme argumenta Dallas (2015), há discordância sobre se a fragmentação da produção é substantivamente nova, exigindo alterações às teorias de comércio ou se simplesmente se referem a um aprofundamento secular da divisão internacional do trabalho.

Uma das abordagens que podem resumir esse tipo de situação é oriunda da globalização, processo que ganhou mais relevância a partir da década de 80 e início dos anos 90. De acordo com Rodrik (1997) e Dicken (2010), tão importante quanto a mobilidade das empresas multinacionais (MNCs) entre as fronteiras dos países é a velocidade com que a tecnologia embutida em seus produtos e serviços tem proporcionado, bem como a quantidade de informações transmitidas de um local para o outro. Nessa mesma linha, os autores destacam que muitos governos têm tido papel relevante como agentes nesse tipo de integração, seja por meio de medidas para reduzir as restrições para o comércio de bens e serviços ou por políticas que fomentem atuações em setores específicos. A globalização e a interdependência entre as economias têm favorecido tal dinâmica (KEOHANE, MILNER, 1996; SHARMA, 2008), pela qual se aplica ao setor estudado.

No setor automotivo, a internacionalização das operações produtivas e a competitividade internacional têm contribuído para novos desafios na gestão da cadeia de fornecimento da indústria automotiva global e brasileira. Como parte desse processo, houve um aumento do número de subsidiárias atuando globalmente, tanto de montadoras quanto de fornecedores. Esse fato também se relaciona com as estratégias organizacionais dessas empresas as quais têm desenvolvido e acumulado competências[3], permitindo assim maior inserção em toda a cadeia global de suprimentos (RACHID et al., 2006; QUINTÃO, 2008; PENG, 2008).

Alguns estudiosos do tema enxergam a questão das CGVs como um fenômeno relacionado "apenas como comércio", dirigido por atores menos conhecidos, porém determinantes, tais como dotação de fatores, tecnologia e ganhos de escala (CORDEIRO, 2014). Em contrapartida, outras abordagens diferem, incidindo sobre as ações estratégicas de empresas e a governança específica em cada setor, agindo como fatores que determinam a divisão de valor entre os países ou entre as atividades das empresas e elos produtivos dispersos internacionalmente (DICKEN, 2010; GEREFFI; FERNANDEZ- STARK, 2011).

Conforme argumentam Grossman e Rossi-Hansberg (2006), o processo de integração entre as estruturas produtivas ocorreu efetivamente pela integração econômica entre os países e a redução de entraves comerciais. As CGVs estão inseridas justamente nesse contexto, com bases em premissas que levam em consideração a interligação crescente das economias, a especialização das multinacionais e dos países em atividades e funções específicas de negócio, a *network* de compradores e fornecedores globais, além da fragmentação da produção como forma de aumento da produtividade e da competitividade até que produtos e serviços cheguem aos consumidores finais (OCDE, 2013).

---

3 - Conjunto de capacidades reconhecidas pela corporação como importante fonte de criação de valor, visto que podem ser aproveitadas e transferidas para outras parte da corporação (BARTLETT;GHOSHAL,1989).

determinantes, tais como dotação de fatores, tecnologia e ganhos de escala (CORDEIRO, 2014). Em contrapartida, outras abordagens diferem, incidindo sobre as ações estratégicas de empresas e a governança específica em cada setor, agindo como fatores que determinam a divisão de valor entre os países ou entre as atividades das empresas e elos produtivos dispersos internacionalmente (DICKEN, 2010; GEREFFI; FERNANDEZ- STARK, 2011).

O modelo de abordagem de Gereffi e Fernandez-Stark (2012) é relevante, não apenas porque incorpora variáveis fundamentais para mapear e interpretar a lógica de formação e funcionamento das CGVs, mas também pelo fato de clarificar a relevância dos governos nesse fenômeno. Torna-se fundamental assumir que, no mundo contemporâneo, as relações entre governos e empresas sejam requalificadas (STEGER, 2003; DICKEN, 2010; ASQUER, 2012), seja por parte governamental ou empresarial, tendo como dinâmica essencial as CGVs.

Observa-se que dentro de um processo no qual as rivalidades entre governos, de um lado, e entre empresas, de outro, estimuladas pela busca de espaço mais competitivo na economia global, tornaram-se mais intensas e abriram uma nova fronteira interorganizacional. Nesse sentido, empresas se tornaram mais envolvidas com governos, e esses por sua vez reconhecem que aumentaram a sua dependência dos recursos estratégicos e escassos controlados por elas (STOPFORD; STRANGE; HENLEY, 1991). No caso do Brasil, o país tem tido dificuldade e/ou limitação em se integrar e evoluir em estágios mais avançados de distintas CGVs em decorrência da composição entre o "uso da escalada tributária pelos importadores com o objetivo de transferir para si as etapas mais nobres da cadeia produtiva" e a combinação entre a baixa competitividade em setores estratégicos, de políticas públicas ineficientes, bem como do custo Brasil (CEBRI, 2014; ZOROVICH, VIDEIRA, 2015).

Além disso, no caso do setor automotivo, todo o processo de globalização, da internacionalização das operações produtivas e da competitividade internacional vem contribuindo para novos desafios referentes à gestão da cadeia de fornecimento cujo consumo vem crescendo em uma perspectiva de longo prazo, colocando o Brasil dentre os principais mercados mundiais, apesar da retração no curto prazo (ANFAVEA, 2016). Impulsionadas por suas próprias estratégias, as montadoras e os fornecedores do setor vêm acumulando competências organizacionais que os capacita para uma maior inserção na cadeia produtiva global (RACHID *et al.*, 2006; QUINTÃO, 2008; PENG, 2008).

Neste sentido, destaca-se a presença de subsidiárias inovadoras em âmbitos local, regional e global, pelas quais exercem o papel de COEs. Tais empresas exercem a capacidade de desenvolvimento de produtos para o âmbito mundial. Constata-se que as subsidiárias estrangeiras no Brasil estão investindo simultaneamente em P&D e produção. Isso pode ser entendido como uma representação da evolução da perspectiva dos COEs (AMATUCCI; BERNARDES, 2009).

Amatucci e Bernardes (2009) discutem o fato de que uma vez caracterizada a inovação nas subsidiárias, elas tendem a ganhar mandatos globais e/ou regionais. Desta forma, a especialização pode ocorrer por linha de produtos, na área de engenharia, ou acarretar na formação de COEs. Os autores constataram que em casos como o das empresas General Motors e Volkswagen do Brasil, houve o estabelecimento de centros de excelência. Outra importante contribuição dessa análise está referida à integração das atividades internacionais das montadoras. Além das competências dessas subsidiárias e dos seus respectivos mandatos globais, destaca-se a inserção das montadoras na cadeia global de produção.

O conceito de centros de excelência também está inserido nesse debate, podendo ser identificado a partir dos estudos a respeito da evolução das subsidiárias, assim como do controle e da coordenação da matriz em relação às subsidiárias (BARTLETT; GHOSHAL, 1986; JARILLO; MARTINEZ, 1991; FROST; BIRKINSHAW; ENSIGN, 2002). Essa abordagem também foi adotada por Holm e Pedersen (2000) que observaram os COEs como uma forma de alto valor agregado da subsidiária e que têm um papel estratégico na corporação. Os COEs são responsáveis por determinadas linhas de produto, áreas de pesquisa e desenvolvimento ou áreas específicas de negócio dentro da empresa, transcendendo o mercado local (FROST; BIRKINSHAW; ENSIGN, 2002). Essa visão está atrelada ao conceito de mandatos de produtos, frequentemente associada para descrever subsidiárias que tinham a responsabilidade para a fabricação de um determinado produto ou linha de produtos para os mercados regionais ou globais (RUGMAN; VERBEKE, 2001; BEAMAN, 2004).

Outra vertente dos centros de excelência também pode ser observada a partir das empresas que criam centros de excelência em torno de especializações funcionais particulares dentro das subsidiárias (FROST; BIRKINSHAW; ENSIGN, 2002). Nessa análise, cabe a abordagem de Mariotto (2007), segundo a qual, fundamentalmente, as habilidades e competências das MNCs modernas não necessariamente estariam localizadas na matriz, podendo, portanto, ser desenvolvidas nas operações internacionais da empresa, a exemplo do Brasil. Por essa via, o conceito de centros de excelência, e, sobretudo, de subsidiárias, está atrelado ao fato de se tornarem parceiras estratégicas (BARTLETT; GHOSHAL; BEAMISH, 2008) em que competências e conhecimentos são relevantes para que haja uma vantagem competitiva global.

Borini (2008) analisa que, de acordo com o conceito estratégico de corporação multinacional e com uma estrutura de rede diferenciada de subsidiárias, as competências de uma empresa multinacional podem ser desenvolvidas tanto na matriz quanto nas subsidiárias. O autor destaca que a competitividade das multinacionais depende do desenvolvimento de competências organizacionais que possam ser criadas e transferidas ao redor do mundo (BARTLETT; GHOSHAL, 1986; 1989).

Quanto a esse aspecto, quando se observa que produtos ou serviços precisam de adaptações locais, há um desenvolvimento de conhecimento local que deve ser endereçado em função da realidade local, parte que pode ser útil internacionalmente. Tal conhecimento pode ser transferido para outras parceiras da rede integrada ou subsidiárias, ou mesmo para a matriz (BIRKINSHAW; MORRISON, 1995).

Na visão de Bartlett e Ghoshal (1986), empresas consideradas bem-sucedidas adotaram uma estrutura organizacional que pode ser definida como uma rede integrada de operações especializadas e interdependentes, favorecendo a adaptação local, além de ser um estímulo à inovação. Eles sugerem justamente que a inovação envolve não apenas a matriz, mas também as subsidiárias, diferenciando os papéis e responsabilidades (MARIOTTO, 2007).

Amatucci e Bernardes (2007, 2009) ainda salientam essas mesmas características para algumas subsidiárias da indústria automotiva que atuam no mercado brasileiro. Ressalta-se, portanto, que as MNCs precisam desenvolver uma configuração diferenciada de ativos e competências. Decidem-se, primeiramente, quais os recursos-chave e quais aptidões podem ser mais bem centralizadas no país hospedeiro da operação, não somente para que se busquem economias de escala, mas também para que se protejam certas competências, de maneira a prover a supervisão necessária condizente ao gerenciamento (BARTLETT; GHOSHAL; BEAMISH, 2008).

Algumas subsidiárias podem atuar de forma mais integrada com a matriz, enquanto outras subsidiárias agem de maneira mais autônoma (BORINI, 2008). Portanto, o papel das subsidiárias é diferenciado em função dos recursos, das capacidades, bem como em face da importância estratégica que ocupam em relação à matriz (BARTLETT; GHOSHAL, 1986, 1989; BARTLETT; GHOSHAL; BEAMISH, 2008). Esse estudo de caso trata exatamente dessas dinâmicas aplicadas às subsidiárias estrangeiras do setor automotivo no Brasil.

Ressalta-se que a discussão a respeito de centros de excelência adotada nesse estudo encontra eco em Quintão (2008), assim como em Amatucci e Bernardes (2009). Frost, Birkinshaw e Ensign (2002) definem os COEs da seguinte forma:

> As empresas que são *players* globais se beneficiam principalmente de sua capacidade de gerir o seu conhecimento - assimilando novos conhecimentos de todo o mundo, construindo novos conhecimentos por meio da interação entre os profissionais e disseminando o conhecimento por meio da empresa e/ou de seus parceiros. Os centros de excelência representam a melhor prática de gestão do conhecimento. Formalmente com a responsabilidade de alavancar e /ou tornar o conhecimento disponível em toda a rede integrada da empresa, os COEs fornecem um ponto focal para a disseminação do conhecimento e das competências das empresas multinacionais. São unidades organizacionais que incorporam um conjunto de capacidades que tenham sido explicitamente reconhecidas pela empresa como uma importante fonte de criação de valor, com a intenção de que esses recursos sejam alavancados e/ou disseminados para outras partes da empresa (FROST; BIRKINSHAW; ENSIGN, 2002. Traduzido pelo autor).

Aplicações teórica e prática

Para realizar uma análise consistente das CGVs, este capítulo discutirá as etapas descritas por Gereffi e Fernandez-Stark (2011). A primeira é a identificação de estruturas *input-output*. Neste caso, o mapeamento da cadeia é necessário desde a estrutura produtiva (utilização de insumos) até a logística de distribuição e vendas ou outros processos relevantes como logística reversa.

A importância desse mapeamento reflete as especificidades de cada setor. Um segundo aspecto diz respeito à importância de caracterizar o escopo geográfico da cadeia, identificando empresas e/ou países líderes em cada um dos setores ou processos produtivos, averiguando áreas de oportunidade para o Brasil. O terceiro ponto, conhecido como governança, pode ser descrito como um conjunto de determinantes-chave que pautam a relação entre os agentes em uma determinada CGV. Finalmente, a abordagem definida por Gereffi e Fernandez-Stark (2011) considera o contexto institucional como uma série de condições e normas que moldam e regulam a cadeia e o setor, seja em âmbitos nacional, regional ou internacional.

De acordo com Pereny (2012), a estrutura de governança está relacionada de forma estreita com as questões do contexto institucional, assim como o escopo geográfico sugere uma relação direta com a governança e as atividades dispersas de especialização relacionadas, a exemplo dos centros de excelência abordados neste caso da cadeia automotiva. Com base em tal metodologia, esta seção versará sobre a cadeia global do setor automotivo. Ressalta-se que as atividades e os processos, bem como os respectivos elos associados, são inerentes uns aos outros, assim como a dispersão geográfica que conjuga atividades que ocorrem dentro ou entre empresas ou dentro e fora das fronteiras nacionais.

A inserção internacional das empresas reflete não apenas as suas próprias estratégias, mas também os interesses dos governos nacionais, tanto os de origem, bem como os de destino. Nessa linha, o debate internacional, também em torno da formação das cadeias globais de valor (CGVs), ganha relevância (GEREFFI, FERNANDEZ- STARTK, 2011). As CGVs podem ser entendidas como toda a fragmentação e o escopo mundial assumido pelo conjunto de atividades realizadas desde a concepção até a entrega de um bem ou serviço.

Tendo em vista as suas características de dispersão e interconexão das atividades comerciais, produtivas e financeiras em escala mundial, tais cadeias tornaram-se a força central que impulsiona as mudanças estruturais em muitas economias modernas (STURGEON *et al.*, 2014). Desse modo, tornam-se, por um lado, um fenômeno de interesse empresarial, possibilitando às empresas maximizarem ganhos econômicos, políticos, tecnológicos e de aprendizagem. De outro lado, podem ser observados como um tema prioritário às agendas governamentais, visto que as formações dessas cadeias geram melhorias de produtividade e de infraestruturas das economias nacionais, assim como intensificam os fluxos comerciais e de investimentos, impactando positivamente indicadores de emprego e renda (STURGEON *et al.*, 2014), conforme ocorre no setor automotivo.

Neste sentido, não apenas as empresas se voltam ao cenário internacional, buscando elaborar estratégias de internacionalização via inserção e avanço nas CGVs de seus setores, mas também os governos direcionam esforços de políticas para influenciar tal processo e estimular a inovação. A maioria dos governos dos principais países mostra empenho para tornar a sua economia um ambiente atrativo, de modo que as empresas nacionais se envolvam em elos de maior valor das cadeias globais (STURGEON *et al.*, 2014).

Na indústria automotiva, a globalização do setor tem possibilitado ampla difusão dessas práticas por meio das redes interorganizacionais, reflexo do relacionamento das subsidiárias com seus parceiros de negócios, incluindo a própria matriz, outras subsidiárias da mesma organização, relação com os próprios fornecedores do setor, além do papel do governo com respeito ao estímulo à inovação (POWELL; SMITH-DOER, 1994; POWELL; KOPUT; SMITH-DOER 1996; BOHE, 2007; QUINTÃO, 2008; CONSONI; QUADROS, 2009; AMATUCCI; BERNARDES, 2009).

A proliferação de montadoras do setor automobilístico no Brasil, relacionada com as suas diferentes estratégias, vem favorecendo o desenvolvimento de uma base de fornecedores, aos quais, por sua vez, têm também acumulado competências, sendo capacitados para uma maior inserção na cadeia produtiva (RACHID *et al.*, 2006), abrindo espaço para o aprofundamento do referencial teórico em questão, já que os COEs podem estar dispersos na *network* das MNCs. Esta relação empresa-empresa também identifica os fornecedores como parte importante para a formação de COEs (FROST; BIRKINSHAW; ENSIGN, 2002).

Todo o processo de globalização, atrelado à internacionalização das operações produtivas, à competitividade internacional (PENG, 2008) e à abertura do mercado brasileiro nos anos 90, tem contribuído para novos desafios aos governos e às empresas na gestão de sua cadeia de fornecimento da indústria automobilística no Brasil (MERCADANTE, ARAMITA; DE ARAÚJO, 2006; QUINTÃO, 2008; (STEGER, 2003; DICKEN, 2010; ASQUER, 2012).

Tais aspectos têm trazido para as subsidiárias das MNCs mudanças significativas em seu papel, sobretudo por meio de maior inserção nas estratégias globais da matriz. Essas mudanças contribuem para a passagem de um modelo de empresa multidoméstica (PORTER, 1989) para um modelo de empresa transnacional (BARTLETT; GHOSHAL, 1986), favorecendo a atuação em rede (CASTELLS, 1999). A perspectiva de atuação em rede é adequada à necessidade de transferência de conhecimento a partir da parceria entre subsidiárias de montadoras do setor automobilístico brasileiro e os seus fornecedores.

O setor automotivo global e brasileiro

Globalmente movimentando cerca de US$ 2,5 trilhões anualmente, a cadeia automotiva consome cerca de 50% do total de borracha, além de 25% do total de vidro e 15% do total de aço produzidos no mundo. Para operar e dar continuidade às atividades são necessários mais de oito milhões de colaboradores diretos e mais de cinco empregos indiretos, a entender, gerados para cada emprego direto. Compreende uma multiplicidade de atores e possui relação de interdependência com diversos outros segmentos da economia – como metalúrgico, siderúrgico, químico, energético, tecnologia da informação e serviços, somente para citar alguns (CASOTTI; GOLDENSTEIN, 2008; DIEESE, 2011; CIESP, 2015).

No Brasil, o setor automotivo está presente em todas as regiões brasileiras com 64 unidades industriais responsáveis por geração de renda e emprego. Nas últimas décadas, a indústria mudou significativamente. Em 1957, o setor empregava 9,8 mil funcionários e gerava 140 mil empregos diretos e indiretos, fabricava 30,5 mil veículos, comercializava quase 31 mil e não exportava nem um deles.

Atualmente, são mais de 130 mil colaboradores diretos e 1,5 milhão de empregos na cadeia produtiva. Em anos de volumes recordes, já foram produzidas mais de 3,73 milhões de unidades e 3,80 milhões já foram vendidas. As exportações também já chegaram a um patamar surpreendente com quase 900 mil unidades negociadas com outros países (ANFAVEA, 2016). O cenário de curto prazo é desafiador em função do cenário político-econômico no Brasil.

Estrutura *input-output*

Várias são as formas de análise da cadeia do setor automotivo. Uma das formas de análise dessa CGV parte das atividades associadas à projeção dos produtos, levando em consideração as especificidades de cada mercado, dos consumidores, das tendências em *design* e as inovações tecnológicas. Essas atividades são majoritariamente realizadas pelas matrizes das montadoras em parceria com os fornecedores globais, regionais e as subsidiárias (BIESEBROECK; SCHMITT, 2013).

Ser um fornecedor global significa entregar os principais sistemas para as montadoras, o que implica não só coparticipação no elo de projeção, como também em alto grau de envolvimento no elo de *assembly*, responsável pela junção de tudo o que até então foi produzido, constituindo o produto final para o consumidor. Geralmente, esses fornecedores são os que mantêm os melhores níveis de relacionamento com as montadoras e as acompanham globalmente, sendo conhecidos como *follow sourcing*. É por esse motivo que a indústria tem apresentado ganhos de capacidade, uma vez que o conceito de *follow sourcing* pode resultar em melhorias significativas em termos de ganho de competitividade. Sendo assim, vale frisar que as estratégias desenvolvidas nesse elo são voltadas para a diminuição dos custos dos veículos e para a melhoria do desempenho das montadoras (LIMA, 2014).

Igualmente relevante é a qualidade indispensável dos insumos para a produção das partes dos automóveis. O tipo de insumo utilizado também varia de acordo com o projeto do veículo, principalmente em termos de *design* e potência. Alguns dos fornecedores são globais, caracterizando-se como *tiers* 1 (1º nível), 2 (2º nível) e 3 (3º nível).

Os fornecedores de *tier* 1, que apresentam alto de grau de proximidade com as montadoras, estão em geral associados a produtos e serviços de intenso grau tecnológico, além da exigência em competências técnicas aprimoradas em *design* e inovação (RACHID *et al.*, 2006; NETO; PÍRES, 2007). A competitividade e as incertezas de cunhos econômico e tecnológico também favoreceram um novo alinhamento dos objetivos e arranjos organizacionais entre montadoras e fornecedores. Como consequência, pode-se dizer que os fornecedores de primeiro nível passaram a desempenhar novos papéis na cadeia de suprimentos desta indústria.

No caso da indústria automotiva, ressalta-se que há casos em que a inovação é impulsionada pelos próprios fornecedores do setor, havendo posterior adoção das inovações por parte das montadoras. Em pesquisas anteriores realizadas predominantemente com empresas pertencentes ao *tier* 1, foram investigadas várias inovações (melhoria de produto, componentes, sistemas, material, *design* etc), além de analisar as principais barreiras e os facilitadores para os processos de inovação (RUBENSTEIN; ETTLIE, 1979).

Constatou-se a relevância das leis federais e das regulamentações governamentais, pois tais interferem diretamente em processos ligados à inovação. Em mercados emergentes, investimentos em inovação também viraram estratégicos não somente para as subsidiárias de montadoras do setor automotivo, como também para os fornecedores de primeiro nível (*tier* 1) (MAIA; CERRA; FILHO, 2005).

Nesse estudo de caso, de acordo com os resultados da pesquisa quantitativa do tipo *survey*, houve predominância (52%) dos fornecedores de primeiro nível (*tier* 1), seguido pelos fornecedores de segundo nível (*tier* 2), conforme a tabela 1. Ademais, houve preponderância de empresas europeias (60%). Sendo assim, 58% das empresas entrevistadas iniciaram suas atividades no Brasil a partir da década de 90; período, esse, que apresenta abertura econômica em decorrência da formação dos principais blocos econômicos e do advento do Mercosul (MERCADANTE, JUNIOR, DE ARAÚJO, 2006).

Até o final dos anos 90, no caso da indústria automotiva, defendia-se a ideia de que as MNCs dependiam totalmente da matriz para o desenvolvimento de competências e inovações tecnológicas, acumulando pouca capacidade própria. No entanto, há evidências de que não se podem generalizar as limitações das subsidiárias de montadoras com respeito ao desenvolvimento dessas competências, lançando luz acerca da importância da integração com os fornecedores.

Em geral, os fornecedores de *tier* 2 trabalham com desenvolvimento de projetos requeridos pelas montadoras. Eles têm capacidade limitada de atendimento a mercados, em parte porque estão muito ligados às atividades de engenharia e focados em padrões de qualidade, especificidades legais e técnicas dos diversos países. Os fornecedores de *tier* 3 são aqueles que fornecem os produtos básicos. Muito presentes nos países emergentes, as habilidades oferecidas não dependem necessariamente de alto grau tecnológico, concorrendo em grande medida com respeito à variável preço (QUINTÃO, 2008).

Tabela 1: Tiers – Entrevistas realizadas com fornecedores - %

TIERS	Entrevistas realizadas com os fornecedores - %
Tier 1	52%
Tier 2	20%
Tier 3	8%
Tier 1 e 2	16%
Tier 1,2 e 3	4%
TOTAL	**100%**

Fonte: autor, com base nos resultados da pesquisa quantitativa.

Conforme o gráfico 1 abaixo, o perfil das empresas entrevistadas indicou maior preponderância de companhias de origem europeia (60%), seguidas de empresas de origem americana. Com relação ao tamanho, 59% das empresas entrevistadas tinham até 500 funcionários, enquanto 22% tinham acima de 1000 colaboradores, 9% dos entrevistados ocupavam cargos de superintendência, gerência geral e diretoria, enquanto 63% ocupavam posições gerenciais. Dentre as principais áreas entrevistadas, destacam-se engenharia, produção, processos, operações, qualidade, vendas, comercial, administração e logística, correspondentes às principais áreas que compõem a CGV do setor.

Gráfico 1: Procedência das empresas entrevistadas - %

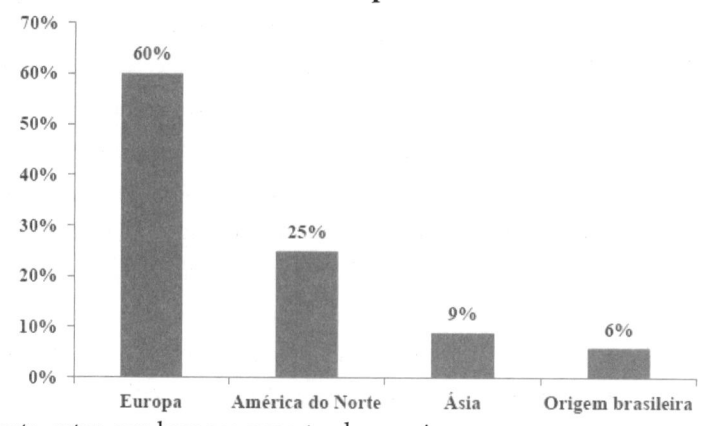

Europa	América do Norte	Ásia	Origem brasileira
60%	25%	9%	6%

Fonte: autor, com base nas respostas da pesquisa.

Os *tiers* estão especificados como parte das atividades produtivas, e as atividades de pesquisa, desenvolvimento e inovação podem incidir sobre etapas distintas da cadeia, como no caso dos COEs (pesquisa, desenvolvimento e inovação), a acrescentar, que podem estar dispersos na CGV.

Verifica-se que as MNCs têm evoluído em suas estratégias competitivas nesse setor, participando de redes globais de produção. Tais fatores incentivam um movimento de busca das matrizes por ganhos de escala e eficiência produtiva oriunda da adoção de estratégias de integração com os fornecedores. Assim, as MNCs passaram a programar, por exemplo, mudanças na forma de organização das atividades de P&D e inovação tecnológica por meio da descentralização e de redes integradas.

Nesse contexto, destaca-se, portanto, a importância da parceria entre montadoras e fornecedores da indústria automotiva, principalmente no que diz respeito à formação de centros de excelência (COEs) (MAIA; CERRA; FILHO, 2005; RACHID *et al.*, 2006 ; QUINTÃO, 2008).

Bartlett, Ghoshal e Beamish (2008) também resgataram a visão de que as MNCs podem conseguir tanto a diferenciação quanto a integração a partir do desenvolvimento de competências em rede (CASTELLS, 1999). Em linha com essa visão, a coordenação e o gerenciamento da rede da multinacional são conquistados mediante processos, métodos, técnicas de produção e características variadas, dependendo das condições em que se encontram as empresas e o seu mercado de atuação (BARTLETT; GHOSHAL; BEAMISH, 2008). Assim, nessa área de estudo das CGVs, o conceito de redes (CASTELLS, 1999) tem papel fundamental nas relações mais próximas, como no caso dos fornecedores e das montadoras do setor automotivo, favorecendo a difusão e a transferência de conhecimento.

O trabalho em redes nas CGVs desdobra-se em parceiros internos e externos, resultante da relação com subsidiárias parceiras e a própria matriz e/ou da relação com os fornecedores já citados (LAZZARINI, 2008). Para esse estudo, foram consideradas tanto a importância da rede de negócios para as estratégias das subsidiárias e sua respectiva importância no contexto competitivo (BORINI *et al.*, 2009, CONSONI; QUADROS, 2009, BOHE, 2007; AMATUCCI; BERNARDES,

2009), bem como a importância da rede técnica (ANDERSSON; FORSGREN; HOLM, 2002; LAKSHMAN; PARENTE, 2008). Tais questões referentes às redes técnicas e de negócios também ilustram as relações empresa-empresa e empresa-governo (STEGER, 2003; DICKEN, 2010; ASQUER, 2012).

Os estudos a respeito de rede de negócios (LAZZARINI, 2008; LAKSHMAN; PARENTE, 2008; ANDERSSON; FORSGREN; HOLM, 2002) para as estratégias das subsidiárias têm sido amplamente debatidos, sobretudo por possibilitar a transferência de conhecimento e a disseminação de competências para toda a MNC (ANDERSSON; FORSGREN; HOLM, 2002; COSTA; BORINI, 2011).

Na indústria automotiva, a globalização do setor tem possibilitado ampla difusão dessas práticas por meio das redes interorganizacionais, reflexo do relacionamento das subsidiárias com seus parceiros de negócios, incluindo a própria matriz, outras subsidiárias da mesma organização e os próprios fornecedores do setor, sem contar a importância da busca por inovação (POWELL; SMITH-DOER, 1994; POWELL; KOPUT; SMITH-DOER 1996; BOHE, 2007; QUINTÃO, 2008; CONSONI; QUADROS, 2009; AMATUCCI; BERNARDES, 2009).

A análise da rede técnica, a partir de seus vínculos produtivos e tecnológicos, passa a ser de fundamental importância. Além das incertezas tecnológicas e econômicas, há estudos sobre as mudanças estratégicas das montadoras e maior relevância dos fornecedores diretos das montadoras, visto que tais assumem papel de destaque na rede de fornecedores da indústria automotiva (QUINTÃO, 2008). As relações mais próximas com os fornecedores de primeiro nível favorecem a difusão e a transferência de conhecimento. O pressuposto permite que se estabeleçam canais pelos quais podem proliferar, transferir produtos e serviços, recursos, informações, inovação e tecnologia dentro da CGV. É nesta linha que o presente estudo segue sua análise, ou seja, a partir da importância da rede de negócios e da rede técnica, permitindo o desenvolvimento de produtos, processos e técnicas de produção que contribuem para a formação de COEs (QUINTÃO, 2008).

Particularmente em relação à indústria automotiva, Lakshman e Parente

(2008) defendem o pressuposto com respeito à relação entre montadoras e fornecedores com resultados que geram vantagens competitivas na gestão da cadeia de suprimentos. O acesso das subsidiárias aos recursos da rede pode favorecer a transferência de capacidades para outras unidades das MNCs, fomentando a formação de competências (ANDERSSON; FORSGREN; HOLM, 2002).

Nesse estudo, outro aspecto de relevância diz respeito à aquisição de tecnologia e outros conhecimentos relacionados. As decisões estratégicas referentes à tecnologia devem focar nas capacidades que lhes permitam ter distintas vantagens competitivas (KOTABE *et al.*, 2007), seja por meio do desenvolvimento e/ou da aquisição dessas capacidades. Com referência à inovação, argumenta-se que alguns dos efeitos importantes oriundos do processo de globalização e da acirrada concorrência exigem que as MNCs se deparem com a necessidade baseada no uso de inovações também a partir de sua rede (BARTLETT; GHOSHAL; BEAMISH, 2008).

O conceito de inovação pode ser explorado pelas MNCs tanto com base na pesquisa e recursos internos, bem como pela exploração de ideias e recursos externos à corporação, ressaltando que o ponto-chave é a conexão entre a empresa e os fornecedores, tal como a maneira de integrá-los. Outro argumento é de que as empresas podem inovar de formas distintas, seja por meio do desenvolvimento de produtos e serviços, processos ou a forma de gestão (KOTABE; MURRAY, 1990; CHESBROUGH, 2003).

A inovação engloba, portanto, a exploração e a aquisição do *know-how* por meio de fontes internas e externas, decorrentes das parcerias mediante as relações globais com as subsidiárias irmãs e/ou a matriz, assim como com os fornecedores (QUEIROZ, 2001; SCHMID; SCHURING, 2003; CHESBROUGH, 2003; SANTOS; DOZ, WILLIAMSON, 2004). Amatucci e Bernardes (2009) também explicam que a competitividade tem forçado as montadoras de automóveis a ampliar o foco em inovações, particularmente em relação à segurança, à qualidade, ao estilo e à confiabilidade.

Conclui-se, assim, que a formação de competências voltadas para a inovação, transferência de tecnologia e desenvolvimento de produtos que permitam vantagens competitivas resulta não só do relacionamento entre as subsidiárias e a matriz, mas também da relação entre as montadoras e os fornecedores, no caso da indústria automotiva (RACHID *et al.*, 2006; LAZZARINI, 2008 ; LAKSHMAN; PARENTE, 2008).

Um dos fatores indutores dessas competências, de acordo com Porter (1990), o contexto de negócios é definido principalmente com base na demanda do mercado interno e aspectos intrínsecos à competitividade. Há outros fatores que foram levados em consideração, tais como a relevância de barreiras tarifárias, políticas tributárias e a infraestrutura rodoviária (AMATUCCI; BERNARDES, 2009).

O contexto de negócios e o ambiente competitivo em âmbito internacional são tratados por alguns autores, haja vista que eles dão mais ênfase aos países desenvolvidos (RUGMAN; D'CRUZ, 1993; MOON *et al.*, 1998). Porter (1990) também afirma que o contexto de negócios de algumas nações seria propício para o desenvolvimento de certas indústrias. Em seu modelo do diamante competitivo, o autor identificou quatro atributos que teriam relação intrínseca entre si e que estariam presentes no contexto de negócios dos países: estratégia, estrutura e rivalidade, condições dos fatores, bem como condições da demanda e indústrias relacionadas. Também há a importância do governo à medida que as políticas governamentais influenciam positivamente as quatro determinantes mencionadas.

Na indústria automotiva brasileira, Amatucci e Bernardes (2009) explicam a influência da política tributária brasileira com respeito ao comportamento dos consumidores de automóveis, interferência nos preços e o reflexo que ocorre no desenvolvimento de novos modelos. Em seus estudos, enfatizam o "efeito colateral da política tributária", no caso da empresa General Motors, justamente para a escolha da subsidiária brasileira como responsável para sediar projetos de âmbito global para picapes. Esse fator, em conjunto com as condições das estradas no país, contribui para o desenvolvimento de competências nas subsidiárias brasileiras (AMATUCCI; BERNARDES, 2009).

O gráfico 2 ilustra a participação dos tributos sobre automóveis no preço ao consumidor no Brasil e o comparativo com outros mercados internacionais, confirmando a alta incidência tributária que incide no mercado brasileiro (ANFAVEA, 2016), diminuindo a competitividade e onerando os preços ao consumidor já endividado.

Gráfico 2: Percentual de impostos sobre o preço público de automóveis no Brasil e em outros países

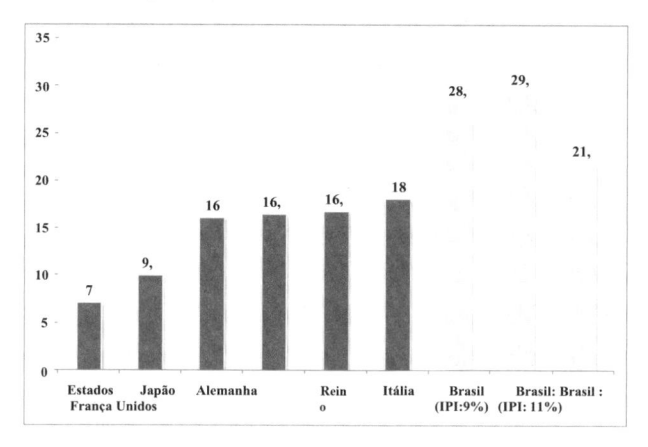

País	%
Estados Unidos / França	7
Japão	9
Alemanha	16
Reino	16
Itália	16
Brasil (IPI: 9%)	18
Brasil (IPI: 11%)	28
Brasil	29
	21

Fonte: Anfavea, 2016.

Mariotto (2003) também estudou a importância da política de proteção governamental, referindo-se, sobretudo, à alta alíquota de importação por parte do governo brasileiro como barreiras tarifárias, sugerindo que a política governamental teve papel importante no desenvolvimento da rede de fornecedores e respectivas competências. Amatucci e Bernardes (2009) ainda sugerem que as condições da infraestrutura das estradas brasileiras impactam na capacitação da engenharia local, credenciando as subsidiárias das montadoras brasileiras para o desenvolvimento de produtos em função das exigências técnicas que derivam daí.

Dispersão geográfica

Conforme discussão acima, as atividades da cadeia do setor automotivo são globalmente dispersas, como pode ser observado no mapa apresentado a seguir. Apesar disso, alguns países concentram mais atividades do que outros, o que ocorre devido à produção ser altamente sequencial e devido às estratégias das multinacionais. Muitas das atividades são coordenadas pelos *headquarters* das montadoras e/ou lideradas pelas subsidiárias, destacando estratégias que serão fundamentais na definição do *design*, da performance do produto, de quais mercados serão abordados, do preço praticado em cada mercado e dos destinos dos recursos de P&D, onde também estão inseridos os COEs.

Em geral, tal fato tem por consequência a alocação conjunta dos elos de projeção e *marketing* em países como Alemanha (exemplo de Volkswagen e BMW), Estados Unidos (exemplo de Ford e Chevrolet), Japão (exemplo de Nissan e Honda), Coreia do Sul (exemplo de Hyundai e Kia), França (a exemplo da Renault), dentre outros exemplos. O elo de insumos é um dos mais dispersos ao longo da cadeia, pois as peças e as partes dos automóveis derivam de diversos materiais, como, por exemplo, aço, vidro, borracha e polímeros em geral, especialmente o plástico (INDÚSTRIA HOJE, 2014; EUROMONITOR b, 2015; EUROMONITOR c, 2015; EUROMONITOR d, 2015; WORLD STEEL ASSOCIATION, 2014).

Como já colocado, os fornecedores de *tiers* 1, 2 e 3 estão comportados de maneira particular. As atividades associadas ao *tier* 1 são encontradas e concentradas, em sua maioria, nos EUA, na Alemanha, no Japão, na Espanha, na Itália, na França e no Canadá, por serem países com o nível tecnológico exigido pelas montadoras para produzir as peças e prestar os serviços necessários. No entanto, atividades associadas aos COEs podem estar dispersas entre as subsidiárias de forma internacional, como no caso dessa pesquisa aplicada no Brasil. Já as atividades do *tier* 2, por fornecerem soluções de engenharia subordinadas a aspectos legais e técnicos, são encontradas, em linhas gerais, nos países com forte presença das montadoras. Por fim, atividades e funções do *tier* 3 estão atreladas ao elo de insumos, visto que as peças e os componentes básicos possuem menor valor agregado, e, em geral, são relativos a um grau de industrialização baixo quando comparado aos países que alocam os *headquarters* (DEPEC, 2015).

Para identificar a alocação dos elos de vendas e pós-venda é necessário observar os maiores consumidores de automóveis do mundo. É notável que os países com maiores populações e poder de compra são os principais detentores dos elos de venda e pós-venda. A China, por exemplo, ocupa o primeiro lugar no ranking, sendo um mercado quase 7% maior do que o dos EUA, país que por sua vez ocupa o 2º lugar no comparativo. Os outros países de destaque são Japão, Brasil, Alemanha, Índia, Reino Unido, Rússia, França e Canadá (EUROMONITOR a, 2015).

Por fim, o elo de PD&I é definido segundo a capacidade de inovação dos países. Além de ser uma atividade-chave, está sob controle direto ou pelos *headquarters* das montadoras ou ainda pelas subsidiárias, onde também se encontram os COEs.

Observa-se a relevância estratégica do Brasil, ilustrada pela competitividade setorial e pelas ofertas ao consumidor, e, sobretudo, devido ao crescimento de mais de 200% no número de marcas internacionais entre os anos de 2000 e 2012.

Os processos de globalização, de internacionalização das operações produtivas e de competitividade internacional dessa CGV têm contribuído para novos desafios na gestão da cadeia de fornecimento da indústria automotiva brasileira. Como parte desse processo, houve um aumento do número de subsidiárias e de marcas, tanto de montadoras quanto de fornecedores no país. Esse fato também se relaciona com as estratégias organizacionais dessas empresas, uma vez que elas têm desenvolvido e acumulado competências, lançado novos produtos, permitindo sua maior inserção em toda a cadeia global de suprimentos (RACHID *et al.*, 2006; QUINTÃO, 2008; PENG, 2008), a exemplo dos COEs. Ilustra também o potencial do mercado brasileiro.

Governança

O setor automotivo é fortemente controlado pela indústria, permitindo com que empresas transnacionais tenham papel central na coordenação de toda a rede de fornecedores e subcontratados, principalmente porque a produção é caracterizada por intensivos fluxos de capital e tecnologia, buscando atender o mercado mundial de automóveis (Gereffi, 1994). O quadro um ilustra os determinantes-chave da governança.

Quadro 1 – Determinantes-chave da governança

Tipo de governança	Complexidade das transações	Codificabilidade da informação	Capacidade da base de fornecimento	Grau de coordenação explícita e assimetria de poder
Mercado	Baixa	Alta	Alta	Baixo
Modular	Alta	Alta	Alta	↕
Relacional	Alta	Baixa	Alta	
Cativa	Alta	Alta	Baixa	Alto
Hierárquica	Alta	Baixa	Baixa	Alto

A CGV do setor automotivo não pode ser enquadrada em apenas um modelo de governança, tendo em vista os diferentes tipos de relação que a indústria mantém com seus fornecedores. Embora os fornecedores globais de *tier* 1 e de *tier* 2 apresentem governança do tipo modular, os fornecedores de *tier* 3 tendem a se enquadrar no modelo de mercado.

Devido ao alto envolvimento dos fornecedores globais e de *tiers* 1 e 2 na projeção, na produção de automóveis e no fornecimento de peças e serviços específicos e com graus técnico e tecnológico elevados, é possível inferir que há alto volume de trocas de conhecimento e informação entre esses tipos de fornecedores e a indústria – o que, em outras palavras, significa que há alta complexidade das transações – de modo a desenvolver alta codificabilidade da informação e alta capacidade de fornecimento (CARIO; TORRES, 2012).

À exceção dos fornecedores de *tier* 3 (em sua maioria), os fornecedores automotivos são empresas multinacionais, e, muitas vezes, uma mesma empresa fornece para mais de uma montadora no país. A questão que leva esses fornecedores a acompanharem a indústria está diretamente ligada às facilidades logísticas e ao processo sequencial de produção, e não necessariamente à necessidade de as montadoras controlarem todas as atividades de seus fornecedores. Assim, o sistema *just-in-time* ocorre como consequência dessa relação, tornando-se indispensável à linha de produção que precisa de pronto atendimento (CARIO; TORRES, 2012).

A relação da indústria com os fornecedores de *tier* 3 está diferenciada, visto que os produtos fornecidos por essas empresas, em geral, são padronizados, como parafusos, borrachas e peças de plástico. Por isso, a escolha dessas empresas é baseada na combinação de preço competitivo, tecnologia e alta qualidade: quesitos definidos pelo próprio fornecedor. Ainda há especificações de ordem técnica que são transmitidas pela montadora, o que implica a necessidade de alta codificabilidade da informação. Por fim, ainda há muitas empresas no mercado aptas a fornecerem esses componentes, o que leva à conclusão de que a governança para o *tier* 3 está resumida prioritariamente às relações comerciais, ou seja, governança de modelo de mercado (CARIO; TORRES, 2012).

Contexto institucional

A principal instituição no âmbito internacional relativa à indústria automotiva é a OICA (Organisation Internationale des Constructeurs d'Autmobiles), composta por 38 associações setoriais nacionais, englobando as associações dos principais países fabricantes de automóveis. A organização mantém comitês permanentes que realizam atividades nas áreas de assuntos técnicos, comunicação e estatísticas da indústria, além de realizar eventos como os salões de automóveis. Além disso, promove inovação tecnológica nas áreas de segurança, meio ambiente e eficiência de combustíveis, também buscando padrões mínimos que permitam um cenário benéfico para a atuação da indústria automotiva (OICA, 2015).

Ademais, há o fórum mundial para a harmonização de regulamentação de veículos como parte integrante da Comissão Econômica para a Europa das Nações Unidas (UNECE). Seu objetivo é harmonizar globalmente a regulamentação técnica do setor automotivo. Qualquer país que é membro da ONU pode participar, apesar de ser um fórum integrante de uma organização focada na economia europeia. O Brasil não aderiu aos acordos sob essa organização (UNECE, s/d).

A European Automobile Manufacturers Association (ACEA) representa os fabricantes europeus de automóveis, vans, caminhões e ônibus. A busca é pela garantia da sustentabilidade do negócio e da indústria automobilística. Além disso, essa organização mantém relação estreita com associações de fabricantes nacionais de países europeus, visando ao diálogo sobre questões internacionais com associações nacionais de outras regiões do mundo (ACEA, s/d).

Na América do Sul, há a Associação dos Fabricantes de Equipamentos para controle de Emissões Veiculares da América do Sul (AFEEVAS) cujo objetivo é promover a atualização tecnológica para o controle de emissões de poluentes atmosféricos advindos de motores de combustão interna e de veículos e máquinas autopropelidos. Por conta da harmonização das políticas públicas dos países da região, essa organização é similar a agências estadunidenses e europeias, como a MECA e a AECC (AFEEVAS, s/d).

A Agência Internacional de Energia (AIE) trabalha de maneira autônoma para garantir o acesso à energia fiável, acessível e limpa para os países membros. Há quatro pilares que sustentam a atuação da empresa: segurança energética, desenvolvimento econômico, sensibilização ambiental e compromisso mundial.

RELAÇÕES INTERNACIONAIS

A relação dessa agência com o setor automotivo está justamente nesses pilares, pois os automóveis são responsáveis por parcela significativa do consumo de energia advinda de fontes fósseis não renováveis. Segundo a AIE, mais de 90% do combustível usado para o setor de transportes advém de petróleo. Ainda vale dizer que o setor de transportes representa mais de um quarto do consumo total de energia advindo de fontes primárias (IEA, 2014).

Os países também fazem acordos entre si com o intuito de incentivar o comércio e promover um melhor ambiente de negócio às empresas que neles atuam. Como exemplo, é possível citar os acordos de complementação econômica (ACEs) entre Brasil e México, com destaque para o ACE 55. Em 2012, foi incluído o protocolo adicional que estabelece quotas tarifárias de exportação. Em outras palavras, até US$ 1.450.000.000,00 em veículos podem ser comercializados entre esses dois países, sendo isentos da taxa de importação e de outros impostos – como o Imposto sobre Produtos Industrializados (IPI) no Brasil.

No Brasil, os destaques do contexto institucional são: o programa Inovar-Auto, estabelecido pela MP 563⁄2012; o conjunto de normas e incentivos, chamado Novo Regime Automotivo Brasileiro; a Associação Nacional de Fabricantes de Veículos Automotores (ANFAVEA), associação setorial integrante da OICA; e o Instituto Nacional de Metrologia, Qualidade e Tecnologia (Inmetro).

O Inovar-auto foi formalmente estabelecido como programa de incentivo à inovação tecnológica e adensamento da cadeia produtiva de veículos automotores e tem como objetivo a indução do desenvolvimento do setor em diversos âmbitos, como tecnologia e inovação, segurança, proteção ao meio ambiente, eficiência energética e qualidade de todos os automotores produzidos no Brasil – incluindo não só automóveis, mas também caminhões, ônibus e autopeças.

Essa medida compõe o novo regime automotivo brasileiro e as empresas produtoras de veículos automotores tinham até o dia 31 de março de 2017 para gozar dos incentivos previstos, pois o programa é de caráter temporário e optativo. Ademais, o novo regime também impõe a inclusão obrigatória de itens de segurança em todos os carros vendidos no Brasil, como o uso do equipamento suplementar de segurança passiva (o *airbag*), o uso do sistema antitravamento das rodas (ABS) e o dispositivo antifurto, conforme Resolução 311/2009 do Conselho Nacional de Trânsito (CONTRAN)(BNDES, s/d; p. 375).

A ANFAVEA é uma das associações setoriais mais influentes no Brasil, e, portanto, atua constantemente na promoção do interesse das empresas associadas à cadeia automotiva, considerando fornecedores, indústria e canais de distribuição e venda de veículos. Por meio da coordenação dos interesses dos atores da cadeia automotiva brasileira, a ANFAVEA defende, participa, patrocina e apoia a melhoria do ambiente de negócios para as empresas associadas, a saber, por meio de eventos, compilação e divulgação de dados setoriais, reuniões e *advocacy* (ANFAVEA, s/d).

O Inmetro visa ao fortalecimento das empresas nacionais, por meio da adoção de mecanismos que aumentem a produtividade das empresas e a qualidade da sua oferta (INMETRO, s/d). Em julho de 2011, o Inmetro definiu requisitos de segurança mínimos e de caráter compulsório para diversos componentes automotivos, como buzinas e equipamentos similares utilizados em veículos rodoviários automotores, pistões de liga leve de alumínio e outros. Desta maneira, os produtos nacionais passaram a competir com mesmo nível de qualidade desafiando os importados no mercado nacional (BNDES, s/d; p. 385). Todas essas regulamentações têm impacto sobre os produtos da indústria e o comércio intra e extra-firma, mas isso não significa que é somente do interesse das empresas diretamente afetadas. Os acionistas, os fornecedores, os clientes, ONGs, associações, sindicatos, os estados e a população compõem tais *stakeholders*. Os *stakeholders* são aqueles que afetam e são afetados pela empresa e pelos objetivos organizacionais, por isso, estão atentos aos movimentos institucionais de regulação dos produtos e das atividades da empresa. Vale também mencionar que, cada vez mais, esses atores assumem papel de influenciadores tanto nas decisões da organização, tal como nas decisões das instituições reguladoras (GOMES; JACOVINE; LYRA, 2009).

Atualmente, as pressões sobre o setor automotivo são relativas também à sustentabilidade. Sustentabilidade é um conceito cujo significado vem sendo construído ao longo dos anos, mas, atualmente, sua definição mais aceita é a harmonia de três dimensões: crescimento econômico, equilíbrio ecológico e progresso social (conhecidas como *tripple bottom line*) (ALMEIDA, 2002). Um exemplo de como o setor vem sendo pressionado sobre esse tema é a responsabilização das montadoras sobre ações de logística reversa.

Apesar de poluidora, a indústria automotiva possui potencial mitigador de impactos, pois domina *know-how* de reúso, remanufaturamento e reciclagem de materiais, peças e componentes. No entanto, tradicionalmente, as montadoras nem sempre são responsabilizadas pelos produtos após o consumo, resultando no não monitoramento do destino dado aos restos do automóvel (ÁZARA, et. al., 2010).

As constantes pressões dos *stakeholders* acerca de ações sustentáveis provocam mudanças nas legislações locais e essas, por sua vez, renovam as estratégias organizacionais. O motivo de maior força para as montadoras assumirem a responsabilidade sobre o elo de logística reversa é econômico, pois a atividade agrega valor à sua atuação. Vale citar o exemplo das grandes empresas estadunidenses, para as quais a logística reversa representa economia média de 4% dos custos logísticos totais (valor estimado entre US$ 35 bilhões e US$ 42 bilhões anuais), por meio do melhoramento dos processos envolvidos e dos materiais retornados (ÁZARA, et. al., 2010).

Estudo de caso

O caso da CGV do setor automotivo já é por si só um *case* de aplicação prática. No entanto, vale expandir o debate para outro setor da economia cuja relevância brasileira também é significativa. Neste caso, tal referência está associada ao setor de combustíveis derivados de petróleo, como também relaciona com a CGV já discutida. Como ficam a competitividade e a inserção brasileira nessa CGV e o setor?

A indústria do petróleo e gás engloba uma gama de diferentes atividades e processos que auxiliam a transformação do óleo cru em produtos finais que são utilizados em diversas indústrias e fazem parte do dia a dia de quase todas as pessoas ao redor do mundo. Essas atividades e processos (elos) são inerentes uns aos outros. No entanto, esses elos ocorrem dentro ou entre empresas e dentro ou fora das fronteiras nacionais. Esse case aborda os combustíveis derivados de petróleo, em específico os combustíveis gás liquefeito de petróleo (GLP), gasolina, óleo diesel, querosene de aviação e óleo combustível (ANP, 2015).

Sabe-se da importância do mercado dos combustíveis oriundos do petróleo para o mundo devido à sua relevância energética, correspondendo a aproximadamente 80% da produção de energia em todo o mundo junto com o gás natural (EIA, 2015). Para dimensionar esse mercado, somente em um dia estima-se um consumo médio de 96 milhões de barris de combustíveis, uma média de aproximadamente 35 bilhões de barris por ano. Ainda sobre os dados desse setor, pode-se considerar que a produção global de petróleo e derivados mais do que duplicou, aumentando 2,1 milhões b/d (PETROBRAS, 2015). Isso ocorreu devido ao aumento da produção de petróleo e derivados dos EUA para 1 milhão b/d (OPEP, 2015) em virtude da utilização do xisto como *input* (EIA, 2015).

A cadeia global de valor dos combustíveis oriundos do petróleo está dividida em três grandes blocos que englobam desde a extração do *input* até a distribuição para o consumidor final. Observa-se que o elo de P&D não está inserido em nem um dos grandes blocos, uma vez que permeia toda a cadeia e está presente no aperfeiçoamento das tecnologias de extração, refino, transformação da matéria-prima petrolífera em combustíveis e também presente em todo o processo logístico de armazenamento e distribuição até o consumidor final (DEVOLD, 2013), por ser entendido como exemplo de COE.

Os elos iniciais da cadeia pertencem ao bloco do *Upstream*, no qual são contempladas as atividades relacionadas à exploração e produção e aos *inputs*. O elo de exploração e produção é o que mais necessita de investimentos em novas tecnologias, uma vez que a exploração do petróleo se torna cada vez mais complexa ao passar do tempo, em decorrência da sua escassez, sendo encontrado em locais de difícil extração (SPEIGHT, 2002). A etapa de exploração e produção consiste nas seguintes subetapas: exploração, desenvolvimento e produção. A exploração consiste em procurar reservas de petróleo, analisar os reservatórios potenciais e perfurar os poços; seguido pelo desenvolvimento, responsável por avaliar a viabilidade comercial dos poços, preparar e executar o plano de desenvolvimento para aperfeiçoar a produção ao longo do ciclo de vida do poço; e a produção, que possui por objetivo trazer o petróleo à superfície (EIA, 2015).

Após as atividades de extração, o óleo cru é transportado para as refinarias, iniciando, então, o *midstream*. É importante ressaltar que as refinarias estão alocadas próximas aos campos de exploração, assim como os fornecedores de aditivos, facilitando o transporte e a transição do *upstream* para o *midstream*. A etapa intermediária engloba as atividades referentes aos processos, que dará origem ao elo de *output*. Cada processo do refino origina um produto diferente, como o hidrotratamento, que origina o diesel e a querosene, a alquilação para a gasolina e assim por diante. Os diferentes combustíveis são utilizados de formas distintas, devido a suas próprias características, por isso, também são comercializados de maneira diferente na próxima etapa, no *downstream* (SPEIGHT, 2015).

A etapa do *downstream* engloba o elo de *marketing* e comercialização, isto é, os processos de logística, distribuição e armazenagem dos produtos finalizados. Esses processos diferem de acordo com o produto, para que as características de cada um sejam respeitadas. Para o transporte, são utilizados dutos e veículos tanques, sejam eles navios, caminhões ou vagões. É possível detectar a maior discrepância na cadeia entre os produtos na distribuição final. Observa-se maior interferência das grandes empresas nos produtos mais pesados, como óleo combustível e querosene, uma vez que são distribuídos diretamente para outras indústrias; o óleo combustível em polos petroquímicos e a querosene para empresas de aviação (SPEIGHT, 2015).

Outra etapa diz respeito às atividades de comercialização, muito interligadas às especificidades de cada subsetor energético, diferenciando os processos dos produtos mais focados às indústrias (comércio B2B) e aos consumidores finais (comércio B2C), com práticas diferentes para ambas as vendas. Com relação à distribuição e ao acesso dos consumidores finais ao produto, é visível a interferência dos Estados em seus respectivos mercados, desde a regulação, e, principalmente, na precificação (DEVOLD, 2013). Observa-se que, na maioria das empresas, a distribuição e comercialização são etapas internalizadas, ou seja, a própria petroquímica produz os combustíveis, realiza o transporte e comercializa em postos que detêm sua bandeira, como postos BR da Petrobras (PETROBRAS, 2016).

A respeito do escopo geográfico, observa-se a ascensão dos EUA como produtor de *inputs*, ganhando escala com o surgimento da tecnologia de exploração do xisto, fruto dos elevados investimentos em P&D atrelados à exploração de petróleo. Os grandes produtores de combustíveis, antes representados massivamente pelo Oriente Médio, agora se encontram em um cenário mais disperso, contemplado também por Rússia, China (ainda que em escala dependente de outros para consumo) e Brasil. O impacto dos novos *players* no mercado de petróleo de diferentes continentes afetou a competição no setor de combustíveis, alterando os preços de acordo com a distância do mercado que pretendiam atender, além de variantes associadas ao contexto institucional (GIORDANO, 2011).

Analisando a dispersão da cadeia, observa-se que o *upstream* é contemplado pela maioria dos países. O elo de exploração e produção é desenvolvido por poucas empresas que estão localizadas, principalmente, nos EUA, com destaque para o estado do Texas (por ser um conglomerado de empresas especializadas no desenvolvimento de tecnologias *onshore* e *offshore*), e na Noruega. As empresas de exploração e produção dominam o mercado global, presentes em quase todos os países produtores de petróleo. Um exemplo disso é o Brasil, apesar dos gargalos existentes atualmente. Já o *midstream*, composto por refino e *output*, é uma parte relevante na CGV devido ao contexto estratégico e ao número limitado de países atuando com vários combustíveis, contrapondo-se também à realidade do elo de *downstream*.

Essa CGV sempre se destacou no cenário político-econômico mundial, sugerindo uma relação de crescente interdependência, não somente dentre as economias, mas também em decorrência da interação entre agentes estatais e privados. Do lado brasileiro, o tamanho do mercado, juntamente com as descobertas do pré-sal, pode refletir em um grande avanço para essa cadeia. No entanto, a equação envolvendo a Petrobras e a conjuntura político-econômica, somada às necessidades de investimentos em infraestrutura, revisão de regras fiscais, retração do preço do barril do petróleo, bem como o cenário internacional, colocam ainda mais em evidência os riscos envolvidos nessa cadeia em um cenário de maior competitividade (ZOROVICH, VIDERIA, 2015).

Conforme argumenta Yergin (2012), parte dos desafios dessa cadeia faz alusão não apenas ao alinhamento entre os países emergentes que ganham importância nesse setor, mas também aos impactos político-econômicos que devem ser analisados e estendidos para a segurança de toda a cadeia de abastecimento, seja em âmbitos local, regional ou em escala global.

Considerações finais

O estudo a respeito da CGV do setor automotivo conclui que as atividades ligadas à inovação, à aquisição de tecnologia e à rede de negócios contribuem para a formação de COEs (FROST; BIRKINSHAW; ENSIGN, 2002) dispersos na CGV do setor automotivo. Uma das questões centrais desse estudo reforça a importância e o debate acerca das MNCs em identificar, desenvolver e impulsionar as competências dispersas dentro de sua *network*.

Especificamente, a aplicação da pesquisa ligada a 91 empresas fornecedoras da indústria automotiva no Brasil permitiu concluir que há predominância de MNCs provenientes da Europa (60%), América do Norte (25%), Ásia (9%), e, em menor escala, (6%), de MNCs de origem brasileira. O estudo reforça também o fato de que as montadoras e os fornecedores do setor vêm acumulando competências organizacionais que os capacitam para uma maior inserção na cadeia produtiva global e trabalho em rede, pressuposto estudado por vários autores (RACHID *et al.*, 2006; QUINTÃO, 2008; PENG, 2008 ; BORINI *et al.*, 2009).

No caso desse setor, as últimas três décadas têm sido marcadas por mudanças relacionadas a métodos de organização, gestão da produção, deslocamento do foco competitivo para o desenvolvimento de produtos e P&D. Além disso, uma das características marcantes nesse setor é o processo de integração organizacional e do sistema produtivo conduzidos pelas montadoras, impulsionados pelas suas próprias estratégias das MNCs e intensificados pela internacionalização nos anos 90. No que diz respeito às filiais brasileiras das montadoras internacionais, esse processo de intensificação da integração tem sido caracterizado pela modernização e desenvolvimento da linha de produtos (CARVALHO, RACHID; MARTINS; 2001; CARVALHO, 2005, 2008). Tais fatos corroboram com um papel crítico de acesso das montadoras a diferentes fontes de tecnologias e de informações, especialmente em relação aos fornecedores (CARVALHO, 2005, 2008).

Conforme discussão, na indústria automotiva essa dinâmica entre montadoras e fornecedores vem sendo caracterizada por um maior nível de integração, e, principalmente, por novas formas de relação com os fornecedores do setor, conduzindo, assim, a um maior grau de parceria observado na CGV (RACHID, 1994; MAIA; CERRA; FILHO, 2005; RACHID *et al.*, 2006; QUINTÃO, 2008). Outra questão fundamental do estudo trata acerca dos pilares dos COEs, proporcionando evidências a respeito das atividades ligadas à inovação e inerentes à aquisição de tecnologia para a P&D. Cabe aqui menção às necessidades estratégicas do governo em reforçar alguns dos requisitos elegíveis como investimento em P&D e inovação no Brasil, investimento em engenharia e capacitação de fornecedores como pilares para colocar o país na rota da evolução tecnológica e competitividade.

Ademais, vale ressaltar que a capacidade de inovação das empresas pode ser observada como parte das condições para se gerar mudanças tecnológicas, consistindo em conhecimentos, trocas de experiências e arranjos organizacionais ligados à modificação tecnológica na indústria automobilística (QUINTÃO, 2008). Cabe reflexão ao fato de que a maioria das áreas funcionais das subsidiárias está em contato direto com os parceiros ou que o relacionamento com os parceiros tem causado adaptação na condução dos negócios das subsidiárias, reforçando o conceito do trabalho em rede. Portanto, a formação de COEs não ocorre isoladamente, mas sim por meio de um esforço contínuo entre montadoras e fornecedores.

Nota-se que os fornecedores desempenham papel fundamental para a dispersão global da indústria automotiva. Os critérios estabelecidos pelas montadoras para selecionar seus fornecedores envolvem, basicamente: preço, qualidade e capacidade tecnológica, resultando na organização dos fornecedores em *tiers* 1, 2 e 3 ou globais.

Atualmente, o setor automotivo passa por profundas transformações, principalmente em relação às características dos mercados que forçam as matrizes a repensar sua estratégia de competição, global e localmente. Diante disso, os fabricantes japoneses e coreanos estão focados na ampliação de seu *market-share*, o que impacta negativamente as finanças das montadoras tradicionais. Ao mesmo tempo, aumentar o volume de vendas é tarefa cada vez mais desafiadora, pois nota-se a saturação dos mercados dos países desenvolvidos, como o estadunidense e os europeus. Isso leva as empresas do setor automotivo a observarem os mercados emergentes como promissores, como o caso do Brasil. No entanto, há preocupação com a retração econômica de curto prazo, além da alta incidência tributária que domina o setor.

Neste contexto, o Brasil é um país em desenvolvimento e também apresenta oportunidades para aprimorar sua competitividade, tendo em vista que é um dos menos integrados às CGVs. Ademais, nos últimos 25 anos, teve sua participação reduzida nas cadeias das quais participa. Sendo assim, é necessário incentivar a melhoria de desempenho das indústrias brasileiras já ligadas à economia global, por meio de políticas voltadas a esse setor da economia (AVRICHIR, 2015). O impacto que isso traria à indústria automotiva, especificamente, seria o aumento de fornecedores globais e de *tier* 1 no Brasil, além de ganho de competitividade para o elo de *assembly*. Outro aspecto seria o ganho de eficiência e de escala de atividades já executadas, como PD&I e os elos de captação de clientes de atendimento. Por fim, também poderia resultar na atração de outros elos para o país. Partindo disso, faz sentido propor *upgradings* funcionais e processuais no elo de PD&I.

Ainda observando a segunda dimensão mapeada nesse trabalho, nota-se que o elo de PD&I está presente no Brasil, embora, segundo avaliações do BNDES, o foco esteja muito mais nas atividades de pesquisa e desenvolvimento do que nas atividades de inovação (BARROS; CASTRO; VAZ, 2014). Isso resulta em maior distância entre o Brasil e os países líderes no desenvolvimento de tecnologia automotiva, como a Alemanha, os EUA e o Japão, apesar da incidência de COEs.

Ocorre que alguns novos mecanismos regulatórios vêm sendo implantados no Brasil, visando à construção de um ambiente de negócios mais propício ao desenvolvimento de tecnologia para a inovação. Como exemplo, é possível citar o programa Inovar-Auto, a Lei de Inovação, a Lei do Bem, a existência de grupos e centros de pesquisa nas universidades e o vínculo das universidades com a indústria automotiva (BARROS; CASTRO; VAZ, 2014).

Este *upgrading* processual, ou seja, voltado particularmente para as atividades de PD&I, não só seria capaz de diminuir a distância de competitividade entre o Brasil e os *players* da CGV automotiva, como também permitiria um segundo tipo de *upgrading*, o *upgrading* funcional, pois possibilitaria o país avançar para um elo da cadeia também de alto valor agregado: o elo de projeção (OLIVEIRA, 2014), podendo reduzir os custos dos veículos e melhorar a performance da montadora.

Outros aspectos podem ser mencionados. Ainda há espaço para a indústria automotiva crescer e se desenvolver no Brasil, conforme indica o gráfico 3 a respeito do número de habitantes por veículo.

Gráfico 3: Número de habitantes por veículo – Comparativo internacional

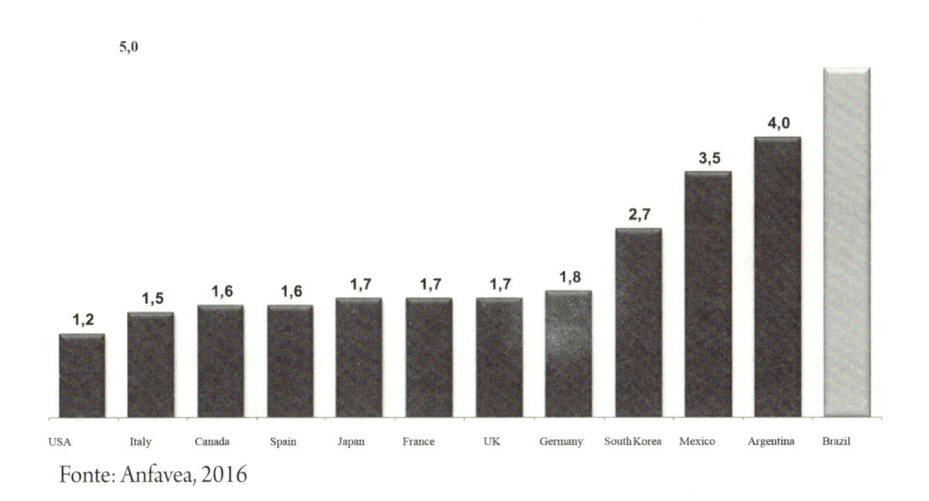

País	Habitantes por veículo
USA	1,2
Italy	1,5
Canada	1,6
Spain	1,6
Japan	1,7
France	1,7
UK	1,7
Germany	1,8
South Korea	2,7
Mexico	3,5
Argentina	4,0
Brazil	5,0

Fonte: Anfavea, 2016

Outros aspectos que indicam fatores de competitividade e oportunidades para o Brasil estão associados a: a) condições não favoráveis das estradas brasileiras em várias regiões (exigindo, por exemplo, suspensões mais robustas); b) diferenças climáticas (sugerindo mudanças em materiais); c) custo dos combustíveis (em particular a gasolina atualmente); d) menor renda (demanda por componentes mais acessíveis) e gosto dos consumidores, fomentando o desenvolvimento de competências nas empresas subsidiárias. Enfatiza-se que os recursos tecnológicos de subsidiárias de montadoras no mercado nacional surgiram como resultado de um longo processo de desenvolvimento das operações locais, particularmente em decorrência da busca de soluções técnicas para atender à demanda no Brasil (CONSONI; QUADROS, 2009).

Com respeito ao estudo de caso da CGV de combustíveis derivados do petróleo, observa-se um mercado com particularidades distintas, mas que sugere desafios similares para o Brasil, guardadas as devidas considerações aplicadas ao setor e à CGV em si.

Questões para reflexão

1. Caso essa pesquisa fosse realizada em 2016, os perfis das empresas entrevistadas nesse caso poderiam ser diferentes?

2. Apesar da incidência dos COEs, o Brasil ainda é pouco inserido nas CGVs do setor automotivo e outros setores em geral. Quais as razões?

3. Como as políticas públicas poderiam contribuir para favorecer o Brasil em termos de competitividade em geral, e, particularmente, no setor automotivo?

4. Quais os principais fatores que poderiam melhorar a performance da indústria automotiva no Brasil no cenário atual?

5. Relevância das estratégias voltadas para as relações governamentais nesse setor.

6. Quais os desafios associados ao contexto institucional brasileiro?

7. Quais os elos da CGV que indicam maior importância estratégica nesse setor?

8. Quais os determinantes-chave da governança nesse setor?

9. A partir do Brasil, a internacionalização de algum elo produtivo poderia ser considerada?

10. E o Brasil como receptor de algum elo da CGV? Seria viável? Quais os fatores de competitividade estariam em jogo?

Questões para o estudo de caso

1. Quais os elos mais relevantes para essa CGV?
2. Onde se insere o Brasil nessa CGV?

3. Qual a relevância estratégica dessa CGV para o Brasil e vice-versa?

4. Qual o tipo de governança que pode predominar nessa CGV partindo dos determinantes-chave (quadro 1) ?

5. E do ponto de vista do contexto institucional? Como ele se caracteriza e quais os entraves no contexto internacional e brasileiro?

Referências

ACEA. *Who we are, s/d.* Disponível em: <http://www.acea.be/about-acea/who-we-are>. Acesso em 15 de set. de 2015.

AFEEVAS. *Institucional, s/d.* Disponível em: <www.afeevas.org.br>. Acesso em 14 de out. de 2015.

ALMEIDA, Fernando. *O bom negócio da sustentabilidade.* Rio de Janeiro: Nova Fronteira, 2002.

AGRESTI, Alan; FINLAY, Barbara. Métodos Estatísticos para as Ciências Sociais. 4. ed. Porto Alegre: Penso, 2012.

AMATUCCI, M. ; BERNARDES, R. C.. *O novo papel das subsidiárias de países emergentes na inovação em empresas multinacionais: o caso da General Motors do Brasil.* RAI : Revista de Administração e Inovação, v. 4, p. 5-16, 2007.

ANDERSSON, U; FORSGREN, M.; HOLM, U. *The strategic impact of external networks: subsidiary performance and competence development in multinational corporation.* Strategic Management Journal, vol. 23, p. 979-996, 2002.

ANFAVEA. *Desempenho da indústria automobilística brasileira,* 2016. Disponível em: <http://www.anfavea.com.br/coletiva.pdf>. Acesso em1 de ago. de 2016.

ANP. *Combustíveis derivados de petróleo.* Disponível em: <http://www.anp.gov.br/>. Acesso em 01 de ago. de 2016.

ASQUER, Alberto. *What is corporate diplomacy?* Available at SSRN 2009812, 2012. AVRICHIR, Ilan. *Cadeias globais de valor: o que é e por que isso lhe diz respeito?.* Revista ESPM, v. 100, nº 5, p. 36-45. São Paulo: 2015.

ÁZARA, L. N. de; CANDIAN, N. F. ; CASTRO, C. C. de; GONÇALVES, E. J. V.; PEIXOTO, M.G. M.. *Logística reversa no setor automobilístico: um estudo em empresas multinacionais do sul de Minas Gerais.* XXX ENEGEP – ABEPRO. São Carlos: 2010. Disponível em: <http://www.abepro.org.br/biblioteca/enegep2010_TN_STO_113_741_17205.pdf>. Acesso em 26 de ago. de 2015.

BARROS; CASTRO; VAZ, 2014. *Panorama da engenharia automotiva no Brasil: inovação e o apoio do BNDES.* BNDES Setorial, nº 39, p. 155-196. Rio de Janeiro, 2014.

BAMBER, P. et al. *Connecting local producers in developing countries to regional and global value chains.* Working Party Of Trade Committee TAD/TC/WP (2013) 27, 2013.

BORINI, F.M; FLEURY, M.T.L.; FLEURY, A.C.; OLIVEIRA JR, M.M. *The relevance of subsidiaries initiaves for Brazilian multinationals.* RAE. Revista de Administração de Empresas, v. 49, p. 253-265, 2009.

BARTLETT, C.A.; GHOSHAL, S. *Tap your subsidiaries for global reach*. Harvard Business Review, v. 64, n. 6, p. 87-94, 1986.

_____.*Managing across borders: the transnational solution*. Boston: Harvard Business School Press, 1989.

BIESEBROECK, J. V.; SCHMITT, A. *Proximity strategies in outsourcing relations: The role of geographical, cultural and relational proximity in the European automotive industry*. Journal of International Business Studies, nº44, p. 474-503, 2013.

BIRKINSHAW, J., MORRISON, A. *Configurations of strategy and structure in subsidiaries of multinational corporations*. Journal of International Business Studies, v. 26, p. 729–753, 1995.

BOEHE, D. *Desenvolvimento de produtos em subsidiárias de empresas multinacionais no Brasil*. RAE. Revista de Administração de Empresas, São Paulo, v. 47, p. 33-45, 2007.

CARIO, Silvio Antonio Ferraz; TORRES, Ricardo Lobato. *A governança da cadeia global de valor na indústria automobilística: um estudo de caso*. Revista Econômica, v. 14, n. 1, p. 73-91. Niterói: 2012.

CARVALHO, E.G. *Globalization and competitive strategies in the automotive industry: an approach from the perspective of the main assemblers in Brazil*. Gestão e Produção. vol.12 no.1 São Carlos Jan./Apr. 2005. Inovação tecnológica na indústria automobilística: características e evolução recente. Economia e Sociedade, Campinas, v. 17, n. 3, p. 429-461, 2008.

CARVALHO, E. G. de; RACHID, A.; MARTINS, R. A. *Estratégias empresariais e conduta tecnológica: indústria automobilística*. Araraquara e São Carlos: Projeto Geein-Fundunesp e Finep, 2001.

CASTELLS, M. *A sociedade em rede*. São Paulo: Paz e Terra, 1999.

CASOTTI, B. P.; GOLDENSTEIN, M.. *Panorama do setor automotivo: as mudanças estruturais da indústria e as perspectivas para o Brasil*. BNDES Setorial, nº 28, p. 147-188. Rio de Janeiro, 2008.

CEBRI. *A inserção do Brasil nas cadeias globais de valor*. Vários autores. Dossiê. Edição Especial, volume 2, ano 13, 2014. Disponível em: <http://midias.cebri.org/arquivo/BrasilCadeiasValor.pdf>. Acesso em 10 de jun. de 2015.

CHESBROUGH, H. *Open innovation. The new imperative for creating and profiting from technology*. Boston: Harvard Business School Press, 2003.

CIESP. *Plenária Setor Automotivo – Panorama 2015*, 2015. Disponível em: <http://www.ciesp.com.br/sbc/noticias/plenaria-setor-automotivo-panorama-2015/>. Acesso em 20 de maio de 2016.

CONSONI, F.; QUADROS, R. *Innovation capabilities in the Brazilian automobile industry: a study of vehicle assemblers' technological strategies and policy recommendations*. International Journal of Technological Learning, Innovation and Development, v.2, Nos.1/ 2, 2009.

CORDEIRO, M. *Economia política internacional: os desafios para o século XXI* / organização Marcos Cordeiro, Luis Antônio Paulino, Luis Eduardo Simões d Souza .1. ed. São Paulo: Saraiva, 2014.

COSTA, I. *Empresas multinacionais e capacitação tecnológica na indústria Brasileira*. Tese de Doutorado. Departamento de Política Científica e Tecnológica (DPCT) do Instituto de Geociências, UNICAMP, Campinas, 2003.

DALLAS, M. P. *'Governed' trade: global value chains, firms, and the heterogeneity of trade in an era of fragmented production.* Review of International Political Economy, n. ahead-of-print, p. 1-35, 2015.

DEVOLD, H. *Oil and gas production handbook: an introduction to oil and gas production, trasnport, refining and petrochemical industry.* Disponível em: <http://www04.abb.com/global/seitp/seitp202.nsf/0/f8414ee6c6813f5548257c14001f11f 2/$file/Oil+and+gas+production+handbook.pdf>. Acesso em 20 de fev. de 2016.

DICKEN, P. *Mudança global: mapeando as novas fronteiras da economia mundial.* 5.ed. – Porto Alegre: Bookman, 2010.

DIEESE. *Setor Automotivo*, 2011. Disponível em: <http://www.cnmcut.org.br/sgc_data/conteudo/%7B126F9C13-9BCD-461D-9009-E904F9147476%7D_automotivo_final.pdf> . Acesso em 20 de maio de 2016.

DEPEC. *Autopeças*, 2015. Disponível em: <http://www.economiaemdia.com.br/EconomiaEmDia/pdf/infset_autopecas.pdf>. Acesso em 21 de ago. de 2015.

DOING BUSINESS. *Facilidades em fazer negócios na Federação da Rússia*, 2015. Disponível em: <http://portugues.doingbusiness.org/data/exploreeconomies/russia>. Acesso em 23 de out. de 2015.

EUROMONITOR a. *Automotive 2015:key insights*, 2015. Disponível em:<http://pt.slideshare.net/Euromonitor/key-automotive-industry-insights-for-2015>. Acesso em 01 de set. de 2015.

EUROMONITOR b. *Exports (fob) of rubber tyres: Euromonitor International from United Nations (UN)*, International Merchandise Trade Statistics, 2015.

EUROMONITOR c. *Production of glass and glass products: Euromonitor International from national statistics/UN/OECD*, 2015.

EUROMONITOR d. *Production of plastic products: Euromonitor International from national statistics/UN/OECD*, 2015.

FROST, T.; BIRKINSHAW, J.; ENSIGN, P. *Centers of excellence in multinational corporations.* Strategic Management Journal, v.23, p. 997-1018, 2002.

GEREFFI,G.; FERNANDEZ-STARK, K. *Global value chain analysis: a primer.* Center on Globalization, Governance & Competitiveness (CGGC), Duke University, North Carolina, USA, 2011.

GIODARNO, Carlos (Ed.). *Entendendo o setor de combustíveis*, 2011. Disponível em: <http://www.administradores.com.br/artigos/economia-e-financas/entendendo-o-setor-de-combustiveis/60402/>. Acesso em 20 de maio de 2016.

GRAZIADIO, T. *Estudo comparativo entre os fornecedores automotivos de plantas convencionais e modulares. (Tese de doutorado).* Engenharia de Produção, Escola Politécnica, USP, São Paulo, 2004.

GOMES, Ricardo Corrêa; JACOVINE, Laércio Antônio Gonçalves; LYRA, Mariana Galvão. *O papel dos stakeholders na sustentabilidade da empresa: contribuições para construção de um modelo de análise.* RAC, v. 13, Edição Especial, p. 39-52. Curitiba, 2009.

HOLM, U., PEDERSEN, T. *The Dilemma of centers of excellence – Contextual creation of knowledge versus global transfer of knowledge.* Working Paper, n.8, 2000.

HUMPHREY, J.; LECLER, Y.; SALERNO, M. S. *Global strategies and local realities: the auto industry in emerging markets*. Basingstoke: Macmillan, 2000.

IEA. *Key world energy statisticsk*, 2014. Disponível em: <https://www.iea.org/publications/freepublications/publication/KeyWorld2014.pdf>. Acesso em 14 de out. de 2015.

INDÚSTRIA HOJE. *As 10 maiores montadoras de carros do mundo*, 2014. Disponível em: <http://www.industriahoje.com.br/10-maiores-montadoras-de-carros-mundo>. Acesso em 20 de ago. de 2015.

JARILLO, J. C.; MARTINEZ, J.L. *Different roles for subsidiaries: the case of multinational corporations in Spain*. Strategic Management Journal, v.11, p. 501-12, 1991.

KOTABE, M.; PARENET, R.; MURRAY, J. Y. *Antecedents and outcomes of modular production in the Brazilian automobile industry: a grounded theory approach*. Journal of International Business Studies, vol. 38, p. 84-106, 2007.

KOTABE, M.; MURRAY, J. *Linking product and process innovations and modes of international sourcing in global competition: a case of foreign multinational firms*. Journal of International Business Studies, Third Quarter, 1990.

KEOHANE, Robert O.; MILNER, Helen V. (Ed.). *Internationalization and domestic politics*. Cambridge University Press, 1996.

LAKSHMAN, S.C., PARENTE, R.C. *Supplier-focused knowledge management in the automobile industry and its implications for product performance*. Journal of Management Studies, v.45, n.2, Mar, 2008.

LAZZARINI, S.G. *Empresas em rede*. São Paulo: Cengage Learning, 2008.

LIMA, U. M. *A cadeia global de valor da indústria automobilística: dinâmica de produção e comércio exterior*. BEPI, nº 17, p. 39-55. Campinas: 2014.

MAIA, J.L., CERRA, A.L., FILHO, A.G.A. *Inter-relações entre estratégia de operações e gestão da cadeia de suprimentos: estudos de caso no segmento de motores para automóveis*. Gestão e Produção, v.12, n.3 p. 377-391, set.-dez., 2005.

MARIOTTO, F. L. *Estratégias locais e globais na indústria automobilística brasileira*. São Paulo: EAESP/FGV, 2003. *Estratégia internacional da empresa*, São Paulo: Thomson Learning, 2007.

MERCADANTE, A. de A.; JUNIOR, U.C.; DE ARAÚJO, L.R. *Blocos econômicos e integração na América Latina, África e Ásia*. Curitiba: Juruá, 2006.

MDIC. *Acordo de Complementação Econômica nº 55 - MERCOSUL/México (Automotivo)*, Disponível em: <http://www.desenvolvimento.gov.br/sitio/interna/interna.php?area=5&menu=466 &refr=405>. Acesso em 01 de jun. de 2015.

MOON, H. C.; RUGMAN, A. M.; VERBEKE, A. *A generalized double diamond approach to the global competitiveness of Korea and Singapore*. International Business Review, v. 7, p. 135-150, 1998.

NETO, M.S.; PÍRES, S.R.I. *Organização da produção, desempenho e inovações na cadeia de suprimentos da indústria automobilística brasileira*. Revista de Ciências da Administração, v. 9, n. 19, p. 34-53, set./dez. 2007.

NETO, M.S.; TRUZZI, O.M.S. *Posicionamento estrutural e relacional em redes de empresas: uma aná-*

lise do consórcio modular da indústria automobilística. Gestão e Produção, v. 16, n.4 São Carlos, 2009.

OECD. *Mapping global value chain,* 2012. Disponível em: <http://www.oecd.org/dac/aft/MappingGlobalValueChains_web_usb.pdf>. Acesso em 01 de junho de 2015.

OECD. *Interconnected economies: benefiting from global value chains* – SYNTHESIS REPORT, 2013. Disponível em: <http://www.oecd.org/sti/ind/interconnected-economies-GVCs-synthesis.pdf>. Acesso em 01 de jun. de 2015.

OICA. *Production statistics,* 2015. Disponível em: <http://www.oica.net/category/production-statistics/>. Acesso em 15 de jun. de 2016.

PENG, M.W. *Estratégia global.* São Paulo: Thomson Learning, 2008.

PETROBRAS. *Annual report: form 20F,* 2015. Disponível em: <http://www.investidorpetrobras.com.br/pt/relatorios-anuais/form-20f-0>. Acesso em 25 mar. de 2016.

PERENY, M. L. d., 2012. *Leveraging the institutional dimension in to the ALPACA Fiber global value chain.* Globelics Academy 2012 - VIII PhD School on Innovation and Economic Development.

PORTER, M. E. *A vantagem competitiva das nações.* Rio de Janeiro: Campus, 1989.

_____*Vantagem competitiva: criando e sustentando um desempenho superior.* Rio de Janeiro: Campus, 1990.

POWELL, W. W.; SMITH-DOER, L. *Networks and economic life.* In: Smelser, N. J.; Swedberg. The handbook of economic sociology. Princeton, NJ: Princeton University Press, 1994.

POWELL, W. W.; KOPUT, K. W.; SMITH-DOER, L. *Interorganizational collaboration and the locuys of innovation: network of learning in biotechnology.* Administrative Science Quarterly, v. 41, n. 1, p. 116-145, 1996.

QUINTÃO, R.A.C. *Implicações das atividades tecnológicas de subsidiárias de empresas multinacionais para a constituição de capacidade inovativas de fornecedores na indústria automotiva brasileira.* Tese de doutorado, Unicamp, 2008.

RACHID, A., *O Brasil imita o Japão? A qualidade em empresas de autopeças.* Campinas, Departamento de Política Científica e Tecnológica, Dissertação de mestrado. Unicamp. 1994.

RUBENSTEIN, A.H.; ETTLIE, J.E. *Innovation among suppliers to automobile manufacturers: an exploratory study of barriers and facilitators.* R&D Management v. 9, n. 2, 1979.

RACHID, A., et al. *Organização de trabalho na cadeia de suprimentos: os casos de uma planta modular e de uma tradicional na indústria automobilística.* Produção, v. 16, n. 2, p. 189-202, maio/ago. 2006.

RODRIK, Dani. *Trade, social insurance, and the limits to globalization.* National Bureau of Economic Research, 1997.

RUGMAN, A.M.; VERBEKE, A. *Subsidiary specific advantages in multinational enterprises.* Strategic Management Journal, v.22, p.237-250, 2001.

RUGMAN, A.M.; D'CRUZ, J.R. *The double diamond model of international competitiveness: the canadian experience.* Management International Review, Special Issue, 1993.

SHARMA, S.D. *The many faces of today´s globalization: a survey of recent literature.* Volume 2, issue 2, Article 4, 2008. The Berkley Economic Press, 2008.

SPEIGHT, James. *Handbook of petroleum product analysis*, 2002. Disponível em: <https://books.google.com.br/books?hl=ptBR&lr&id=kwx9BgAAQBAJ&oi=fnd&pg=PR3&dq=petroleum+fuels&ots=lxwF256lUb&sig=x4XSXuSxFNII1L_dfd7pjgna3 yA#v=onepage&q=petroleum%20fuels&f=false. Acesso em 20 de fev. de 2016.

STEGER, U. Corporate Diplomacy. *The strategy for a volatile, fragmented business environment*. IMD, 2003.

STURGEON, T.; GEREFFI, G.; GUINN, A.; ZYLBERBERG, E. *A Indústria brasileira e as cadeias globais de valor: uma análise com base nas indústrias aeronáutica, de eletrônicos e de dispositivos médicos*. Confederação Nacional da Indústria. Tradução Luiz Marcos Bianchi de Vasconcelos. Rio de Janeiro: Elsevier; Brasília: CNI, 2014.

UNECE. *WP.29 – Introduction, s/d*. Disponível em: <http://www.unece.org/trans/main/wp29/introduction.html>. Acesso em 15 de set. de 2015.

UNITED STATES TRADE REPRESENTATIVE, 2016. *Trans-Pacific Partnership*. Disponível em <https://ustr.gov/trade-agreements/free-trade-agreements/trans-pacific-partnership/tpp-full-text> Acesso em 18 de maio de 2016.

ZOROVICH, M.R.S.; VIDEIRA, R.A. *A CGV do setor de petróleo e gás sob o ponto de vista da diplomacia corporativa: uma análise comparativa para Brasil e Rússia*. Economia Política Internacional. 5º Encontro Nacional da Associação Brasileira de Relações Internacionais - Abri. Belo Horizonte, 29 a 31 de julho de 2015.

WORLD STEEL ASSOCIATION. *World steel in figures 2014*, 2014. <Disponível em: https://www.worldsteel.org/dms/internetDocumentList/bookshop/World-Steel-in-Figures-2014/document/World%20Steel%20in%20Figures%202014%20Final.pdf.>. Acesso em 2 de set .de 2015.

WTO. *Trade and development: recent trends and the role of the WTO*. <https://www.wto.org/english/res_e/booksp_e/world_trade_report14_e.pdf>WORL D TRADE REPORT 2014. Acesso em 18 de maio de 2016.

YERGIN, Daniel. *The quest: energy, security, and the remaking of the modern world*. Penguin, 2012.

CAPÍTULO 4

Finanças aplicadas às relações internacionais

Marcelo Coelho Galdino

MARCELO COELHO GALDINO

"A volatilidade dos mercados é a maior aliada do verdadeiro investidor."
Warren Buffett.
NAPOLITANO, Giuliana. Revista EXAME ed.925, São Paulo: Abril, 2008

Objetivos do capítulo

Apresentar conceitos de planejamento e de controle financeiro aplicados às atividades de relações internacionais.
• Discutir a importância da inserção brasileira nas CGVs como fator de competitividade no setor automotivo.
• Analisar as decisões de aplicação e captação de recursos financeiros, risco x retorno e incerteza.
• Analisar a gestão do fluxo de caixa e os métodos de avaliação de investimentos.
• Analisar o processo de formação de preço na exportação e o custo na importação.
• Compreender o mercado de câmbio.

Introdução

Administrar um negócio envolve muitas funções diferentes. Sendo finanças uma das principais áreas de uma empresa, podemos definir finanças como a arte e a ciência de administrar os recursos financeiros. Sem capital que atenda às necessidades da empresa, seja para financiar seu crescimento ou para dar respaldo a operações do dia a dia, não podemos desenvolver ou testar novos produtos, criar campanhas de *marketing*, exportar ou importar. É importante assegurar que esse capital esteja disponível nos montantes adequados, no momento certo e por menor custo.

Os mercados financeiros estão voláteis; as taxas de juros podem subir ou cair acentuadamente num período de tempo muito curto. Essas mudanças afetam nossas decisões financeiras. Desta forma, a viabilidade de negócios só é possível se a empresa dominar o controle sobre seus aspectos financeiros e relacionamento com investidores.

Devido a dificuldades econômicas, como, por exemplo, inflação, concorrência, recessão e demanda, aplicar os recursos escassos disponíveis com a máxima eficiência que pede a globalização é uma tarefa muito difícil. Além da experiência dos gestores e de algumas informações operacionais, são necessárias informações financeiras.

A administração financeira vem sendo adaptada às novas tendências do mercado mundial e às novas necessidades das empresas e de seus gestores, a fim de atuar com informações que assegurem boas tomadas de decisões. Num mercado que busca informações precisas para traçar estratégias de sobrevivência às empresas, a missão do administrador financeiro é integrar a criatividade dos gestores à otimização dos recursos financeiros utilizados no processo, buscando o objetivo de toda empresa: o bom resultado. A área financeira deve dispor de um sistema de informações que englobe todas as fases do processo de gestão, de forma a administrar os recursos financeiros sob sua guarda sem sobressaltos, contribuindo assim para otimizar o resultado da atividade, diga-se, como parte integrante da empresa.

Planejamento e controle financeiro aplicado às atividades de relações internacionais

Os negócios estão cada vez mais competitivos. A lucratividade, cada vez mais dependente da eficiência operacional. No mercado externo, a volatilidade cresce com a incerteza relativa ao desempenho econômico da China e dos países ligados a *commodities*, especialmente América latina, Oriente Médio e África que enfrentam desaceleração, assim como a Europa em lenta recuperação. A desvalorização da maioria das moedas mundiais, quando comparada ao dólar Americano, encarece os produtos nestes mercados ao mesmo tempo em que estimulam concorrentes a repassar a variação cambial para seus preços e ganhar em volumes.

As empresas não podem mais relaxar e acreditar que as estratégias que as levaram no lugar em que estão vão funcionar no futuro.

Um bom exemplo disso ocorre com a empresa Grendene, uma das maiores exportadoras de 2015, segundo o Ministério do Desenvolvimento, Indústria e Comércio Exterior (MDIC), a Grendene obteve queda na receita líquida ajustada de 8,9% e perdeu volume tanto no mercado interno quanto no mercado externo com quedas de 20,8% e 7% respectivamente, compondo uma queda de 17,5% no número de pares entregues neste trimestre: 11,6 milhões de pares a menos que no 4T14. A diferença na queda de volumes e receita líquida é explicada pela elevação dos preços de 2,5% no mercado interno e 23,3% no mercado externo, compondo uma elevação total nos preços de 9,0% no 4T15 vs. 4T14. Vale lembrar que os preços observados são uma composição dos preços praticados, variações no *mix* de vendas, e, no caso das exportações, o efeito da variação cambial. O efeito cambial foi positivo em R$89,7 milhões, sendo que a receita bruta de exportação caiu 24,1% antes de considerar o efeito cambial e cresceu 14,6% após considerar esse efeito vs. 4T14[1].

O planejamento financeiro envolve a realização de projeções de vendas, renda e ativos e o controle na fase de implementação dos planos, assegurando que os planos sejam seguidos e os ajustando quando necessário.

Análise e planejamento financeiro dizem respeito aos seguintes tópicos

- Transformar os dados financeiros, de forma que possam ser utilizados para monitorar a situação financeira da empresa,
- Avaliar a necessidade de aumentar (ou reduzir) a capacidade produtiva,
- Determinar os aumentos (ou reduções) dos financiamentos requeridos.

Decisões de aplicação e captação de recursos financeiros, risco x retorno e incerteza

Desde 2011 que a situação econômica brasileira vem deteriorando com crescimentos muito baixos, e, em 2015, houve uma queda acentuada no PIB que, segundo muitos analistas à época, iria ocorrer e ocorreu em 2016. Com o cenário confirmado, tivemos uma queda acumulada do PIB em dois anos de 8%. A taxa de câmbio favoreceu as margens de exportação.

---

1 Fonte: https://goo.gl/2cswN9

Nesse cenário, tornou-se cada vez mais importante o cuidado com a administração dos recursos financeiros, de modo que foi preciso serem bem analisados os fatores de onde captar recursos, onde e quando realizar o dispêndio desses recursos e onde investir o excedente.

Decisões financeiras
Resumem-se na captação de recursos - decisões de financiamento e na aplicação dos valores levantados – decisões de investimento.

Fontes de recursos
Na consecução de suas atividades, as empresas utilizam duas fontes de recursos: recursos próprios e recursos de terceiros.

Recursos próprios
São os provenientes do capital subscrito e integralizado pelos sócios e dos lucros retidos. Esses valores são identificados no patrimônio líquido.

Recursos de terceiros
São originados de fontes externas, mais especificamente do mercado financeiro. Exemplo: empréstimos, financiamentos, descontos de duplicatas etc.

Principais fontes de financiamento – Fontes internas

- Duplicatas a pagar – representada pelos fornecedores, é a principal fonte interna de financiamento de curto prazo de que dispõe a empresa e é proveniente da compra de insumos a prazo.

- Contas a pagar – oriunda de serviços já recebidos pela empresa e que há uma data para pagamento. Ex: impostos a pagar, os salários dos funcionários etc. A grande vantagem dessa fonte de financiamento é que ela é utilizada pelas empresas sem nenhum custo adicional.

Fontes externas

- Desconto de duplicatas – título de crédito, originário da compra e venda mercantil ou da prestação de serviços. O desconto de duplicatas representa a negociação desse título de crédito em alguma data anterior à de seu vencimento. É uma transferência de direitos futuros por meio do pagamento de uma compensação financeira.

- Empréstimos com garantia de caução de duplicatas – empréstimo obtido com uma instituição financeira, oferecendo como garantia duplicatas de sua emissão que, quando pagas, irão amortizar o valor do empréstimo e dos respectivos juros contratados.

- Empréstimos com garantia de caução de duplicatas com base na resolução 63 do Bacen – conceito semelhante ao anterior, porém, efetuado com moeda estrangeira. Essa modalidade é oferecida às empresas exportadoras. O pagamento do empréstimo ou suas amortizações deverá ser efetuado de acordo com o cálculo da taxa cambial praticado pelo banco no mercado de taxas livres, no dia do pagamento ou amortização.

- *Vendor* – financiamento das vendas – é o empréstimo cujo banco adianta ao vendedor os valores referentes às suas vendas de produtos à vista e cobra do comprador a prazo os valores acrescidos dos encargos financeiros estipulados.

- Empréstimos com garantia de nota promissória – título de dívida emitido por pessoa física ou jurídica, se comprometendo a pagar um determinado valor em uma determinada data.

- *Hot money* – são empréstimos de curtíssimo prazo, normalmente até dez dias, em que as instituições financeiras oferecem às empresas para suprir eventuais necessidades de caixa por curtos períodos.

- Penhor mercantil – modalidade pela qual a empresa oferece como garantia por meio de um contrato bens de sua propriedade, livres de ônus, em valor suficiente para quitação do débito.

- Empréstimos com garantia de alienação fiduciária - modalidade pela qual a empresa oferece como garantia à instituição financeira o próprio bem financiado ou outro de sua propriedade, livre de ônus e com anuência do credor.

- Alienação fiduciária é transferir a propriedade de um determinado bem, sem, contudo, transferir a respectiva posse, que se mantém com o alienante (CDC).

- *Commercial paper* – é uma nota promissória comercial, emitida por sociedade por ações, com a finalidade de conseguir recursos no mercado financeiro, para suprir suas necessidades de capital de giro. É uma modalidade extremamente interessante de captação, pois propicia às empresas a oportunidade de, fora do sistema bancário, atender às suas necessidades operacionais.

- *Factoring* – fomento comercial – a empresa vende suas duplicatas a uma instituição de crédito credenciada, que será responsável pelos recebimentos e terá que arcar com todos os riscos envolvidos no negócio.

- ACC – Adiantamento sobre contratos de câmbio – destina-se às empresas exportadoras. A empresa recebe adiantado em moeda nacional o valor equivalente aos valores em moeda estrangeira. A utilização dos recursos não necessita ser total, isto é, a empresa pode solicitar a liberação parcial dos valores que serão obtidos com a exportação.

- ACE – adiantamento sobre contrato de exportação – tem a mesma definição do ACC, diferenciando desse por ser utilizado quando a mercadoria já está pronta e embarcada.

- Capital de giro – são empréstimos feitos pelas instituições financeiras aos seus clientes com o objetivo de suprir necessidade de cobertura em seus fluxos de caixa. As garantias são as duplicatas e a modalidade mais habitual é o capital de giro parcelado (12, 18 ou 24 meses).

- Todo financiamento apresenta um custo que é atribuído aos proprietários de capital (próprios e de terceiros) pela utilização de tais recursos.

Uma empresa que apura taxas de retorno superiores à remuneração exigida pelos proprietários de capital promove uma agregação do valor econômico.

Custo dos recursos próprios e de terceiros

a) O capital próprio é mais caro do que o capital de terceiros.

b) A remuneração paga ao capital de terceiros (despesas financeiras) pode ser abatida da renda tributável da empresa, diminuindo, por conseguinte, o volume do imposto de renda a recolher.

c) A remuneração paga aos proprietários (dividendos) não recebe esse incentivo fiscal, sendo apurada do resultado calculado após a provisão do imposto de renda.

Risco – pode ser definido como a possibilidade inerente a determinado investimento de que esse propicie (ou não) o retorno que o investidor almejava quando da aplicação do capital. Ou seja, ao aplicar dinheiro em algum ativo, o investidor corre o risco de:

- Superar o resultado esperado;
- Não atingir totalmente o retorno esperado;
- Não ter retorno positivo (recuperando apenas o capital investido);
- Perder (total ou parcialmente) o montante aplicado.

Retorno – significa o quanto um investidor ganhou ou perdeu em relação ao(s) investimento(s) efetuado(s). Esse retorno pode ser mensurado tanto na forma monetária quanto em termos percentuais.

Incertezas – designa a dúvida existente sobre o atingimento de um determinado resultado (retorno) previsto, visto que nem sempre é possível prever o acontecimento de situações favoráveis ou desfavoráveis no período de duração do investimento.

Custo do capital de terceiros a curto e longo prazos

- Risco de previsão – ao comprometer recursos por um tempo maior, o credor tem menores condições de estimar a capacidade de pagamento do devedor, impondo em consequência um custo adicional à operação;
- Risco de flutuação – para prazos maiores, o capital emprestado permanece mais exposto às flutuações que venham a ocorrer nas taxas de juros.

Segmentação do risco empresarial

- Risco operacional – é derivado do ativo da empresa, da natureza de sua atividade. Exemplo: indústrias de construção civil são mais sensíveis a políticas econômicas do que o setor de fumo, revelando maior risco aos investidores.
- Risco financeiro – determinado pelo endividamento da empresa.

Gestão do fluxo de caixa e os métodos de avaliação de investimentos

O administrador financeiro enfatiza o fluxo de caixa, ou seja, entradas e saídas de caixa. Ele mantém a solvência da empresa, analisando e planejando o fluxo de caixa para satisfazer as obrigações e adquirir os ativos necessários ao cumprimento dos objetivos da empresa.

Visão do contador	Visão do administrador financeiro
Regime de competência	Regime de caixa
Reconhece as receitas no momento da venda e as despesas, quando incorridas	Reconhece as receitas e despesas apenas quando ocorrem entradas e saídas efetivas de caixa

Realizando uma analogia com o corpo humano, podemos comparar a gestão do fluxo de caixa com o sistema circulatório, isto é, o coração bombeia o sangue, porém o resto do corpo só irá usufruir quando o sangue alcançar todas as demais áreas. Na empresa funciona de forma parecida, pois não adianta apenas a venda ser realizada, pois seu real efeito acontece apenas no momento em que o recurso entra em caixa, conforme exemplificado abaixo.

A Nassau *corporation*, um pequeno negociante de iates, no final do último exercício fiscal, vendeu um iate por $100.000; esse foi adquirido durante o ano pelo custo de $80.000. Embora a empresa já tivesse arcado com o custo total do iate ao longo do ano, no encerramento do exercício ainda não havia recebido os $100.000 do cliente a quem a venda fora realizada.

Visão do contador		Visão do administrador financeiro	
Ponto de vista contábil (regime de competência) DRE em 31/12		Ponto de vista financeiro (regime de caixa) Fluxo de caixa em 31/12	
Receita de vendas	100.000	Fluxo de entrada caixa	0
Custo	(80.000)	Fluxo de saída caixa	(80.000)
Lucro líquido	20.000	Fluxo caixa líquido	(80.000)

Nesse caso, a empresa tem uma boa situação econômica, mas tem uma situação financeira ruim.

Decisões de investimentos

As decisões de investimentos do administrador financeiro determinam a combinação e o tipo de ativos constantes no balanço patrimonial da empresa. Essa atividade diz respeito ao lado esquerdo do balanço. A combinação refere-se ao montante de recursos aplicados em ativos circulantes e em ativos não circulantes. Estabelecidas essas proporções, o administrador financeiro deve fixar e tentar manter certos níveis ótimos para cada tipo de ativo circulante. Deve também decidir quais são os melhores ativos não circulantes a adquirir e saber quando os ativos existentes precisam ser modificados, substituídos ou liquidados.

- Ativo circulante é uma referência aos bens e direitos que podem ser convertidos em dinheiro num curto prazo.
- Ativo não circulante refere-se a um grupo de contas que engloba os recursos aplicados em bens ou direitos de permanência duradoura, destinados ao funcionamento normal da empresa.

Balanço patrimonial	
Ativos circulantes	Passivos circulantes
Ativos não circulantes	Passivos de longo prazo

TOMANDO DECISÕES DE INVESTIMENTO — *TOMANDO DECISÕES DE FINANCIAMENTO*

Decisões de financiamento

Essa atividade está relacionada com o lado direito patrimonial e envolve duas áreas principais. A primeira preocupação está atrelada ao fato de que a combinação mais apropriada entre financiamentos de curto e longo prazos deve ser estabelecida. Uma segunda preocupação, igualmente importante, é que fontes individuais de financiamento em curto e longo prazos são as melhores, pelo menos em um dado instante.

- **Passivo circulante:** são as obrigações normalmente pagas dentro de um ano: contas a pagar, dívidas com fornecedores de mercadorias, impostos etc....
- **Recursos permanentes:** é o capital da empresa e os recursos externos para longo prazo.

O fluxo de caixa é um instrumento que:

- Possibilita o planejamento e o controle dos recursos financeiros de uma empresa.

- Relaciona os ingressos e saídas (desembolsos) de recursos monetários no âmbito de uma empresa em determinado intervalo de tempo.

Por meio do fluxo de caixa pode-se cumprir o principal objetivo da empresa, qual seja, a maximização do retorno dos proprietários, sem, no entanto, comprometer a liquidez, reduzindo dessa forma o risco incorrido pelos detentores do controle da empresa.

Avaliação de investimentos e financiamentos

Para a maioria das decisões financeiras, os custos e benefícios ocorrem em diferentes períodos de tempo.

Consideramos uma oportunidade de investimento anual com os seguintes fluxos garantidos:

Custo:	R$ 500.000,00
Receita:	R$ 550.000,00

Aparentemente, podemos dizer que o valor líquido do projeto é de R$ 50.000,00 (receita R$ 550.000,00 − Custo R$ 500.000,00 = R$ 50.000,00). Mas esse cálculo ignora o valor do dinheiro no tempo e trata o dinheiro como equivalente a dinheiro em um ano.

Considerando a inflação, o dinheiro vale hoje menos do que valia em um ano. Se você investir hoje R$ 1,00 em uma aplicação que pague 12 % ao ano, terá ao fim de um ano R$ 1,12. Chamamos isso de valor do dinheiro no tempo.

Taxa de juros

Ao depositarmos recursos em uma aplicação financeira, podemos converter o dinheiro de hoje em dinheiro no futuro sem nenhum risco. Da mesma forma, ao contrairmos um empréstimo bancário, podemos trocar o dinheiro no futuro pelo dinheiro de hoje.

Suponhamos que a taxa de juros anual seja de 12%. Ao realizarmos investimentos ou contrairmos empréstimos a essa taxa, podemos trocar R$1,00 hoje por R$ 1,12 em um ano ou vice-versa. Assim sendo, essa taxa que o mercado se predispõe a pagar é conhecida como taxa livre de risco.

Reavaliemos o investimento anterior, considerando, desta vez, o valor do dinheiro no tempo. Se a taxa de juros é de 12% ao ano, então podemos expressar nossos custos como:

Custo = (R$ 500.000,00 hoje) x (R$ 1,12 em um ano / R$ hoje) = R$ 560.000,00.

Considerando o valor do custo de oportunidade de R$ 500.000,00 hoje: abrimos mão dos R$ 560.000,00 que teríamos em um ano se tivéssemos deixado o dinheiro aplicado em um banco. Por outro lado, se tivéssemos contraído um empréstimo de R$ 500.000,00, estaríamos devendo R$ 560.000,00 em um ano.

Em outras palavras, poderíamos ganhar R$ 10.000,00 a mais em um ano deixando os R$ 500.000,00 aplicados em um banco, em vez de realizar o investimento.

(R$ 550.000,00 receita do investimento) - (R$ 560.000,00 receita da aplicação) = - R$ 10.000,00 em um ano.

Devemos recusar o investimento, se o fizéssemos, em um ano estaríamos R$ 10.000,00 mais pobres do que se recusássemos.

Como alternativa, podemos utilizar o fator taxa de juros para converter esse valor para hoje. Considerando a receita de R$ 550.000,00 em um ano, qual é o valor equivalente em termos de dinheiro hoje, isto é, quanto precisamos ter num banco hoje, a fim de que daqui a um ano tenhamos os R$ 550.000,00?

(Receita R$ 550.000,00) ÷ (R$ 1,12 em um ano / R$ hoje) = R$ 491.071,43.

Que também é o valor que o banco emprestaria hoje se pretendêssemos pagar R$ 550.000,00 daqui a um ano. Assim podemos calcular o valor líquido de investimento: R$ 491.071,43 – R$ 500.000,00 = - R$ 8.928,57.

Mais uma vez, o resultado negativo indica que devemos recusar o investimento, realizá-lo nos deixaria R$ 8.928,57 mais pobres hoje e teríamos aberto mão de R$ 500.000,00 por algo que vale somente R$ 491.071,43.

Métodos de avaliação dos investimentos

Normalmente, uma decisão de investimento é tomada mediante a escolha dentre vários projetos apresentados, daquele que é o mais adequado às necessidades e condições da empresa. A escolha da alternativa mais viável depende de vários fatores:

- O tempo disponível para implantação do projeto pode influir na decisão;
- A maior ou menor facilidade de manutenção e assistência técnica pode influenciar a escolha do investimento;
- A conjuntura econômica é outro fator considerável em um investimento de capital;
- O fator mais importante a ser levado em consideração pelos administradores da empresa é o que se refere ao retorno financeiro esperado. Dentre as várias alternativas disponíveis, a empresa sempre vai optar pela mais rentável.

Existem vários métodos para analisar economicamente um projeto de investimento. Enfocaremos os mais utilizados.

Período de *payback*

Consiste no cálculo do período necessário para a empresa recuperar, por meio da geração dos fluxos de caixa, o investimento feito no projeto.

Para ilustrar as técnicas de análise usaremos o exemplo da Cia. Vera Cruz, uma indústria que está analisando dois projetos de investimento.

Cia. Vera Cruz		
	Projeto A	Projeto B
Investimento inicial	500.000	550.000
Entradas de caixa		
Ano 1	150.000	240.000
Ano 2	150.000	240.000
Ano 3	150.000	90.000
Ano 4	150.000	90.000
Ano 5	150.000	90.000
Total	**750.000**	**750.000**

Analisando o exemplo da Cia Vera Cruz teremos:

Projeto A	
Investimento	500.000
Entradas de caixa	
Ano 1	150.000
Ano 2	150.000
Ano 3	150.000
Ano 4	50.000
Payback	3 anos e 4 meses
Projeto B	
Investimento	550.000
Entradas de caixa	
Ano 1	240.000
Ano 2	240.000
Ano 3	70.000
Payback	2 anos e 9 meses

No presente caso, a preferência seria para o projeto B, pois apresenta o menor período para recuperação do investimento efetuado. O período de *payback* é muito utilizado como método de avaliação do nível de risco de um projeto de investimento. Quanto maior for o prazo para a empresa recuperar seu investimento, obviamente maior será o risco envolvido na decisão.

Falhas no modelo

- O método do *payback* não leva em consideração o valor do dinheiro no tempo;
- Os retornos dos valores têm o mesmo tratamento, embora ocorram em períodos diferentes;
- Não considera os fluxos de caixa que ocorrem após o período de *payback*;
- Não considera a vida útil do ativo no qual a empresa está investindo.

Payback time descontado

Requer a conversão dos fluxos de caixa futuros ao valor presente na data do investimento inicial. Necessita de que seja adotada uma taxa de juros que geralmente é a TMA – Taxa Mínima de Atratividade (mínimo que se espera sobre o investimento).

Considerando uma TMA de 10%, vamos analisar o *payback* descontado dos dois projetos.

Projeto A		
Investimento		500.000
Entradas de caixa		Convertido para valor presente
Ano 1	150.000	136.363,64
Ano 2	150.000	123.966,96
Ano 3	150.000	112.967,22
Ano 4	150.000	102.452,02
Ano 5	150.000	93.138,20
Payback		4 anos e 3 meses
Projeto B		
Investimento		550.000
Entradas de caixa		Convertido para valor presente
Ano 1	240.000	218.181,82
Ano 2	240.000	198.47,11
Ano 3	90.000	67.618,33
Ano 4	90.000	61.471,21
Ano 5	90.000	55.882,92
Payback		4 anos e 1 mês

Nas duas análises, o projeto B é o mais favorável por possuir o menor *payback*.

Outra forma de analisar a viabilidade de um investimento é calcular o Valor Presente Líquido (VPL) e a Taxa Interna de Retorno (TIR), como veremos a seguir.

Método do Valor Presente Líquido – VPL

No método do valor presente líquido, a empresa determina uma taxa mínima de retorno exigida, que geralmente corresponde ao seu custo de oportunidade.

Se VPL < 0	Se VPL = 0	Se VPL > 0
i < TMA	i = TMA	i > TMA
Inviável	Viável	Viável

Método da Taxa Interna de Retorno – TIR

O método consiste no cálculo de uma taxa que faça com que a soma dos valores atuais de entradas de caixa seja exatamente igual à soma dos valores atuais das saídas de caixa. Se a taxa encontrada for superior à taxa determinada pela empresa, correspondente ao seu custo de oportunidade, o projeto é viável economicamente.

Investimentos	Captações
TIR > TMA (Viável)	TIR > TMA (Inviável)
TIR (positiva) < TMA (Avaliar)	TIR (positiva) < TMA (Viável)
TIR (negativa) < TMA (Inviável)	TIR (negativa) < TMA (Viável)

Com ajuda de uma calculadora financeira, vamos calcular a TIR e o Valor presentes dos dois projetos:

Cálculo da TIR (Projeto A) com calculadora financeira				
500.000	CHS	G	CFO	
150.000		G	CFJ	
150.000		G	CFJ	Desembolso inicial
150.000		G	CFJ	Fluxos de caixa intermediários
150.000		G	CFJ	
150.000		G	CFJ	TIR = 15,24%
			CFJ	Taxa de desconto
		F	IRR	VPL = 68.618,02
10		I	NPV	
		F		

Cálculo da TIR (Projeto B) com calculadora financeira				
550.000	CHS	G	CFO	
240.000		G	CFJ	Fluxos de caixa intermediários
240.000		G	CFJ	
90.000		G	CFJ	TIR = 14,57%
90.000		G	CFJ	Taxa de desconto
90.000		G	CFJ	VPL = 51.501,39
		F	IRR	
10		I	NPV	
		F		

No presente caso, a taxa de desconto corresponde ao custo de oportunidade da empresa foi estipulada em 10%, portanto, os dois projetos são viáveis, sendo que o projeto que teria a preferência seria o projeto A, que tem uma taxa de retorno maior.

Ao analisar as alternativas de investimento da Cia Vera Cruz, sob os diferentes métodos, temos o seguinte quadro.

	Projeto A	Projeto B	Preferência
Payback	3 anos e 4 meses	2 anos e 9 meses	B
Payback descontado	4 anos e 3 meses	4 anos e 1 mês	B
VPL (tx. 10%)	R$ 68.618,02	R$ 51.501,39	A
TIR	15,24%	14,57%	A

Formação de preço na exportação e o custo na importação

As empresas exportadoras na internacionalização vêm enfrentando grandes desafios no quesito fixação de preços de suas mercadorias no mercado externo, determinando o melhor preço a ser utilizado, com foco na competitividade ao produto no mercado externo, e se preocupando também com o comprometimento para a saúde econômico-financeira do exportador.

No caso da média de preços utilizados no mercado interno, tende a ser um modelo, e não deve ser utilizado em cotações internacionais. O motivo dá-se porque dependendo do mercado em análise (doméstico ou externo), a geração do preço de uma determinada mercadoria será diferenciada, em razão da inclusão ou retirada de alguns fatores da base calculada, conforme exemplo abaixo.

> **Matéria-prima e mão de obra**
> +
> **Custos indiretos de fabricação**
> +
> **Despesas comerciais, administrativas e financeiras**
> +
> **Tributação e lucro**

Desta forma, é importante calcular o preço FOB da mercadoria a ser exportada, focando na análise do impacto no mercado externo, dando importância a três cenários: FOB < preço no mercado externo; preço FOB > preço no mercado externo; e o preço FOB = preço no mercado externo.

Frete FOB (*Free on board*)

A sigla FOB significa *free on board*, tendo a tradução em português como "Livre a bordo". Nesse tipo de frete, a partir do momento em que a mercadoria é colocada a bordo no navio para o transporte da mercadoria, fica de responsabilidade do comprador todos os riscos e custos com o transporte da mercadoria.

Frete CIF (*Cost, Insurance and Freight*)

CIF é a sigla para *Cost, Insurance and Freight*, que em português, significa "Custo, Seguros e Frete". Nesse tipo de frete, o fornecedor é responsável por todos os custos e riscos com a entrega da mercadoria, incluindo o seguro marítimo e o frete. Essa responsabilidade finda quando a mercadoria chega ao porto de destino designado pelo comprador.

Quem paga o frete?

A sigla CIF significa que o frete e o seguro são pagos pelo fornecedor, que é responsável pela entrega até o local de destino. No caso do FOB, o cliente é que paga pelo frete e pelo seguro da mercadoria em questão.

Toda vez que o preço de uma mercadoria no local do embarque for mais baixo do que o preço utilizado no mercado externo, a tendência é considerar a sua elevação; aumentando, dessa forma, a margem de lucro da empresa transportadora.

RELAÇÕES INTERNACIONAIS

Toda vez que o preço de uma mercadoria no local de embarque for mais alto do que o praticado no exterior, os custos de produção deverão ser diminuídos, sob possível risco na competitividade do produto.

Ocorre que quando no local de embarque o preço considerado for igual ao utilizado no mercado externo, sinalizamos que o produto está mostrando as condições mínimas para que a empresa exportadora acabe forçando a criação de opções de melhor desempenho em uma disputa internacional.

Sendo assim, o preço de exportação de uma mercadoria resulta na apuração de seu preço no mercado interno, baseando na equação que resulta o custo industrial (matéria-prima, mão de obra e custos indiretos verificados no processo fabril) somado às despesas administrativas, financeiras e de comercialização, além da tributação incidente (ICMS, IPI, PIS e COFINS) e do lucro.

Seguindo esses levantamentos, o preço no local do embarque internacional pode ser criado mediante a dedução dos tributos não incidentes na exportação (IPI, ICMS, PIS e CONFINS) que passarão a ter isenções como forma de incentivo às vendas externas, e as despesas não seriam foco neste momento, assim como a comissão sobre as vendas internas.

Nesse somatório, são inseridas as despesas de exportação, considerando inclusive o frete e o seguro desde a instalação do vendedor até o espaço do despacho aduaneiro de exportação ou também os gastos com a compra de embalagens especiais determinadas a responder às exigências do mercado externo.

| PREÇO DE EXPORTAÇÃO | = | PREÇO DE VENDA NO MERCADO INTERNO + DESPESAS COM EXP. | − | TRIBUTOS IPI, ICMS, PIS e CONFINS + DESPESAS INCIDENTES NAS VENDAS |

Custo na importação

Tratando-se importação, a tributação é feita basicamente como um instrumento político, considerada como um método de regulação das relações de mercado e de acompanhamento e controle de níveis de desenvolvimento de setores produtivos determinados no país.

Considera-se o montante adequado ao somatório do valor da importação mais o tributo cobrado anteriormente, de forma cumulativa à sucessiva, a partir da cobrança do Imposto de Importação (II), seguido do IPI e do ICMS.

Ainda são aplicáveis às importações outros tributos, como, por exemplo, o Adicional ao Frete para Renovação da Marinha Mercante (AFRMM) (no modal aquaviário marítimo), ou ainda a Taxa de Capatazia, a taxa de Armazenagem e o Adicional de Tarifas Aeroportuárias (ATA) (no modal aéreo).

Tarifas aeroportuárias pagas pelo consignatário (importador / exportador da carga):

• Tarifa de armazenagem - Devida pelo armazenamento, guarda e controle de mercadorias nos armazéns de carga aérea dos aeroportos; incide sobre o consignatário ou o transportador, no caso de carga aérea em trânsito.

• Tarifa de capatazia - Devida pela movimentação e manuseio de mercadorias a que se refere o item anterior; incide sobre o consignatário ou o transportador, no caso de carga aérea em trânsito.

Custo de importação

TRIBUTAÇÃO CUMULATIVA E SEQUENCIAL
VALOR ADUANEIRO
(valor da mercadoria + frete + seguro)
+
IMPOSTO DE IMPORTAÇÃO
+
IPI
+
ICMS
+
OUTROS TRIBUTOS E TARIFAS ADICIONAIS
AFRMM
+
TARIFA DE CAPATAZIA E ARMAZENAGEM
+
TAXAS E DESPESAS DIVERSAS

Mercado de câmbio

Cambiar é trocar (especialmente moeda estrangeira por moeda nacional e vice-versa); conceito, logo, muito utilizado pelo mercado, por sua vez nada mais é do que um ambiente virtual, focadas as transações de troca de moeda, oriundas de movimentações financeiras por meio de remessas e recebimento internacionais de valores, que podem estar agregados ou não às compras e vendas externas.

Geralmente são consideradas moedas conversíveis aquelas aceitas livremente em outros países, sendo as moedas de países desenvolvidos, como, por exemplo, o dólar, libra, euro etc., pois nem todas as moedas são totalmente conversíveis no mercado internacional, ou seja, esse impedimento ocorre por razões comerciais e legais.

Mercado cambial brasileiro

No Brasil, o mercado de câmbio é regulamentado. As pessoas que governam focam as transações monetárias que distinguem oficialmente apenas um mercado de câmbio, o segmento de taxas livres, conhecido como câmbio oficial. O câmbio oficial envolve as movimentações financeiras vinculadas às transações de comércio exterior, como também à obtenção de empréstimos a residentes, aos investimentos estrangeiros no país e aos pagamentos e recebimentos internacionais de interesse do governo.

Por sua vez, existe também o câmbio paralelo, conhecido como câmbio negro, que corresponde às transações financeiras não autorizadas, consideradas ilegítimas sob o ponto de vista legal.

Sendo assim, no Brasil, as operações de câmbio devem ser conduzidas por meio de um estabelecimento bancário autorizado, não podendo ser praticadas livremente.

Os elementos que participam do mercado de câmbio estão divididos nos que produzem divisas e nos que cedem divisas. Os que produzem são os exportadores, os devedores de empréstimos e investimentos, os turistas estrangeiros que recebem transferência do exterior. Os que cedem são os importadores, os devedores de empréstimos que remetem ao exterior o principal e os juros; os tomadores de investimentos que enviam ao exterior os rendimentos do capital investido, os que fazem transferências para o exterior.

Taxa cambial

O significado de taxa de câmbio é o preço da moeda estrangeira convertido em moeda nacional. O Banco Central já foi responsável por muito tempo mediante um rigoroso controle da cotação da moeda nacional em relação às moedas estrangeiras da seguinte forma: no final de cada expediente, indicava a taxa de referência para as operações a serem praticadas no dia seguinte. Porém, ao longo do tempo esse tipo de controle foi alterado, com a implantação de um mecanismo de bandas cambiais (denominação de um regime de câmbio) que previa um piso e um teto a serem observados na taxa de câmbio.

Porém, esse sofreu alteração e foi trocado mais uma vez por outro modelo, dando maior liberdade do mercado para julgar a cotação da moeda nacional em relação às estrangeiras, como consequência da oscilação natural dos movimentos de compra e venda.

No início das atividades do dia, as instituições autorizadas a trabalhar em câmbio, mediante consultas recíprocas, procuram determinar as taxas em que há interesse por realizar negócios, adotando assim as chamadas cotações de abertura que são divididas em dois valores: um de compra (*bid rate*) e outro de venda (*offer rate*).

Como referência, o Banco Central disponibiliza por meio do sistema sisbacen e no sítio na internet: http://www.bcb.gov.br/?txcambio, a saber, a taxa ptax, que é uma taxa de câmbio calculada durante o dia pelo Banco Central do Brasil. No mais, consiste na média das taxas informadas pelas instituições autorizadas a trabalhar em câmbio durante quatro janelas do dia. Normalmente, os contratos de derivativos de câmbio são liquidados com base na PTAX divulgada para o dia útil anterior.

Contrato de câmbio

A contratação de câmbio pode envolver duas sistemáticas distintas: o câmbio manual e o câmbio sacado. No câmbio manual, é realizada a troca de moedas em espécie, envolvendo também os cheques de viagem. Esse tipo de operação decorre basicamente do fomento do turismo externo. No câmbio sacado, a troca de moedas é realizada sob a forma escritural, ou seja, ocorre apenas de forma contábil sem qualquer movimentação de numerários.

O contrato de câmbio é um instrumento particular, bilateral, formado por compradores e vendedores de moeda estrangeira que estabelece os direitos e as obrigações recíprocas das partes contratantes cujo vendedor fica comprometido a entregar certa quantidade de moeda estrangeira, observando determinadas condições (taxas, prazos, forma de entrega etc.) ao comprador, recebendo o equivalente em moeda nacional.

São utilizados dez tipos de contratos de câmbio. Cada um tem destinação específica, sendo cinco de compra e cinco de venda.

Contratos de compra

A contratação do câmbio é realizada considerando sempre o ponto de vista das instituições financeiras. Desta forma, nas situações que envolvem o ingresso de divisas, como no caso das exportações, formaliza-se um contrato de compra.

Contrato de compra	
Tipo 1	Exportação de bens e serviços
Tipo 3	Operações de natureza financeira
Tipo 5	Operações interbancárias
Tipo 7	Alterações de compra
Tipo 9	Cancelamento de compra

Tipo 1 – Exportação de mercadorias e/ou serviços.

Tipo 3 – Destinado à transferência financeira do exterior e também às operações de câmbio manual.

Tipo 5 – Operações de câmbio de compra entre instituições interbancárias ou de arbitragem, no Brasil ou no exterior.

Tipo 7 – Alteração do contrato de câmbio de compra, utilizado para mudar cláusulas dos contratos tipos um, três ou cinco.

Tipo 9 – Cancelamento do contrato de câmbio de compra, destinado a promover o cancelamento dos contratos tipos um, três ou cinco fechados anteriormente.

Contratos de venda

O contrato de venda de moeda estrangeira é destinado às operações que envolvem a saída de divisas.

Contrato de compra	
Tipo 2	Importações de mercadorias
Tipo 4	Operações de natureza financeira
Tipo 6	Operações interbancárias
Tipo 8	Alterações de venda
Tipo 10	Cancelamento de venda

Tipo 2 – Importações de mercadorias pagas em até 360 dias, não sujeitas a registro no Banco Central, ou naquelas transações pagas à vista ou antecipadamente, quando sujeitas a registro no Bacen.

Tipo 4 – Destinado à transferência financeira para o exterior e também às operações de câmbio manual.

Tipo 6 – Operações de câmbio de venda entre instituições interbancárias ou de arbitragem, no Brasil ou no exterior.

Tipo 8 – Alteração do contrato de câmbio de venda, utilizado para alterar cláusulas dos contratos tipos dois, quatro ou seis.

Tipo 10 – Cancelamento do contrato de câmbio de venda, destinado a promover o cancelamento dos contratos tipos dois, quatro ou seis fechados anteriormente.

Estudo de caso
***Norwich Tool*: como tomar uma decisão de investimento em um novo torno**

A *Norwich Tool*, uma grande loja de máquinas, está considerando a substituição de um de seus tornos por uma de duas alternativas:

Torno A ou B; o torno A é altamente automatizado e controlado por computador; o torno B é mais barato, pois utiliza tecnologia básica. Para analisar essas alternativas, Mario Jackson, analista financeiro, preparou estimativas de investimento inicial e entradas de caixa incrementáveis (relevantes) associadas a cada torno. Elas estão resumidas no quadro seguinte:

	Torno A	Torno B
Investimento inicial	$660.000	$360.000
Ano	Entradas de caixa	
1	$128.000	$88.000
2	$182.000	$120.000
3	$166.000	$96.000
4	$168.000	$86.000
5	$450.000	$207.000

Pode-se verificar que Mario pretendeu analisar os dois tornos em um período de cinco anos. No final desse período, os equipamentos seriam vendidos; explicando, desse modo, as maiores entradas de caixa no quinto ano.

Um dos principais dilemas de Mario diz respeito aos riscos dos dois tornos. Ele achava que, embora ambos tivessem riscos similares, o torno A tinha um risco maior de quebras e reparos, devido à sua tecnologia sofisticada, e não inteiramente comprovada. Não sendo possível quantificar essa possibilidade, Mario decidiu aplicar o custo anual do capital da empresa de 13%, de modo a analisar os tornos. A *Norwitch Tool* exige que todos os seus projetos tenham um período máximo de *payback* de quatro anos.

Questões sobre o estudo de caso

Pede-se:

a) Utiliza o período de *payback* para analisar a aceitabilidade e a classificação de cada torno.

b) Supondo riscos iguais, utilize as seguintes técnicas sofisticadas de análise de orçamentos de capital, para avaliar a aceitabilidade e a classificação de cada torno.

(1) Valor presente líquido.

(2) Taxa interna de retorno

c) Resuma as referências indicadas pelas técnicas utilizadas em A e B e aponte qual torno você recomendaria, caso a empresa apontasse (1) fundos ilimitados ou (2) racionamento de capital.

d) Repita o item B, supondo que Mario decidiu, dado o maior risco, que as entradas de caixa do torno A seriam avaliadas mediante o uso de uma taxa de custo de capital de 15%.

e) O reconhecimento do risco maior do torno A no item D afetaria suas recomendações em C:

Questões para reflexão

1. Explicar quais os meios que as empresas necessitam para evoluir e proteger a sua posição competitiva.

2. Citar quais são as fontes de recursos próprios e de terceiros.

3. Explicar de que forma a análise e o planejamento financeiro são feitos.

4. Definir o que é um ativo circulante e ativo não circulante e de passivo circulante e recursos permanentes.

5. Explicar os quatro fatores que são levados em consideração em uma decisão de escolha mais viável em um investimento.

6. Qual significado de taxa de câmbio e qual a responsabilidade do Banco Central?

7. Todo financiamento apresenta um custo, que é atribuído aos proprietários de capital (próprios e de terceiros) pela utilização de tais recursos. Explique sobre: risco, retorno e incertezas.

8. Explicar sobre formação de preço na exportação e o custo na importação.

9. Citar e explicar quais são as duas tarifas aeroportuárias pagas pelo consignatário (importador/exportador da carga).

10. Explicar como funciona o mercado cambial brasileiro.

RELAÇÕES INTERNACIONAIS

Referências
ASSAF NETO, Alexandre. *Mercado financeiro*. São Paulo: Atlas, 2009.
CARLSNAES, Walter ; RISSE, Thomas ; SIMMONS, Beth A (Ed.). *Handbook of international relations*. Los Angeles: Sage, 2013.
CASAGRANDE NETO, Humberto. *Abertura do capital de empresas no Brasil: um enfoque prático*. São Paulo: Atlas, 1985.
CAVALCANTE, Francisco; MISUMI, Jorge Yoshio; RUDGE, Luiz Fernando. *Mercado de capitais: o que é, como funciona*. Rio de Janeiro: Elsevier, 2005.
FARO, Ricardo. *Curso de comércio exterior*. São Paulo: Atlas, 2012.
FORTUNA, Eduardo. *Mercado financeiro: produtos e serviços*. Rio de Janeiro: Qualitymark, 2001.
GITMAN, Lawrence. J. *Princípios da administração financeira*. São Paulo: Harbra, 2002.
GOMES, Luiz Flávio Autran Monteiro. *Tomada de decisão gerencial*. São Paulo: Atlas, 2012.
GRENDENE. *Resultado do 4T15 e 2015*. Disponível em: <http://static.grendene.mediagroup.com.br/releases/1104_Grendene%20-%20PR%204T15.pdf>. Acesso em 25 de maio de 2016.
HITT, M. A.; IRELAND, R. D.; HOSKISSON, R.E. *Administração estratégica: competitividade e globalização*. São Paulo: Thomson Learning, 2008.
HOJI, Masakazu. *Planejamento e controle financeiro*. São Paulo: Atlas, 2010.
HAUGEN, Robert A. *Os segredos da bolsa: como prever resultados e lucrar com ações*. São Paulo: Makron Books, 2000.
HENDERSON, Hazel. *Além da globalização: modelando uma economia global sustentável*. São Paulo: Cultrix, 2003.
JACKSON, Robert; SØRENSEN, Georg. *Introdução às relações internacionais: teorias e abordagens*. 2. ed., rev. e ampl. Rio de Janeiro: Zahar, 2013.
KRUGMAN, Paul. R.; OBSTFELD, Maurice. *Economia internacional – Teoria e política*. São Paulo. Pearson Education do Brasil, 2001.
KUYVEN, Luiz Fernando Martins; PIGNATTA, Francisco Augusto. *Comentários à convenção de Viena: compra e venda internacional de mercadorias*. São Paulo: Saraiva, 2015.
MAIA, Jayme de Mariz. *Economia internacional e comércio exterior*. São Paulo. Ed. Atlas, 2003.
NAPOLITANO, Giuliana. Revista EXAME: *Invista como Warren Buffett* ed.925, São Paulo: Abril, 2008. Disponível em: <http://exame.abril.com.br/revista-exame/edicoes/925/noticias/invista-como-warren-buffett-m0166281>. Acesso em 25 de maio de 2016.
PINHEIRO, Juliano Lima; CUNHA, Álvaro José. *Mercado de capitais: fundamentos e técnicas*. São Paulo: Atlas, 2001.
SECURATO, José Roberto. *Decisões financeiras em condições de risco*. São Paulo: Atlas, 1996.
SILVA NETO, Lauro de Araújo. *Derivativos: definições, emprego e risco*. São Paulo: Atlas, 2002.
WESTON, J. Fred; BRIGHAM, Eugene F. *Fundamentos da administração financeira*. São Paulo: Person Education do Brasil, 2000.

CAPÍTULO 5

Desafios e oportunidades de negócios por meio da gestão dos processos

Luis Alberto Porto Alegre Gudergues

"Nunca andes pelo caminho traçado, pois ele conduz somente aonde os outros já foram."
(Alexander Graham Bell – 1847 – 1922)

Objetivos do capítulo

Discutir a importância de a empresa conhecer em detalhes os seus processos.
- Discutir a importância e necessidade de melhorar os processos com o objetivo de sobreviver em um ambiente disruptivo.
- Discutir a aplicação das técnicas de modelagem e de redesenho dos processos na busca por se tornar uma empresa classe mundial.
- Discutir a importância da gestão dos processos no atingimento das metas e dos resultados das empresas.
- Apresentar *insights* de gestão por processos na busca da excelência e eficiência das empresas.

Introdução

Este capítulo pretende discutir e analisar a importância da gestão dos processos na busca de excelência nas empresas. Essa necessidade está cada vez mais presente na atual situação do mundo, pois as mudanças são cada vez mais rápidas e se faz necessário o "desconstruir" para reconstruir, visto que os resultados obtidos até aqui não são mais suficientes para dar sobrevida e/ou perenidade às empresas.

Para buscar uma linguagem mais atual, além da experiência e do conhecimento adquiridos pelo autor por meio dos projetos realizados como executivo e consultor, foi realizada uma pesquisa com diversos executivos na área de comércio exterior, a fim de identificar as principais dificuldades e qual o grau de importância é dado aos processos em suas organizações.

Foram utilizadas as principais teorias de administração estratégica, competitividade e globalização de Philip Kotler, Robert S. Kaplan, David P. Norton, M. A. Hitt, R. D. Ireland e R. E Hoskisson e devidamente enquadradas dentro do conceito moderno de administração da produção e operação e na adoção da gestão por processos, de Nigel Slack, Michael Hammer e James Champy, a refocilar, os pais da reengenharia.

Como disse (SLACK, 2013, p.131), "os processos estão em todo lugar. Eles são os alicerces de todas as operações e os projetos de melhoria dos processos, afetam o desempenho da operação". Hoje é cada vez mais comum ouvir sobre a necessidade de melhorar os processos na busca da excelência e da eficiência por toda a organização. É importante citar que essa preocupação já é bem antiga e conhecida dentro das empresas, pois surgiu com o apoio da área de O&M (Organizações e métodos), inicialmente com foco na melhoria das operações na área industrial e de manufatura, buscando medir e melhorar os tempos e métodos de produção, com foco no aumento da produtividade e redução dos custos.

Posteriormente, com a abertura do mercado brasileiro em 1990, no então governo Collor, e, com a entrada dos produtos importados, ficou muito clara a necessidade de melhorar os produtos nacionais, e, por conseguinte, o consumidor ficou muito mais exigente. Muito rapidamente, essa exigência foi expandindo para a área de serviços e a seguir por todos os segmentos do mercado. Logo, a abrangência de atuação foi sendo ampliada, incluindo a necessidade de interação com a área de tecnologia a partir da implantação de sistemas integrados. A necessidade dessa interação e a análise das sinergias e conflitos nas interfaces entre as áreas foi o que acabou favorecendo a evolução da área de O&M até os dias de hoje na área de processos.

Com a globalização, o mercado foi rapidamente ampliado e as empresas começaram a fabricar onde é mais barato e passaram a vender para qualquer lugar do planeta, aumentando a complexidade de suas operações. Por outro lado, o consumidor viu as opções e ofertas de produtos e serviços crescerem rapidamente. Isso trouxe um "poder" maior ao consumidor, pois, inicialmente, ele pôde comparar a qualidade, preço, e, em seguida, o nível de atendimento que ele recebia no Brasil com o de outros países.

Fica muito clara a diferença abissal entre os produtos nacionais e os importados, principalmente no quesito qualidade; fato, esse, que ficou muito claro, sobretudo quando vieram as primeiras importações de veículos da Rússia, da marca Lada. O segmento automobilístico foi um dos primeiros que se modificaram após a abertura do mercado.

Quando falamos de empresa em conjuntura mundial, queremos dizer com isso que existe um desejo de crescer em novos mercados, alcançando um nível superior de competitividade na sua produção e distribuição em âmbito mundial. Dentro da estratégia estabelecida pela empresa, e mais, para que essa seja aplicada, é necessário que todas as áreas estejam envolvidas e focadas em um mesmo objetivo: expandir para uma empresa de classe mundial. Neste momento, é fundamental o profundo conhecimento e a melhoria de todos os processos da organização na busca por obter o sucesso desejado.

Desta forma, este capítulo pretende analisar e discutir a importância da gestão dos processos na estratégia das empresas para ganhos de mercado interno (estratégia de sobrevivência), resultando em redução de custos, melhoria da qualidade, ganhos de produtividade, e, principalmente, na busca por tornarem-se empresas de classe internacional (estratégia de expansão), permitindo que assim possam estar preparadas para atender a todas as demandas de um mercado globalizado cujos fornecedores e compradores estão localizados ao redor do mundo.

Discutindo os conceitos iniciais

De acordo com Slack, (SLACK, 2013), os processos estão em todo lugar. Eles são os alicerces de todas as operações. Segundo Porter, (PORTER, 2004), a última classe de inovação que pode mudar a estrutura da indústria está nos métodos e nos processos de fabricação. Também podemos citar Hammer (HAMMER, 2009): "Os processos refletem como a empresa funciona. São os processos que produzem o serviço ou produto que será entregue ao cliente".

Quando houve a abertura do mercado brasileiro em 1990, as empresas nacionais, da noite para o dia, tiveram que não só tentar sobreviver no mercado, devido às grandes mudanças ocorridas nas empresas multinacionais já instaladas aqui, principalmente no que se refere à introdução de novos produtos e serviços com mais tecnologia, qualidade, e, algumas vezes, preços, mas também com a entrada de novas empresas no mercado.

Vimos várias ações e a utilização de metodologias na busca de tornar as indústrias nacionais mais competitivas, podendo citar: ISSO 9.000, CEP (Controle Estatístico de Processo), TQM (Gerenciamento da qualidade total), reengenharia, *downsizing* etc. Podemos aqui perceber que, inicialmente, o foco ocorreu na área produtiva, na busca da melhoria do produto, redução de custos, ganhos de produtividade e melhoria da qualidade. Posteriormente, foi ampliado para a área de serviços, com foco na melhoria do atendimento ao cliente.

Por muito tempo, as empresas atuaram sob o enfoque da divisão do trabalho, buscando a melhoria e eficiência mediante a especialização do trabalhador. Nesse enfoque, o importante era fragmentar as tarefas e buscar a repetição. Como consequência desse trabalho, as empresas focaram no levantamento e entendimento dos seus fluxos de trabalho. É evidente que por muito tempo foram obtidas grandes melhorias e ótimos resultados. Com a globalização e o aumento da complexidade das operações, resultante da compra e produção em diversas partes do mundo, esse modelo mostrou ser inadequado.

Como citaram Hammer e Champy (HAMMER e CHAMPY, 1996, p.216), a organização orientada por processos está surgindo como a forma organizacional dominante para o século XXI, abandonando a estrutura por funções que foi a forma organizacional predominante do século XX.

A importância de conhecer os processos em profundidade

O aumento da complexidade da operação e o crescente uso da tecnologia resultaram na substituição do trabalho fragmentado para o trabalho em processos. Com isso, a empresa começou a colocar o cliente como foco principal de sua operação. Antes de tudo, cabe citar que o cliente muitas vezes não recebia a devida importância. Todos nós podemos lembrar de uma situação, em um tempo não tão distante, em que as empresas decidiam o que o cliente deveria comprar. Não iam para o mercado para tentar entendê-lo.

A primeira dificuldade enfrentada foi a de identificar que os seus colaboradores só conheciam o seu trabalho, ou seja, não sabiam o que acontecia nas áreas anterior e posterior à sua. Em síntese, trabalhavam "dentro do seu quadrado". Logo, o conhecimento dos processos da empresa foi determinante para além da inclusão do cliente, qual seja, identificar o início e o fim de cada processo, estabelecer a responsabilidade de cada colaborador, e, por fim, definir uma maneira mais eficaz de medir os resultados da empresa.

Segundo Gonçalves, (GONÇALVES, 2000, p.10), existem três categorias básicas de processos empresariais:

a) **Processos de negócios (ou de cliente)**: são aqueles que caracterizam a atuação da empresa e que são suportados por outros processos internos, resultando no produto ou serviço que é recebido por um cliente externo.

b) **Processos organizacionais ou de integração organizacional**: são centralizados na organização e viabilizam o funcionamento coordenado dos vários subsistemas da organização em busca de seu desempenho geral, garantindo suporte adequado aos processos de negócios.

c) **Processos gerenciais**: são focalizados no gerente e nas suas relações (Garvin) e incluem as ações e medição e ajuste de desempenho da organização.

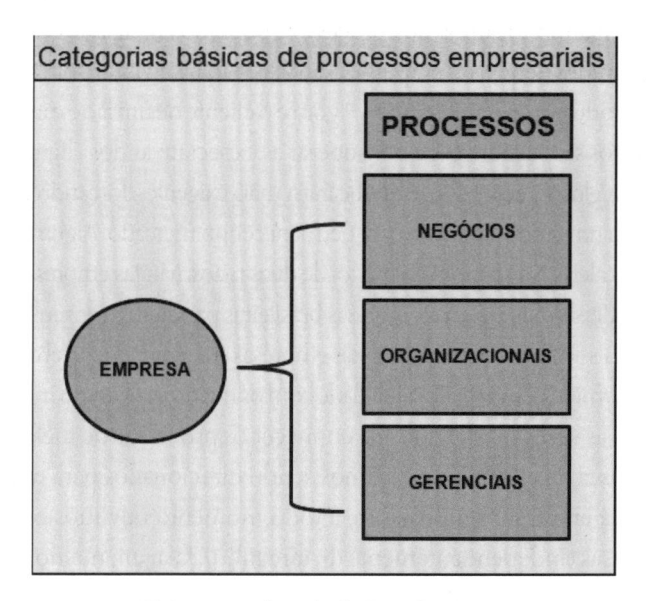

Fonte: autor adaptado de Gonçalves, 2000.

RELAÇÕES INTERNACIONAIS

De acordo com Dreyfus, (DREYFUS, 1996), os processos de negócios são ligados à essência do funcionamento da organização. Podemos citar como exemplo: comercialização, satisfação dos clientes, faturamento, compras, produção, gestão da qualidade, desenvolvimento de novos produtos e outros. Conforme Gonçalves, (GONÇALVES, 2000, P.10), processos organizacionais, que também são chamados de processos de suporte, são os conjuntos de atividades que garantem o apoio necessário ao funcionamento adequado dos processos de negócios.

Como exemplo, tem-se os processos de: folha de pagamento, recebimento e atendimento de pedido e outros, e, finalmente, como exemplo de processos gerenciais, há os processos de: avaliação de desempenho dos colaboradores, análise dos indicadores de desempenho (KPI´s), vendas efetivas X não vendas, enfim, são todas as análises comparativas entre o planejado e o atingido na operação da empresa.

No primeiro momento, como uma empresa deve fazer esta mudança, ou seja, deixar a administração com foco no trabalho individual e especializado para um trabalho focado em processos? Em uma maneira bem simples de entender, quando focamos nos processos, podemos imaginar que agora não existem paredes dentro da empresa. Não existe mais divisão, por exemplo: comercial, produtiva e administrativa. Agora é o cliente de um lado e a empresa do outro. Todos são responsáveis por superar as expectativas dos clientes.

Com a globalização, os clientes ficaram mais exigentes, forçando as empresas a buscarem uma modernização para permanecer no mercado. Algumas empresas foram mais além. Na economia, a via foi de duas mãos. Muitas empresas foram instaladas no Brasil, mas algumas empresas brasileiras passaram a ser multinacionais e abriram filiais ao redor do mundo. Essas empresas atingiram um nível de excelência que lhes permitiu competir em igualdade com os maiores *players* do mercado.

Todas as vezes que falamos de conhecer os processos de melhoria contínua, de busca de eficiência, acabamos sendo direcionados para os processos internos da empresa. Sendo assim, a todo momento ouvimos os dirigentes das empresas (independentemente do tamanho), falar em melhorar a produtividade, reduzir custos, alavancar vendas etc. Ao mesmo tempo, verificamos que a atenção aos processos não é proporcional à sua importância. Por que as empresas têm tanta dificuldade em conhecer os seus próprios processos?

Acredito que, em parte, isso é cultural – A cabeça imediatista do empresário brasileiro. No geral, encontramos os colaboradores "apagando incêndios". Desta feita, não atuam na essência do problema para a sua definitiva solução. Para ser mais justo, também existe a grande resistência às mudanças por parte dos colaboradores. A boa notícia é que as transformações que estão ocorrendo no mundo estão forçando as empresas a mudarem rapidamente a forma de atuar e a rever seus processos, caso contrário, serão extintas.

A importância e necessidade de melhorar os processos para sobreviver em ambientes disruptivos

Quando pensamos em desafios e oportunidades no Brasil, lembramos primeiramente do custo Brasil, da falta de investimentos em infraestrutura, da burocracia que deve ser atendida na importação de um produto, da falta de transparência de muitas alfândegas na liberação da carga, das mudanças constantes nas alíquotas de impostos e dos altos custos das operações portuárias e aeroportuárias (armazenagem, movimentação e serviços em geral).

No que diz respeito à exportação, podemos acrescentar um fator que é extremamente importante: o empresário brasileiro não tem a cultura de comércio exterior. De acordo com a Prof. Dra. Vera Lúcia Saikovitch: "Na maior parte das empresas brasileiras, não passa de uma atividade marginal, atingindo, quando muito, 10% de seu faturamento e sempre na busca de algum tipo de benefício governamental". Aqui eu enxergo uma grande oportunidade de negócios por meio da gestão dos processos. Digo isso, pois no atual momento que passa o mercado interno, com restrição de consumo, é crucial para a sobrevivência das empresas a venda para o mercado externo.

Primeiramente, temos que iniciar uma mudança de cultura em que fique muito claro que exportar não é colocar uma pasta embaixo do braço e realizar visitas em feiras, e, rapidamente, os contratos são fechados. Essa visão é muito equivocada e simplista. É necessário fazer um planejamento, definir o mercado-alvo, investir em pesquisa, buscar informações em fontes confiáveis (Câmara de comércio, embaixadas, fontes governamentais etc.), realizar visitas a clientes potenciais, identificar a demanda e adequar produtos e embalagens de acordo com cada mercado escolhido.

Hoje temos à disposição o SISCOMEX – Sistema Integrado de Comércio Exterior, que, de acordo com o Ministério de Desenvolvimento, Indústria e Comércio Exterior (MDIC, 2015): "É uma ferramenta facilitadora, que permite a adoção de um fluxo único de informações, eliminando controles paralelos e diminuindo significativamente o volume de documentos envolvidos nas operações de exportação e importação".

Quando falamos com os executivos e gestores responsáveis pelas operações de importação e exportação, é quase unânime as reclamações serem as seguintes: dificuldade de registrar uma empresa como importadora/exportadora (registro do radar), mudanças constantes nas alíquotas de impostos, dificultando o planejamento e gestão dos custos, mudanças nas regras de importação (exigências de licenças de importação), demora nos processos de desembaraço, problemas de infraestrutura nas rodovias e acessos aos portos e aos aeroportos etc.

Na gestão dos processos, é importante identificar o fluxo completo de cada operação, e, principalmente, focar na parte do processo que podemos alterar/melhorar, ou seja, quais as fases que estão sob o nosso domínio. O que depende de ações/definições de órgãos governamentais, não será possível atuar diretamente. O que eu quero dizer com isso? Precisamos nos dedicar em detalhes para desenhar e melhorar a parte do fluxo que está em nossas mãos. O planejamento, as ações, os planos de contingências, a gestão, o controle e a busca de melhorias contínuas são o nosso foco de trabalho.

Irei detalhar melhor a modelagem e redesenho dos processos no próximo item. Hoje é possível verificar as rápidas transformações que ocorrem no mercado e nas relações comerciais. A esse fator, a mudança que está ocorrendo na maneira como os consumidores estão consumindo bens e serviços é somada. Por todos os lados, vemos o aparecimento de *startups*, principalmente com o desenvolvimento de aplicativos, transformando o atual mercado.

Não podemos deixar de citar duas tendências que estão em franco crescimento: economia compartilhada e *coworking*. Hoje, nas rodas de amigos e de parceiros de negócios, ouvimos com frequência que no futuro palavras como "consumo" e "compra" serão substituídas por "compartilhamento" e "troca". Segundo Gansky, (GANSKY, 2011), a colaboração entre empreendedores, fornecedores e consumidores irá definir o futuro da economia.

Fica muito claro a cada dia que a economia compartilhada (é aquela que envolve negócios que mediam a prestação de serviços ou a troca de produtos entre pessoas a partir de recursos originalmente subutilizados) transforma as maneiras de acesso a esses produtos ou serviços, dispensando a necessidade de efetivamente adquiri-los. Assim, muda a forma de comercialização de produtos e serviços, além de ser uma opção altamente sustentável e rentável, principalmente para o consumidor final.

Escutamos falar do *Uber* (compartilhamento de veículo) e as brigas ao redor do mundo com os taxistas. Segundo o site: (www.hypeness.com.br, 2010). Em 2010, o *Airbnb* (compartilhamento de quartos e apartamentos) contava com 50 mil quartos ou apartamentos disponíveis. Em 2014, já eram mais de 550 mil. Segundo uma pesquisa realizada pela consultoria *Nielsen*, em 2013, 70% das pessoas na América Latina estariam dispostas a participar de serviços de compartilhamento.

Startup em destaque no Brasil	
Buscapé	Comércio exterior
Easy Taxi	Serviço de táxi
Truckpad	Busca de carga e frete - caminhoneiros
Meus pedidos	Substitui o talão de pedidos de vendas
Sambatech	Distribuição de vídeos ao vivo
Clickbus	Passagem rodoviária pela internet
Kekanto	Indicativo de restaurantes e lugares
Chaordic	Personalização das vendas para o *e-commerce*
Zero Paper	Gestão financeira
Conta azul	Gestão financeira
Contetools	Criação de conteúdo *on-line*
Resultados digitais	Gestão de *marketing* digital

Fonte: autor adaptado do site Bizstart.

Essa transformação no mercado exige que as empresas "acelerem" o seu processo de conhecimento, modelagem e redesenho dos seus processos internos, na busca por atingir a excelência e ter diferenciação dos seus concorrentes em um ambiente disruptivo. Hoje com a evolução tecnológica e com o conceito de "rede", a informação flui muito rapidamente, somando ao fato da mudança na forma de consumir, um ambiente com um consumo em queda, devido à diminuição do poder de compra da população brasileira, e juros elevados, o que impede o investimento em equipamentos e tecnologia. É fundamental a mudança na forma de se administrar uma empresa. Sem a implantação da gestão por processos, muitas empresas vão ficar "pelo meio do caminho".

Outro conceito, o *coworking*, adaptado do site da empresa (Open Space, 2016) "é um modelo de estruturação do trabalho baseado no compartilhamento de espaço e infraestrutura de escritório". A ideia é reunir num espaço livre (sem fechamentos de salas individuais) pessoas de diferentes empresas e/ou áreas de atuação, incluindo profissionais liberais, microempresários e autônomos. Nesse modelo, pode-se locar uma sala ou uma "estação de trabalho", em contratos por hora, dia ou mês.

Esse último conceito citado afeta e muda de forma significativa o conceito de trabalho no sentido de que hoje a atividade poderá ser realizada fora do ambiente da empresa, como exemplo, é possível citar o "*home office*", que é a realização de atividades na residência do colaborador. Outra mudança significativa é a troca do trabalho de CLT por trabalhos pontuais, isto é, os chamados "*jobs*", gerando grandes reflexos nos processos internos da empresa.

Insisto nesse ponto mais uma vez, qual seja, as mudanças estão ocorrendo muito rapidamente, mudando a forma de consumir e fazer negócios, mas, na contramão, muitas empresas continuam "agindo" e realizando a sua administração no modelo anterior ou clássico, sem levar em consideração os seus processos.

Não sou pessimista, ao contrário, sou otimista, mas, acima de tudo, realista. Não existe outro caminho para a sobrevivência e o sucesso da empresa. Hoje é necessário fazer diferente – "Se continuar fazendo o que sempre fez, vai obter sempre os mesmos resultados".

A aplicação das técnicas de modelagem e redesenho dos processos na busca por ser uma empresa classe mundial

Segundo Collins, (COLLINS, 2013, p.24): "As empresas feitas para vencer não se concentraram prioritariamente no que fazer para se tornarem excelentes, elas se concentraram igualmente no que não fazer e no que parar de fazer".

Para a empresa conseguir identificar e se concentrar nos pontos acima, é necessário um estudo detalhado de seus principais processos de negócios. Desta feita, existe uma metodologia de levantamento dos processos que é ao mesmo tempo simples e complexa. A simplicidade está na forma de realizar o desenho e a modelagem dos processos, pois isso surge por meio de entrevistas com cada participante do processo e a utilização de ferramentas como Visio, ou mesmo, o Excel.

A complexidade está na definição e identificação dos pontos de melhorias e nos problemas que ocorrem, principalmente nas "interfaces" entre as áreas. É muito importante nesse momento, em cada entrevista, também mostrar a cada colaborador a sua importância e qual o seu "papel", ou seja, quais os resultados esperados com as suas atividades, bem como os problemas que podem ser gerados, caso seja descumprido um prazo ou a não realização de uma atividade ou tarefa.

A minha experiência como executivo e consultor me mostrou que em cada área de uma empresa, com a identificação, modelagem e redesenho de quatro grandes processos, conseguimos resolver aproximadamente 80% dos problemas mediante a implantação de melhorias.

Se essa metodologia for utilizada em todas as áreas da empresa, é possível uma grande transformação interna, e, por conseguinte, uma melhoria significativa e/ou eliminação dos seguintes problemas: a) Baixa produtividade, b) Erros e retrabalhos, c) Custos elevados e desperdícios, d) Falta de comunicação e de transparência, e) Baixo nível de atendimento, f) Falta de clareza em relação aos deveres e responsabilidades de cada colaborador etc.

Pelo fato de o livro tratar sobre relações internacionais, vamos focar o nosso exemplo nas operações de exportação e importação de produtos. Portanto, ao realizar a melhoria de seus processos, vamos "focar" nas fases onde a empresa tem uma atuação direta. O que isso significa? Quero dizer que temos que levar em consideração o *"lead time"* da empresa, os atrasos durante o processo, como, por exemplo, demora nos processos portuários, dificuldade de lidar com a fiscalização aduaneira, a burocracia e suas constantes mudanças de alíquotas e problemas de infraestrutura nas rodovias de acesso aos portos e aos aeroportos.

Entretanto, não temos como mudar e/ou interferir diretamente para a melhoria desses problemas. Temos que ser melhores no que fazemos, no que produzimos e melhorar a nossa produtividade.

No momento atual de nosso país, vem à tona a pergunta: por onde começar? Aqui vou citar novamente Collins (COLLINS, 2013, p.64) ao descrever como um líder deve atuar em um processo de mudança dentro de uma organização de classe mundial – "Olha, eu não tenho certeza para onde devemos tocar o barco. Mas o que eu sei é isto: depois que tivermos as pessoas certas dentro do barco, as pessoas certas nos lugares certos e as pessoas erradas fora do barco, aí é que vamos descobrir como levá-lo a algum lugar importante". Esse é o maior desafio e acredito que o segredo para o sucesso do projeto.

OS 7 DESPERDÍCIOS DA INDÚSTRIA

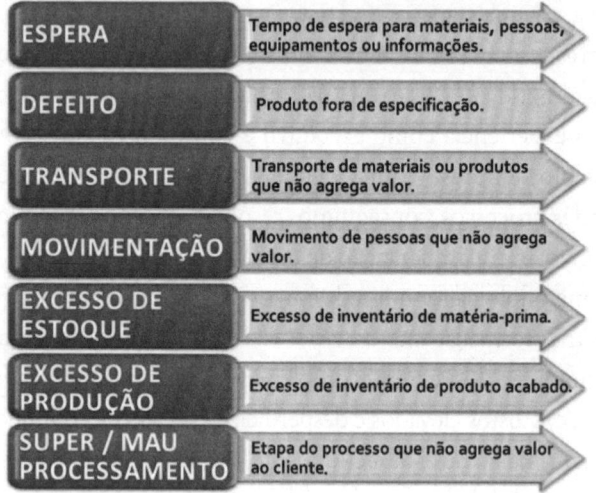

ESPERA	Tempo de espera para materiais, pessoas, equipamentos ou informações.
DEFEITO	Produto fora de especificação.
TRANSPORTE	Transporte de materiais ou produtos que não agrega valor.
MOVIMENTAÇÃO	Movimento de pessoas que não agrega valor.
EXCESSO DE ESTOQUE	Excesso de inventário de matéria-prima.
EXCESSO DE PRODUÇÃO	Excesso de inventário de produto acabado.
SUPER / MAU PROCESSAMENTO	Etapa do processo que não agrega valor ao cliente.

Fonte: adaptado de www.gestaoindustrial.com.

Para ajudar indicando por onde começar esse trabalho, podemos seguir os tópicos citados. Não existe uma melhor sequência para seguir e iniciar os trabalhos, ou seja, depende de cada empresa, e, principalmente, do momento e do nível de maturidade que essa empresa está.

Eu dou preferência para iniciar pela área comercial, pois ao desenhar e propor as melhorias no fluxo de atendimento ao cliente, nós estaremos atuando em todas as áreas da empresa, realizando as mudanças necessárias por meio da formação de uma equipe multidisciplinar (um membro de cada área).

Podemos visualizar melhor, conforme o fluxograma detalhado de atendimento ao cliente, a seguir:

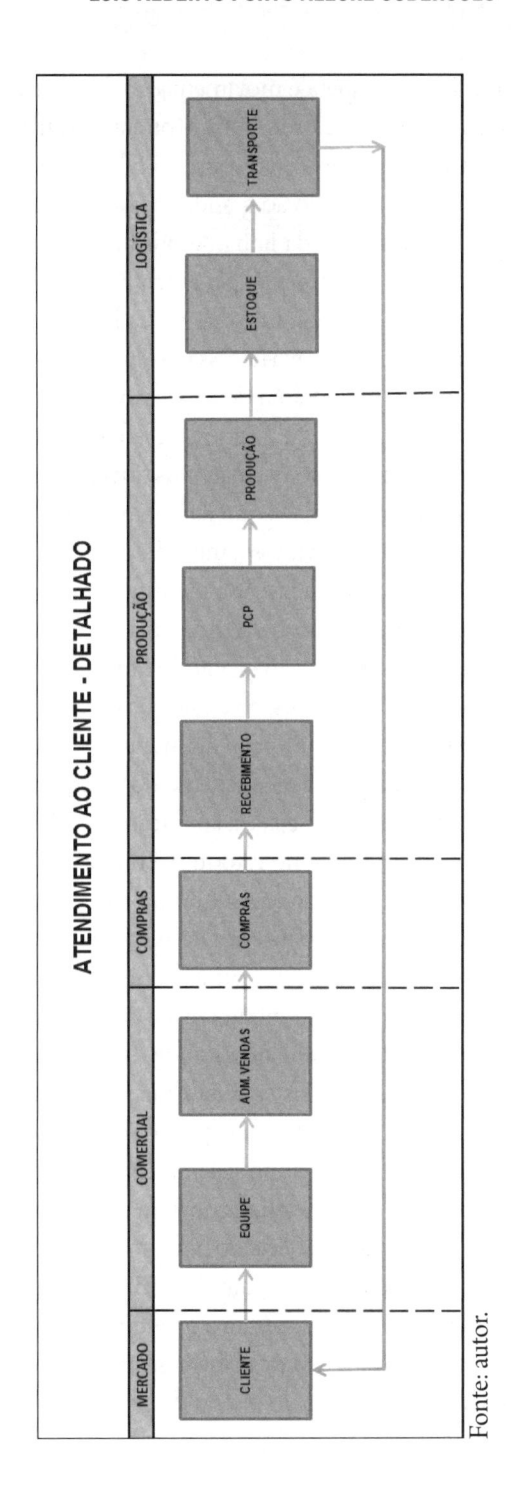

ATENDIMENTO AO CLIENTE - DETALHADO

MERCADO	COMERCIAL		COMPRAS	PRODUÇÃO			LOGÍSTICA	
CLIENTE	EQUIPE	ADM VENDAS	COMPRAS	RECEBIMENTO	PCP	PRODUÇÃO	ESTOQUE	TRANSPORTE

Fonte: autor.

Vamos iniciar com foco na espera e movimentação de materiais, pessoas, equipamentos e informações. De acordo com Moreira (MOREIRA, 2012, p.243): "No arranjo físico por processo, a disposição relativa de máquinas ou departamentos é o fator crítico, devido ao grande movimento de pessoas ou materiais". Logo, o estudo detalhado da linha de produção (*layout*), ou seja, desenhar o fluxo de trabalho é fundamental para identificar os "gargalos" e os ajustes necessários nos padrões e na definição dos indicadores de desempenho, tal como determinar a informação mínima necessária em cada fase do processo.

Após análise, definimos o fluxograma do processo, que, de acordo com Moreira (MOREIRA, 2015, p.267): "É uma representação gráfica do que ocorre com o material ou o conjunto de materiais, incluindo peças e subconjuntos de montagem durante uma sequência bem definida de fases do processo produtivo". Nesta fase, utilizamos a metodologia de "tempos e métodos" por meio da medição de cada fase e a identificação dos motivos de parada de máquinas (Ex: manutenção corretiva, falha no abastecimento de matéria-prima, troca de item na produção - gerando um novo *setup* etc.).

Agora vamos falar dos tópicos: excesso de estoque (matéria-prima) e excesso de produção (produto acabado). Primeiramente, quando falamos de estoque, é necessária a atenção para a acuracidade do estoque, também conhecida por auditoria de estoque, ou seja, é a apuração e análise do "estoque real" (o que está presente fisicamente no estoque), comparando com o que consta no "estoque lógico" (o que está registrado no sistema). É muito comum encontrar diferenças, principalmente nos itens com maior rotatividade.

No caso de matéria-prima, isso ocorre principalmente por dois grandes motivos: a falta de um processo claro de entrada (ficha de controle de estoque) e saída (requisição de material) de itens no estoque. Isso geralmente ocorre mesmo quando a empresa possui um sistema informatizado de controle, pois geralmente é mais fácil e rápido registrar em um pedaço de papel do que sentar na frente da tela do computador e inserir no sistema. O estoque sempre estará desatualizado, devido ao "*delay*" entre a entrada do item e o registro no sistema.

Algumas vezes, esse item pode ser solicitado pela produção, sem registro no sistema, alterando o "estoque mínimo" – Quantidade mínima necessária no estoque para atender a todos os pedidos e mais uma quantidade de segurança para evitar a parada de produção por motivo de abastecimento. Hoje em dia, isso é resolvido parcialmente com a utilização do código de barra e a utilização de etiquetas de RFID (identificação por radiofrequência), o que facilita não só o recebimento, mas também rastrear e gerenciar cada item, componente e produto final.

Outro grande motivo é a resistência por parte do colaborador em seguir os procedimentos estabelecidos no processo e também a falta de uma cobrança mais efetiva por parte da chefia e/ou superior imediato. Por parte do colaborador, a alegação é que mais atrapalha do que ajuda, pois em alguns momentos ocorre uma concentração nas requisições de materiais, e, para atender a todos com rapidez, é necessário registrar depois.

Por outro lado, a chefia realiza uma cobrança mais flexível, pois é uma área onde em geral não é dada muita atenção, e os colaboradores não são reconhecidos. É como uma "compensação", mas que é logo esquecida quando falta um item para a produção e atrasa a entrega de um pedido ao cliente.

No meu ponto de vista, a implantação das etiquetas de RFID (identificação por radiofrequência) deve ser adotada em todas as empresas, independentemente do seu tamanho. Há um custo maior, mas o controle é melhor, e penso que o retorno é rápido, além de refletir diretamente na redução das perdas, aumento da produtividade, em um estoque mais balanceado e atualizado, e, por último, na redução dos custos de armazenagem.

Quanto ao estoque de produtos acabados, devemos rever o fluxo comercial da empresa. Veja no detalhe o histórico dos pedidos (Pedidos solicitados X Pedidos faturados) e dê atenção principalmente para as quantidades e itens selecionados. É comum encontrarmos nas empresas, em maior ou menor grau de intensidade, um desbalanceamento do estoque, portanto, quantidades elevadas de itens com baixo giro, e, em contrapartida, quantidades baixas de itens com alto giro.

Esse problema pode ser minimizado com a implantação da gestão comercial e a modelagem e redesenho do processo da venda e atendimento ao cliente. É necessário dar atenção especial para os seguintes pontos:

a) *Mix* de produtos – Cada membro da equipe comercial deve identificar todos os itens/produtos que podem ser adquiridos pelo cliente. É comum a venda dos itens com menor valor com o intuito de "fechar a meta", e não oferecer outros.

b) A frequência de compras, ou seja, em quantos meses do ano o cliente adquire alguma coisa.

c) A inatividade de compras, ou seja, há quantos meses o cliente não compra.

E, finalmente, além da definição do fluxo de recebimento e requisição de materiais, é importante realizar treinamentos e palestras de conscientização e implantar uma cobrança mais efetiva no cumprimento das regras e procedimentos.

No caso de peças com defeito e super/mau processamento, podemos dizer que em ambos os casos, os padrões, métodos e/ou procedimentos não estão sendo seguidos corretamente. Cada produto possui a sua ficha técnica, que geralmente é composta de: especificações técnicas do produto, lista de materiais e componentes, e, finalmente, o processo de fabricação.

Aqui podemos implantar o CEP (Controle Estatístico de Processos) que, segundo o site (RIBEIRO, 2010):

> É uma ferramenta da qualidade utilizada nos processos produtivos (e de serviços) com o objetivo de fornecer informações para um diagnóstico mais eficaz na prevenção e detecção de defeitos/problemas nos processos avaliados, e, consequentemente, auxilia no aumento da produtividade/resultados da empresa, evitando desperdícios de matéria-prima, insumos, produtos etc.

Por meio da implantação dessa metodologia, minimizamos / eliminamos problemas com a qualidade das peças, afetando diretamente a qualidade dos estoques, reduzindo as incidências de super/mau processamento, pois eliminaremos os retrabalhos e os desvios ao longo do processo de fabricação.

E, por fim, não menos importante, trata-se de um tópico mais abrangente e complexo, qual seja, o transporte. Quando pensamos em transporte, vem para a nossa mente a palavra logística, que, pela definição do Council of Supply Chain Management Professional norte-americano (*apud* NOVAES, 2007, p.35):

> Logística é o processo de planejar, implementar / programar e controlar de maneira eficiente o fluxo e a armazenagem de produtos, bem como os serviços e informações associados, cobrindo desde o ponto de origem até o ponto de consumo, com o objetivo de atender aos requisitos do consumidor.

Dado o exposto, quero dar ênfase ao fato de que chegamos ao final do fluxo de atendimento de cliente. O que isso significa? Que quando chegamos a esse ponto, todos os problemas e intercorrências já ocorreram. Isso significa que os prazos estão acabando e/ou já estamos atrasados. Nesta fase do processo, a tomada de ação e a rápida reação de toda a equipe são medidas necessárias, ou melhor, definitivas para a manutenção do cliente. Portanto, é muito importante acompanhar os fluxos de trabalho em cada fase do processo logístico.

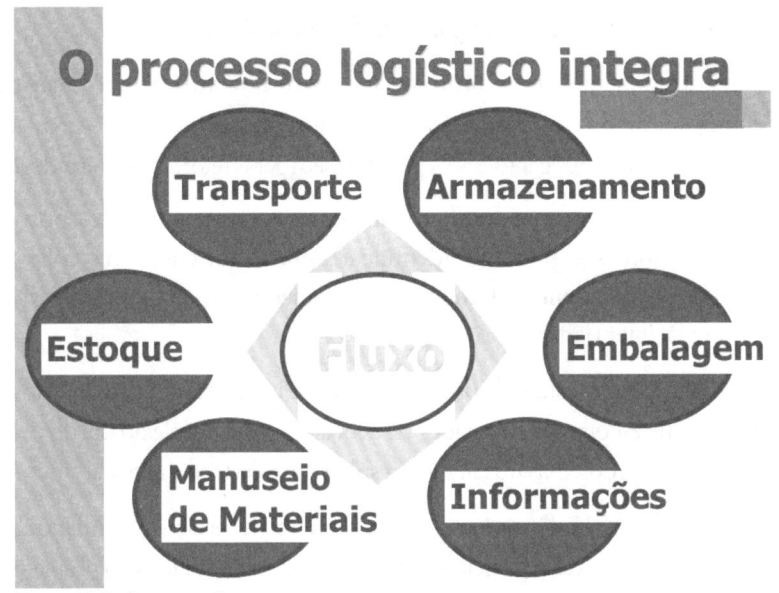

O processo logístico integra

- Transporte
- Armazenamento
- Estoque
- Embalagem
- Manuseio de Materiais
- Informações

(Fluxo)

Fonte: Slideplayer.com.br.

Neste tópico vou fazer uma explanação separando em duas partes: a logística interna realizada pela própria empresa e a contratação de um operador logístico para atuar nas atividades de importação e de exportação. É o mesmo que dizer que o primeiro exemplo é utilizada a mão de obra própria. Já no segundo exemplo, a mão de obra é terceirizada.

Vamos imaginar a operação de uma empresa de varejo de móveis. Podemos citar vários pontos do processo que podem ser melhorados, como, por exemplo:

a) O retorno de mercadorias não entregues no dia anterior, a entender, devido a falhas no endereço, complemento, horário de entrega, cor, códigos errados, produtos danificados etc.;

b) Após a geração da "onda" utilizando o WMS – (Sistema de gerenciamento de armazém), em português – tem a função de controlar estoques e permite a automação do armazém. É importante acompanhar a coleta e o manuseio dos itens nas prateleiras para evitar avarias e perda de tempo na operação, reduzindo a produtividade;

c) Acompanhar o manuseio e colocação dos itens no box de saída para evitar avarias e para facilitar o carregamento do caminhão/veículo;

d) Carregamento do caminhão/veículo de acordo com o melhor roteiro para as entregas, levando em consideração o trânsito, horário de entrega e circulação, com o objetivo de entregar todos os pedidos, sem gerar retorno de mercadorias;

e) Verificar como é realizado o transporte/entrega na casa do consumidor. Neste momento, podemos identificar atitudes que colocam o colaborador em risco de acidentes e também a necessidade de mudanças em embalagens para facilitar o manuseio;

f) Agilizar a requisição da ordem de serviços para a montagem dos móveis. Atentar-se na escolha do montador de acordo com a complexidade do móvel para não gerar problemas no cliente e resultar em assistência técnica;

g) No caso de assistência técnica, gerar a ordem de serviços e atender o cliente o mais breve possível, e, principalmente, em definitivo (solução do problema).

Em outro exemplo, vamos imaginar uma fabricante de móveis que exporta os seus produtos para vários países. Neste caso, foi escolhido um operador logístico que, segundo Gomes, (GOMES, 2004, p.76), utiliza a definição da ABML (Associação Brasileira de Movimentação e Logística) / ABRALOG:

> É o fornecedor de serviços logísticos, especializado em gerenciar todas as atividades logísticas ou parte delas nas várias fases da cadeia de abastecimento de seus clientes, agregando valor ao produto desses e que tenha competência para no mínimo prestar simultaneamente serviços nas três atividades consideradas básicas: controle de estoques, armazenagem e gestão de estoque.

Nesse segundo exemplo, acredito que além da necessidade da troca/sinergia dos sistemas de informação, é imprescindível uma equipe treinada para executar as tarefas, uma vez que a maior dificuldade é de se relacionar profundamente dentro de uma parceria, pois em alguns momentos falta confiança. São fundamentais a transparência e o trabalho em equipe entre as empresas com um único foco: fazer sempre o melhor. A cada dificuldade ou problemas, todos têm que buscar uma solução, em vez de encontrar um "culpado". O cliente no exterior quer receber o seu produto no prazo e dentro das condições acordadas.

No nível mais alto de organização dos processos nessa área, encontramos o que Zylstra (Zylstra, 2008, p.20) define como distribuição enxuta:

> Essa abordagem aumenta a flexibilidade e a simplicidade, e, assim, reduz a necessidade de confiar em previsões e fornece planos otimizados para alcançar melhores resultados. Aqui fica evidente a dificuldade que é chegar a esse nível de maturidade de sua gestão. Poucas empresas chegam até esse ponto.

E, novamente, segundo Zylstra (Zylstra, 2008, p.20): "Com a prática enxuta, a melhoria do processo e do desempenho é focada na redução do lead time, na redução dos tamanhos de lote e no aumento da confiabilidade, fornecendo a flexibilidade e simplicidade necessárias para alcançar resultados consistentes". Nesse grau de conhecimento e organização, a empresa não só está preparada, ela está apta a responder, e mais, a se adaptar rapidamente às mudanças e às novas demandas do mercado. É um exemplo de empresa de classe mundial e um modelo a ser seguido.

A importância da gestão dos processos no atingimento das metas e dos resultados das empresas

Hoje é cada vez mais comum dentro das empresas a meritocracia – é um sistema ou modelo de hierarquização e premiação baseado nos méritos pessoais de cada indivíduo. Isso significa que quando o colaborador atinge ou supera a meta, ele ganha um bônus, um prêmio. Por outro lado, quando não atinge, não recebe nada. Se for à área comercial, muitas vezes, ao não conseguir atingir a meta por três meses seguidos, esse profissional é desligado da empresa.

Não sou contra esse modelo, mas tenho as minhas reservas em relação à sua aplicação. Primeiramente, nem sempre a determinação das metas é realizada de forma coerente e justa. Por diversas vezes, já presenciei gestores estabelecendo um percentual de crescimento de um mês para outro, em cima de um valor determinado pelo seu superior, sócio ou proprietário da empresa. E mais, sem utilizar um histórico como referência. Foi determinada uma meta e pronto, tornou-se oficial.

Outro fator que eu acho que precisa ser levado em consideração na meritocracia são as metas por equipe/grupo. Na minha opinião, é mais importante estabelecer metas que são possíveis de serem atingidas. É preferível um crescimento mais lento e contínuo do que um grande "salto", e, a seguir, a estagnação.

Os indicadores de desempenho de cada área devem ser baseados no planejamento estratégico da empresa e ter uma "tradução" em objetivos claros na hora de definir as metas que devem ser atingidas. A partir de seu atingimento, estabelecemos estratégias de melhoria. No caso de não atingimento, deve disparar um processo de tomada de decisão e, em alguns casos, um plano de contingência.

Vou dar um exemplo na área comercial. Vamos falar de uma rede de hotéis. Após a implantação da gestão comercial e o treinamento das equipes de campo e interna, temos que mensurar os resultados. Então, desenvolvemos uma avaliação de desempenho que inclui os seguintes indicadores: a) Faturamento, b) Margem de contribuição, c) Ocupação e d) Diária média por tipo de apartamento.

Para realizar uma comparação correta, levantamos o "período-base" – Os últimos 12 meses dos indicadores citados e iniciamos a avaliação após o quarto mês de implantação das mudanças nos processos. A minha experiência me mostrou que em um projeto de implantação da gestão comercial, os resultados começam a aparecer e se mantêm em crescimento a partir do sexto mês após a implantação.

A apresentação dos resultados segue a seguinte metodologia – a diferença no faturamento e na margem de contribuição é multiplicada por 12, pois o resultado é apresentado anualizado, ou seja, se essa situação permanecer durante o ano, o ganho e/ou prejuízo será de um determinado valor em reais. Para uma apuração mais completa, é necessário identificar se existe sazonalidade na venda e/ou algum motivo especial que gerou um aumento significativo das vendas em um determinado período. As definições do modelo e do período que serão adotadas são determinadas no início do projeto de melhoria dos processos.

Quando os principais processos da empresa estão identificados e existe uma constante busca de melhorias, sem esquecer o apoio da alta direção, resulta em: redução dos erros operacionais, eficiência e redução de custos, melhoria da comunicação e rapidez na solução de problemas. Esse último ponto é atingido pelo conhecimento no detalhe de cada processo (começo, meio e fim) e as interfaces dentre as áreas.

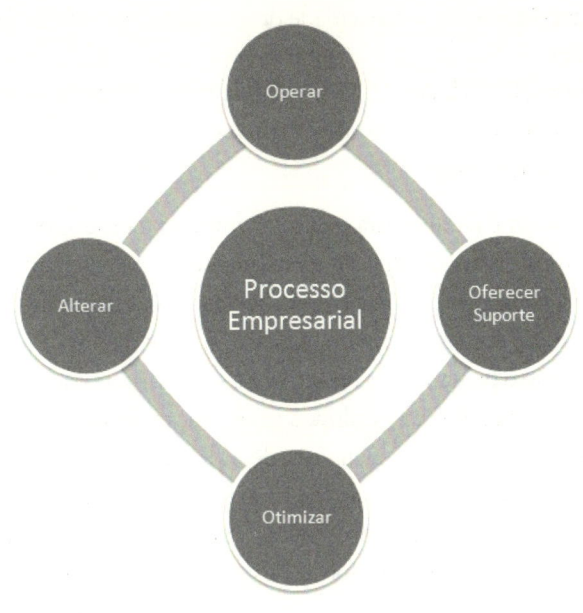

Fonte: Pt.slideshare.net.

Expandindo essa ação por toda empresa, conseguiríamos identificar, minimizar e eliminar todos os principais "gargalos" e problemas. Outro fator determinante da gestão dos processos no atingimento das metas é a implantação das reuniões semanais de resultados. Durante esses eventos, existem o acompanhamento e a análise das metas (plano x real), a identificação dos desvios e problemas e, principalmente, a tomada de ação para o atingimento dos objetivos.

Os principais indicadores de desempenho que são adotados na gestão por processos são os abaixo relacionados: aqui vou utilizar as definições segundo Neumann (NEUMANN, 2013, p.118):

a) **Eficiência** – É a relação entre os resultados que se conseguiu alcançar e os recursos que se empregaram.

b) **Eficácia** – É o resultado de uma ação ou processo que foi alcançado.

c) **Produtividade** – É uma medida da capacidade de produzir algo em função de insumos disponíveis.

d) **Lucratividade** – É o resultado do uso bem-sucedido dos recursos básicos do empreendimento capital financeiro e humano.

e) Efetividade – É a capacidade de a empresa atender às demandas dos seus clientes.

f) Competitividade – É uma medida do resultado alcançado por uma empresa ou por um conjunto de empresas (setor ou cadeia produtiva) nos mercados em que atuam.

É um enorme desafio para qualquer empresa ter todos os seus principais processos modelados, detalhados e melhorados constantemente. A vantagem competitiva adquirida por essa empresa só seria "neutralizada", caso seus concorrentes também realizassem um trabalho igual ou melhor.

Para que isso possa ser uma realidade, é necessária a criação da área de processos, com uma equipe especializada na realização de diagnósticos e no levantamento dos processos e na definição de indicadores de desempenho. Outra opção é criar uma equipe de trabalho, com um responsável pelo levantamento, desenho e modelagem dos processos em cada área da empresa. Volto a insistir na necessidade de mudança na forma de gerir uma empresa.

É importante citar também que de acordo com Costa (COSTA, 2015, p. 265):

> As organizações, de um modo geral, não suportam tantas mudanças em seus procedimentos, instrumentos, métodos e até cultura interna ao mesmo tempo. Essas iniciativas extremas costumam "estressar" a organização, produzindo efeitos danosos para o futuro.

Por essa razão, a implantação de um projeto de gestão por processos deve ser gradual, área por área e/ou com foco inicial nos processos-chaves de cada área.

Trata-se de um trabalho de alguns anos para a implantação gradual, e, posteriormente, criar um processo de melhoria contínua. Citando Griffin e Moorhead, (GRIFFIN e MOORHEAD, 2015, p.8):

> É necessária uma reengenharia organizacional, que é a recriação radical dos processos organizacionais para alcançar grandes ganhos de custos, tempo e prestação de serviços. Ela força a organização a ser planejada a partir do zero, em torno de seus mais importantes processos ou núcleo, em vez de começar de sua forma atual e fazer mudanças incrementais.

Ainda adaptado de Griffin e Moorhead, (GRIFFIN e MOORHEAD, 2015, p.8):

> A análise é feita de trás para frente, no sentido contrário, ou seja, o processo começa com a determinação do que os clientes realmente esperam da organização, em seguida, desenvolve-se uma estratégia para satisfazer e superar as suas expectativas.

Isso muda completamente a autovisão dos colaboradores na organização (hierarquia), pois é criado um fluxo horizontal de grupos/equipes que focam nos processos centrais que oferecem o produto ou serviço.

É mais do que a mudança da gestão, é necessária uma mudança cultural. Quando existe a gestão de processos dentro da empresa, a partir do momento em que os colaboradores identificam / sabem dos reflexos causados nas outras áreas pelas suas ações e atitudes, a responsabilidade de cada um fica muito maior, pois antes quando atuava somente dentro do seu "quadrado", não sabia o que acontecia. Agora, não pode mais cometer falhas e/ou não seguir os procedimentos.

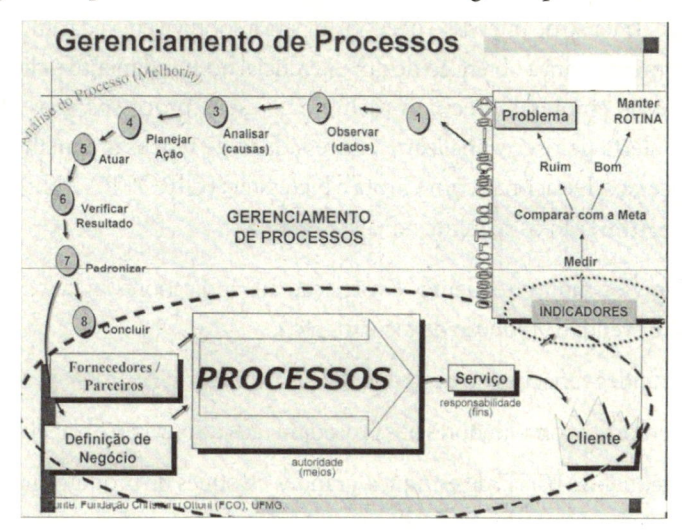

Fonte: adaptado de Fundação Christiano Ottoni (FCO) - UFMG.

Uma empresa com todos os seus processos bem definidos e melhorados, bem como com os colaboradores sabendo de todas as suas atividades e tarefas em detalhe, um grande investimento em treinamento e programas de melhorias, a implantação da meritocracia e a gestão por meio dos indicadores de desempenho, a reforçar, seria provavelmente uma empresa de classe mundial e, quiçá, líder de mercado.

Não tenho dúvida de que se escolhermos a pesquisa de uma publicação internacional, um instituto de renome ou a pesquisa de uma grande consultoria, vamos encontrar nas primeiras colocações empresas com um nível elevado de gestão dos processos. É muito claro que a diferença está no controle e na gestão mais eficiente das empresas vencedoras.

Esse é o caminho. A mudança é necessária e cada vez é mais urgente para não só a obtenção de vantagem competitiva, mas, em um mundo disruptivo, é questão de sobrevivência.

Apresentar *insights* de gestão por processos na busca da excelência e eficiência das empresas

De acordo com Neumann, (NEUMANN, 2013, p.161) – "A gestão por processos melhora de forma eficaz a capacidade de uma empresa de antecipar, gerir e responder às mudanças no mercado e maximizar as oportunidades empresariais". Trata-se de um passo necessário para a sobrevivência da empresa, e, posteriormente, para a obtenção de um diferencial no atendimento a clientes.

Todas as empresas precisam melhorar os seus processos, mas alguns sinais de alerta de riscos sinalizam a necessidade de repensar e melhorar os seus processos. De acordo com Girota e Netessine, (GIROTRA e NETESSINE, 2015, p.36) são os seguintes sinais:

a) Desvios muito frequentes em relação aos indicadores orçados de desempenho (vendas, utilização de recursos etc.).

b) Grandes variações no desempenho ano a ano.

c) Demoras e complicadores nos procedimentos de previsão e planejamento.

d) Frequentes baixas de estoques, grandes estoques de produtos não vendidos e descontos pesados de produtos ou serviços.

e) Receitas perdidas por causa de suprimento insuficiente, capacidade, recursos, funcionário etc.

f) Falha em adotar tecnologia ou práticas de negócios amplamente aceitas como vantajosas.

g) Decisões bem-sucedidas no curto prazo, mas que prejudicam a empresa no longo prazo.

h) Conflito frequente entre a empresa e colaboradores.

Quando um ou mais dos itens anteriores forem identificados, é necessário o início dos trabalhos com: definição da equipe, definição de um gestor responsável pelo projeto e criar a equipe e estabelecer um cronograma de atividades e levantamentos em cada área.

Fonte: autor.

De acordo com Drucker, (DRUCKER, 2015, p. 94), nas inovações baseadas na necessidade do processo, todos na organização estão sempre sabendo que a necessidade existe. No entanto, no geral, ninguém faz nada sobre isso. Porém, assim que a inovação aparece, ela é imediatamente aceita como "óbvia", e, logo, "padrão".

Aqui fica muito clara a dificuldade de realizar as mudanças nas empresas, os colaboradores identificam o problema, muitas vezes sabem a solução, mas mantêm o *"status quo"* devido mais das vezes ao medo de realizar as mudanças. Em algumas oportunidades, as condições de trabalho são muito ruins e/ou péssimas, mas, mesmo assim, a atividade ou tarefa é feita da mesma maneira.

No meu ponto de vista e experiência em melhorias dos processos de negócios, não é possível tornar uma empresa classe mundial, se não for implantada uma profunda gestão da mudança. Durante esse projeto de transformação, muitas vezes existem interrupções momentâneas, e, em último caso, e não muito frequente, uma interrupção definitiva, paralisando os trabalhos.

De acordo com Costa (COSTA, 2015, p. 114), os projetos são paralisados e/ou não dão certos devido aos seguintes pontos:

a) O lema do "aqui e agora" – O presidente, proprietário ou responsável pelo projeto quer que tudo seja para ontem, os resultados têm que aparecer imediatamente. Senão, não serve.

b) Falta de comprometimento da alta gerência.

c) O chamado "fogo de palha" – Falta de uma perspectiva de longo prazo, de persistência.

d) Mudanças inesperadas – Ex: perda do facilitador, dificuldades financeiras resultando corte de pessoal etc.

São poucos os projetos que são interrompidos antes da implantação das mudanças necessárias. É muito importante, diga-se, após a finalização dos trabalhos, a manutenção da metodologia, e, principalmente, as auditorias e propostas para a melhoria contínua dos processos. Aqui entram os "perpetuadores", aqueles que são os responsáveis pela continuidade do projeto.

A comunicação e divulgação das mudanças realizadas devem ocorrer por toda a organização. Isso é muito importante, pois segundo Kaplan e Norton (KAPLAN e NORTON, 2004, p. 310):

> Não existe maior desperdício do que usar uma ideia apenas uma vez. Nem um ativo tem maior potencial para as organizações do que o conhecimento coletivo acumulado por todos os empregados. Muitas empresas hoje usam sistemas gerenciais de gestão de conhecimento para gerar, organizar, desenvolver e distribuir novos conhecimentos por toda organização.

Lembrei-me de um ponto muito importante e comum que ouvimos muitas vezes durante os trabalhos. O proprietário, CEO ou responsável pelo projeto sabe que a empresa vem perdendo competitividade e os lucros estão diminuindo. Então, após o diagnóstico, a identificação e a apresentação dos processos que precisam ser melhorados é dita a seguinte frase: "Sempre fiz desse jeito, comecei do zero e veja aonde cheguei".

Nessa hora, no momento que identificamos que as mudanças não ocorrem devido a uma postura da alta direção, a situação fica um pouco mais complicada. Como dizer ao "dono" que o problema da empresa é ele, se ele construiu a empresa do nada? Neste momento, cito Toffler: (TOFFLER, 2010, p. 231) "Quanto tempo esses métodos darão resultado, no entanto, continua duvidoso, porque as regras de trabalho do passado contradizem as novas possibilidades trazidas pela tecnologia avançada".

Ele, Toffler, (TOFFLER, 2010, p. 231) é enfático em dizer: "Onde quer que vejamos uma nova tecnologia radical e um velho sistema de trabalho, é provável que a tecnologia esteja mal aplicada e suas vantagens reais estejam sendo desperdiçadas".

Penso que a melhor alternativa quando isso acontecer é primeiramente ter uma conversa muito transparente com o proprietário/CEO, baseada em uma análise detalhada dos processos, e, principalmente, com a utilização dos indicadores de desempenho e dos resultados financeiros, enfatizando o quanto está sendo desperdiçado e o quanto a mais poderá ser ganho com a implantação das mudanças.

Não é possível, ou, melhor dizendo, não é viável e eficiente iniciar um trabalho de melhoria dos processos e não dar continuidade por toda a empresa. Penso ser um grande desperdício de recursos (tempo e dinheiro). É um projeto longo, desgastante em alguns momentos, mas o resultado e o sucesso obtidos compensam.

Neste ponto, é importante dizer que ao realizar a melhoria dos processos, nem todas as variáveis são controláveis, segundo Drotter (DROTTER, 2012, p. 234):

> Você não consegue controlar as condições externas que impactam no desempenho, mas pode controlar a forma como busca esse desempenho. O objetivo não é a perfeição, o objetivo é a oferta de produtos e serviços melhores do que os da concorrência.

Temos que focar no que podemos melhorar e controlar. O restante deve ser acompanhado, e, se possível, mensurado dentro do processo-chave.

O que devemos alterar? E novamente, de acordo com Drotter (DROTTER, 2012, p. 183), o que precisa ser alterado são os modelos operacionais – "Definem como as decisões são tomadas, quais processos serão utilizados, que padrões serão empregados e onde certos tipos de trabalho serão feitos". Todos esses pontos devem ser definidos em equipe, envolvendo a alta direção e equipe do projeto, e, a seguir, serem comunicados a todos os colaboradores da empresa.

Falamos de estratégia, de processos, de definição dos indicadores de desempenho, e, agora, vamos apresentar outro fator muito crucial para uma gestão eficiente. O sistema de gestão, e aqui vou usar a definição de Neumann, (NEUMANN, 2013, p.59) é um conjunto de instrumentos inter-relacionados, interatuantes e interdependentes em que as unidades de negócios utilizam para planejar, operar e controlar suas atividades para atingir seus objetivos.

Segundo Neumann, (NEUMANN, 2013, p. 61) os principais objetivos de um sistema de controle de gestão são:

a) Coletar informações relevantes para a tomada de decisões.

b) Melhorar as decisões coletivas dentro de uma empresa.

c) Atingir objetivos organizacionais.

d) Comunicar os resultados das ações a toda a empresa.

e) Avaliar o desempenho da empresa.

Obtive resultados significativos em projetos de implantação da gestão comercial, utilizando a metodologia PDCA (Planejar – Fazer – Checar – Agir) e posso assegurar que é possível realizar a gestão completa da área comercial de uma empresa, independentemente de seu tamanho, com essa metodologia. Segue abaixo uma rápida apresentação ilustrativa dos itens de cada uma das fases da metodologia.

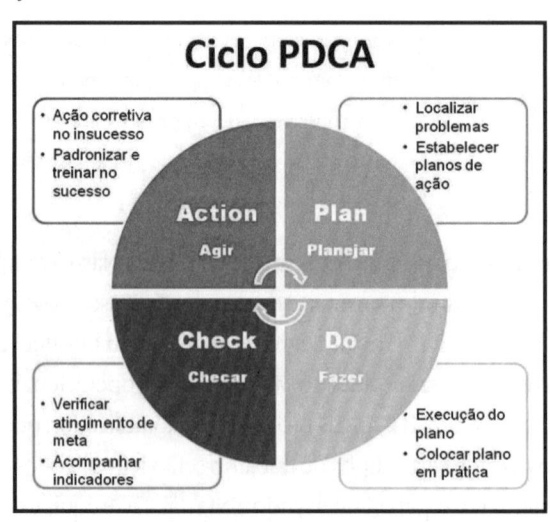

Fonte: www.sobreadministracao.com - 2011.

PLAN – Planejar – Estabelecimento de um plano ou planejamento.
- Indicadores estatísticos – Sistema de gestão
- Potencial do mercado
- Objetivos globais/mercado
- Revisão de metas por clientes
- Programação de contatos
- Carga de trabalho
- Ficha de clientes
- Ficha de clientes potenciais
- Pesquisa de mercado

DO – Fazer – A execução propriamente dita e a coleta de dados para posterior análise.
- Agenda de contatos
- Controle de atendimento
- Estoque
- Notas fiscais
- Faturamento
- Entrega

CHECK – Checar – Análise ou verificação dos resultados alcançados e dados coletados.
- Relatórios operacionais
- % de atingimento
- % de conversão
- Motivos de não venda
- Indicadores de desempenho
- Frequência
- Inatividade
- Regularidade
- Concentração
- Faturamento
- Evolução volumes

ACTION – Ação – É a realização das ações corretivas, ou seja, a correção das falhas encontradas no passo anterior.

- Relatórios operacionais
- Avaliação de desempenho financeiro
- Sumário diretivo
- Plano de ação
- Reuniões gerenciais

PDCA	FLUXO-GRAMA	FASE	OBJETIVO
P	1	IDENTIFICAÇÃO	Definir claramente o problema e reconhecer sua importância.
P	2	OBSERVAÇÃO	Investigar as características específicas do problema com uma visão ampla e sob vários pontos de vista.
P	3	ANÁLISE	Descobrir, testar e confirmar a(s) causa(s) fundamental(is).
D	4	PLANO DE AÇÃO	Conceber um plano para bloquear a(s) causa(s) fundamental(is) eliminando seu(s) efeito(s).
C	5 N OK?	VERIFICAÇÃO	Verificar os resultados checando se o bloqueio foi efetivo.
A	6 S	PADRONIZAÇÃO	Prevenir contra o reaparecimento do problema.
A	7	CONCLUSÃO	Recapitular todo o processo de solução do problema para trabalho futuro e descrever os resultados.

Fonte: Metodologia Análise de Solução de Problemas – MASP – Campos – 2004.

Seguindo a sequência acima, é possível não só fazer a gestão comercial de uma empresa, mas também identificar, redesenhar e melhorar os principais processos que fazem parte do processo-chave – Atendimento ao cliente, mas também, utilizar o mesmo modelo conceitual para realizar as melhorias em todos os processos-chave da empresa.

Considerações finais

Em um mundo onde as mudanças são cada vez mais rápidas, em um ambiente disruptivo onde todos os dias são criadas novas empresas – *startups* e aplicativos são desenvolvidos modificando, às vezes, completamente a forma de gerar e fazer negócios, as empresas precisam melhorar os seus processos-chave não somente para buscar a excelência e eficiência nas suas operações, mas sim para conseguir sobreviver no mercado.

Identificamos que isso sempre foi um desejo e um objetivo das organizações, mas a partir da abertura do mercado brasileiro em 1990 e com o fenômeno da globalização, onde é possível fabricar em ambiente mais barato, pois o mercado passa ser o mundo todo, a busca por atingir um nível superior de competitividade e a distribuição em conjuntura mundial fez com que fosse mais urgente um "olhar para dentro", de modo a identificar o que precisa ser modificado e melhorado.

Com o início a partir da área produtiva, as empresas buscavam: melhoria dos produtos, redução de custo e o aumento da produtividade e da qualidade, ou seja, após o atingimento desses objetivos, e com a crescente utilização da tecnologia, chegou-se à conclusão de que o cliente deveria ser o foco principal de toda operação.

Os primeiros passos foram dados na busca por melhorar a qualidade dos produtos e serviços, assim, surgiram diversas ferramentas, e, dentre elas, podemos citar: diagrama de Pareto, diagrama de Ishikawa, histograma, folhas de verificação, gráfico de dispersão, cartas de controle, fluxograma e as que eu pessoalmente utilizo com mais frequência: PDCA, FMEA, 6 Sigma e 5W2H.

Entretanto, independentemente de as mudanças acontecerem cada vez mais rápido, os modelos de negócios sendo desconstruídos e reconstruídos e a forma de consumir os produtos e serviços estar sofrendo uma grande transformação, encontramos ainda muitas empresas atuando e adotando o modelo clássico de administração – Foco no trabalho individual e especializado, em vez do foco ser nos processos.

É muito comum encontrar empresas formadas por "feudos", ou seja, cada departamento possui um grupo de pessoas que a cada dificuldade ou problema não busca, em conjunto com as outras áreas, uma solução, mas sim um culpado pela falha ou erro. No momento atual, essa postura não é mais aceitável, e mais, não tem mais lugar em uma empresa que busca sempre fazer o melhor.

Não existe um modelo único, um modelo padrão para iniciar um projeto de melhoria dos processos. Cito três formas de realizar esse projeto: a contratação de uma consultoria externa, a contratação temporária de um "facilitador" para ser o responsável para fazer a gestão da equipe de colaboradores, e, finalmente, por meio da criação de um departamento de processos, contratando profissionais técnicos e especialistas em modelagem e redesenho dos processos.

Neste momento, é importante citar que geralmente se não for realizada uma análise detalhada e uma implantação com um cronograma longo, o que acontece é a busca rápida de redução de custos por meio do corte de pessoas, e isso resulta no que eu chamo de "anorexia empresarial"- Demite alguns colaboradores que deveriam ficar e mantém alguns colaboradores que deveriam ser demitidos, gerando um desbalanceamento, e, em alguns casos, algumas atividades não são realizadas de forma eficiente, gerando reflexos negativos nos resultados.

Acredito que o mais importante é a solução definitiva dos problemas, é ir a fundo e identificar a causa-raiz. Definir e implantar a solução e buscar a melhoria contínua. Em um mercado em transformações constantes e rápidas, não é mais viável e possível ter uma gestão cujos colaboradores estão sempre "apagando incêndios". Em suma, uma empresa nessa situação não conseguirá sobreviver e permanecer aberta por muito tempo.

Não existe a melhoria dos processos sem ocorrer uma mudança, ou melhor, deve ocorrer a gestão da mudança em paralelo. Todos nós sabemos das dificuldades em realizar mudanças. No geral, o ser humano é resistente a mudanças. É o medo do novo, a falsa tranquilidade de ficar na "zona de conforto", a falsa sensação da perda de poder, e, a mais comum de encontrar: eu sempre fiz assim e deu certo, por que eu vou mudar?

É fundamental ter um cronograma detalhado em cada área e a identificação dos processos-chave. É um projeto longo e que deve ser gradual, pois se as mudanças acontecerem ao mesmo tempo, os reflexos e os impactos negativos na operação vão superar os benefícios da mudança. A definição de cada etapa é muito importante, ainda mais importante é o cumprimento dos prazos estabelecidos. Defina uma margem de segurança (alguns dias a mais em cada etapa), pois, na maior parte das vezes, as coisas não acontecem como o esperado.

O Brasil é um país de muitas oportunidades e com grandes desafios. Existem várias falhas na gestão atual, principalmente quando falamos da gestão pública nas suas esferas federal, estadual e municipal. O ponto é que isso não deve ser usado como desculpa para não assumirmos os nossos papéis (proprietário, sócio, gestor ou colaborador) e para deixarmos de cumprir com as nossas responsabilidades. Se cada um fizer a sua parte, buscar melhorar todos os dias, o país vai melhorar e todos serão beneficiados com essa mudança.

O que fazer? Foque no que está ao seu alcance para mudar e melhorar. Comece fazendo as mudanças em você, em como você trabalha. Depois, aos poucos, vá ajudando os seus colegas de área a mudar, em seguida reúna outros colaboradores para comunicar as mudanças, mostrar os resultados e fique à disposição para ajudar a fazerem as mudanças maiores. Em um curto espaço de tempo, as mudanças estarão ocorrendo em toda a empresa. Quem ganha com isso? Todos nós (cliente, fornecedor, colaborador, proprietário), e, por fim, o país.

O melhor momento para começar é agora. O mundo está mudando, o nosso país passa por crises política, econômica e ética. O desemprego está aumentando rapidamente. Empresas são fechadas todos os dias. É preciso repensar no modelo atual de gestão e na forma de fazer negócios. Junto com a crise, aparecem as oportunidades e novas formas de ganhar dinheiro.

A venda para o mercado externo é uma das oportunidades. Criar uma cultura de exportação na sua empresa é um caminho. Não é preciso dizer que para isso é necessário que a empresa seja competitiva para atuar e vender ao redor do mundo. E que isso só é possível com uma gestão moderna e eficiente dos seus processos. Hoje em dia, ter um nível alto de qualidade e bom atendimento não é mais um diferencial, isso é o básico para a empresa sobreviver em seu mercado.

O empreendedorismo é um campo para ser explorado e repleto de oportunidades, no meu ponto de vista, principalmente na área de alimentação e tecnologia, essa última, principalmente com o desenvolvimento de aplicativos e prestação de serviços digitais. Aqui, muitas vezes, existe demanda, uma ideia que precisa ser desenvolvida, testada e implantada (*design thinking*), e, a seguir, a criação e o desenho de todos os processos. O próximo passo é tornar a empresa uma multinacional brasileira e vender seus produtos ou serviços no mundo todo.

Hoje é possível encontrar franquias que vendem coxinha, brigadeiro e tapioca em diversas cidades dos Estados Unidos e na Europa. Não importa em qual papel você está atuando no mercado, o mais importante é fazer parte. Melhor ainda, já que está atuando, seja o "ator principal", logo, crie e aproveite as maiores oportunidades e tenha sucesso.

Para finalizar, vou utilizar uma frase de Albert Einstein:

Algo só é impossível até que alguém duvide e acabe provando o contrário.
(Albert Einstein – 1879 – 1955)

Estudo de caso

Uma empresa varejista com diversas lojas espalhadas pelo Brasil oferece uma linha diversificada de móveis, como: mesas, cadeiras, camas, *racks*, estantes, sofás, colchões etc. O maior volume das vendas está concentrado no mercado paulista, principalmente na capital e grande São Paulo. A empresa, a partir do segundo semestre de 2014, começou a perceber uma ligeira queda nas vendas.

No ano de 2015, essa queda foi acentuada, e mais forte no mercado paulista. Além da queda nas vendas, a inadimplência aumentou de uma média de 1,5% a 2,0% para próximo de 4% e a incidência de assistência técnica cresceu em torno de 15%. Os principais problemas identificados nas reclamações dos clientes são os citados a seguir: produto descascado, peças quebradas, partes riscadas ou amassadas e produtos faltando peças, impossibilitando a sua montagem. Em algumas situações, os produtos estão danificados dentro da embalagem lacrada.

Cabe aqui enfatizar que os seus principais clientes estão localizados nas periferias das grandes cidades. Com o aumento do desemprego, as famílias estão utilizando as suas rendas para adquirir principalmente a alimentação de suas famílias e para o pagamento das contas do dia a dia (Ex: aluguel, luz, telefone etc.). Essa é a principal razão identificada pelo departamento comercial para explicar a queda das vendas.

Devido à atual situação do mercado e aos reflexos do atual governo na economia, os proprietários estão acreditando que essa situação não se alterará em um curto espaço de tempo. Decidiram inicialmente tomar as seguintes ações: a) Paralisar os projetos de ampliação das lojas (possuir só lojas próprias), b) Decidiu iniciar um projeto de exportação de móveis para o Mercosul por meio de marca própria. Os proprietários possuem uma fábrica de móveis em São Paulo.

Como a empresa nunca atuou no mercado internacional e vai iniciar o seu projeto de exportação, a empresa contratou uma empresa de *hunting* e seleção de profissionais para encontrar no mercado um gerente de exportação para criar o departamento e montar uma equipe.

Questões sobre o estudo de caso

1) Primeiramente, analise a estratégia escolhida pela empresa. Em um mercado interno recessivo, escolha a internacionalização da empresa. Você concorda com essa estratégia? Se sim, por quê? Senão, o que você faria?

2) Como gerente geral da empresa, de que maneira você poderia ajudar a mini-

mizar e eliminar os problemas na assistência técnica? Quais os processos devem ser modelados e redesenhados da empresa?

3) Com o crescimento do índice de ocorrências de assistência técnica crescendo, e sabendo que em um processo de internacionalização é necessário criar uma estrutura similar no exterior, o que você escolheria? a) Realizar primeiramente a melhoria dos processos internos do departamento e replicaria em outro país, ou b) Continuaria com o cronograma de exportação do produto e contrataria um fornecedor no país escolhido para realizar essa atividade... (?) Comente a sua escolha.

4) Sabendo que a exportação é o nível inicial de um processo de internacionalização de uma empresa. Definido que o mercado escolhido é um país do Mercosul. Os processos comerciais da empresa sofrerão mudanças, necessitando de ajustes e melhorias. Quais são as principais transformações que ocorrerão nessa área? Quais as áreas que serão afetadas por essas mudanças?

5) Quais são os principais riscos que uma empresa corre ao iniciar a venda de seus produtos para outro país? Como esses riscos podem ser mitigados e/ou superados? Quais os processos envolvidos?

Questões para reflexão

1) Sabendo que em geral o empresário brasileiro não possui uma cultura de comércio exterior, ou seja, as exportações em geral representam somente 10% do faturamento da empresa, ocorrem em situação de mercado interno recessivo e o câmbio se encontra favorável, como convencer os proprietários da empresa de manter a operação de internacionalização, caso os resultados previstos não sejam atingidos?

2) Sabemos que, em geral, o nível de qualidade e dos serviços no exterior são maiores que os oferecidos pelas empresas nacionais e/ou são aceitos pelos consumidores brasileiros. Como preparar a empresa, principalmente os seus colaboradores, para um processo de internacionalização?

3) Vimos anteriormente que para gerir esse projeto foi contratado um profissional do mercado com experiência em comércio exterior, principalmente em exportação. Logo, esse profissional estará envolvido com a venda do produto e com os processos comerciais, ciente de que a internacionalização é um projeto muito maior. Quais de seus pares devem estar envolvidos na operação? E de quais áreas?

4) Levando em consideração a necessidade de criar um grupo de trabalho

para a realização desse projeto, e mais, devido à sua complexidade, qual será o prazo previsto para que a área de exportação informe aos proprietários acerca da realização da primeira venda? O que deve ser levado em consideração para que o "plano" seja o mais próximo do "real"?

5) Foi definido que a exportação será um dos produtos de marca própria. Como selecionar os produtos que serão exportados? O que deve ser levado em consideração? Será que necessita de mudanças no projeto? Se sim, como saber se vai compensar realizá-las?

6) Podemos contratar uma empresa local para a realização dos serviços de montagem e assistência técnica. Quais os passos e processos envolvidos na implantação dessa área, sabendo que internamente esse é um problema que ainda não conseguimos resolver? Como conseguir controlar a distância e medir o nível de serviço?

7) Na fase inicial da internacionalização, a exportação dos produtos está ocorrendo com sucesso. Quais são as próximas fases e estratégias que a empresa pode adotar para melhorar a sua operação no exterior? E, principalmente, melhorar o seu *market share* e o nível de serviço?

Referências

ANANTH V. Iyer, SESHADRI, Sridhar e VASHER, Roy. *A gestão da cadeia de suprimentos da Toyota: Uma abordagem estratégica aos princípios do sistema Toyota de produção.* 3 ed. Porto Alegre: Bookman, 2009.

ARRUDA, C. A.; GOULART, L.; BRASIL, H. V. *Estratégias de internacionalização: competitividade e incrementalismo.* In: Fundação Dom Cabral. Internacionalização de Empresas Brasileiras. Rio de Janeiro: Qualitymark, 1996.

BALDAM. Roquemar, VALLE, Rogério e ROZENFELD, Henrique. *Gerenciamento de processos de negócio BPM: uma referência para implantação prática.* 1 ed. Rio de Janeiro: Elsevier, 2014.

BALLOU, Ronald. H. *Gerenciamento da cadeia de suprimentos/logística empresarial.* 5 ed. Rio Grande do Sul: Bookman Editora, 2010.

BAUMANN, Renato e GONÇALVES, Reinaldo. *Economia internacional: teoria e experiência brasileira.* 1 ed. Rio de Janeiro: Elsevier, 2015.

BUCHBAUM, Paulo. *Frases geniais que você gostaria de ter dito.* São Paulo: Ediouro Publicações, 2004.

CAMPOS, Vicente Falconi. *TQC controle da qualidade total: No estilo japonês.* 8 ed. Nova Lima: Indg, 2004.

CHASE, Richard B, e JACOBS, F. Robert. *Administração da produção e de operações: o essencial*, 1 ed. Porto Alegre: Bookman, 2009.

COLLINS, Jim. *Empresas feitas para vencer*. 1 ed. Rio de Janeiro: Elsevier, 2001.

COSTA, Arantes. *Gestão estratégica: Da empresa que temos para a empresa que queremos*. 2 ed. São Paulo: Saraiva 2015.

DAVENPORT, Thomas. H. *Reengenharia de processos: como inovar na empresa através da Tecnologia da Informação*. 1 ed. Rio de Janeiro: Elsevier, 1994.

DE FRADERA, Vera Maria Jacob. *A compra e venda internacional de mercadorias*. 1 ed. São Paulo: Atlas, 2011.

DE SORDI, José Oswaldo. *Gestão por processos: uma abordagem da moderna administração*. 4 ed. São Paulo: Saraiva, 2014.

DROTER, Stephen. *Pipeline de desempenho: como atingir o desempenho certo em qualquer nível de liderança*. 1 ed. Rio de Janeiro: Elsevier, 2012.

DRUCKER, Peter. F. *Inovação e espírito empreendedor*, São Paulo: Cengage Learning, 2015.

FCO – Fundação Christiano Ottoni, 2016. *Escola de engenharia*. – Site: <http:www.eng.ufmg.br.> FNQ - Fundação Nacional da Qualidade. Indicadores de desempenho: Estruturação do sistema de indicadores organizacionais, FNQ, 2014.

GAITHER, Norman e FRAZIER, Greg. *Administração da produção e operações*. 8 ed. São Paulo: Cengage Learning, 2004.

GANSKY, Lisa. *Porque o futuro dos negócios é compartilhar*. 1 ed. Rio de Janeiro: Alta Books, 2011.

GIROTRA, Karan, NETESSINE, Serguei. *Gestão de riscos nos modelos de negócios: descubra como superar os riscos*. 1 ed. São Paulo: Elsevier, 2015.

GOMES, Carlos. F. S. *Gestão da cadeia de suprimentos integrada à tecnologia da informação*. 1 ed. São Paulo: Cengage Learning, 2004.

GONÇALVES, José. E. L. *As empresas são grandes coleções de processos*. RAE – Revista de Administração de Empresas. São Paulo: Jan/Mar/2001. Vol. 40. Nº1.

GRIFFIN, Ricky. W, MOORHEAD, Gregory. *Comportamento organizacional: gestão de pessoas e organizações*. 11 ed. São Paulo: Cengage Learning, 2015.

HAMMER, Michael e CHAMPY, James. *Reengenharia: revolucionando a empresa em função dos clientes, da concorrência e das grandes mudanças da gerência*. 29 ed. Rio de Janeiro: Campus, 1996.

HITT, Michael. A., IRELAND, R. Duane, e HOSKISSON, Robert. E. *Administração estratégica: competitividade e globalização*. 2 ed. São Paulo: Cengage Learning, 2008.

JOHNSTON, Robert e GRAHAN, Clark. *Administração de operações de serviços*. 1 ed. São Paulo: Atlas, 2012.

KAPLAN, Robert. S, e NORTON, David. P. *Mapas estratégicos: convertendo ativos intangíveis em resultados tangíveis*. 23 ed. Rio de Janeiro: Elsevier, 2004.

KOTLER. P. Milton. *Conquistando mercados mundiais: como as empresas investem e prosperam nas cidades mais dinâmicas do mundo*. 1 ed. Rio de Janeiro: Alta Books, 2015.

MATTOS, Stéphanie. *Palestra: gerenciamento da rotina de trabalho do dia a dia*. – slide 15, 2014. Disponível em: <http:www.slideplayer.com.br/slide/1222371/>. Acesso em: 13/05/2016.

MELLO, Isaque. *Palestra: regras para o sucesso, para que as coisas mudem você precisa mudar...* – "Processo empresarial". 2014. Disponível em: <http:www. slideplayer.com.br/slide/1729796/>. Acesso em: 20/05/2016.

MICKLETHWAIT, John e WOOLDRIDGE, Adrian. *A quarta revolução: a corrida global para reinventar o estado*. 1 ed. São Paulo: Schwarcz S.A, 2014.

MINTZBERG, Henry. *Renovação radical: uma estratégia para restaurar o equilíbrio e salvar a humanidade e o planeta*. 1 ed. Porto Alegre: Bookman, 2015.

MOREIRA, Daniel A. *Administração da produção e operações*. 2 ed. São Paulo: Cengage Learning, 2012.

NEUMANN, Clóvis. *Gestão de sistemas de produção e operações: produtividade, lucratividade e competitividade*. 1 ed. Rio de Janeiro: Elsevier, 2013.

NOVAES, A. Galvão. *Logística e gerenciamento da cadeia de distribuição: estratégia, operação e avaliação*. 4 ed. Rio de Janeiro: Elsevier, 2015.

OSPACE. *Coworking*, 2016. Disponível em: <http: www.ospace.com.br/2016/02/10/0– que– –e– coworking >. Acesso em: 11/05/2016.

PAIVA. L, Ely, DE CARVALHO, J. Mário e FENSTERSEIFER, Jaime. E. *Estratégia de produção e de operações: Conceitos, melhores práticas, visão de futuro*. 2 ed. Porto Alegre, Bookman, 2009.

PERIARD, Gustavo. *Ciclo PDCA*, 2011. Disponível em: <http:www.sobreadministracao.com/o-ciclo-pdca-deming-e-a-melhoria-continua/>. Acesso em: 11/05/2016.

PORTER. E. Michael. *Estratégia competitiva: técnicas para análise de indústrias e da concorrência*. 16 ed. Rio de Janeiro: Elsevier, 2005.

RASMUSSEN, Bruna. *Economia colaborativa*, 2016. Disponível em: <http://www.hypeness.com.br/2015/05/economia-colaborativa-como-o-senso-de- comunidade/>. Acesso em: 20/05/2016.

RIBEIRO, Wagner. *Controle estatístico de processo*, 2010. Disponível em: < http: www.administradores.com.br/artigos/negócios/controle–estatístico–de– processos/50827/>. Acesso em: 10/05/2016.

SILVA. M. Antonio. *Estratégias para atuação em comércio exterior*. 1 ed. São Paulo: Senac, 2013.

SLACK, Nigel, CHAMBERS, Stuart, JOHNSTON, Robert e BETTS, Alan. *Gerenciamento de operações e de processos: princípios e práticas de impacto estratégico*. 2 ed. Porto Alegre: Bookman, 2013.

SISCOMEX, 2016. Disponível em: <http: www.desenvolvimento.gov.br/portalmdic/ siscomex/siscomex.html>. Acesso em: 10/05/2016.

SOCIA, Victor. *O processo logístico integra*, 2010. Disponível em: <http: www.slideplayer.com.br/slide/385960 >. Acesso em: 11/05/2016.

TEIXEIRA. H. Janny SALOMÃO. S. Mattoso e TEIXEIRA. C. Janny. *Fundamentos da administração: a busca do essencial*. 2 ed. Rio de Janeiro: Elsevier, 2015.

TOFFLER, Alvin. *Powershift: as mudanças do poder*. 6 ed. Rio de Janeiro: Record, 2010.

VARGAS, Rodrigo. *Lean Manufacturing* 2009-2015. Disponível em: <http: www.gestaoindustrial/index.php/industrial/manufatura/lean-manufacturing >. Acesso em: 11/05/2016.

ZYLSTRA, Kirk. D. *Distribuição lean: a abordagem enxuta aplicada à distribuição, logística e cadeia de suprimentos*. 1 ed. Porto Alegre: Bookman, 2008.

CAPÍTULO 6

O perfil do profissional globalizado

Prof. Dr. João Pinheiro de Barros Neto

PROF. DR. JOÃO PINHEIRO DE BARROS NETO

Carreiras bem-sucedidas não são planejadas. Elas se desenvolvem quando as pessoas estão preparadas para as oportunidades porque conhecem seus pontos fortes, seus métodos de trabalho e seus valores. Saber qual é o seu lugar pode transformar uma pessoa comum – trabalhadora e competente, mas medíocre – em alguém com um desempenho excepcional.

Peter Drucker (2007, p. 197).

Objetivos do capítulo

Discutir o ambiente de atuação do profissional globalizado.
- Discutir as competências necessárias para o profissional atuar na sociedade globalizada
- Discutir o ambiente de atuação do profissional globalizado.
- Discutir a emergência de novas competências para o desempenho em nível global.
- Conhecer o perfil do profissional globalizado na visão de profissionais expatriados.
- Discutir as qualificações, habilidades e experiências necessárias ao profissional global de sucesso.
- Discutir a relevância do desenvolvimento contínuo de competências.

Introdução

É preciso entender que a globalização está exigindo um novo perfil profissional, pois agora o trabalho está em um mercado sem fronteiras cujas organizações potencializam a produtividade humana pela supremacia da tecnologia da informação, o que gera desemprego para os menos capacitados e cria oportunidades para os mais competentes em funções e atividades mais elaboradas.

O velho perfil do profissional acostumado a mudanças que ocorriam de forma linear, em etapas sucessivas e lógicas, agarrado a normas e procedimentos e acostumado a planejar com base em extrapolação de resultados passados está, definitivamente, superado.

Nada mais premente nesse mundo globalizado do que a necessidade inescapável de se adaptar às rápidas mudanças sociais, ideológicas, tecnológicas e estruturais pelas quais está passando o mundo dos negócios.

O alerta de Rifkin (2004) sobre o fim dos empregos tem nos levado a refletir incessantemente desde então sobre como garantir nossa empregabilidade e sobrevivência no mercado de trabalho que também se globaliza e levanta questionamentos importantes. A prática profissional global, quer seja da gestão, medicina, engenharia ou mesmo de profissões que não exijam nível superior, requer um profissional que, além de capacidade técnica, seja pelo menos poliglota, altamente instruído e culturalmente bem informado.

Em minha vivência no ensino de administração nos últimos vinte anos e nas organizações por mais de três décadas, uma coisa sempre chama a atenção: a crescente exigência por resultados e a elevação dos requisitos para considerar alguém um bom profissional; paixão, entusiasmo, conhecimento de mercado, fluência em idiomas, empreendedor, inovador, flexível, móvel etc. A lembrar, tanto física quanto virtualmente.

Definir e atender um perfil profissional com gama de qualidades e habilidades não é uma tarefa simples, mas é necessária diante das mudanças radicais na maneira como as empresas passaram a desenvolver, produzir e distribuir os bens e serviços.

Nunca é demais lembrar que no estágio avançado de globalização atual, um produto desenvolvido no Brasil pode ser produzido na Tailândia, financiado pelos Estados Unidos, ter componentes da Indonésia, matéria-prima chinesa e assistência técnica indiana.

Os profissionais envolvidos nessa cadeia de valores precisam saber atuar em escala global, não é só uma questão de falar inglês para se comunicar em uma língua franca, é preciso ver o mundo de maneira diferente e compreender os processos com uma nova abordagem.

O mundo está se movimentando lenta e desigualmente para estratégias equilibradas, do tipo ganha-ganha, e para o domínio dos acordos e leis internacionais almejando manter sob controle a concorrência predatória e a exploração, tanto dos povos quanto dos ecossistemas.
(HENDERSON, 2007, p. 49).

Para tanto, é necessária uma mudança paradigmática nas abordagens profissionais, mas também nos programas de ensino, além de um compromisso de colaboração entre todas as partes interessadas, desde as instituições de ensino, governo e empresas até entidades profissionais.

Neste capítulo, discutiremos estratégias e nos esforçaremos para indicar caminhos, a fim de melhorar as competências para atuação neste novo ambiente de negócios, caraterizado pela flexibilidade, velocidade, qualidade e produtividade do trabalho realizado em nível global.

Competências necessárias para o profissional atuar na sociedade globalizada

Um dos aspectos fundamentais da discussão sobre competências é compreender a sua relação com o trabalho e as características humanas que tornam essa relação mais fértil e produtiva.

Enquanto vigoraram os modelos de gestão mais tradicionais (administração científica, burocracia, teoria clássica, dentre outros), as organizações e seus profissionais não foram capazes de enxergar que é possível haver coerência entre os objetivos das organizações e dos indivíduos, tornando os indivíduos mais conscientes e preparados para assumir suas próprias potencialidades.

Zarifian (2003) discute essa concepção tradicional de competências mais ligada a uma análise objetiva dos postos de trabalho, com uma visão bem científica - taylorista - da inserção do homem no trabalho. Ele aponta que as competências englobariam também assumir responsabilidades e desenvolver uma atitude reflexiva sobre o trabalho que abrangeria inclusive aspectos mais sociais.

No contexto das organizações mais modernas, existe a real oportunidade de uma realidade muito mais rica que aceite as pessoas como fator gerador de diferencial competitivo.

> Competências significam características das pessoas que são necessárias para a obtenção e sustentação de uma vantagem competitiva. As competências em geral são mais genéricas do que os blocos de habilidades. Elas se referem principalmente aos trabalhos gerencial e profissional, enquanto as habilidades são utilizadas para avaliar funções técnicas e operacionais. As competências constituem os atributos básicos das pessoas que agregam valor à organização. (CHIAVENATO, 2009, p. 109).

De fato, no cenário atual, a racionalidade excessiva e a massificação dos processos industriais estão deixando espaço para atividades cada vez mais específicas e diferenciadas, de tal forma que a capacidade de trabalhar passa a ser um exercício criativo e contínuo de integração entre pessoas e organizações. Por isso, Fleury e Fleury (2001) ao discutirem competências, incluem os saberes que irão agregar valor econômico à organização, bem como valor social ao indivíduo.

Ducci (1997) apresenta a noção de competência como a capacidade de o profissional enfrentar as incertezas das situações no trabalho a partir de sua formação e experiências anteriores. Ela também destaca a importância das competências como um processo de desenvolvimento econômico-social, no qual o ser humano é agente e beneficiário da mudança.

Bittencourt (2005), com base em estudos realizados em organizações australianas e brasileiras, aborda a questão relacionando-as às três dimensões na análise de competências: saber, saber fazer e saber agir, sem contar a aplicação desses conceitos às práticas da aprendizagem organizacional.

Na mesma linha, Ruas *et al.* (2005) debatem as noções e relações entre competência e aprendizagem organizacional, tendo a mudança organizacional como referência e elemento articulador. Nesse sentido, cabe destacar que a competência está sempre em formação, em desenvolvimento e em aprendizagem.

Le Boterf (2015) ensina que competência implica a autonomia e a automobilização, ou seja, a formação não pode significar adestramento, muito menos ser reduzida à simples transmissão de informações e conhecimentos.

Dutra (2016) ressalta o resultado, pois não existe competência se não é entregue um resultado destacado. Ele discute a concepção de entrega na discussão sobre competências como sendo a capacidade de entregar-se à organização, avaliando aspectos individuais como: formação, experiência, modo de atuar, maneira de realizar o trabalho solicitado e realizações.

Considerando as diversas abordagens sobre competências dos vários autores pesquisados, podemos concluir que o perfil do profissional nessa era de globalização acentuada está passando por mudanças profundas e importantes, bem como o fato de que os aspectos mais valorizados nos dias atuais estão quebrando os paradigmas que sustentaram os processos empresariais ao longo de toda a história da humanidade.

Hoje, características pessoais e experiência tornaram-se tão ou mais importantes do que o conhecimento.

Em um cenário de globalização impulsionado pela comunicação imediata e viabilizada pela tecnologia da informação - TI, as mudanças ocorrem tão rapidamente que o histórico do que deu certo há algum tempo cai em obsolescência rapidamente.

Dessa forma, o ontem pode se tornar antigo ainda hoje e o que realmente conta como elemento de valorização do novo profissional global é a sua capacidade de se adaptar às mudanças e conseguir gerar resultados por meio da diversidade imposta por um mundo dominado pelo diferente.

O ambiente de atuação do profissional globalizado

A palavra globalização está cada vez mais presente no cotidiano das pessoas, afinal, trata-se de um termo que faz referência a um fenômeno de múltiplas dimensões que envolve questões econômicas, culturais, governamentais, políticas, enfim, todos são diretamente impactados, em qualquer lugar do mundo.

Os desafios gerados pela globalização para os profissionais de todo tipo e tamanho de organizações, em termos de diversidade e complexidade do ambiente em que atuam, ajudam a complicar ainda mais o contexto de problemas e dificuldades em que sempre se defrontaram os profissionais, pois o mundo nunca foi tão mutável e turbulento quanto atualmente.

Ao pensarmos na palavra globalização, é ainda natural para a grande maioria das pessoas ter em mente principalmente aspectos internacionais, com foco na ampliação do comércio, nas transações financeiras e nos meios de comunicação entre países. Porém, devemos pensar também em questões mais amplas como as oportunidades e desafios que esse processo que está levando a um mundo sem fronteiras, gerando as implicações importantes para o mundo do trabalho, bem como o da educação para o trabalho.

No reboque da globalização, nós estamos vivenciando a diminuição do emprego formal, registrado e estável numa única empresa ou mesmo num só local. Quando entrei no mercado de trabalho há três décadas era normal associar uma pessoa a uma profissão, a uma empresa ou a uma instituição, inclusive até as identidades eram confundidas: era o João da empresa X ou o Carlos da organização Y. Atualmente, não perguntamos mais se a pessoa está empregada, mas o que anda fazendo, dada a mobilidade profissional das pessoas.

Diante desse panorama, a primeira recomendação aos profissionais que estão atuando ou pretendem atuar na arena global é que não é mais suficiente acumular conhecimentos em uma única área e ter um diploma emitido por uma instituição de renome para ser mantido no páreo no mercado de trabalho: o bom profissional, hoje em dia, tem de entender de tudo um pouco, pois o mercado exige que seja especializado em sua área, sem dúvida, mas também precisa ter uma visão generalista, ou melhor, uma visão global, para poder entender e atuar em um mundo que se torna extremamente próximo devido à virtualidade das interações.

Esse profissional necessita estar em constante aprimoramento, demonstrando interesse em tudo, e, principalmente em processo de autodesenvolvimento sempre imerso em reciclagens.

Reciclar-se aqui não significa mudar radicalmente a maneira de pensar e de agir, pois nem sempre isso é necessário, mas muitas vezes é preciso apenas continuar repetindo conceitos comprovados na prática, mas de uma maneira moderna e atualizada com o momento. De toda forma, embora não seja possível dizer exatamente a hora de reciclar, podemos afirmar que sempre é hora de aprender algo novo e preencher lacunas. Afinal, com humildade, o bom profissional sempre vai aprender alguma coisa com alguém, independentemente de quem seja.

Drucker (1976) profeticamente utilizou a expressão "era de descontinuidade" como título de um livro, publicado originalmente em 1969, de modo a descrever um mundo onde a mudança não se faria mais por etapas sucessivas e lógicas.

Essa descontinuidade provoca total ruptura com o passado, tornando difícil, senão impossível, qualquer previsão. Naisbitt (1983; 2011), sempre preocupado em definir as megatendências, aponta as grandes mudanças que provocam profundos impactos na vida das empresas, e, por conseguinte, nas dos profissionais, só confirmando a necessidade permanente de atualização tanto das organizações quanto das pessoas que as compõem.

Hodiernamente, as necessidades do mercado surgem e desaparecem em um espaço de tempo muito curto. Desta forma, se organizações e profissionais não forem rápidos o suficiente, nem perceberão que perderam uma oportunidade.

Muitas vezes, a tecnologia que chamamos de ponta fica obsoleta em dois, três ou no máximo cinco anos. Compare o seu *smartphone* com o seu celular anterior. Quanto tempo de diferença eles têm? Pouco, com certeza. Mas se a pergunta fosse quantas diferenças eles têm em termos de funcionalidades, a resposta seria bem diferente: muitas, várias, dezenas, não sei dizer...

O padrão atual é de uma diversidade, em todos os sentidos, sem precedentes. Em um período de tempo muito pequeno, nossa sociedade ficou fracionada e completamente segmentada. Tudo mudou, está mudando e deverá continuar mudando com uma rapidez cada vez maior. Não é só para as organizações que as mudanças causam grandes impactos, mas até mesmo dentro de nossas casas existem mudanças na maneira como nos relacionamos, na forma como enxergamos a vida e até mesmo em nossos valores.

O ambiente do profissional globalizado é caracterizado pela ausência de fronteiras, empresas sem nacionalidade e produtos universais. Tais profissionais precisam desenvolver uma compreensão mais sofisticada das diferenças culturais que marcam suas interações no ambiente global.

Nesse contexto de mudanças cada vez mais céleres, as organizações são vistas pressionadas a identificar, recrutar, selecionar, treinar e desenvolver profissionais capazes de atender às demandas de um mercado globalizado.

Esse novo cenário social, político, econômico e mercadológico é fruto de um processo histórico de transformação do mercado que, na maioria das vezes, as empresas vivenciam em quatro estágios (ARORA, 2009): nacional, internacional, multinacional, e, finalmente, global.

- A organização está no estágio nacional ou doméstico quando o seu mercado potencial é limitado pelo mercado nacional, com todas as suas instalações localizadas no país natal.

- Passa para o estágio internacional quando começa a exportar e expande sua atuação para mercados de outros países, geralmente países próximos tanto culturalmente como geograficamente.

- Atinge o estágio de multinacional quando tem instalações de produção e de *marketing* localizadas em vários países, com pelo menos um terço de suas vendas fora do país de origem.

- Finalmente, chega ao estágio de empresa global quando se torna efetivamente uma corporação internacional, ou seja, sua produção é descentralizada ocorrendo em vários países.

Em cada estágio é necessário um perfil profissional diferente, pois a abordagem administrativa, a estratégia competitiva, a estrutura organizacional e a oferta de bens e serviços das organizações possuem contornos completamente diferentes.

RELAÇÕES INTERNACIONAIS

Ao evoluir de um estágio para outro, a organização passa por uma profunda transformação, inclusive cultural – aliás, essa transformação também acontece nas sociedades como um todo, a entender, quando se tornam sociedades globalizadas.

Para sobreviverem e continuarem desenvolvendo-se, as organizações precisam de profissionais que ultrapassam as formas de trabalho características da era industrial e passem a operar com eficácia de acordo com os paradigmas do século XXI: sociedade pós-capitalista (DRUCKER, 2003), era da informação (CASTELLS, 2007) e sociedade do conhecimento (HALÉVY, 2010).

Fazer previsões é sempre muito arriscado, pois o futuro, como se diz, só a Deus pertence. Não obstante, podemos afirmar que, daqui por diante, os profissionais precisarão estar preparados para atuar, mais cedo ou mais tarde, em uma comunidade global.

Isso exige habilidades que vão muito além daquelas competências ensinadas nos cursos de formação tradicional, apegados a conhecimentos e habilidades técnicas, quando o que vale hoje é a capacidade de conseguir resultados em um ambiente onde impera a diversidade.

A emergência de novas competências para o desempenho em nível global

Grande parte de meus colegas que atuam na área de recursos humanos têm reclamado do enorme desafio que é exercer a liderança de uma transformação necessária e urgente, interagindo com colaboradores de todos os níveis para transformá-los em agentes de mudança, conscientizando-os e habilitando-os para o ambiente de trabalho global.

A maior preocupação deles é que não sabem ainda, com certeza, quais são os parâmetros que guiam essa transformação, ou seja, que conjunto de competências exatamente eles devem buscar desenvolver nas pessoas.

A globalização dos processos produtivos, já realidade na maioria das empresas, independentemente do tamanho, se grande, médio ou pequeno, impõe uma renovação das competências necessárias para gerir negócios e atuar no cenário que se forma cuja configuração difere significativamente do que o antecedeu até pouco tempo.

Organizações sem nacionalidade enfocam novas diretrizes para a atuação profissional, tais como geração de valor, flexibilidade, aprendizagem contínua, tecnologia da informação, atuação em equipes, dentre outras. Agora não são apenas as impressoras que são multifuncionais, devem também o ser os profissionais em diferentes valores e culturas.

Os responsáveis pela gestão de pessoas têm um desafio muito grande daqui para frente, que é a missão de fomentar um ambiente organizacional motivador e preparado para ser adaptado rapidamente e oferecer, por parte de seus profissionais, as respostas positivas ao mercado global.

Por isso, o papel da organização, principalmente por meio de sua área de recursos humanos, não é apenas definir as novas competências necessárias, mas também oferecer as oportunidades de desenvolvimento que seus profissionais precisam sempre, que é uma formação básica consistente, ampla e tão forte quanto possível, mas também, atividades extracurriculares, internacionalização do treinamento, dentre outras ações.

Embora a gestão de pessoas não seja capaz de motivar ninguém, ela pode e deve direcionar esforços para conscientizar cada um da necessidade da automotivação, pessoal e intransferível, para garantir a sobrevivência dos profissionais no mercado de trabalho e a busca por ferramentas para transitarem com tranquilidade nessa era do trabalho, e não do emprego.

É vital ter em mente que não estamos tratando apenas da reciclagem constante, do aprendizado de línguas, tecnologias e especializações, mas da consciência de uma aprendizagem permanente que possibilite criar condições para aproveitar plenamente o potencial de oportunidades de uma sociedade virtualmente sem fronteiras, isto é, um novo paradigma.

Vamos exemplificar para ficar mais claro. Uma competência muito valorizada no passado, atualmente, e, com certeza, também no futuro, é gerenciar grupos e liderar equipes, ou, de forma mais simples, trabalhar em equipe. Essa competência, bem simplificadamente, pode ser descrita como a capacidade de participar, produtivamente, de um esforço coletivo para resolver um problema.

Até pouco tempo, essa competência, para com as empresas, era exercida com as pessoas levantando de sua mesa de trabalho para conversar, discutir, planejar e executar as ações definidas. Quando muito havia uma ou outra reunião fora do local de trabalho, mas tudo era tratado basicamente de um tête-à-tête.

Hoje, trabalhar em equipe significa fazer parte de um time de pessoas que você nunca encontrou pessoalmente, e, provavelmente nunca encontrará, pois o trabalho é todo virtual e a distância, porque os projetos são globais, e não mais locais.

Assim, o desafio é tornar as competências-chave em competências globais, de forma que programas de capacitação e desenvolvimento ajudem os profissionais quanto ao fato de eles serem inseridos nessa nova realidade.

A definição do que é uma competência profissional global também terá que ser mais trabalhada e atualizada com frequência maior. Nesse sentido, há empresas que, sintonizadas com esse cenário, já estão vinculando suas iniciativas de treinamento e desenvolvimento à prática profissional globalizada, como, por exemplo, o grupo de organizações (só para citar algumas: GM, HP, Oracle, Siemens, dentre outras) parceiras do Partners for the Advance of Collaborative Engineering Education – PACE (www.paceparteners.org), uma organização constituída por empresas e universidades de vários países cujo objetivo é fomentar o desenvolvimento de projetos virtuais mediante parceria entre estudantes e profissionais.

Por exemplo, alunos de engenharia do mundo todo, em equipes representando suas universidades, podem criar partes de um automóvel para a General Motors incorporando nos respectivos projetos toda a inovação e a criatividade que a diversidade permite. Isso é apenas um prelúdio do que significará trabalhar em equipe daqui por diante.

Handy (1995), ainda no século passado, já tinha percebido que a turbulência ambiental de uma economia global estava exigindo das empresas o abandono de ideais estratégicos: centralizar ou descentralizar, formalizar ou flexibilizar, hierarquizar ou horizontalizar, dentre outros.

Hoje, o ambiente é complexo, ambíguo e paradoxal, exigindo que organizações e profissionais, na busca da eficiência de suas respostas, saibam conjugar os antagonismos. Mais do que nunca, empresas precisam ser globais, mas também locais. Devem ser pequenas e, simultaneamente, grandes. Centralizadas por um lado, mas descentralizadas pelo outro, ao mesmo tempo que esperam que os seus profissionais sejam autônomos e integrantes de uma equipe e que gestores deleguem mais, e, simultaneamente, controlem mais.

Nas palavras de Quinn *et al.* (2012, p.1), para ser efetivo o gestor "deve navegar em um mundo cheio de paradoxos, concentrar-se no futuro ao mesmo tempo em que presta atenção no presente". Nesse sentido, vale pensar um pouco sobre o paradoxo criado pelos relacionamentos no mundo virtual, especialmente representado pelo Facebook, que, a bem da verdade, nos faz próximos de quem está distante e distante de quem está próximo.

Quinn *et al.* (2012) defendem o Modelo de Valores Concorrentes (CVF) que surgiu há mais de três décadas na Universidade de Michigan (EUA) e que desde então vem sendo validado por milhares de aplicações práticas. Esse modelo é bem interessante, porque mostra que a efetividade organizacional depende de: colaborar, ou seja, criar e sustentar o compromisso e a coesão; controlar, ou seja, estabelecer e manter a estabilidade e continuidade; competir, ou seja, melhorar a produtividade e aumentar a lucratividade; criar, isto é, promover a mudança e estimular a adaptabilidade.

Para cada um desses valores, os autores indicam um conjunto de competências que precisam ser desenvolvidas pelos gestores.

Figura 1 – Competências do gestor efetivo

Competências para colaborar	Competências para criar
Entender a si mesmo e os outros. Comunicar com honestidade e efetividade.	Usar o poder com ética e efetividade. Patrocinar e vender novas ideias. Estimular e promover inovação.
Orientar e desenvolver os outros. Gerenciar grupos e liderar equipes. Gerenciar e estimular o conflito construtivo.	Negociar e acordar compromissos. Implementar e sustentar a mudança.
Competências para controlar	**Competências para competir**
Organizar os fluxos de informações. Trabalhar e gerenciar por meio de funções. Planejar e coordenar projetos. Medir e monitorar o desempenho e a qualidade. Estimular e possibilitar a conformidade.	Desenvolver e comunicar a visão. Estabelecer metas e objetivos. Motivar a si e os outros. Projetar e organizar. Gerenciar a execução e conduzir para resultados.

Fonte: elaborado com base em Quinn *et al.* (2012).

O modelo proposto é deveras bem completo, mas é possível encontrar outros também bastante úteis, na verdade, os autores, de forma geral, chegam a conjuntos de competências bem semelhantes quando estão procurando definir um perfil ideal de gestor, líder ou profissional.

Nosso objetivo aqui não é construir um novo modelo, pois já há um excesso deles, mas tão-somente discutir o que faz a diferença entre um profissional global de sucesso e um profissional não global.

Nesse sentido, todas as competências elencadas por Quinn *et al.* são importantes, assim como as defendidas por outros autores. Mas, para nós, com base em nossas pesquisas, o que diferencia um profissional global é a sua competência em empregar seus conhecimentos, habilidades e atitudes em ambientes diversos com a mesma eficiência: e é justamente isso que defendemos e continuaremos a discutir neste capítulo.

O perfil do profissional globalizado na visão de profissionais expatriados

Este tópico tem como origem uma pesquisa de campo realizada sob minha orientação (LIMA, 2011) cujo objetivo foi coletar depoimentos dos executivos brasileiros expatriados, principalmente a forma pela qual enxergam o processo de adaptação a outras culturas. Esse trabalho nos levou também a conhecer os desafios enfrentados pelos expatriados e a definir competências necessárias para enfrentar e superar tais desafios.

Entrevistamos sete executivos brasileiros, duas mulheres e cinco homens que viveram a experiência da expatriação. Foi adotada a entrevista semiestruturada como método de levantamento de dados, uma vez que buscamos levantar e compreender a influência das políticas e práticas de recursos humanos utilizadas nos processos de expatriação para a adaptação do executivo no processo de expatriação e desafios enfrentados.

A média de idade dos nossos entrevistados foi de 41 anos e os cargos que ocupavam por ocasião da entrevista eram: vice-presidente, dois gerentes, um chefe, um coordenador de projetos e dois supervisores: todos com nível superior de instrução formal. Os entrevistados estiveram ou estavam expatriados no momento da entrevista, em média, há cinco ou quatro anos.

A expatriação atende a diversas necessidades do processo de globalização, e, consequentemente, internacionalização das empresas, entretanto, os processos de expatriação são complexos e exigem atenção e dedicação especial das áreas de gestão de pessoas das organizações por envolver fatores relacionados à adaptação cultural do expatriado e de sua família que exigem competências bastante específicas.

Assim, a expatriação profissional, conforme Freitas (2010; p. 690), torna-se uma prática cada vez mais comum no quotidiano das grandes empresas, de forma a atingir objetivos organizacionais, dentre os quais são destacados: a) internacionalizar a sua gestão; b) aumentar o repertório dos conhecimentos de certa equipe para desenvolver um projeto ou uma unidade específica; c) formar novos líderes; d) elevar o nível de coordenação e controle das suas unidades geograficamente dispersas; e) aumentar a diversidade estratégica de seus recursos humanos considerando os mercados globais; f) desenvolver e incorporar novas técnicas e processos organizacionais; g) exemplificar aspectos importantes da cultura da empresa principal.

Na medida em que os negócios se tornam mais globais, os interesses das organizações também tendem a se tornar mais diversos e elas precisam estabelecer bases globais para os negócios, associadas ao aumento da competitividade internacional que requer a atuação global dos profissionais.

O processo começa de maneira sutil com uma variedade de situações de trabalho, como curtas viagens de negócios para outros países ou períodos mais ou menos longos de missão no estrangeiro, além das situações no próprio dia a dia de trabalho dentro da organização, como os contatos entre profissionais e clientes de diferentes experiências culturais.

Expatriado, segundo Caligiuri (2000, p. 62), é aquele profissional enviado para fora de seu país natal para viver e trabalhar em outro país por um período de dois ou mais anos. A expatriação ocorre para atender a diversas necessidades organizacionais, principalmente relativas ao processo de internacionalização.

A expatriação é complexa e exige atenção da organização e dedicação do profissional envolvido, pois a expatriação envolve fatores relacionados à adaptação cultural do expatriado, e, muitas vezes, de sua família.

A adaptação cultural é essencial no ambiente em que vivemos pelo fato de as empresas estarem cada vez mais globais, e a adaptação do profissional, expatriado em outras culturas diferentes, contribui também para o seu desenvolvimento pessoal e para o sucesso ou fracasso da missão organizacional no exterior.

Nesse sentido, um conjunto de competências adequadas pode facilitar a adaptação de profissionais expatriados à nova cultura e contribuir para o sucesso dele e de sua organização na empreitada internacional.

No início da moderna era da expatriação, a administração de negócios internacionais era realizada por um departamento que cuidava das exportações, licenciamento e filiais em outros países. Por outro lado, a função da área de recursos humanos era selecionar a equipe que ocuparia postos no exterior, encontrando pessoas familiarizadas com os produtos, tecnologia, organização e cultura da empresa e facilidade de adaptação a novos ambientes.

Mas a expatriação não é um processo simples, na verdade, é bem complexo, pois exige um nível de competências diferenciadas, além daquelas exigidas para profissionais que atuam apenas em um ambiente de negócio.

Embora muita gente cite em seus currículos profissionais que possui experiência no exterior ou vivência como expatriado, quando na verdade as pessoas saíram do país apenas como turistas, o fato é que ser expatriado vai muito além de uma viagem de turismo ou mesmo a negócios.

A expatriação abre a vida atual do profissional para um mundo novo e desconhecido, trata-se em realidade da possibilidade de viver outra vida, de romper relacionamentos e laços afetivos, enfrentar maiores incertezas, conhecer novos costumes, enfim, é uma grande aventura.

Talvez o maior dos desafios da gestão de pessoas esteja no apoio ao processo de expatriação por meio da capacidade de identificar competências e ajudar os profissionais a desenvolvê-las, de modo que possam atuar globalmente, em ambientes culturalmente diferentes, e conviver com a diversidade em todas as suas formas.

Embora possamos definir um conjunto básico de competências necessárias ao expatriado, não é demais conceber que esse conjunto dependerá da estratégia de internacionalização da empresa, muito embora seja possível chegar a um modelo que contemple, ao menos em parte, as diversas possibilidades de estratégia e que podem demandar perfis diferentes de expatriados.

De fato, a expatriação não é um evento, mas um processo constituído por etapas, pelas quais constituem subprocessos da administração de recursos humanos: recrutamento, seleção, preparação e orientação do candidato, gestão de desempenho etc. A diferença é que, no caso da expatriação, são exigidas competências diferenciadas do candidato e outras providências bem características - suporte à família do expatriado e repatriação, por exemplo.

Não obstante, autores (CALIGIURI, 2000; SUUTARI & TAHVANAINEN, 2002; TANURE, 2005) convergem para apontar que o desafio maior dos expatriados é atuar em um contexto em que, além de desconhecido, muitas vezes pode ser adverso, e, ainda assim, obter resultados e produtividades superiores, o que requer algumas competências específicas, que podem ser resumidas a seguir.

- Adaptar-se às características locais.

- Administrar adequadamente a dualidade entre integração global e resposta local.
- Desenvolver redes de relacionamentos.
- Liderar e participar efetivamente de equipes multiculturais.
- Possuir conhecimento global do negócio e de aspectos de negociação internacional.
- Ser um explorador na cultura local, percebendo as diferenças e buscando adaptação.
- Trabalhar com pessoas de diferentes experiências e formação.

O ponto mais relevante é o conhecimento e o respeito pelos aspectos significativos da cultura dos outros países, além de saber lidar com esses aspectos na gestão de seu dia a dia, de forma a facilitar a obtenção de resultados que permeiam todas as competências identificadas.

Podemos observar que os nossos entrevistados sentiram dificuldade em relação à sua adaptação e de sua família em um país diferente, o que não é de surpreender. De fato, o choque cultural tem sido indicado como um dos pontos que carecem de grande atenção no processo de expatriação.

Interessante pontuar que o famoso "jeitinho brasileiro" foi citado como uma característica difícil de ser adaptada em outras culturas, lembrando que nossos entrevistados tiveram experiências de expatriação na Europa e nos EUA, exigindo competências culturais em que podem ser consideradas de grande relevância para o ajustamento do expatriado e de sua família. Lembramos que esse ajustamento está diretamente ligado ao sucesso ou ao fracasso no processo de expatriação.

Outro aspecto importante a ser ressaltado é que os sistemas de apoio, como idioma, treinamento sobre a cultura do país de destino, dentre outros oferecidos aos expatriados e suas famílias pelas empresas, antes da expatriação, reduzem o risco de fracasso no processo de expatriação.

Na análise dos dados obtidos nas entrevistas, podemos observar que longe de ser um processo simples e de fácil administração, o ajustamento dos indivíduos à nova situação passa por fases, e que a fase mais crítica do processo é aquela que podemos denominar de choque cultural.

É nesse momento que os aspectos ligados à estrutura, ao relacionamento familiar, ao idioma e ao relacionamento social com a sociedade têm forte impacto na adaptação em outra cultura.

O idioma foi mencionado por todos como uma variável importante que influencia a adaptação do expatriado no exterior e que, segundo eles, pode frustrar expectativas já traçadas devido a suas implicações quanto aos processos de comunicação e adaptação.

Com base na revisão bibliográfica e nas entrevistas realizadas, concluímos que os maiores desafios enfrentados pelos expatriados e pelos profissionais globais estão relacionados em menor ou maior grau a questões de diversidade e aspectos culturais.

Nesse sentido, podemos afirmar que as competências de um bom profissional, em qualquer lugar e situação (liderança, trabalho em equipe, empreendedorismo, comunicação, negociação, flexibilidade etc.) também são exigidas dos profissionais expatriados e globais, porém, uma competência específica tem destaque nesse âmbito de atuação: transitar na diversidade.

Qualificações, habilidades e experiências – a competência-chave: transitar na diversidade

O mundo está cada vez mais globalizado, as fronteiras geográficas para os negócios estão cada vez menos rígidas, de modo que as oportunidades estão em qualquer lugar do globo, desde que a pessoa saiba conviver com a diversidade e compreender o que lhe é diferente ou estranho.

De fato, as empresas estão cada vez mais promovendo a diversidade em suas equipes de trabalho, não só em busca de talentos, mas também como mecanismo de impulsionar a criatividade, a inovação e os resultados.

Por isso, as organizações do novo século estão cada vez menos preconceituosas e aceitam as diferenças quer sejam étnicas, religiosas, etárias, culturais, de gênero ou políticas, pois sabem que a diversidade traz resultados muito interessantes, uma vez que as diferenças entre os colaboradores são uma forma de trazer diferentes perspectivas para os problemas. Atualmente, a postura do cliente mudou, por isso, as empresas precisam mudar também a sua forma de agir e é justamente nesse ponto que se encontra o grande desafio das empresas modernas: acompanhar, e, se possível, até antecipar às necessidades dos clientes e adaptar seus produtos e serviços aos desejos dos clientes.

Embora seja uma tarefa difícil, é de fundamental importância para a sustentabilidade das empresas num ambiente em constantes mudanças e de extrema competitividade. Neste aspecto, a existência de equipes diversificadas é essencial para que todas as soluções e ideias possam ser projetadas pelos vários e diferentes colaboradores. E quanto mais diversificada for a equipe, a saber, melhor, pois pode representar as necessidades de vários tipos de clientes.

A diversidade é hoje uma necessidade de negócio, pois a globalização é uma realidade, e, para as organizações conquistarem o mundo global, devem estar preparadas para o relacionamento com todos. Assim, promover um ambiente em que as pessoas fiquem mais à vontade e com maior abertura de ideias é um imperativo para que as organizações aprendam com os próprios colaboradores.

Atualmente, o Brasil vem recebendo imigrantes e refugiados, embora ainda existam várias barreiras em nosso país, pois os estrangeiros que vêm para cá tropeçam nos nossos sistemas normativos e em alguns preconceitos e discriminações.

No entanto, percebemos que existem várias empresas nacionais que já perceberam as vantagens da aposta na diversidade dos seus empregados e estão apostando em uma força de trabalho diversificada e colhendo muitos dividendos com isso.

Há companhias brasileiras com culturas extremamente abertas, notadamente nas empresas de tecnologias de informação como as *startups* de informáticas, pois elas já entenderam que diante da competição global o que importa é o talento e o conhecimento do colaborador.

De fato, a identificação e retenção de talentos podem ser uma das várias estratégias adotadas por uma organização para aumentar a competitividade e garantir sua perenidade. Há empresas que investem em programas motivacionais, em ações voltadas para a melhoria da qualidade de vida e até mesmo oferecem benefícios diferenciados e remunerações atraentes, mesmo em situações de crise, porque não querem perder os talentos que fazem a diferença.

Mas, também sabem que apostar na diversidade das suas equipes de trabalho, ou seja, promover a diversidade nos seus times de trabalho, é também uma estratégia bem vantajosa de conseguir talentos e vantagens competitivas.

São muitas as vantagens de se ter uma equipe plural e com colaboradores de diferentes raças, credos, países, culturas e idades, porque essa diversidade proporciona condições que asseguram a execução dos objetivos organizacionais, estimulam o processo de mudanças nos campos científico e tecnológico e favorecem a utilização de técnicas inovadoras.

Assim, a globalização, fenômeno tão discutido e controverso em que estão sujeitas todas as organizações, só pode ser devidamente compreendida sob a ótica da diversidade, pois abrange visões diversas para questões fundamentais.

Munhoz e Alaby (2005) apontam como característica necessária a todo líder a compreensão da globalização sob a ótica da diversidade, bem como da tolerância com as pessoas que formam ou se relacionam com a organização, em função de diferentes culturas, manifestações individuais e coletivas, sem perder o senso crítico ou a visão do negócio, buscando sempre harmonizar tal diversidade.

Como afirmam ainda Munhoz e Alaby (2005, p. 307): "aprendemos mais de nós mesmos à medida que tentamos entender nossas diferenças em relação aos outros", por isso a importância da utilização marcos históricos de diversos personagens para demarcar a diversidade e relacioná-la ao fenômeno da globalização de uma forma realista.

> Líderes devem se conscientizar que a história não é linear, não acontece somente por meio de continuidades, sequências e recorrências, mas, também, de contradições, rupturas e saltos surpreendentes. Precisam ter a consciência de que a globalização não é um fato acabado, mas um processo em marcha, como uma tendência contínua, generalizando-se e aprofundando-se, com obstáculos, interrupções, definindo seu espaço no contexto mundial.
> (MUNHOZ; ALABY, 2005, p. 321).

Dado o exposto, os profissionais precisam ser conscientes de que estamos em um processo de globalização de coisas, pessoas e ideias e que precisam encontrar as soluções para as contradições existentes e para outras tantas que surgirão, ou seja, deverão considerar a diversidade como o estado normal e natural das organizações.

Cultura organizacional

Quando falamos sobre transitar na diversidade, é importante considerar a comunicação e a cultura e refletir sobre os significados do termo cultura, sua existência e seu impacto nas organizações diante da necessidade de concepção da humanidade em sua diversidade. A teoria de sistemas nos permitiu compreender a organização como um amplo sistema com suas entradas, saídas, processamento e trocas com o meio ambiente. No entanto, esse modelo sistêmico pode ser ainda aprimorado considerando a organização não como um sistema único, mas como um todo sistêmico composto de variados subsistemas interdependentes funcionando com um objetivo único.

Segundo Barros Neto (2002, p. 83), um dos modelos "mais consistentes é o de tavistock que concebe a organização como sendo composta por dois subsistemas: o técnico e o social".

O primeiro subsistema, o técnico, compreenderia todas as variáveis tecnológicas, temporais e físicas, enquanto o social envolveria todas as variáveis diretamente relacionadas aos indivíduos.

Esses dois subsistemas convivem em íntimo relacionamento, e, de fato, não prescindem um do outro, mas estão de tal forma ligados que chegam mesmo ao ponto de se determinarem mutuamente. A própria eficiência do sistema organizacional é considerada como um todo dependente das interações de cada um desses dois subsistemas com o meio ambiente da organização.

Figura 2 – Modelo sociotécnico de *tavistock*

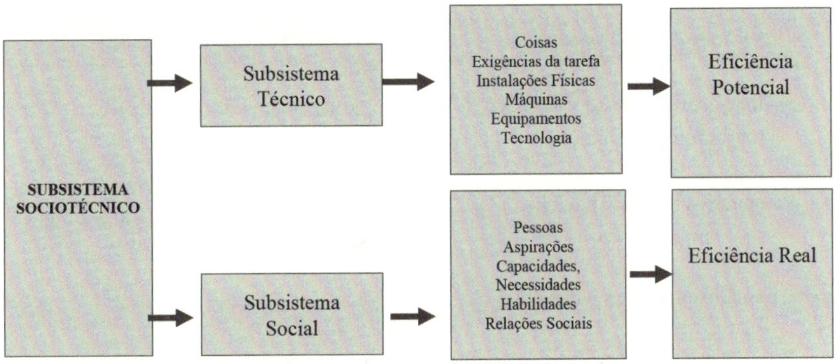

```
                    ┌─────────────┐     ┌──────────────────┐     ┌────────────┐
                    │ Subsistema  │     │ Coisas           │     │ Eficiência │
              ┌────▶│  Técnico    │────▶│ Exigências da    │────▶│ Potencial  │
              │     │             │     │ tarefa           │     │            │
┌─────────────┤     └─────────────┘     │ Instalações      │     └────────────┘
│ SUBSISTEMA  │                         │ Físicas          │
│ SOCIOTÉCNICO│                         │ Máquinas         │
│             │                         │ Equipamentos     │
└─────────────┤                         │ Tecnologia       │
              │                         └──────────────────┘
              │     ┌─────────────┐     ┌──────────────────┐     ┌────────────┐
              │     │             │     │ Pessoas          │     │            │
              │     │ Subsistema  │     │ Aspirações       │     │ Eficiência │
              └────▶│  Social     │────▶│ Capacidades,     │────▶│   Real     │
                    │             │     │ Necessidades     │     │            │
                    │             │     │ Habilidades      │     │            │
                    └─────────────┘     │ Relações Sociais │     └────────────┘
                                        └──────────────────┘
```

Fonte: adaptado de Barros Neto (2002, p. 86).

O subsistema social é que determina a real eficiência da organização, pois o subsistema técnico apenas tem a potencialidade de se tornar eficiente e só se realiza com a interveniência do subsistema social, representado pelos seres humanos em suas múltiplas dimensões e que tem as capacidades e habilidades necessárias para efetivar o subsistema técnico.

No subsistema social, atuam diversos mecanismos psicológicos, normas e valores pessoais de difícil isolamento, mas de fácil percepção para um observador atento. Esse conjunto complexo de interações sociais em vários níveis e dimensões determina o que chamamos de cultura organizacional, que reflete os valores, tabus, percepções, comportamentos e atitudes características de uma organização. Trata-se de um conjunto de crenças e sentimentos comuns aos participantes de uma empresa, a maneira própria de ver e entender as coisas, formada ao longo do tempo e que é de difícil mudança. É a personalidade da organização, o *ethos* empresarial.

Já o clima organizacional, está ligado mais ao momento, ao moral, a um instante ou situação específica da organização, podendo ser facilmente alterado. Um bônus não esperado pode, por exemplo, mudar de uma hora para a outra o ânimo do pessoal, alterando o clima organizacional de apreensivo para alegre, mas não é suficiente para alterar a cultura conservadora de uma empresa que prima por posturas tradicionais, traduzida nas atitudes de seus gerentes que cortarão custos de um lado para compensar aqueles valores saídos do caixa.

Figura 3 – Comparação entre clima e cultura organizacional

Clima organizacional	Cultura organizacional
"Estado de espírito" da organização	Personalidade da organização
Ligado ao grau de satisfação, lealdade e compromisso de seus membros	Ligada ao grau de motivação e comprometimento
Perspectiva temporal de curto/médio prazo	Perspectiva temporal de médio/longo prazo

Fonte: baseado em Barros Neto, 2002.

No contexto do subsistema social, pode-se entender a liderança como o trabalho de orientar, dirigir e controlar os esforços de grupos, composto por desempenhos individuais para o alcance de objetivos organizacionais.

Nesse sentido, há importante relevância para fatores que apesar de não serem tangíveis, representam o sentido de existência do próprio processo administrativo dentro da organização: planejamento, direção, tomada de decisão, poder e autoridade.

Sendo a cultura organizacional representada por normas informais e não escritas que orienta o comportamento dos membros de uma organização no dia a dia e que direciona suas ações para o alcance dos objetivos organizacionais, Oliveira (2005, p. 100) lembra que o "homem é essencialmente um ser de cultura. Todo comportamento humano se relaciona a uma ou mais culturas com as quais ele vivenciou".

Dessa forma, é importante que o líder antes de selecionar o estilo de liderança a ser adotado para enfrentar determinada situação, leve em conta a tarefa ou o trabalho a serem executados, as características de seus subordinados, a cultura da organização, o contexto político-social do momento, grau de confiança no grupo, experiências anteriores, restrições de tempo, custo e qualquer outro fator que ache relevante para o atendimento dos objetivos propostos.

A cultura reflete a mentalidade que predomina em uma organização e ela representa a maneira como cada organização aprendeu a lidar com o seu ambiente. A cultura organizacional possui três níveis:

Figura 4 – Níveis de cultura organizacional

Artefatos	• São coisas concretas que cada um vê, ouve e sente quando se depara com a organização. • Como se vestem, falam, sobre o que conversam, como se comportam, o que é importante para elas.
Valores compartilhados	• São criados originalmente pelos fundadores
Pressuposições básicas	• Nível mais íntimo e profundo • Crenças inconscientes, sentimentos e pressuposições dominantes em que pessoas acreditam.

Fonte: baseado em Schein, 2009.

Toda organização tem uma história pela qual seus membros resolvem problemas, superam desafios e constroem entendimentos sobre as maneiras adequadas de percebê-los, aproveitá-los e resolvê-los. Esses entendimentos são compartilhados pelos indivíduos que produzem ícones, lendas, mitos e valores para a ação, transformando-os em premissas inconscientes. (SCHEIN, 2009).

Assim, a cultura é um fenômeno histórico e funciona como uma força estabilizadora e integradora, lenta e incremental, que pode ser transformada pela intervenção do líder, pois a construção de uma cultura organizacional obedece a dois mecanismos: solução de problemas e redução da ansiedade.

Os membros da organização selecionam fórmulas ou entendimentos capazes de solucionar categorias de problemas, incorporando certos comportamentos, o que contribui para a redução da ansiedade nas equipes, gerando ordem e consistência cognitiva.

> Nas organizações, a cultura impregna todas as práticas e constitui um conjunto preciso de representações mentais, um complexo muito definitivo de saberes. Forma um sistema coerente de significações e funciona como um cimento que procura unir todos os membros em torno dos mesmos objetivos e dos mesmos modos de agir. Sem referências próprias, as organizações ficariam à mercê das convicções individuais de seus membros diante de situações novas e certamente sofreriam prejuízos dada a disparidade de procedimentos e orientações. (SROUR, 1998, p. 175)

Utilizando-se, portanto, da cultura organizacional, o líder procura identificar a cultura própria e preexistente da empresa, assim como também busca formá-la a partir das diversas relações que cria ou que nela se constroem dentre as pessoas que a constituem. Esse é um esforço necessário para a compreensão pelo líder para a utilização das particularidades e dos elementos culturais na comunicação.

O conceito de cultura organizacional é, portanto, muito amplo, mas o primeiro passo para conhecer uma organização é justamente identificar a sua cultura. Fazer parte de uma organização é assimilar a sua cultura, pois cada organização tem as suas próprias características, personalidades, isto é, o seu modo de ser e suas peculiaridades, ou seja, cada uma tem a sua própria cultura.

A cultura distingue o modo como as pessoas de cada organização interagem umas com as outras, como se comportam, sentem, pensam, agem e trabalham. Se cada sociedade tem sua cultura, cada organização também tem a sua específica, o que lhe proporciona suas características de pensar, sentir e agir.

Desta forma, compreender a cultura é uma forma de transitar na diversidade, pois a cultura organizacional representa as normas informais e não escritas que orientam o comportamento dos membros no seu dia a dia e que direcionam suas ações para a realização dos objetivos organizacionais de maneiras particulares.

As organizações possuem duas faces distintas, mas intimamente inter-relacionadas: formal e informal.

A organização formal é aquela que existe na estrutura organizacional, no organograma, desta feita, ela reflete a maneira lógica e racional, a fim de coordenar e integrar os esforços de seus membros, sendo facilmente identificável. Assim, os principais aspectos da organização formal são: os órgãos, departamentos, divisões, setores, os cargos, a hierarquia de autoridade, os objetivos, a tecnologia e os planos definidos.

Mas as organizações não são apenas entidades mecânicas em que a lógica e a racionalidade são aplicadas e ponto. As organizações também são compostas por pessoas, que ocupam posições onde se desenvolvem padrões de comportamento e relacionamento; onde existem amizades, divergências e uma grande variedade de relações que são dificilmente medidas e que chamamos de organização informal.

Essa nova e surpreendente organização, que não aparece no organograma, completamente indefinida em sua forma e estrutura, que não segue as regras nem normas da empresa, é definida por Chester Barnard (*apud* BARROS NETO, 2002, p. 58) como: o agregado de contatos e interações pessoais e o agrupamento de pessoas associadas, que pode ser estabelecido entre duas pessoas e até uma multidão, pode se dar de forma hostil ou amigável, ser acidental ou incidental.

As principais características da organização informal são: a formação de grupos informais de acordo com os interesses comuns, atitudes e comportamentos que manifestam as posições favoráveis ou não às práticas administrativas formais, normas de trabalho que os diversos grupos estabelecem como padrão de desempenho a despeito das normas e regras formais e padrões de liderança que podem conferir autoridade informal a certas pessoas, independentemente de sua posição na organização.

A organização informal é tão significativa para o moral e a atitude das pessoas que até extrapola o âmbito da organização formal e acompanha as pessoas em suas vidas privadas, longe da empresa.

Na verdade, as organizações ditas formais e informais estão tão intrinsecamente ligadas que não se pode imaginar a existência isolada delas. De fato, parece que vivem em perfeita simbiose, energizando-se e nutrindo-se mutuamente, como um organismo funcional único.

Quando, por qualquer motivo, há um desequilíbrio, é comum sentir-se (pois não há como ver no sentido estrito do termo) uma em conflito com a outra, se consumindo mutuamente até a destruição da organização como um todo. E realmente, todas as organizações formais nascem de um primeiro contato informal, assim como todas as informais vêm de contatos originados dentro ou a partir de uma organização formal, de modo que, a exemplo do ovo e da galinha, seria temerário apostar em quem nasceu primeiro.

A adequada compreensão dessas duas dimensões organizacionais é de fundamental importância para a liderança, pois é na organização informal que a cooperação é espontânea e efetiva, pois as pessoas interagem de forma mais verdadeira e completa, deixando fluir toda sua criatividade e iniciativa.

Por outro lado, é na organização formal que estão os padrões, as metas, os objetivos, os meios e os recursos para a realização do trabalho útil para a sociedade. Assim, o desafio da liderança é harmonizar esses dois fenômenos dentro da organização, qual seja, o formal e o informal.

Outro aspecto a ser considerado é a diversidade cultural dentro do ambiente de trabalho. As pessoas trazem uma bagagem cultural própria e essa variedade de pessoas diferentes, com formações diferentes, deve ser levada em consideração pelo líder no trato da cultura organizacional.

A diversidade realça as diferenças individuais e se contrapõe à homogeneidade, contrariando as lideranças que tentam tratar todos igualmente, com procedimentos padronizados.

De fato, há duas dimensões de cultura nas organizações: a visível e a invisível. As visíveis são normas de comportamentos, a saber, mais fáceis de mudar. A invisível são os valores compartilhados, mais difíceis de serem mudados. Hoje sabemos que a cultura organizacional apresenta um forte e crescente impacto no desempenho das organizações (KOTTER E HESKET, 1994).

Kotter e Hesket (1992) identificaram características das culturas das empresas bem-sucedidas e chegaram à conclusão de que as empresas podem mudar a sua cultura para serem bem-sucedidas. Também concluíram que a mudança no nível visível pode alcançar níveis mais profundos e difíceis de serem mudados. Eles mostraram que empresas com culturas fortes e adaptativas, por sua vez baseadas em valores compartilhados, a entender, têm desempenho melhor do que outras com uma margem significativa: ao longo de um período de 11 anos, as empresas que se importavam com todas as partes interessadas cresceram quatro vezes mais rápido do que aquelas que não se importavam.

Eles também descobriram que tais organizações têm taxas de criação de empregos sete vezes mais altas, preços de ações que aumentavam doze vezes mais rapidamente e uma proporção entre desempenho e lucro setecentas e cinquenta vezes maior do que empresas que não tinham valores compartilhados e culturas adaptativas.

Existem organizações com culturas mais conservadoras ou com culturas mais adaptativas, de forma que as culturas organizacionais estão diretamente relacionadas com a sobrevivência e com o crescimento das organizações.

O ser humano é essencialmente um ser de cultura. Nada é puramente natural no homem. Todas as suas ações são influenciadas pela criação que ele obteve, pelo meio onde ele cresceu e foi concebido, de modo que o espírito ético é outro aspecto importante da cultura organizacional, sendo esse aspecto criado, fomentado e nutrido por líderes, de tal modo que a cultura que predomina nas organizações influencia poderosamente o comportamento ético dos seus membros.

Se tratarmos do princípio social da palavra e da ideia de cultura, veremos que ela vem, segundo Oliveira (2005, p. 103), "do latim cultura, que significa o cuidado dispensado ao campo ou ao gado, ela, a palavra cultura, aparece para designar uma parcela da terra cultivada". Mais tarde, o seu significado é ampliado com a designação de trabalhar para desenvolver. Com o tempo, passa a ganhar um sentido figurado, como a cultura das artes, a cultura das letras, a cultura das ciências etc.

Progressivamente, a palavra cultura passa a ser empregada para designar a formação, a educação do espírito e todos esses significados foram uma evolução da palavra levando-a a ser relacionada intimamente com os valores, com o *ethos* de uma comunidade, sociedade, região, nação, país e das organizações.

A abordagem sociológica da cultura organizacional é usada para designar o resultado das confrontações culturais entre os diversos grupos sociais que compõem a organização e que não existe fora dos seus membros.

Além disso, não se pode compreender a cultura de uma organização independentemente do ambiente que a cerca, pois a organização não constitui um universo fechado capaz de produzir uma cultura perfeitamente autônoma. Ao contrário, as organizações modernas são muito dependentes de seu ambiente, de modo que a cultura de uma organização não pode ser reduzida a uma simples cultura interna isolada do ambiente.

Oliveira (2009) fala que a cultura dos imigrantes tem que rapidamente se adaptar à cultura do país que os recebe, mas que a partir do momento em que suas famílias vêm e aqui se estabelecem, começa a haver a necessidade de as empresas estarem adequadas aos seus trabalhadores. Da gestão da força de trabalho estrangeira, passa-se à gestão das diferenças culturais e da diversidade, pois, se assim não for, o desempenho das empresas é seriamente comprometido.

Uma característica do mundo moderno do trabalho é a mudança de um lugar para o outro, e, em cada lugar, temos que, inevitavelmente, nos adaptar à cultura local, embora muitas vezes soframos física e emocionalmente, porque queremos que as coisas sejam da maneira que achamos que deveriam ser e não conseguimos sucesso nisso, mostrando nossa dificuldade natural em transitar na diversidade. Esta é uma lição importante: precisamos aprender a confrontar nossos hábitos, valores e estilos de vida para podermos transitar na diversidade.

É preciso ressaltar que líderes criam cultura e que a cultura que os líderes criam é altamente dependente dos comportamentos deles mesmos e de suas relações com os liderados.

Líderes gananciosos e egoístas cujas energias são voltadas para a busca de poder e status, criam ambientes tóxicos com pouca ou nem uma coesão organizacional que dificulta ou até inviabiliza o trabalho em equipe.

Líderes servidores compartilham a sua visão e os seus valores com os liderados e trabalham para o bem comum, a somar, concentrando na comunidade interna para criarem coesão interna e alinhamento de valores.

O líder servidor sabe que a transformação começa com a transformação pessoal e que as organizações não se transformam, mas sim as pessoas que as compõem. Desta forma, o principal fator para a transformação de uma cultura de baixo desempenho em uma de alto desempenho é a liderança e é por isso que organizações com culturas fortes e com alto desempenho tendem a substituir seus líderes por meio da promoção de quem está dentro, enquanto as de baixo desempenho tendem a substituí-los por candidatos externos.

Culturas saudáveis e prósperas são tocadas por líderes servidores e são capazes de reter seus talentos, promover a diversidade e alcançar resultados sustentáveis por meio da inovação, da criatividade e da participação de todos.

Estudo de caso. Carlos Ghosn*

Carlos Ghosn Bichara, casado e pai de quatro filhos, nasceu em Guajará-mirim, no estado de Rondônia, em 9 de março de 1954. Ele é filho de brasileiro com nigeriana e neto de libanês, motivos pelos quais fala fluentemente pelo menos quatro idiomas: português, francês, inglês e árabe – dizem que também fala japonês.

Ghosn foi o responsável por uma das viradas mais espetaculares da história recente do mundo dos negócios ao tirar a Nissan da falência, levando a montadora japonesa de um estado pré-falimentar para a obtenção de lucros recordes em apenas dois anos (MAGEE, 2003).

Se considerarmos que ele conseguiu tal realização sendo um brasileiro nato, atuando em uma cultura oriental, fechada e tradicionalista como a japonesa, teremos noção da inimaginável façanha! Tanto que os japoneses o veem como super-herói – sua história virou mangá no Japão.

Desde criança, Ghosn parecia destinado à globalização precoce: ainda em Rondônia morou em Porto Velho, mas ficou doente devido às condições insalubres em que vivia e precisou mudar com a mãe para o Rio de Janeiro com apenas dois anos de idade, e, aos seis anos, foi morar com a avó em Beirute, no Líbano. A partir daí não parou mais de estudar e se aperfeiçoar, fazendo o secundário em escola jesuíta ainda no Líbano, depois fez cursos técnicos e preparatórios e graduação em Paris, formando-se em engenharia pela École Polytechnique (1974) e pela École des Mines de Paris (1978), quando foi contratado pela Michelan, onde permaneceu por dezoito anos.

Em 1981, foi promovido ao cargo de gerente da fábrica de Le Puy-en--Velay. Em 1984, foi promovido a diretor do departamento de investigação e desenvolvimento da divisão pneumática industrial da empresa, e, em 1985, com apenas trinta anos de idade, chegou ao cargo de diretor das operações sul-americanas da Michelin, depois diretor de operações nos Estados Unidos, e, finalmente, diretor-executivo.

Seu período de Michelin o permitiu trabalhar não só na França, mas também na Alemanha, Brasil, Estados Unidos e diversos outros países, interagindo com várias culturas e ampliando sua competência de transitar na diversidade aliada às suas competências de liderança e de gestão.

Ghosn (2013) gosta de se definir como um eterno aprendiz: "Desde pequenos, nós aprendemos mais com a borracha do que com o lápis. Erro o tempo todo. Eu aprendo, porque eu erro. A vida de administrador é um eterno tentar, conferir os resultados e aprender. Gestão é um artesanato".

Em 1996, a Renault recrutou Ghosn para a vice-presidência executiva, de onde ele promoveu a reestruturação da empresa, que, na época, encontrava-se em sérias dificuldades.

Em 1999, com a Aliança Renault-Nissan, Ghosn tornou-se diretor de operações, e, no ano seguinte, presidente, tornando-se depois o CEO, salvando a empresa do abismo em que se encontrava e tornando-a competitiva no mercado global. Em maio de 2005, Carlos Ghosn foi nomeado também presidente e CEO da Renault S.A.

A aliança Renault-Nissan, sob a gestão Ghosn, é caso único de sucesso dentre grandes montadoras de automóveis, considerando sua longevidade (mais de 16 anos) e sua natureza transcultural (ocidental/oriental; francesa/japonesa). De fato, a aliança é o quarto maior grupo automotor mundial em vendas, responsável por um em cada dez carros vendidos no mundo. Seu portfólio de marcas abrange: Renault, Nissan, Renault Samsung, Infiniti, Venucia, Dacia, Datsun e Lada. São várias as parcerias de cooperação estratégica como o recente acordo com a Daimler AG (fabricante dos luxuosos Mercedes Benz). O grupo emprega cerca de 450 mil pessoas em todo o mundo, incluindo as *joint ventures* na China e na Rússia (RENAULT NISSAN, 2015).

Ghosn tem diversos reconhecimentos: CEO brasileiro mais bem pago do mundo; tema de livros de negócios; empresário e homem do ano, e, segundo a Revista Fortune, respectivamente em 2002 e 2003; imortalizado duas vezes (uma no Automotive Hall of Fame e outra no Japan Automotive Hall of Fame); Cavaleiro do Império Britânico; Líder empresarial do ano 2011 na Ásia pelo canal CNBC; agraciado pela Espanha com a Grã- Cruz da Ordem de Isabel a Católica; International Fellow da Royal Academy of Engineering; dizem até que em pesquisas espontâneas de intenção de voto, Carlos Ghosn tem sido indicado em vários países diferentes entre os *top ten*, mesmo nunca tendo demonstrado interesse na carreira política.

Para manter seu sucesso como executivo número um de um grupo de montadoras presente em todos os continentes do planeta, Ghosn prefere estar sempre presente onde a ação acontece, bem longe dos escritórios franceses e japoneses, tanto que para seus deslocamentos tem à disposição um avião Gulfstream V, com autonomia para cruzar oceanos. Não é à toa que a autobiografia de Carlos Ghosn (GHOSN; RIES, 2003) chama- se "Cidadão do Mundo".

* Estudo de caso elaborado com base na bibliografia referenciada e consulta aos seguintes sites:
http://blog.alliance-renault-nissan.com
http://rapport-annuel.group.renault.com
http://www.nissan-global.com
https://group.renault.com
https://pt.wikipedia.org/wiki/Carlos_Ghosn

Questões sobre o estudo de caso (5)

a) Carlos Ghosn apresenta as competências necessárias para o profissional atuar na sociedade globalizada? Justifique sua resposta.

b) Descreva o ambiente de atuação da aliança Renault-Nissan.

c) Você considera Carlos Ghosn um profissional expatriado? Explique sua posição.

d) Descreva a atuação de Carlos Ghosn na competência-chave transitar na diversidade.

e) Descreva em um parágrafo o aprendizado-chave que você leva para suas vidas profissional e pessoal após a leitura desse estudo de caso.

Considerações finais: a relevância do desenvolvimento contínuo de competências

A capacidade que cada ser humano tem de aprender e se desenvolver é nata e não depende de fatores externos. É essa automotivação pelo crescimento que gera a própria transformação que deve ser trabalhada à exaustão pelas organizações modernas.

Treinamento e desenvolvimento são apenas uma faceta que, de certa forma, afetam o comportamento do profissional para que se sinta estimulado a buscar mais capacitação pela própria iniciativa.

É isso o que fará a grande diferença entre as organizações e os profissionais realmente globais: o aprendizado contínuo e permanente, capaz de desencadear uma força impulsionadora que fortalece o profissional e o faz crescer.

O diploma universitário, que já foi garantia de emprego e bom salário no passado, hoje é apenas uma etapa do aprendizado contínuo de cada um, tal como a fluência em línguas estrangeiras deixou de ser o diferencial para conseguir uma boa colocação profissional. Esse quadro indica as novas expectativas e necessidades organizacionais, fruto de tendências sociais, tecnológicas, políticas e econômicas que afetam as empresas de diversas maneiras, gerando imprevisibilidade e mudanças estruturais e de processos que exigem profissionais cada vez mais diferenciados.

É fato que o emprego para toda a vida acabou e que a relação paternalista no ambiente laboral está evoluindo para uma relação baseada em desempenho e resultados, ou seja, na competência. É imperioso o profissional entender a necessidade de assumir o controle de sua própria carreira, desenvolvê-la e gerenciá-la a fim de melhorar a si mesmo, e, assim, obter satisfação e prazer com o seu trabalho.

Poucos profissionais estão realmente prontos para enfrentar tais mudanças, mas, com a intensificação da globalização em todos os setores e áreas, daqui para frente todo profissional precisará estar preparado para atuar em uma comunidade global, o que exige diversas competências - aquelas sempre exigidas dos bons profissionais – mas, acima de todas, estará a competência de transitar na diversidade; única, logo, capaz de garantir que as outras competências também sejam efetivas em um ambiente global.

Questões para reflexão (10)

1. Descreva os desafios que devem ser enfrentados e superados pelos profissionais globais.

2. Explique a relação entre competências, trabalho e características pessoais.

3. Com base nos autores estudados, como você definiria competência?

4. Descreva o ambiente profissional globalizado.

5. Qual o papel das organizações diante da emergência de novas competências para o desempenho em nível global?

6. Com base na figura 1, escolha uma competência e descreva como você acredita que ela será exigida daqui para frente? (tome como base o exemplo de trabalhar em equipe apresentado no texto).

7. Imagine-se expatriado e elabore um plano de ação para facilitar sua adaptação no exterior. Caso já seja ou tenha sido um expatriado, o seu plano de ação deve considerar ações para superar os percalços que enfrentou.

8. O que você entendeu por transitar na diversidade?

9. O que você entendeu por cultura organizacional?

10. Após o estudo deste capítulo, qual o seu aprendizado-chave e que ações adotará daqui por diante almejando ser realmente um profissional global?

Referências

ARORA, Rashmi Umesh. *Globalization and stages of development: an exploratory analysis*. Review of Urban & Regional Development Studies - RURDS. Vol. 21, No. 2/3. Nagoya/Japan: Graduate School of Environmental Studies; Nagoya University. July/November, 2009. (p. 124-142). Disponível em: <http://onlinelibrary.wiley.com/doi/10.1111/j.1467-940X.2010.00164.x/pdf>. Acesso em 21 de jan de 2016.

BARROS NETO, João Pinheiro de. *Teorias da administração - curso compacto: manual prático para estudantes e gerentes profissionais*. Rio de Janeiro: Qualitymark, 2002.

BITENCOURT, Cláudia Cristina. *Gestão de competências e aprendizagem nas organizações*. São Leopoldo: Unisinos, 2005.

CALIGIURI, Paula M. *Selecting expatriates for personality characteristics: a moderating effect of personality on the relationship between host national contact and cross-cultural adjustment*. Management International Review. V. 40. Springer-Verlag (Germany), 2000. (p. 61-80).

CASTELLS, Manuel. *A era da informação: economia, sociedade e cultura*. Volume 3. Fim de milênio. São Paulo: Paz e Terra, 2007.

CHIAVENATO, I. *Remuneração, benefícios e relações de trabalho: como reter talentos na organização*. Barueri/SP: Manole, 2009.

DRUCKER, Peter. *O gerente eficaz em ação: uma agenda para fazer as coisas certas acontecerem*. Rio de Janeiro: LTC, 2007.

DRUCKER, Peter. *Sociedade pós-capitalista*. Lisboa: Actual Editora, 2003.

DUCCI, María Angélica. *El enfoque de competencia laboral en la perspectiva internacional*. In: Seminario Internacional sobre Formación Basada en Competencia Laboral: Situación Actual y Perspectivas, 1, Guanajuato, México, 1996. Documentos presentados. Montevideo: Cinterfor, 1997. (p. 15-26). Disponível em <http://www.oei.es/etp/formacion_basada_competencia_laboral.pdf> Acesso em 21/04/2016.

DUTRA, Joel Souza. *Gestão de pessoas: modelo, processos, tendências e perspectivas*. São Paulo: Atlas, 2016.

FLEURY, Afonso & FLEURY, Maria Tereza Leme. *Estratégias empresariais e formação de*

competências: um quebra-cabeça caleidoscópico da indústria brasileira. São Paulo: Atlas, 2001.
FREITAS, Maria Ester de. *Expatriação profissional: o desafio interdependente para empresas e indivíduos*. GES – Revista Gestão e Sociedade. Vol. 4, nº 9. Belo Horizonte: CEPEAD/UFMG, Setembro/Dezembro 2010. (p. 689-708).
GHOSN, Carlos. In: LADEIA, Bárbara. *Para Carlos Ghosn, da Renault-Nissan, errar é fundamental*. Exame.com. 19/06/2013 12:42. Disponível em <http://exame.abril.com.br/negocios/noticias/gestao-e-um-artesanato-diz-presidente-da-renault-nissan> Acesso em 23 de abril de 2016.
GHOSN, Carlos; RIES, Philippe. *Cidadão do Mundo*. São Paulo: Editora Girafa, 2003.
HALÉVY, Marc. *A era do conhecimento: princípios e reflexões sobre a revolução noética no século XXI*. São Paulo: UNESP, 2010.
HANDY, C. *A era do paradoxo*. São Paulo: Makron Books, 1995.
HENDERSON, Hazel. *Além da globalização: modelando uma economia global sustentável*. São Paulo: Cultrix, 2007.
KOTTER, John P. Kotter; HESKETT, James L. *A cultura corporativa e o desempenho empresarial*. São Paulo: Makron, 1994.
Le BOTERF, Guy. *Construire les compétences individuelles et collectives: agir et réussir avec compétence, les réponses à 100 questions*. Paris: Groupe Eyrolles, 2015.
LIMA, Ana Paula de. *Executivos expatriados brasileiros: implicações das características culturais e a família como fator equilíbrio na adaptação do expatriado*. Trabalho de Conclusão de Curso. Departamento de Administração. Faculdade de Economia, Administração, Contabilidade e Atuária. São Paulo: Pontifícia Universidade Católica de São Paulo – PUC SP, 2011.
MAGEE, David. *Turbinado: a história de Carlos Ghosn, o brasileiro que salvou a Nissan*. Rio de Janeiro: Record, 2003.
MUNHOZ, Maria Luiza Puglisi; ALABY, José Assan. *Globalização sob a ótica da diversidade: visões diversas de questões fundamentais*. In: OLIVEIRA, J. F. de; MARINHO, R. M. (orgs.). Liderança: uma questão de competência. São Paulo: Saraiva, 2005. (p. 303-326).
NAISBITT, John. *Megatrends megatendências: as dez grandes transformações ocorrendo na sociedade moderna*. São Paulo: Livros Abril/Círculo do Livro, 1983.
NAISBITT, John; NAISBITT, Doris. *China Megatendências: os oito pilares de uma nova sociedade*. Rio de Janeiro: Qualitymark, 2011.
OLIVEIRA, Jayr Figueiredo de. *Comunicação e cultura: uma reflexão além da liderança interpessoal*. In: OLIVEIRA, J. F. de; MARINHO, R. M. (orgs.). Liderança: uma questão de competência. São Paulo: Saraiva, 2005. (p. 99-126).
QUINN, Robert E. *et al. Competências gerenciais*. Rio de Janeiro: Campus; Elsevier, 2012.
RENAULT NISSAN. *Alliance facts & figures 2015: 16 years of cooperation*. Disponível em<http://blog.alliance-renault-nissan.com/sites/default/files/Facts&Figures_2015_GB%204.pdf> Acesso em 24 de abril de 2016.

RIFKIN, Jeremy. *O fim dos empregos: o contínuo crescimento do desemprego em todo o mundo.* São Paulo: M.Books, 2004.

RUAS, Roberto; ANTONELLO, Cláudia Simone; BOFF, Luiz Henrique. *Os novos horizontes da gestão: aprendizagem organizacional e competências.* Porto Alegre: Bookman, 2005.

SCHEIN, Edgar. *Cultura organizacional e liderança.* São Paulo: Atlas, 2009.

SROUR, R. H. *Poder, cultura e ética nas organizações.* Rio de Janeiro: Campus, 1998.

SUUTARI V.; TAHVANAINEN M. *The antecedents of performance management among Finnish expatriates.* International Journal of Human Resource Management.Vol. 13, No. 1. Abingdon/UK: Taylor & Francis Group, 2002. (p. 55–75).

TANURE, Betania. *Gestão à brasileira: uma comparação entre américa latina, Estados Unidos, Europa e Ásia.* São Paulo: Atlas, 2005.

ZARIFIAN, Philippe. *O modelo da competência.* São Paulo: SENAC, 2003.

CAPÍTULO 7

Métodos quantitativos aplicados em relações internacionais

Bruno Henrique de Araújo

Objetivos do capítulo

Orientar o estudante quanto às melhores práticas para seleção de dados conforme cenários vivenciados em estratégias internacionais;
- Discutir sobre formas de leitura e interpretação de dados apresentados em estudos anteriores, visando às diferenças entre negócios brasileiros e internacionais;
- Formular problemas e determinar modelos que melhor se adequem para sua solução;
- Identificar problemas de mensuração de dados;
- Introdução a modelos de regressão e suas formas de análises.

Introdução

Uma das mais importantes práticas gerenciais é apresentada pela habilidade de medir um evento e seu impacto sobre o negócio. A globalização ampliou a relação dos negócios globais, e, principalmente, o fluxo de informações entre empresas e/ou nações, tornando o ambiente gerencial cada vez mais complexo. A infinidade de informações, de indicadores e de fontes de dados disponíveis apresenta aos gestores uma dualidade entre o volume de dados presentes e suas possibilidades de análises versus a utilidade real dos dados e o tempo necessário para a tomada de decisão, além do custo para seu controle.

Neste sentido, a medição formal de um evento permite que o gestor apresente elementos que mitiguem o risco da operação e amplie a efetividade do planejamento estratégico da empresa. Além da medição, a construção de modelos permite a interpretação de itens específicos sobre o desempenho da empresa e sua evolução ao longo do tempo, como o modelo apresentado pela equação gravitacional, a saber, que analisa os fatores (desde distância e investimento direto internacional até fatores culturais, como língua e costumes) e que aproxima as relações entre os países e amplia o fluxo de recursos.

Um dos problemas enfrentados por gestores brasileiros é o desenvolvimento dos conceitos com base em cenários e definições provenientes de outros países, principalmente os Estados Unidos. Um exemplo corriqueiro são os estudos sobre métricas de endividamento das empresas, uma vez que empresas americanas apresentam alto endividamento de longo prazo, o que dificilmente é aparente em empresas brasileiras, haja vista que tais possuem maior proporção de dívidas de curto prazo. Assim, um dos princípios que devem ser seguidos para a análise de dados é o conhecimento do mercado, as possíveis relações existentes nele (mesmo que essas relações sejam inicialmente desenvolvidas por senso comum), as possíveis limitações, bem como os agentes. Somente com base nesses princípios as análises podem ser realizadas.

Temos no Brasil, por influência cultural, a premissa de que o uso de números deve ser algo restrito a poucas pessoas e que sua análise deve ser feita de forma isolada e entregue pronta. Vê-se que a relação com números, apesar de sua relevância, é afastada pela baixa familiaridade com seus objetivos e forma de interpretação. Como contraponto a esse pensamento, este capítulo foi desenvolvido com o objetivo de aproximar essa relação e introduzir ao gestor as práticas, modelos e conceitos para interpretar cenários, e, principalmente, utilizar as ferramentas para melhores práticas gerenciais.

Assim como a sequência lógica para a compreensão do contexto, captação de informações para uma tomada de decisão e desenvolvimento de modelos de previsão (como apresentado na figura um), o capítulo está organizado para o desenvolvimento de cada uma das etapas.

Figura 1 – Etapas para análise de dados

coleta dos dados ▶ entendimento do cenário ▶ modelagem de dados ▶

Fonte: elaborado pelo autor.

Desta forma, a primeira parte do capítulo introduz os conceitos para coleta de dados, conforme o objetivo esperado do estudo, assim como a formulação de hipóteses. Em sequência, são apresentados conceitos sobre métricas, medidas e princípios para análises e formulação da inferência estatística. Esse item é desenvolvido com base na comparação entre empresas com foco no mercado nacional e empresas multinacionais (principalmente com presença no Brasil). O capítulo segue com análise de correlação e formulação de modelos. Por fim, o capítulo desenvolve o conceito de regressão, pois ele auxilia na construção de modelos e verificação de determinantes sobre um agente, a exemplificar, o modelo gravitacional.

Introdução à análise e coleta de dados

A compreensão dos elementos presentes num ambiente para a tomada de decisão é uma das tarefas mais importantes de um gestor. Com isso, deve-se ter claro não tão-somente os possíveis elementos que compõem o ambiente, mas, principalmente, os possíveis impactos, as relações, as frequências, os prováveis resultados gerados por cada elemento e seu resultado sobre o negócio como um todo. Assim, entender que uma das variáveis para uma transação internacional é o valor da moeda local em relação à moeda estrangeira, a saber, não faz sentido sem a compreensão dos elementos que compõem essa variável, sem a construção de cenários futuros e seus impactos sobre o negócio.

Uma das etapas presentes nesse processo de compreensão do ambiente está relacionada à análise estatística dos dados, pois ela tem por objetivo a transformação dos dados coletados em informações úteis para a tomada de decisão. Apesar de ser um processo que, de modo geral, envolve cálculos complexos, atualmente contamos com diversas ferramentas (como, por exemplo, Microsoft Excel) que facilitam e minimizam o senso de estatística como fator desestimulante ou com complexidade que limita a sua utilidade.

Dentre os possíveis usos da estatística estão:

- Apresentação de dados e informações sobre a empresa e ambiente;
- Descrição apropriada de possíveis cenários;
- Extrapolação de dados para a população com base em dados coletados a partir de amostras;

- Monitoramento de processos relacionados a empresas por meio da construção de modelos e indicadores;
- Prognóstico realizado de forma mais acurada sobre uma atividade.

A característica de transformação de dados em informações úteis deve permear qualquer análise, e, principalmente, a construção de indicadores e modelos. Muitas vezes os indicadores apresentam conceitualmente o mesmo resultado, gerando apenas retrabalho e volume de dados para análise. Assim, podemos pensar que indicadores são como velas presentes num quarto escuro, onde não necessitamos completar todo o espaço do quarto para evidenciar um elemento, mas sim apenas uma região ou a composição entre algumas regiões. A tabela 1 apresenta alguns exemplos de indicadores que podem representar o mesmo elemento e que, dependendo da pesquisa ou análise, podem ser substitutos.

Tabela 1 - Indicadores correlatos

Análise	Indicadores
Retorno financeiro	- ROI - ROE - ROS
Internacionalização	- Funcionários em outro país / funcionários totais - Vendas internacionais / Vendas totais - Escritórios em outro país / Escritórios totais
Desempenho esportivo	- Pontos conquistados / Ponto totais - Classificação ao final do campeonato

Nomenclaturas

Cada item útil ou cada dado é classificado formalmente como parte integrante de uma variável, haja vista corresponder a uma característica de um item ou de um indivíduo. Juntos, os dados pertencentes a cada variável são denominados conjunto de dados. A tabela 2 mostra um conjunto de dados contendo informações de 24 multinacionais brasileiras. Cada unidade de medida encontrada para um determinado elemento é denominada de observação. Assim, temos, na tabela 2, sete variáveis com 24 elementos, totalizando 192 observações ou conjunto de dados.

Tabela 2 - Conjunto de dados contendo informações de multinacionais brasileiras

Nome	Setor	Fund	Inter Qtd.	Estratégia de entrada	UF	País
Acumuladores Moura	Veículos automotores e peças	1957	19836	Escritório comercial	RS	Estados Unidos
Agrale	Veículos automotores e peças	1962	19884	*Joint venture*	RS	Argentina
Alusa Engenharia	Construção civil	1960	20057	Greenfield	SP	Argentina
Artecola	Produtos químicos	1948	199713	Centro de distribuição	RS	Argentina
Bauducco	Alimentos, bebidas e fumo	1948	20014	Centro de distribuição	SP	Argentina
Bematech S/A	Máquinas e equipamentos	1987	20028	P&D	PR	Estados Unidos
Braskem	Produtos químicos	2002	200420	Escritório comercial	SP	Argentina
BrfS.A.	Alimentos, bebidas e fumo	1934	200024	Escritório comercial	RS	Inglaterra
Brq - IT Services	Outros serviços	1993	20072	Escritório comercial	SP	Estados Unidos
Busscar	Veículos automotores e peças	1946	19996	*Joint venture*	SC	México
Camargo Corrêa	Construção civil	1939	197028	Aquisição	SP	Venezuela
Cambuci	Têxtil, confecção e couro	1945	19985	Greenfield	RS	Argentina
CBMM	Extração e mineração	1955	19756	Escritório comercial	MG	Alemanha
CI&T	Outros serviços	1995	20035	Escritório comercial	SP	Estados Unidos

RELAÇÕES INTERNACIONAIS

Empresa	Setor	Fund	Inter	Modo de entrada	UF	País
Cinex	Madeira e produtos de madeira	1993	20023	Greenfield	RS	Estados Unidos
Citrosuco	Alimentos, bebidas e fumo	1963	19877	Escritório comercial	SP	Estados Unidos
CPIC	Outros	1963	2005	Centro de distribuição	RS	Estados Unidos
Andrade Gutierrez	Construção civil	1948	1984	Escritório comercial	MG	Argentina
Coteminas	Têxtil, confecção e couro	1975	2004	Greenfield	MG	Argentina
CSN	Metais e produtos de metal	1941	2001	Aquisição	RJ	Estados Unidos
Cutrale	Alimentos, bebidas e fumo	1967	2007	Escritório comercial	SP	Emirados Árabes
DHB	Veículos automotores e peças	1967	1988	Franquia	RS	Estados Unidos
D-uas Rodas	Produtos químicos	1925	1996	P&D	SC	Argentina
Duratex	Madeira e produtos de madeira	1950	1970	Escritório comercial	RS	Estados Unidos

Fonte: Observatório de Multinacionais Brasileiras – ESPM (Março/2016).

Observação: Fund: ano de Fundação; Inter: ano da primeira internacionalização; Qtd.: número de subsidiária fora do Brasil; UF: estado de origem da empresa; País: país de destino da primeira internacionalização. Por limitação de espaço, apenas 24 das 133 empresas presentes na base de dados são apresentadas na tabela.

Tipos de variáveis

A análise dos dados obtidos na amostra para uma determinada variável depende de os dados para cada variável serem qualitativos ou quantitativos, também denominadas como categóricas ou numéricas. Dados qualitativos expõem valores que são categorizados por rótulos ou nomes, de modo a identificar um atributo para cada elemento. Essa categorização pode ou não seguir uma ordem de grandeza, dado que pressupõe de um tipo de classificação. Por exemplo, na tabela 2, a presença em determinado setor, o estado de origem e o país de destino representam variáveis qualitativas em escala nominal, ou seja, não possuem um tipo de ordem implícita (não podemos dizer que SP é maior ou menor do que o RS ou que há uma ordem nos estados). Já a estratégia de entrega, segundo as teorias de internacionalização, possui uma ordem de comprometimento da empresa com o país de destino, podendo ser classificada como escala ordinal.

As variáveis que contemplam dados quantitativos são apresentadas por números, indicando a contagem ou evolução de um dado. Na tabela 2, as variáveis ano de fundação, ano de internacionalização e quantidade de filiais são variáveis quantitativas. Apesar de apresentarem maior facilidade e fornecimento de previsão de resultados, os dados quantitativos podem gerar resultados adversos, necessitando de ajustes, como, por exemplo, transformação em variação ou intervalo, logaritmo ou até mesmo indicador. Por exemplo, em análise gravitacional, por haver um entendimento de que países mais próximos geograficamente tendem a gerar maior volume de negociação, a análise de distância em números absolutos tende a invalidar a teoria. Por outro lado, a teoria é vista como aderente ao analisar os números normalizados por logaritmo.

Figura 2 – Tipos de variáveis

Quantitativas

Variáveis discretas: características mensuráveis em que somente valores inteiros fazem sentido. Exemplo: número de filiais, número de clientes, anos de internacionalização etc.

Variáveis contínuas: características mensuráveis em que os valores fracionados fazem sentido e possuem uma escala. Exemplo: tempo de produção, % de vendas internacionais, % de funcionários em filiais no exterior etc.

Qualitativas

Variáveis nominais: não possuem ordenação entre as categorias. Exemplo: gênero, estados de origem das empresas, país de destino da internacionalização, setor de atuação etc.

Variáveis ordinais: variáveis que apresentam ordem entre as categorias. Exemplo: meses do ano, estratégias de internacionalização, qualificação dos funcionários (fundamental, médio, superior, pós-graduado) etc.

Coleta de dados & preparação dos dados

Um dos elementos mais importantes para a análise de dados é a sua preparação e uniformização. Entende-se que uma base de dados deve conter as seguintes características:

- Uniformidade em sua construção: os dados devem ser organizados de forma lógica, ou seja, em que cada observação deve estar alinhada com as características da variável. Se os dados de uma variável forem apresentados como texto, essa sequência deve ser estendida para as demais observações da variável.
- Observações completas: evitar presença de observações faltantes na amostra. Alguns sistemas, por exemplo, Microsoft Excel, entendem dados faltantes como zero, o que altera o resultado da análise. Outros, como Satical Packege for the Social Sciences (SPSS®), indicam a presença de dados faltantes e excluem seu efeito sobre o resultado final.
- Tipo de série coerente com estudo: a maioria dos estudos apresenta dados como se fossem uma foto de um determinado evento, designando o estado atual ou em determinado momento do tempo. Esse tipo de amostra é denominado amostra transversal. Esses dados também podem ser coletados em momentos diferentes, tendo seu resultado comparado como estudo feito sobre os determinantes de estrutura de capital e a presença da Lei 11.638/07, de modo que compara os dados anteriores e posteriores à homologação da lei. Dado o fato, tem-se também como premissa que a relação de tempo deve ser ignorada. Quando o estudo pressupõe a evolução dos dados ao longo do tempo, a amostra é denomi-

nada série histórica ou série temporal, como a evolução das exportações e importações ao longo do tempo (figura 3), evolução do PIB e valor de uma ação ao longo de um período na bolsa de valores. Utilizados esses dados para o desenvolvimento de modelos, devemos ter como pressuposto de que existe uma frequência entre os intervalos de dados e que existe uma relação dependente entre as variáveis.

Figura 3 – Evolução das exportações e importações brasileiras entre 2010 e 2015 (em milhões de Reais)

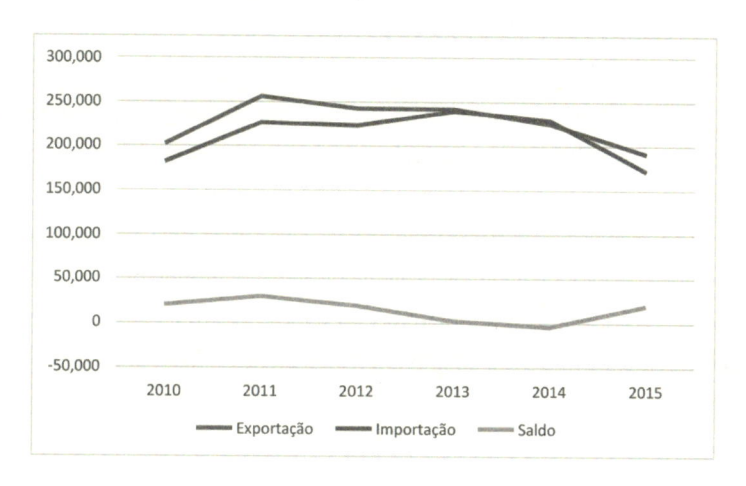

Fonte: Fundo Monetário Internacional.

Seguindo os três princípios apresentados, o conjunto de dados totais presentes na tabela 2 inicialmente possuía 133 empresas, passando a conter 80 empresas, uma vez que (1) parte das empresas possui dados faltantes para a caracterização do estudo, como data e forma de internacionalização, tal como (2) empresas pertencentes a setores que não fazem parte do perfil do estudo foram retiradas da amostra e (3) empresas que apenas contêm dados de exportação, sem presença de atividade, como escritório comercial e centro de distribuição, foram retiradas da análise.

A coleta e a organização dos dados devem estar relacionadas aos possíveis estudos e análises. Se fôssemos utilizar os dados presentes na tabela 2 para entender como as empresas brasileiras realizam o processo de internacionalização, poderíamos realizar os seguintes questionamentos:

- A internacionalização das empresas é realizada quanto tempo após a sua fundação? Existe relação entre o tempo de fundação e a internacionalização das empresas?
- Existe relação entre a distância presente nos países e a internacionalização?
- Quais países são mais procurados pelas empresas brasileiras para o início do processo de internacionalização?
- Existe relação entre os setores e o local ou forma de internacionalização?
- A região do país influencia na forma de internacionalização da empresa brasileira?
- Existe relação entre a forma da primeira internacionalização e a quantidade de filiais? Para as questões relacionadas ao tempo, os dados devem ser completados com a idade das empresas no momento da internacionalização? Para a análise de distância geográfica, deve ser incluída a distância entre os países? Dados qualitativos ordinais podem ser numerados conforme a teoria e a classificação apresentadas? Os estados podem ser analisados como variáveis *dummy* (será trabalhado em regressão de dados) para relação entre determinadas regiões e internacionalização, indicando se a presença na região impacta ou não no volume de filiais ou na forma de internacionalização?

Assim, ao termos as possíveis análises devemos ajustar as variáveis para que possamos aprofundar as análises, e não simplesmente realizá-las com as variáveis puras, sem imaginar as possíveis consequências. A identidade de possível consequência é importante, uma vez que somente temos a evidência da tendência de impacto ou não após a análise final dos dados.

Entendimento do cenário

Toda análise deve ter por princípio a base nas informações relativas à estatística descritiva dessa amostra. Esse processo tem como objetivo organizar, resumir e descrever aspectos importantes de um conjunto de dados, comparar dois ou mais conjuntos e formar possíveis grupos (*clusters*) de análises. A síntese dos dados pode levar a possíveis perdas de informações, uma vez que os dados originais são perdidos e concentrados em poucos indicadores. Por outro lado, essa possível perda é equilibrada com os ganhos obtidos com as possíveis interpretações iniciais, inspirações e compreensão do contexto.

Uso de gráficos e consolidação de dados

Apesar da baixa validade para a construção de modelos ou para a construção de informações para a tomada de decisão, o uso de gráficos, pela consolidação dos dados, é apresentado com importante ferramenta de ponto de partida para a interpretação do ambiente. Os gráficos permitem, de forma visual, a comparação entre categorias, a constatação da evolução de indicadores e a análise da dispersão dos elementos. Outro ponto importante é a possibilidade da criação de grupos para análises, e, consequentemente, o aprofundamento das análises pela divisão dos grupos.

Ao colocarmos os dados completos das empresas presentes na tabela 2, com os devidos filtros para análise, e comparamos o ano de fundação com o ano de internacionalização, como na figura 4, verificamos que a maior parte das empresas iniciou o processo de internacionalização após 1990. Consoante Cuervo-Cazurra (2008), isso representa o início do período pelo qual os países presentes na América Latina iniciam a abertura para negócios internacionais.

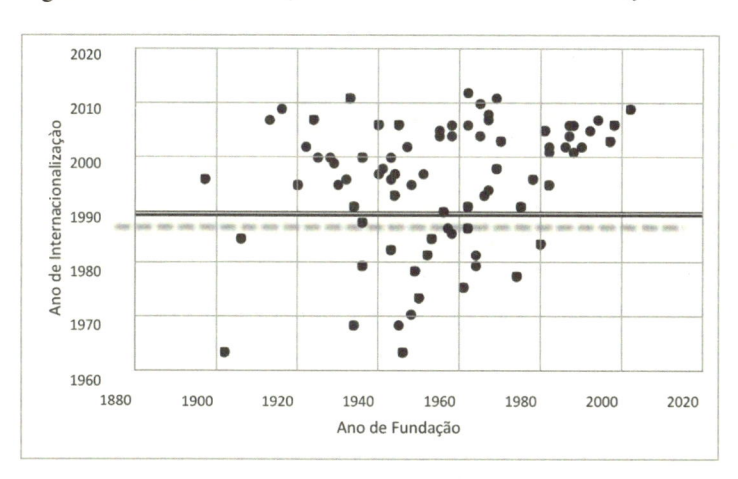

Figura 4 - Ano de fundação X Ano de internacionalização

Pontos aglomerados num determinado gráfico podem representar oportunidades de estudos e possíveis indicadores de mudanças de características estruturais. Empresas fundadas após 1980 apresentaram um início de processo de internacionalização mais rápido do que as anteriores. Desta feita, esse evento permite questionar: (1) se elas já nasceram em ambiente globalizado, o que incentiva a internacionalização; (2) se a estabilidade econômica permitiu a evolução das empresas em menor tempo; (3) se a presença em determinados setores permite a aceleração da internacionalização; (4) se a empresa faz parte de alguma cadeia global de valor (CGV) que incentiva a presença em outros locais. Até mesmo um único ponto pode representar uma unidade de pesquisa, como a empresa que foi fundada em 2007 e internacionalizada em 2010, adquirindo características *born-global*.

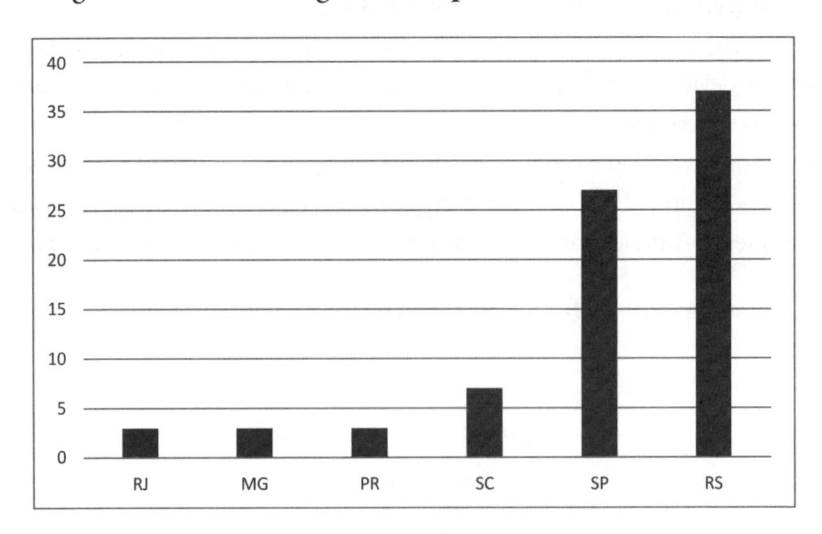

Figura 5 – estado de origem das empresas internacionalizadas

A consolidação de resultados por variáveis também pode ser útil para a formulação de hipóteses. A figura 5 apresenta o estado de origem das 80 empresas internacionalizadas, indicando a alta concentração em São Paulo e Rio Grande do Sul.

No artigo *Does sports performance influence exports of football players in brazilian football?*, Araujo *et al.* (2016) utilizam o gráfico para indicar a presença de três grupos em relação à eficiência dos times de futebol da primeira divisão do campeonato brasileiro entre 2006 e 2015 e as exportações de jogadores realizadas. Eles revelam que times com maior eficiência e presença em todas as temporadas apresentam melhor desempenho exportador (Grupo A). Já os times que não participaram de pelo menos quatro temporadas, possuem baixo desempenho exportador e baixa formação de jogadores (Grupo C). Os clubes presentes no grupo B, apesar de apresentarem baixo desempenho exportador, são formadores de jogadores para o mercado interno, podendo ser futuramente exportados pelo grupo A.

Figura 6 - Eficiência dos times brasileiros e exportação de jogadores - entre 2006 e 2015

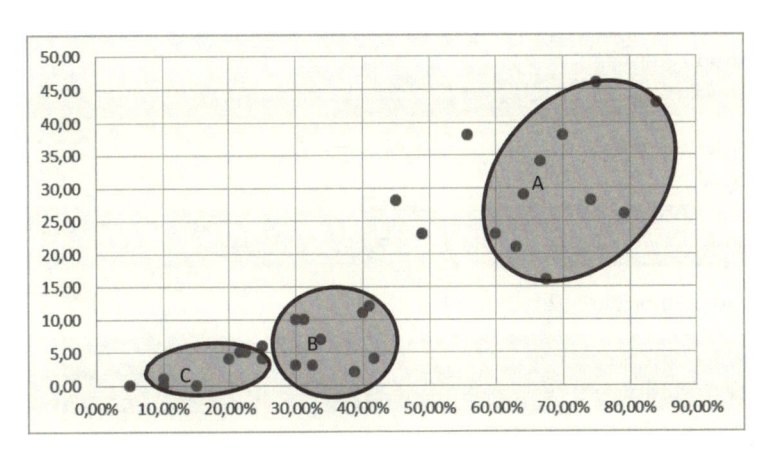

Fonte: Araujo et al. (2016).

Assim como o uso de gráficos, a consolidação de dados pode ser utilizada como início do processo de entendimento do ambiente. O simples uso de tabelas que consolidam as informações por meio de contagem pode evidenciar fatos que serão aprofundados por outras técnicas estatísticas. Por exemplo, a tabela 3 apresenta dados sobre forma e local que 80 empresas realizaram o processo inicial de internacionalização. Verificamos que mais da metade das empresas buscou países próximos, tanto culturalmente, assim como geograficamente, a fim de iniciar as atividades. Da mesma forma, temos a indicação de que a maioria das empresas não realiza investimento direto por meio de investimento de negócios iniciais que gerem alto comprometimento, a entender, sem saber como a operação é realizada ou sem a experiência de pessoas locais. Desta forma, as empresas evitam entrar nos países por meio da estratégia greenfield, pois priorizam a entrada por aquisição de empresas existentes ou pela abertura de escritórios comerciais, com o intuito de aproximar empresas com cenário local.

Tabela 3 - Estratégia de entrada por região do mundo

Estratégia de entrada	América Latina	Estados Unidos	Europa	Leste Asiático	Oriente Médio	Total geral
Aquisição	12	3	2			17
Aquisição, centro de distribuição	1	2				3
Aquisição, escritório comercial	1	1				2
Aquisição, P&D	1	1		1		3
Centro de distribuição	2	1				3
Centro de distribuição, Escritório comercial		2	1			3
Centro de distribuição, P&D		1				1
Escritório comercial	8	10	3	1	1	23
Franquia		1				1
Greenfield	10	4	2			16
Greenfield, centro de distribuição,	1					1
Greenfield, escritório comercial,	1					1
Joint venture,	3		1	1		5
Lojas próprias	1					1
Total geral	41	26	9	3	1	80

Medidas de tendência central Média

Talvez uma das técnicas de medida de tendência central mais utilizadas para análise de dados seja a média. Seu resultado apresenta o ponto central dos dados presentes na amostra, sendo composto pela somatória de cada dado dividido pelo número de elementos da amostra.

$$\text{Média} = \bar{x} = \frac{x_1 + x_2 + \cdots + x_n}{n} = \frac{\sum_{i=1}^{n} x_i}{n}$$

Segundo esse modelo para análise das informações, cada elemento de uma amostra possui o mesmo peso, desempenhando o mesmo papel. Ao realizar a análise de empresas, de países e de setores com diferentes tamanhos, sendo que uma é muito maior do que a outra, o resultado pode ser afetado. Nesses cenários, temos três opções para seguir com as análises:

1) Retirar os *outliers* (elementos atípicos que aparentam estar fora da amostra pela distância em relação aos outros elementos) pode ser realizado, desde que se saiba os possíveis impactos sobre os resultados; 2) Normalizar os dados pela sua transformação em elemento que minimize as distâncias. Uma forma de fazer é com o uso de logaritmo, transformação em percentual ou indicador. Alguns estudos buscam a combinação entre dois elementos, como PIB per capta enquanto forma de validar o estudo; 3) Ampliação dos dados coletados, que reduz a participação de cada elemento da amostra, e, por consequência, reduz o efeito dos *outliers* sobre os resultados.

Mediana

A mediana representa o valor central em um conjunto de dados organizados de forma crescente. Como não é considerado o valor absoluto de cada elemento, mas sim a posição deles ao longo da amostra, os valores extremos não geram efeito sobre o resultado. Assim, esta medida central evidencia o ponto de ruptura entre a metade com os maiores valores da metade, a somar, com os valores menores, não sendo contaminada pelos números extremos. Alguns autores apresentam a mediana como medida complementar da dispersão, sendo sua análise realizada pela distância quanto à média da amostra e o impacto causado pelos grandes números.

Moda
Diferentemente da média e da mediana, a moda representa os valores que apresentam maior repetição dentro da amostra. Assim, é possível que haja mais do que uma moda em um conjunto de dados.

Medidas de dispersão
O uso de medidas de tendência central para a análise de cenários só faz sentido se for realizado em conjunto com medidas de dispersão. Saber como os elementos estão distribuídos ao longo do conjunto de dados em que o comportamento dos dados é complementar é fundamental para a validação dos modelos. As duas principais medidas de dispersão são variância e desvio padrão. Ambas apresentam o quão distantes os dados estão distribuídos ao redor da média.

A variância representa o somatório dos quadrados das diferenças de cada elemento em torno da média, dividido pelo tamanho da amostra menos um. O sentido prático do resultado mostrado é de pouca utilidade, uma vez que os dados estão apresentados de forma quadrática. Por outro lado, sabe-se que quanto maior o número apresentado, maior a distância dos valores em relação à média.

$$Variância\ (para\ amostra) = S^2 = \frac{\sum(x - \bar{x})^2}{n - 1}$$

Já o desvio padrão, pelo qual retira a potência da variância por meio da raiz quadrada, apresenta o intervalo em que a maioria dos dados está presente. Assim, por exemplo, se o tempo médio para produção de um determinado produto for igual a 39,6 minutos e o desvio padrão for igual a 6,77, isso significa que a maioria dos dados da amostra está entre 32,83 e 46,37 minutos.

$$\text{Desvio padrão} = S = \sqrt{\frac{\sum(x - \bar{x})^2}{n-1}}$$

Como o desvio padrão apresenta a distância em que os dados da amostra se afastam da média, ele é utilizado como instrumento para a análise de risco (em indicadores financeiros), assertividade em processo produtivo e árvore de decisão.

Exemplo de análise de medida de tendência central e dispersão

A tabela 4 apresenta estatística descritiva sobre o tempo para início do processo de internacionalização das empresas brasileiras e a quantidade de subsidiárias existentes, presentes no banco de dados do observatório de multinacionais ESPM.

Verifica-se que, em média, as empresas demoraram 36/35 anos para iniciar o processo de internacionalização, elemento que está coerente com estudos anteriores, como Cuervo-Cazurra (2008) indica, a detalhar, por meio da análise de oito empresas brasileiras, que o prazo médio para início da internacionalização é de 39 anos. Deve-se ressaltar que, nos estudos de teóricos, o processo de exportação não é analisado como parte integrante do fluxo de internacionalização, seja pela restrição aos dados para construção do modelo, seja pelo entendimento de que internacionalização indica a presença da empresa por meio de um representante, escritório, fábrica, centro de distribuição, centro de pesquisa e desenvolvimento etc.

Por meio da análise da mediana, podemos inferir que apesar da média indicar 36,5 anos para início de internacionalização, metade das empresas leva menos de 35,5 anos. Essa diferença entre as medidas (média e mediana) pode indicar a presença de elementos na amostra que, por possuírem a mesma representatividade no peso da distribuição da média, elevam o valor da medida, considerado como uma leve distorção. Ao analisar mais profundamente a amostra, verifica-se que aproximadamente 10% das empresas apresentaram período superior a 70 anos para início do processo, sendo assim, consideradas como casos extremos que afetam a média. Se essas empresas forem excluídas da amostra, o tempo médio para início do processo é de 30,81 anos. Se considerarmos apenas as empresas que foram fundadas após o início do plano real, o tempo para início cai para 5,83 anos, indicando que empresas geradas em períodos de estabilidade econômica e com ambiente favorável para a internacionalização tendem a iniciar o processo de forma mais rápida. Somado a esse fator, o ambiente institucional global que facilita o processo de internacionalização e a inserção em cadeia global de valor. Neste sentido, devemos enfatizar que recortes dos dados são elementos importantes para as análises e influenciam diretamente nos tipos e resultados possíveis.

Tabela 4 - Estatística descritiva sobre tempo para início do processo de internacionalização

	Idade	Subsidiárias
Média	36,35	3
Mediana	35,50	7
Moda	53	1
Desvio padrão	23,59	11,10
Variância da amostra	556,66	123,23
Intervalo	95	70
Mínimo	0	1
Máximo	95	71
Contagem	80	80

Análises de média de dispersão auxiliam e indicam em qual intervalo estão presentes a maioria dos elementos da amostra. Ao analisarmos o desvio padrão, referente ao tempo para início do processo de internacionalização, temos o indicador equivalente a 23,59 anos, ou seja, o intervalo que contempla a maioria das empresas está entre 12,76 anos e 59,94 anos[ii]. Essas evidências completam a análise anterior de médias de tendência central, média e mediana, indicando que existem elementos na amostra que tendem a elevar o valor da média e distorcer os resultados. Por outro lado, esses dados completam a evolução histórica do país e sua relação internacional, em que foi necessária, e, principalmente, incentivada após a década de 90, como indica a figura 4.

A análise da quantidade de subsidiárias também reflete o efeito dos grandes números sobre o resultado da média. Apesar da média apresentar que atualmente as empresas brasileiras possuem 9,82 subsidiárias, esse número está influenciado pelas empresas mais antigas que possuem maior número de subsidiárias. Empresas que levaram até 20 anos para realizar o processo de internacionalização possuem, em média, 7,8 subsidiárias, indicando que ainda não tiveram tempo para consolidar mais subsidiárias em outros locais do mundo.

Análises preliminares podem indicar que as multinacionais brasileiras possuem pouca abrangência internacional, considerando a quantidade de subsidiárias presentes em outros países. Porém, como dito, os dados de uma amostra não devem ser analisados isoladamente, sem a comparação com outros países ou outras referências que indiquem a proporcionalidade e relevância dos dados. Um exemplo dessa análise é realizado no estudo de Rugman e Verbeke (2004) cujo ponto de questionamento é a globalização das empresas, contrapondo com os conceitos de internacionalização. Para ele, uma empresa não necessita estar presente em múltiplos países para ser uma empresa global. Além disso, a concentração dos negócios na chamada tríade global (América do Norte, Europa e Leste Asiático) representa mais de 80% dos negócios globais. Além disso, Contractor el al (2003) completam que o processo de internacionalização não necessariamente gera retornos positivos para uma empresa, e, que ao ultrapassar um número ótimo de países, os resultados das empresas tendem a ser reduzidos.

Com esses estudos, podemos buscar novas informações, verificar se as empresas brasileiras estão presentes na tríade e se podem atingir novos mercados por meio dos mercados que estão presentes, sem a redução da rentabilidade e o retorno do negócio.

Pela análise da mediana, verificamos que 50% das empresas possuem menos de sete subsidiárias, sendo que empresas com apenas uma subsidiária (conforme a moda) possuem maior representatividade. Se for realizado um recorte nas empresas presentes na moda, verificamos que a maioria delas está presente na América do Norte, fazendo parte de um dos mercados da tríade. Desta feita, ao compararmos os resultados apresentados pelas medidas de dispersão, vemos que a maioria dos números está em um intervalo de 11,10 unidades acima e abaixo da média. Neste sentido, devemos ressaltar que, por se tratar de unidades existentes fora do país, o menor número possível é igual a um, assim, o intervalo que contempla a maioria das empresas é de 1 a 20,92 subsidiárias.

Correlação

Apesar de não apresentar relação de causalidade (a ser analisado em regressão), o índice de correlação é apresentado como uma ferramenta inicial de inferência estatística para entender o comportamento de uma variável em relação a outra variável numérica. Ou seja, a correlação mede a força relativa de uma relação linear entre duas variáveis numéricas. Com isso, apresenta a tendência de comportamento de uma variável em vista da oscilação de outra variável. Em suma, os resultados podem ser apresentados dentre os três tipos de correlação:

Correlação linear negativa perfeita ou inversamente proporcional: enquanto ocorre oscilação positiva na variável x, y decresce de maneira proporcional. Nesse cenário, o valor de r é igual a -1.

Correlação linear nula: não existe qualquer relação entre x e y. Assim, as variáveis oscilam de forma independente, não existe tendência de crescimento ou redução de x dada variação em y. Nesse cenário, o valor de r é igual a 0.

Correlação linear positiva perfeita: o valor de y cresce de maneira perfeitamente previsível quando x cresce. Nesse cenário, o valor de r é igual a 1.

Assim, os valores de uma regressão necessariamente estarão presentes entre -1 e +1. Deve-se ressaltar que dificilmente os dados de uma amostra gerarão dados com correlação perfeita, seja ela positiva ou negativa.

O cálculo da correlação pode ser facilmente realizado por meio da *Mi-*

crosoft Excel. Se a análise envolver apenas duas variáveis, o cálculo pode ser realizado pela função correl, como apresentado na figura 7. Deve-se colocar os dados de cada uma das variáveis numéricas. Dados de cabeçalhos podem ser colocados juntamente com os dados, sem qualquer efeito prejudicial ao resultado final da análise. Em matriz 11, são registrados todos os valores da variável x. Já, em matriz 2, são registrados todos os valores de y.

Figura 7 - Função de correlação *Microsoft Excel*

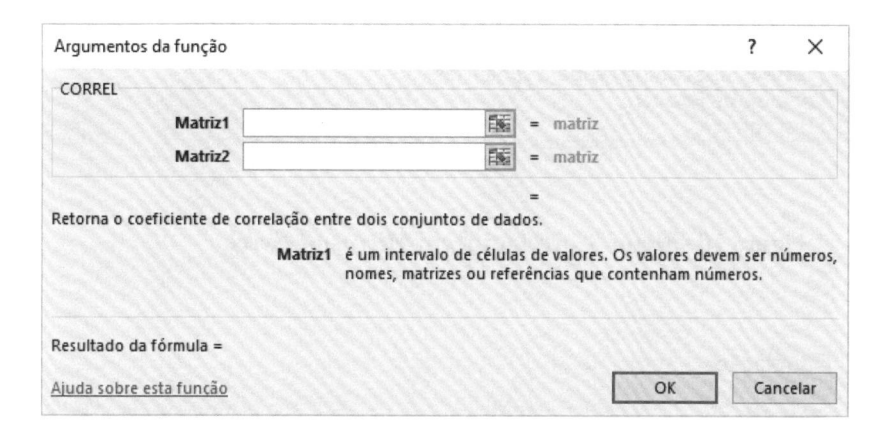

Caso a análise contemple mais de duas variáveis, deve-se utilizar os comandos "análise de dados", como apresentado na figura 8. Normalmente, esse comando não é configurado como padrão. Desta forma, para disponibilizar o acesso, deve-se entrar em: arquivo; opções; suplementos; gerenciar suplementos do Excel; ferramentas de análise. Por meio das ferramentas presentes em "análise de dados", é possível a inserção de múltiplas variáveis, tal como gerar uma única matriz de correlação, o que simplifica o processo para análise dos resultados.

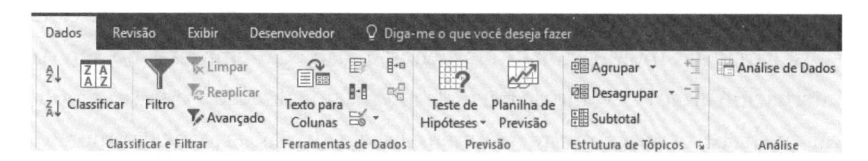

Figura 8 - Menu "Dados" em *Microsoft Excel*

Figura 9 - Menu "Análise de dados" em *Microsoft Excel*

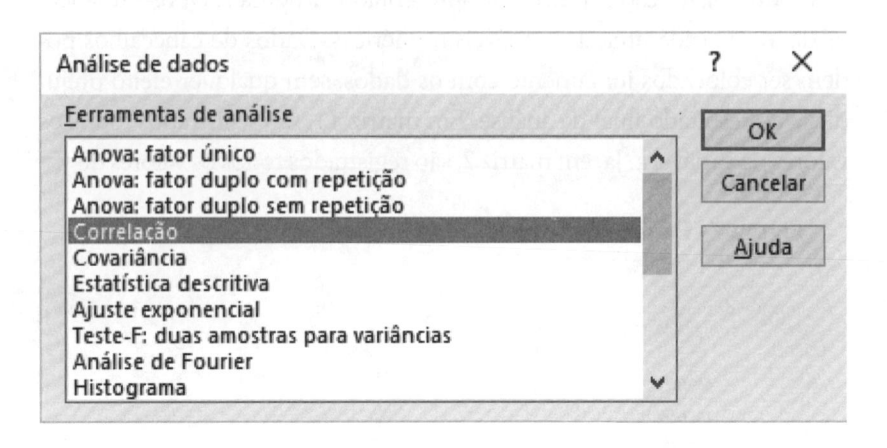

```
Análise de dados                              ?   X
  Ferramentas de análise
  Anova: fator único                              OK
  Anova: fator duplo com repetição
  Anova: fator duplo sem repetição             Cancelar
  Correlação
  Covariância                                   Ajuda
  Estatística descritiva
  Ajuste exponencial
  Teste-F: duas amostras para variâncias
  Análise de Fourier
  Histograma
```

Figura 10 - Menu "Correlação" em *Microsoft Excel*

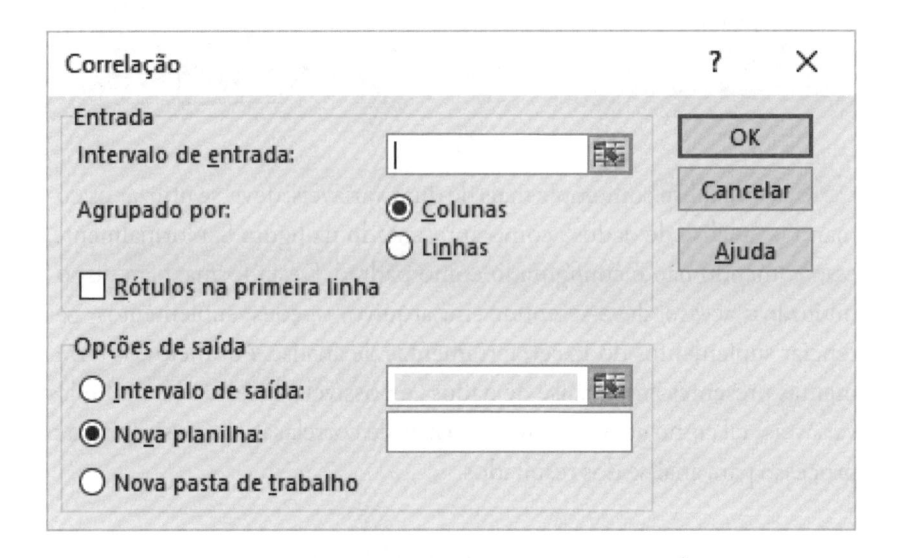

```
Correlação                                    ?   X
  Entrada
  Intervalo de entrada:  [         ]              OK
                                              Cancelar
  Agrupado por:    ● Colunas
                   ○ Linhas                    Ajuda
  □ Rótulos na primeira linha

  Opções de saída
  ○ Intervalo de saída:  [         ]
  ● Nova planilha:       [         ]
  ○ Nova pasta de trabalho
```

A tabela 5 apresenta os resultados das correlações entre o número de subsidiárias das multinacionais brasileiras, a idade das empresas no ano da internacionalização e o ano de início da internacionalização. Pode-se identificar que há baixa relação entre o número de subsidiárias e a idade da empresa, contrapondo alguns dados apresentados em medidas de tendência central. Assim, o número de subsidiárias não possui qualquer relação com a idade da empresa. Por outro lado, a idade da empresa no ano da internacionalização apresenta relação positiva em relação ao ano de internacionalização[iii].

Tabela 5 - Correlação entre número de subsidiárias, idade da empresa e ano de internacionalização

	Subsidiárias	Idade	Ano Inter.
Subsidiárias	1		
Idade	0,048517829	1	
Ano Inter.	-0,175443216	0,236103849	1

De forma lógica, a análise indica que há relação inversa entre o ano de internacionalização e o número de subsidiárias. Isso é coerente, uma vez que quanto maior o ano, menor o tempo para a abertura de novas filiais e ampliação do negócio.

Um dos resultados importantes gerados por meio da análise de correlação é a qualificação das variáveis para a construção de modelos. O desenvolvimento de modelos pressupõe que as variáveis independentes não possuem influência entre si, mas apenas com a variável dependente. Como apresentado em coleta de dados, normalmente o uso de muitas variáveis nos modelos pode gerar informações duplicadas, que, ao explicarem o mesmo elemento, tendem a gerar explicação sobre si. Nesses casos, deve-se selecionar a variável que possui maior correlação com a variável dependente ou com menor correlação com as demais variáveis.

Vale ressaltar que as relações apresentadas pela correlação não conseguem provar que existe causa e efeito, ou seja, que as alterações em determinadas variáveis causam alterações em outras variáveis. Uma forte correlação pode ser causada por um terceiro elemento que influencia o crescimento das duas variáveis. Até mesmo o acaso pode gerar uma alta correlação entre duas variáveis.

Estatística inferencial

Os dados apresentados pela estatística inferencial têm como objetivo gerar previsão de resultados, dada alteração em elementos. Uma das formas mais utilizadas nesse sentido é a regressão linear, pois produz uma equação compondo todas as variáveis, de forma a minimizar os erros. Os modelos formados podem compor dois objetivos:

1. Entender o impacto da alteração de uma ou mais variáveis sobre um determinado evento.

2. Realizar previsão de resultados.

$$y = a_1 b_1 + a_2 b_2 + \cdots + a_n b_n + erro$$

Assim como a análise de correlação, modelos simples podem ser realizados por meio da *Microsoft Excel*, em "análise de dados" selecionar "regressão".

A tabela 6 apresenta o fluxo de investimentos entre os países, tendo como base o volume de exportações realizado pelo Brasil para 173 países. O estudo busca identificar elementos que ampliam os investimentos. Assim, entender o impacto sobre os investimentos, por meio da alteração de outras variáveis, como, por exemplo, distância geográfica, PIB per capita, língua do país com relacionamento, fronteira com o país e presença em blocos comerciais. Assim foram desenvolvidos oito modelos.

Algumas variáveis são apresentadas como controle e binárias, ou seja, sua existência ou não, as chamadas variáveis *dummy*.

Modelos – Análise Gravitacional / Atração de investimentos
Tabela 6 - Modelo de equação gravitacional

	Coeficiente	Modelo 1	Modelo 2	Modelo 3	Modelo 4	Modelo 5	Modelo 6	Modelo 7
Interseção		18,998	11,786	11,477	20,302	14,119	11,789	19,006
Distância		-0,922	-0,107	-0,091	-1,050	-0,376	-0,108	-0,923
GDP/capita		0,840	0,801	0,811	0,843	0,819	0,801	0,840
Português		0,019			-0,930			
Mercosul			3,798				3,801	
Fronteira			0,003			2,466		
Espanhol				2,516	-			
Inglês						0,930		

	valor-P						
Interseção	1,81E-05	0,018504	0,020811	5,72E-06	0,00465	0,014585	1,56E-05
Distância	0,045281	0,841787	0,863001	0,023859	0,480765	0,835296	0,044272
GDP/capita	8,17E-08	1,41E-07	9,83E-08	5,03E-08	1,05E-07	1,28E-07	6,22E-08
Português	0,986377						
Mercosul		0,019097				0,002316	
Fronteira		0,998346			0,052647		
Espanhol			0,004144				
Inglês				0,117736			
F de significação	4,99E-07	2,32E-08	8,91E-09	1,51E-07	7,95E-08	5,29E-09	1,02E-07
R-Quadrado	0,1725	0,2169	0,2119	0,1845	0,1908	0,2169	0,1725
Observações	173	173	173	173	173	173	173

Com exceção do modelo 8, todos os modelos apresentaram relação inversa entre a distância e a exportação, o que está de acordo com estudos anteriores, de modo que esses apresentam que a distância impacta nos custos das transações.

Com relação à língua principal, pode-se verificar pelo modelo 1 que a proximidade com a cultura portuguesa não afeta o fluxo de transações, porém, a proximidade com a cultura espanhola ou inglesa tende a aproximar as transações.

A aproximação também ocorre entre países presentes num bloco comercial, como o Mercosul. E esse é ampliado na presença com a relação de fronteiras entre os países.

Para que um modelo seja considerado como válido, espera-se que o valor do teste F de significação apresente resultado inferior a 0,05.

Estudo de caso – Exportação de jogadores brasileiros

Em tempos de globalização, valoriza-se ao máximo as capacidades de produção, circulação e consumo, portanto, a capacidade máxima de fluxos, de dinheiro, de informação, de mercadorias, de serviços, de insumos e de pessoas. Nesse sentido, diversos estudos apresentam que instituições esportivas têm como objetivo a maximização tanto das receitas, tal como dos lucros gerados por suas operações.

Como apresentado por Kuypers e Szymanski (1999), os clubes presentes na Liga Inglesa de futebol apresentam uma relação positiva entre o seu desempenho no campo e o faturamento ao longo das temporadas.

Nas últimas duas décadas, os clubes passaram por grandes transformações tanto na gestão, bem como na forma da captação de recursos. Os clubes passaram a ser descritos como negócios complexos, não sendo mais focados apenas na gestão do futebol em si, mas também na construção do negócio com um todo, envolvendo desde a gestão da carreira de jogadores até a marca do clube, com seus desdobramentos em jogadores, imagens, licenciamentos, dentre outros fatores. No Brasil, essas receitas advêm, em sua maioria, de direitos de imagens sobre os jogos e sobre patrocínios; ambos os fatores representam 54% do faturamento dos clubes, segundo a Confederação Brasileira de Futebol (CBF). Esse fator corrobora com estudos anteriores, indicando que clubes maiores e com maior desempenho nos campeonatos possuem maior faturamento e lucratividade.

RELAÇÕES INTERNACIONAIS

Os fatores anteriormente apresentados são meios de fomentar receita, mas são os jogadores que exercem um papel fundamental dentro dessa indústria do espetáculo, com isso, apenas suas movimentações representam 14% da receita gerada pelos 20 maiores clubes do Brasil, segundo a CBF, complementando a necessidade de capital dos clubes.

De acordo com o grupo de pesquisa Football Observatory, entidade ligada ao Centre for Sports Studies (CIES), em 2014, o Brasil foi o país com a maior quantidade de jogadores presentes nas ligas europeias, apresentando 455 representantes (14% do total de jogadores expatriados), conforme apresentado na figura 11. Segundo Chade (2014), desde 2010 o Brasil é mantido como a principal nação exportadora de jogadores em todo o mundo, transacionando mais de 1.500 jogadores por ano.

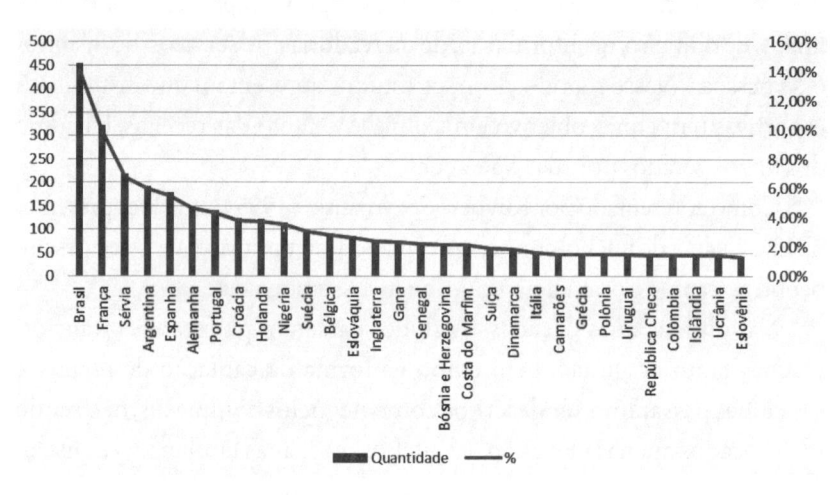

Figura 11 - Jogadores expatriados presentes nas 31 ligas europeias

Fonte: *Football Observatory* (2014).

Entre 2011 e 2015, o Brasil exportou mais de 1700 jogadores de futebol. Em 2015, a exportação de atletas profissionais atingiu o recorde de R$ 306 milhões, fator favorecido pela alta do dólar, segundo dados extraídos da CBF, superando a exportação brasileira de diversos produtos tradicionais, conforme tabela 7.

Tabela 7 - Transferências de jogadores brasileiros para o exterior

	2011	2012	2013	2014	2015**
Total em dólares (US$- milhões)	146,7	95,6	187,7	122,7	98,8
Total em reais (R$- milhões)	234	197	394	274	306
Total de transferências	370	340	336	327	355
Total jogadores livres*	2018	194	188	186	188
Total empréstimo	81	67	74	75	96
Total venda	41	41	37	33	32
Total retorno de empréstimo	30	38	37	33	39

Fonte: adaptado pelo autor de CBF.

* Jogadores negociados após o fim do contrato com o clube brasileiro.
** Primeiro semestre de 2015 (01/jan/2015 a 16/jul/2015).

Assim como a globalização permitiu o aumento no fluxo de informações e relações entre as nações, o mesmo evento passa a ser atuante sobre os jogadores e profissionais do esporte. Os jogadores de futebol atuam em outros países com mais facilidade que um trabalhador de outras áreas, uma vez que conseguem nacionalidade de outro país para vestir a camisa da seleção local, como aconteceu com o jogador Diego Costa (Atlético de Madrid), que atuou na seleção da Espanha em 2014, assim como com o Éder (Sampdoria), que atuou pela seleção da Itália em 2015.

Esse fluxo de jogadores, gerado pela globalização do futebol, pode ser considerado como um elemento para auxiliar no fluxo comercial do país, e, principalmente, no saldo superavitário da balança comercial do Brasil.

Como apresentado na tabela 7, a exportação de jogadores brasileiros gerou, em 2015, receita superior a 300 milhões de reais, sendo importante fonte de recursos para o país.

Métricas

A performance no esporte pode ser medida de diversas maneiras, dependendo do objetivo do estudo. Se o objetivo, como nesse estudo, for analisar o desempenho do campo, pode-se analisar a quantidade de gols marcados, número de vitórias, percentual de vitórias, média dos gols por jogo, pontos conquistados em relação aos pontos totais disputados e classificação final no campeonato. Quando a amostra é composta por dados de mais de uma temporada, como apresentado por Szymanski e Kuypers (1999), pode-se analisar a classificação média do clube ao longo das temporadas.

Por ser a principal liga brasileira, utilizou-se como fonte de dados para desempenho o campeonato brasileiro e os times pertencentes ao campeonato da primeira divisão. Deve-se ressaltar que, em 2003, o campeonato brasileiro de futebol passou a ser por pontos corridos, como já ocorria nas principais ligas europeias. Além disso, em 2006, a quantidade de clubes participantes da primeira divisão foi reduzida para 20. Assim, foram utilizadas como referência as temporadas entre os anos de 2006 e 2014, pois tais contaram com a presença de 39 times diferentes, totalizando uma amostra de 180 eventos com eficiência de clubes ao longo dos nove anos.

Foram catalogadas as transferências internacionais realizadas por esses clubes ao longo do mesmo período, isto é, totalizando 594 transações. Para essa coleta, foi utilizada a base de dados presente no portal Futebol365.pt. Por ainda não haver uma base de dados confiável quanto aos valores envolvidos nas transações, esses dados foram descartados da análise.

Análise e discussão dos resultados

Como analisado em estudos, existe uma relação direta entre a eficiência dos clubes de futebol nos campeonatos disputados e sua receita gerada, tanto por meio de patrocínios e direitos de imagem, tal como por direitos autorais e venda de ingressos. A análise também é corroborada por estudos realizados no Brasil.

Tabela 8 - Eficiência x exportação de jogadores por categoria de clube

Categoria	Eficiência	Exportados
A	64%	498
B	37%	57
C	21%	39

Pode-se completar que os clubes com maior eficiência ao longo dos nove anos também estão presentes no grupo dos clubes que participaram de pelo menos oito temporadas do campeonato brasileiro (alocados como categoria A). Já os clubes que não participaram de duas ou mais temporadas (classificados como categoria B e C), apresentaram resultado exportador significativamente inferior ao primeiro grupo, conforme apresentado na tabela 8.

A tabela 9 apresenta os resultados da regressão linear entre a eficiência do clube e o desempenho exportador. O modelo 1 apresenta a exportação de jogadores no mesmo ano do campeonato. Já o modelo 2, apresenta a exportação no ano seguinte ao campeonato.

Tabela 9 - Estatística da regressão entre eficiência e exportação de jogadores (entre 2006 e 2014)

	Modelo 1	Modelo 2
Interseção	1,9439	0,3736
Eficiência	2,5831	0,0412
F	17,3214	30,4817
F de significação	0,000**	0,000**
R-quadrado	0,0887	0,1462
R-quadrado ajustado	0,0836	0,1414
Erro padrão	2,4008	0,2679
Observações	180	180

Questões sobre o estudo de caso (5)

1) Quais as possíveis explicações para relação positiva entre a eficiência do clube no campeonato brasileiro e o desempenho exportador?

2) Quais decisões podem ser tomadas por um clube com base nos dados apresentados no caso?

3) É possível que as exportações gerem melhora no desempenho do clube?

4) Quais informações podem ser geradas por meio dos dados apresentados nos gráficos?

5) Quais variáveis poderiam ser utilizadas para completar e tornar o estudo mais preciso?

Questões para reflexão (10)

1) Quais cuidados são necessários ao captar informações para a tomada de decisão?

2) Como as medidas de tendência central se completam e podem ser utilizadas para identificar oportunidades gerenciais?

3) Como o uso de gráficos pode ser útil para entendimento de um cenário?

4) Quais tipos de variáveis podem ser identificados e quais seus possíveis usos?

5) Por que uma análise de correlação não pode ser utilizada para gerar previsões gerenciais?

6) Quais os benefícios de uso de regressão linear?

7) Por qual motivo o uso de medidas de tendência central é defasado sem o uso de medidas de dispersão?

8) Como podemos gerir elementos de uma amostra que divergem dos demais apresentados?

9) Como deve ser feita a seleção das variáveis de um estudo?

10) Como dados qualitativos podem ser utilizados em análise de dados?

Referências

ANDERSON, D. R.; SWEENEY, D. J.; WILLIAMS, T. A. *Estatística aplica à administração e economia.* 2. ed. São Paulo: Pioneira Thomson Learning, 2002.

ARAUJO, B. H. DE. *A lei 11.638/07 e os determinantes de estrutura de capital das empresas brasileiras de capital aberto no período entre 2006 e 2009.* [s.l.] Universidade Presbiteriana Mackenzie, 2010.

ARAUJO, B. H. et al. *Does sports performance influence exports of football players in brazilian football?* AIB-LAT. Anais...São Paulo: AIB-LAT Innovatiom Environments and Global Value Chain In Latin America, V. 6, 2016

CONTRACTOR, F. J.; KUNDU, S. K.; HSU, C.-C. *A three-stage theory of international expansion: the link between multinationality and performance in the service sector.* Journal of International Business Studies, v. 34, n. 1, p. 5–18, 2003.

CUERVO-CAZURRA, A. *The multinationalization of developing country MNEs: The case of multilatinas.* Journal of International Management, v. 14, n. 2, p. 138–154, 2008.

DIAS FILHO, J. M.; PAULO, E.; CORRAR, L. J. *Análise multivariada para os cursos de administração, ciências contábeis e economia.* São Paulo: Atlas, 2007. LEVINE, D. M.; BERENSON, M. L.; STEPHAN, D. *Estatística: teoria e aplicações- usando Microsoft Excel português.* 5. ed. Rio de Janeiro: Ltc - Livros Técnicos e Científicos Editora S.A., 2008.

Kuypers, T., & Szymanski, S. (1999). *Winners and Losers, the Business Strategy of Football.* London: Viking.

MALHOTRA, N. K. *Pesquisa de marketing: uma orientação aplicada.* 6. ed. Porto Alegre: Bookman Editora, 2012.

Observatório de Multinacionais Brasileiras - ESPM. Disponível em: <http://www2.espm.br/pesquisa/labs/observatorio-de-multinacionais-brasileiras>. Acesso em: 25 mar. 2016.

RUGMAN, A. M. A.; VERBEKE, A. *A perspective on regional and global strategies of multinational enterprises.* Journal of International Business Studies, v. 35, n. 1, p. 3– 18, 2004.

WOOLDRIDGE, J. M.; SOUZA, R. C.; FERREIRA, J. A. *Introdução à econometria: uma abordagem moderna.* São Paulo: Pioneira Thomson Learning, 2006.

I) Fonte para cálculo de distância entre os países - Distância entre São Paulo e Capitais do mundo (http://www.emsampa.com.br/internacional/abc_sp_distancias.htm);

II) Dois terços das empresas estão presentes no intervalo de um desvio padrão. O intervalo de dois desvios contempla 96,25 das empresas analisadas.

III) Apesar da presença de relação positiva, não é possível dizer que o ano da internacionalização afeta diretamente a idade da empresa. Apenas é possível dizer que há uma relação entre as duas variáveis.

IV) "Jogador de futebol" ou "futebolista" aqui e em todo o texto é usado no sentido de jogador de futebol de campo, profissional.

V) 31 de Agosto é considerada data limite para realização de transferência entre os clubes presentes na UEFA, e para que o jogador possa atuar no mesmo semestre no time contratado. Após esta data, o jogador não é autorizado a atuar em jogos oficiais pelo clube que o contratou.

CAPÍTULO 8

Direito internacional voltado para os negócios: direito internacional privado e contratos internacionais

Maisa Emilia Raele Rodrigues

> Precisa o homem desses instrumentos jurídicos para alcançar fins ditados por seus interesses econômicos. É mediante o contrato que se desfaz de um bem em troca de outro, ou de dinheiro; que trabalha para receber salário; que coopera com o outro por uma vantagem pecuniária; que a outros se associa para realizar determinado empreendimento; que previne riscos; que põe em custódia bens e valores; que obtém dinheiro alheio; que adquire o direito de desfrutar certos bens; em suma que participa da vida econômica.
> (Gomes, 1973, p. 41)

Objetivos do capítulo

- Analisar a tutela jurídica das relações comerciais no âmbito internacional.
- Apontar os problemas que envolvem a contratualística internacional.
- Analisar o princípio da autonomia da vontade nos contratos internacionais.
- Abordar as principais características do contrato internacional.
- Examinar os esforços para harmonização do direito internacional privado.
- Contextualizar as fontes alternativas do direito internacional.

RELAÇÕES INTERNACIONAIS

Introdução

A economia mundial da era pós-moderna vem passando por transformações velozes e expressivas que nada se assemelha aos contornos econômicos mundiais de poucas décadas atrás. A entrada da China na Organização Mundial do Comércio tem sido apontada como um dos principais fatores de modificação da economia mundial, demais disso, os avanços obtidos pelos países em desenvolvimento revelam a construção de uma nova realidade antes não imaginada. Nesta toada, a evolução da economia mundial tem imposto um novo paradigma às relações internacionais agora muito mais complexas, indo bem além da mera compra e venda de mercadorias ou da prestação de serviços.

Os primórdios das relações comerciais entre os homens confundem-se com sua própria existência em sociedade, mas, infelizmente, pouco se sabe sobre elas, menos ainda a forma como eram tuteladas. Certo é que as grandes navegações e os descobrimentos marítimos não foram responsáveis unicamente pela posse de terras, mas, igualmente, pela aquisição e revenda de produtos de diferentes pontos da terra, inaugurando assim o comércio a distância, diga-se, que muito contribuiu para a evolução das relações humanas.

O comércio internacional é apresentado pela ONU como elemento propulsor da paz mundial, o livre comércio rende ensejo ao crescimento e à riqueza, gerando prosperidade e bem-estar a todos, desestimulando assim o conflito. Como sustentado linhas atrás, o desenvolvimento do comércio internacional segue o mesmo ritmo célere da economia mundial, observando com isso o surgimento de numerosas relações negociais antes impensáveis, que, a seu turno, exigem novos instrumentos jurídicos dispostos a respaldar todas as negociações que extrapolam as fronteiras.

O convívio social e o intercâmbio de bens são variáveis constantes no cotidiano dos homens, desde os mais remotos tempos, e anteriores mesmo a qualquer forma de normatização. Coube às sociedades, ao longo de sua evolução, criar mecanismos de tutela social, isso porque, consoante o famoso adágio de Ulpiano: *ubi societas, ibi jus*, ou seja, onde há sociedade, há direito. Vista sob a ótica internacional, a sociedade constitui um marco social de referência, posto que nela estão inseridos todos os grupos sociais. Ainda que para outras disciplinas a existência da sociedade internacional seja questionada, para o direito trata-se da sociedade das sociedades. Na tradição jurídica, pode-se afirmar que a existência da norma está intrinsecamente relacionada com a sociedade, e, no âmbito internacional, constata-se uma extraordinária produção dos mais variados tipos de normas. Posta assim a questão, cumpre ressaltar que o comércio internacional instrumentaliza-se basicamente por meio dos contratos internacionais, haja vista que desempenham verdadeira função normativa das relações jurídicas daí advindas, uma vez que o princípio da autonomia da vontade neles incrustado possibilita-lhes fazer as vezes de lei entre as partes. Por tais razões, o contrato internacional convola-se na questão central a inspirar o presente estudo, tendo por objetivo maior enfocar a tutela dispensada às relações negociais no plano internacional.

As relações econômico-sociais que emergem do convívio social obrigam-se ao cumprimento de normas e princípios dispostos a regular a circulação de riquezas. Nesse cenário, desponta inevitavelmente a figura do contrato, alçado a verdadeiro instituto jurídico, que confere aos homens certa estabilidade e segurança jurídica, fazendo-os abandonar o uso da força e da violência adotados nos primeiros tempos da vida em sociedade para a solução de seus interesses antagônicos, já que o acordo de vontades expresso no contrato possibilita resolver de maneira mais adequada e pacífica os interesses contrapostos. Trata-se de um instituto jurídico que submete a relação de natureza humana ligada à atividade econômica ao império do direito.

O presente trabalho, sem a mínima pretensão de esgotar o tema, dada a densidade e o aprofundamento da matéria, busca fazer algumas reflexões sobre a complexidade desse encontro entre pessoas e capitais, abrigados por ordenamentos jurídicos distintos cujo conflito caberá ao direito internacional privado resolver. Para tanto, inicialmente, procurar-se-á compreender o papel do direito internacional e seus desdobramentos no âmbito das relações jurídicas internacionais; a seguir faz-se a análise da origem e evolução do contrato, de modo a estabelecer um conceito para os contratos internacionais e estabelecer pontos comuns e distantes em relação aos contratos nacionais; na etapa seguinte, analisar-se-á a aplicabilidade da lei, bem como a escolha do foro; a penúltima parte abordará a arbitragem e a *Lex mercatoria*; a última etapa discorrerá sobre a Convenção das Nações Unidas sobre os contratos de compra e venda internacionais de mercadorias – CISG e seus reflexos nas transações internacionais.

A problematização central repousa em saber até que ponto as partes podem escolher a lei de regência de suas relações negociais. No que toca à metodologia, foram levantadas fontes de ordem doutrinária, legal e jurisprudencial. A primeira fonte foi eleita por fruto da meditação sobre o tema; a segunda fonte porque consiste no lineamento do recorte; e a terceira fonte, em razão de demonstrar o tratamento judicial que vem sendo dispensado a tais relações.

O papel do direito internacional

O direito é um fenômeno por excelência humano, disposto a atender às necessidades do homem socialmente considerado. Por essa razão, o direito só se verifica no interior da sociedade, sendo inconcebível fora dela (REALE, 2005, p. 4), em outras palavras, o fenômeno jurídico está condicionado ao fenômeno social. Sociedade alguma subsiste sem lineamentos mínimos de ordem, segurança, justiça e solidariedade.

Dessa forma, o ordenamento jurídico internacional surge e é manifestado por meio da sociedade internacional, que é pressuposto para existência do direito internacional. Profundas e recíprocas são as influências entre o direito e a sociedade no plano internacional cujas transformações são mais céleres do que em qualquer outro campo do direito, sendo muito sensíveis às implicações do meio ambiente.

Quanto à sociedade internacional, surgem algumas reflexões, posto existir certa tensão em torno de sua existência com os teóricos de outras disciplinas que não o direito. Os argumentos, por exemplo, trazidos pela Escola Inglesa de Relações Internacionais a respeito da existência de uma suposta sociedade internacional têm sido interpretados como insuficientes e vagos, já que seus aportes vão dar num conceito de sociedade internacional extremamente atrelado à natureza estatal, o que contradiz à realidade experimentada no plano dos fatos, onde se constata um mundo cada vez mais complexo, tanto pela ótica estatal, tal como individual. Some-se a isso que a sociologia, a seu turno, nunca demonstrou maior interesse em ser debruçada sobre essa suposta sociedade internacional.

Por outro lado, a multiplicidade de estados e a ausência de um poder central são fatores nucleares para que a sociedade internacional seja considerada anárquica; circunstância, contudo, que não impediu seu desenvolvimento de forma bastante acelerada desde o século XIX, e de forma violenta no transcorrer do século XX, já que assinalada por duas grandes guerras mundiais, alterações internacionais de regimes políticos e econômicos, além do surgimento de novos atores internacionais e novas formas de criação das normas internacionais. (BULL, 2002)

Já para o mundo do direito, a existência de um aparato normativo disposto a regular as relações jurídicas internacionais é a prova irrefutável da existência de uma sociedade de feição interestatal ou internacional. Do ponto de vista doutrinário, não há produção científica no direito internacional público que não contenha a afirmação de que esse ramo do direito é o conjunto de normas que regulam a sociedade internacional, valendo observar que no âmbito jurídico o Estado não é mais visto como o principal ator das relações internacionais, mas os indivíduos, as forças sociais e os grupos sociais que também são considerados sujeitos de direito internacional. (ACCIOLY, 2012)

O direito internacional tem características próprias, quando cotejado com o direito interno constata-se, num primeiro olhar, que esse resulta da vontade de um só Estado, ao passo que aquele espelha a vontade coletiva dos Estados. De outro modo, a ordem interna arrima-se na subordinação, já a ordem internacional é baseada na cooperação, coordenação, isso porque a sociedade internacional é descentralizada, não se trata de um superestado, não havendo um Poder Legislativo, Executivo ou Judiciário dispostos a criar, aprovar, executar e julgar normas de feição geral e coercitivas a toda sociedade, em outras palavras, a descentralização e horizontalidade da sociedade internacional impedem a existência de um órgão central produtor de regras dirigidas e vinculativas a todos os sujeitos de direito internacional.

A ausência de uma autoridade executiva central tem sido interpretada como a maior deficiência do sistema legal internacional. Mais grave ainda é que tais peculiaridades costumam desaguar em equivocadas ilações como, por exemplo, a de que não se trata propriamente de um direito, tendo em vista a dificuldade de enquadrá-lo como sistema legal. Suscita-se também sua ineficácia, mormente para evitar conflitos armados entre os Estados. Contudo, o direito internacional não regula apenas esse aspecto, há um número grande de outros campos que são igualmente regrados pelo direito internacional e de forma bastante satisfatória, como o âmbito das relações comerciais, que é o objeto de nosso estudo.

Dessa forma, o direito internacional desempenha extraordinário papel na harmonização das relações internacionais, notadamente, as de cunho comercial e territorial. Os Estados, no atual cenário internacional, não podem mais adotar medidas isoladas de desenvolvimento dado o alto grau de interdependência entre eles. Os efeitos da globalização impulsionam e estreitam cada vez mais as relações entre os países, impondo, inexoravelmente, o incremento de um ramo jurídico que opere para além das fronteiras nacionais, disposto a reger os direitos e deveres internacionais, tanto dos Estados ou outros organismos internacionais quanto dos indivíduos, daí a extraordinária importância do direito internacional que se convola na ciência capaz de enfrentar os dissídios decorrentes dessa nova ordem mundial globalizada cujas relações comerciais estão cada vez mais imbricadas entre os Estados, organizações internacionais e blocos econômicos. Nesse cenário, o direito internacional privado assume extraordinária importância nas relações comerciais, conferindo às pessoas jurídicas brasileiras e estrangeiras capacidade de levar a efeito contratos tanto no Brasil, bem como no exterior.

Do comércio internacional
Nas relações internacionais, ganha relevo o aspecto comercial, sobrepondo-se inclusive ao contorno político dessas relações. A própria configuração geopolítica do mundo atual tem seus contornos influenciados pelas rotas de comércio na antiguidade, sem deslembrar ainda de sua influência no desenvolvimento progressivo da cultura humana. Nesse sentido, sustenta Melo (1999, p. 16) que a evolução da cultura humana foi estimulada pela atividade negocial internacional que proporcionou uma forma de universalização do conhecimento humano, não apenas no que se refere às técnicas comerciais, mas também às de índole econômica, científica, social e política.

Conforme aponta Kjeld Jakobsen (2005, p. 6 e ss), ao longo da história contemporânea, muitas foram as abordagens do comércio internacional, como o mercantilismo, assinalado pela proteção aos bens que não estavam em condições de competir com a importação de seus equivalentes, o livre comércio, introduzido no século XVIII e que guarda pontos em comum com o liberalismo, e sua antítese, o protecionismo, pois suas medidas favorecem a atividade econômica interna.

Certo é que o desenvolvimento das práticas mercantis precedeu sua regulamentação, portanto, sua origem é fundamentalmente empírica, o que de modo algum diminui sua importância como relevante fator de progresso. As primeiras teorias econômicas a fomentar o comércio internacional surgem a partir do século XVIII, substanciadas nas teses liberais. O avanço do comércio internacional ficou sensivelmente comprometido com as turbulências do século XX, destarte, os ideais de liberalização do comércio internacional sofriam restrições com as concepções de intervencionismo, protecionismo e dirigismo estatal presentes nos regimes socialistas. Após o fim da segunda guerra mundial, o comércio internacional expandiu-se de forma bastante expressiva.

Foram intensificadas as ideias de que o comércio exterior substanciava-se em vetor eficaz e indispensável à criação de riqueza e aumento do bem-estar das nações, a ressaltar, nos moldes defendidos por Adam Smith e David Ricardo (SARQUIS, 2011, p. 27), produzindo-se com isso a percepção de que a abertura comercial, além de gerar vantagens econômicas, possibilita, entre o mais, maior eficiência tecnológica.

A expansão do comércio internacional impulsionou a criação de políticas comerciais internacionais já nas primeiras décadas do pós-guerra. Em 1946, foi realizada em Havana a Conferência das Nações Unidas sobre o comércio e o emprego cujo escopo maior era a criação da Organização Internacional do Comércio. Apesar de os Estados Unidos terem participado de forma efetiva das discussões preparatórias para regulamentar o comércio internacional, sendo um dos principais mentores da "Carta Internacional de Comércio", conhecida como "Carta de Havana", seu presidente à época, Harry S. Truman, temendo que o Congresso, em sua maioria republicano, rejeitasse o projeto, optou por não submetê-la à ratificação. A não participação de uma das maiores potências capitalistas fez com que o projeto malograsse em sua origem. Contudo, procurou-se aproveitar algumas regras e princípios contidos na Carta de Havana para a formulação de um tratado internacional, que a seu turno favoreceu a criação, em 1947, do Acordo Geral sobre Tarifas e Comércio, conhecido pelo acrônimo GATT (*General Agr eement on Tariffs and Trade*). Embora gerado para regular provisoriamente as relações comerciais, esse acordo geral sobre pautas aduaneiras e comércio prevaleceu por mais de quadro décadas. (THORSTENSEN, 2001).

RELAÇÕES INTERNACIONAIS

Com a pretensão de constituir a pedra angular do novo sistema internacional do comércio, surge oficialmente, em janeiro de 1995, a Organização Mundial do Comércio- OMC englobando o GATT (Acordo Geral de Tarifas e de Comércio), as resoluções das sete negociações multilaterais de liberalização de comércio realizadas desde 1947 e os demais acordos frutos da Rodada Uruguai (1994). Sua criação arrima-se na necessidade básica de que as relações comerciais devem levar à melhoria dos padrões de vida, concorrendo para tanto a garantia do pleno emprego e majoração do volume de renda real, assim como a expansão da produção e do comércio de bens e serviços, variantes que devem ser harmonizadas com otimização dos recursos naturais e os princípios do desenvolvimento sustentável.

Discorrendo sobre a OMC, Thorstensen (1998) aponta como quatro suas mais importantes funções, a saber, propiciar a efetividade dos acordos da Rodada Uruguai, facilitando sua implantação, administração, operação e objetivos; criar um foro direcionado às negociações das relações comerciais entre os estados membros, a fim de possibilitar a criação ou modificação de acordos multilaterais do comércio; administrar o tribunal da OMC (Entendimento – *Understanding* – a respeito de regras e procedimentos relativos às soluções de controvérsias): e gerir o Mecanismo de Revisão de Políticas Comerciais (*Trade Policy Review Mechanism*), ao qual revisa periodicamente as políticas de comércio externo de todos os membros da organização. Por outro lado, a ideia inicial de liberalização do comércio, por meio da criação de regras para a remoção de barreiras nas fronteiras, que sempre orientou a OMC, vem sendo paulatinamente conciliada com a formulação ajustada para a competição internacional, mormente, com a interpenetração das economias nacionais no processo de globalização.

Como já se afirmou, o comércio internacional, particularizado por uma densa rede de comércio e investimento, exerce um papel cada dia mais relevante na economia e no cenário internacional. A extinção das fronteiras entre políticas internas e políticas externas impõe a necessidade de que o comércio de bens e serviços passe a ser orientado em planos multilaterais e normatizados no âmbito internacional.

Contrato: noção e evolução histórica

O contrato constitui um fenômeno histórico que resulta da conduta humana, e, por ser invenção dessa natureza, sujeita-se à ação do meio social. Daí a necessidade de voltarmos à historicidade das instituições jurídicas para melhor compreendê-las no presente.

Com efeito, toda a base da família jurídica romano-germânica de direito na qual estamos inseridos, a ver, assenta-se no direito romano, constituído por um conjunto harmônico e sistêmico de leis e princípios jurídicos, formulados por ordem do imperador Justiniano, sujeito que legou às gerações futuras um arcabouço jurídico inestimável que perdura até os dias hodiernos.

Em seus primórdios, o direito romano estabelecia nítida distinção entre os institutos do pacto, da convenção e do contrato. A ideia dominante à época era de que o pacto e a convenção, apesar de se formarem a partir de um acordo de vontades entre duas pessoas, não representavam exatamente uma obrigação, e, consequentemente, não geravam efeitos jurídicos para as partes. O contrato, ao revés, por conter a necessidade de observância a alguma formalidade, fazia surgir a obrigação. A convenção para os romanos era gênero do qual o contrato era espécie, portanto, o contrato representava a convenção revestida de obrigatoriedade na medida em que presentes a forma e a solenidade.

Tais conceitos sofreram profundas modificações ao longo do tempo, enfraquecendo a distinção entre os institutos da convenção, do pacto e do contrato que, paulatinamente, foi sendo substituída pela importância dada ao acordo de vontades como alicerce da obrigação. O pacto deixou de ser a convenção desprovida de sanção. Percebe-se, assim, na senda evolutiva do direito romano, o declínio da exacerbação da forma e da solenidade em prol do prestígio ao conteúdo e intenção das partes. Dessa forma, nos dias atuais basta a licitude do acordo de vontades, independentemente da conformação a um paradigma da lei como contrato, para que dele decorram efeitos jurídicos de natureza obrigacional. (NAVES, 2007)

A noção de contrato prende-se à ideia de um acordo de duas ou mais vontades que deve ocorrer dentro da ordem jurídica, dedicada a estabelecer uma regulamentação de interesses entre as partes, objetivando adquirir, modificar ou extinguir relações jurídicas de natureza patrimonial.

Para Orlando Gomes (1973, p. 2), contrato é "um negócio jurídico bilateral ou plurilateral que sujeita as partes à observância de conduta idônea à satisfação dos interesses que regularam". Salienta ainda que "parte" não é sinônimo de pessoa, uma vez que uma só pessoa pode representar as duas partes, a exemplo do autocontrato, e uma só parte pode constituir-se de várias pessoas. Para a formação do contrato, impõe-se a existência de declarações convergentes de vontades das partes. Como ensina o autor, uma declaração de vontade deve necessariamente preceder a outra, sempre de forma sucessiva, denominando-se "proposta ou oferta" a declaração de quem tem a iniciativa (proponente ou policitante), e "aceitação" para com a declaração da parte que consente (oblato). Nada obstante a proposta caracterizar-se como um ato pré-negocial, não raro, costuma produzir efeitos obrigacionais.

Destaque-se que é da essência do contrato que as partes possuam interesses econômicos distintos, sem, contudo, serem antagônicos, assim como também deverá haver o consenso entre os participantes. Caso contrário, instala-se o dissenso que provoca a nulidade do contrato.

O termo contrato costuma ser empregado em sentido amplo, expressando não só todo negócio jurídico resultante do concurso de vontades, mas também o acordo de vontades gerador de efeitos obrigacionais. Boa parte dos dicionaristas o define como "acordo entre duas ou mais pessoas que transferem entre si algum direito ou sujeitam a alguma obrigação" (FERREIRA, 1975).

Tratando-se de um poderoso instrumento jurídico, mormente disposto a viabilizar a vida econômica, os contratos submetem-se a alguns princípios, especialmente, ao da autonomia da vontade, ao do consensualismo, ao da força obrigatória, ao da relatividade de seus efeitos e ao da boa-fé.

O princípio da autonomia da vontade consiste basicamente na liberdade de contratar ou não contratar e será visto com melhor profundidade linhas à frente desse estudo. O princípio do consensualismo, que assinala o direito hodierno, substancia-se na ideia de que basta o consentimento para que o contrato se aperfeiçoe, exceção feita aos contratos solenes que exigem observância de certas formalidades para sua validade. O princípio da força obrigatória garante que as estipulações feitas no contrato sejam plenamente cumpridas sob pena de execução patrimonial. Ajustado validamente, o contrato representa lei entre as partes e suas cláusulas são revestidas de imperatividade.

O princípio da relatividade dos efeitos do contrato circunscreve-se à noção de que o contrato vincula tão-somente as partes que dele tomaram parte, não aproveitando, tampouco prejudicando terceiros, exceto em raras situações. O princípio da boa-fé consiste fundamentalmente na ideia de que se espera das partes lealdade na formação e execução do contrato.

Por outro lado, releva considerar que, efetivamente, o principal vínculo gerador de obrigações não é outro senão o moral. Dessa forma, o respeito "à palavra consensualmente dada" ou "à promessa feita", pedras angulares do princípio do consensualismo, desponta como elemento essencial do contrato e orienta toda a teoria contratual, constituindo o fundamento ético de todo negócio jurídico. É a presença da boa-fé como princípio regulador das relações sociais. Trata-se de uma regra de direito natural em que contribuiu para a formação da concepção tradicional dos contratos, na medida em que considera a liberdade para contratar como parte da liberdade natural, peculiar à existência do ser humano. O cumprimento à palavra dada gera confiança, que, a seu turno, figura como princípio ético-jurídico fundamental que a ordem jurídica não pode deixar de tutelar, conduzindo à paz social. Na célebre obra *O Príncipe*, Maquiavel (2007, p.123/137), depois de perquirir sobre as coisas pelas quais os homens são louvados ou censurados, poucos capítulos à frente enfatiza que "todos compreendem como é digno de elogios um príncipe quando cumpre a sua palavra e vive com integridade, e não com astúcia".

Finalmente, o contrato é instrumento básico das operações econômicas, sendo profundamente influenciado pelas transformações dos modelos econômico-sociais em cada momento histórico.

Contrato internacional: um conceito, diferenças e semelhanças com o contrato nacional

Tarefa das mais espinhosas é procurar definir o que seja um contrato internacional. Nada obstante os esforços legislativos e doutrinários, a matéria ainda não encontrou pacificação e continua despertando acalorados debates. Na doutrina francesa, as correntes econômica e jurídica procuram explicar o contrato internacional. Para a corrente econômica, basta a existência de um duplo trânsito de valores e de bens do país para o exterior e vice-versa, de modo que o contrato seja considerado internacional. Já a corrente jurídica, mais abrangente do que a primeira, não se contenta com o singelo fluxo de bens e de valores, impondo para a caracterização da internacionalidade do contrato a presença de algum elemento de estraneidade, como, por exemplo, o local de execução do contrato, o domicílio das partes ou outros análogos.

O Brasil privilegia ambas as correntes, ou seja, o contrato internacional deverá promover um "duplo fluxo de bens pela fronteira" e conectar-se a mais de um sistema jurídico. (BATISTA, p. 29)

Pelo critério jurídico, um contrato é internacional quando suas cláusulas respeitantes à conclusão ou execução, capacidade das partes (nacionalidade, domicílio) e o objeto (localização) relacionam-se a mais de um sistema jurídico vigente. Apenas pela análise da situação fática poder-se-á constatar o grau de estraneidade na relação jurídica. Desta forma, sempre que presente uma relação jurídica em contato com mais de um sistema jurídico estaremos diante de um contrato internacional. Demais disso, cite-se por oportuno a existência de determinados elementos formais que contribuem decisivamente para a caracterização do contrato internacional, tais como a redação e a presença de cláusulas típicas.

Assim sendo, se as partes contratantes possuírem nacionalidades diversas ou domicílio em países diferentes, se o objeto do contrato tiver que ser prestado ou entregue de forma extraterritorial, ou ainda se os lugares de celebração e execução das obrigações ajustadas também não forem os mesmos, ter-se-á um contrato internacional empresarial (STRENGER, 2003).

Portanto, a internacionalidade do contrato é fixada a partir da identificação de elementos de estraneidade e sua importância jurídica. No sistema pátrio, o domicílio das partes contratantes é revelado como um poderoso elemento de conexão, tome-se o clássico exemplo do contrato de locação que será internacional quando firmado entre uma parte domiciliada em um país estrangeiro. Outra, aqui no Brasil. Ainda que ambas sejam brasileiras e o objeto do contrato esteja situado em solo brasileiro.

Por outro lado, somente a partir da perspectiva interna de cada país será possível identificar se um contrato tem natureza jurídica internacional ou não, muitas vezes o mesmo contrato poderá ser considerado internacional em um Estado e interno em outro, isso porque cada país tem seu critério de avaliação.

Para Strenger (2003, p.93) são contratos internacionais:

> [...] todas as manifestações bi ou plurilaterais da vontade livre das partes, objetivando relações patrimoniais ou de serviços cujos elementos sejam vinculantes de dois ou mais sistemas jurídicos extraterritoriais, pela força do domicílio, nacionalidade, sede principal dos negócios, lugar do contrato, lugar da execução ou qualquer circunstância que exprima um liame indicativo do direito aplicável.

A Convenção sobre o Direito Aplicável aos Contratos Internacionais (*Inter-American Convention on the Law applicable to international Contracts*), aprovada na 5ª conferência especializada interamericana sobre direito internacional privado da OAS (*Organization of American States*, 2016), define o contrato internacional em seu artigo 1º. nos seguintes termos:

Entende-se que um contrato é internacional quando as partes nele tiverem sua residência habitual ou estabelecimento sediado em diferentes Estados partes ou quando o contrato tiver vinculação objetiva com mais de um Estado parte.

Também é corrente a ideia de que internacional é o contrato que expressa, em sentido lato, o resultado do intercâmbio entre os Estados e pessoas em diferentes territórios.

Tendo em vista a pluralidade de nacionalidades envolvidas em sua formação, o contrato internacional prende-se a mais de um ordenamento jurídico, ou seja, fica possibilitada a aplicação do direito estrangeiro, de modo que suas cláusulas devem estar nitidamente estabelecidas a fim de evitar ou facilitar a solução de controvérsias futuras.

De outro modo, cotejando-se o contrato internacional com o contrato nacional, percebe-se que o traço comum a eles está centrado no fato de ambos constituírem negócio jurídico, no qual se promove o acordo de duas ou mais vontades, gerando direitos e obrigações. As duas modalidades contratuais são orientadas pelos princípios da boa-fé e da função social do contrato, além da realização do negócio jurídico com atendimentos aos fins sociais e econômicos.

Os contratos sociais são regidos pelo Código Civil brasileiro, diploma legal instituído pela Lei nº 10.406, de 10 de janeiro de 2002, e fortemente influenciado pelas convicções de Miguel Reale, que fez introduzir um sistema móvel que acolhe, dentre o mais, as chamadas cláusulas gerais de que são exemplos a função social do contrato e o dever das partes de contratarem observando a boa-fé objetiva.

Agir com boa-fé nada mais é do que agir com ética, que nas relações obrigacionais deixou o campo da facultatividade para ingressar no terreno da obrigatoriedade, tendo como consequência a responsabilização da parte violadora. A função social, a seu turno, consiste fundamentalmente em obstar que o mais fraco, coagido pelas circunstâncias, veja-se obrigado a aceitar o que o mais forte lhe impõe, revelando-se tão ou mais importante que o próprio aspecto econômico do contrato, tal como atuando como verdadeira baliza à principal função contratual que é a de favorecer a circulação de riqueza.

Outro ponto convergente entre o contrato nacional e o contrato internacional é a função especial de conferirem segurança jurídica às partes contratantes quanto ao seu cumprimento ou dever de reparação.

No que tange às diferenças, pode-se dizer que a mais relevante distinção entre o contrato nacional, regido pelo Código Civil pátrio, e o contrato internacional é que neste as cláusulas respeitantes à conclusão, capacidade das partes e o objeto relacionam-se a mais de um sistema jurídico vigente, o que é incogitável para os contratos nacionais que se submetem apenas ao direito nacional.

Outra diferença importante entre os contratos internacionais e os contratos nacionais circunscreve-se no fato de que o primeiro é escorado muito mais em sistemas principiológicos, como a *lex mercatoria*, por exemplo, do que no direito interno de um país.

Ressalte-se que a especificidade marcante do contrato internacional substancia-se na liberdade conferida às partes de escolherem a lei aplicável ao contrato.

Do contrato internacional: lei de regência

Os contratos internacionais acolhem em seu bojo diferentes elementos de estraneidade, vinculando-se a mais de um ordenamento jurídico; situação, essa, apta a causar conflitos de leis e de jurisdições. Nesse sentido, tome-se como exemplo duas empresas contratantes, localizadas em diferentes países, que firmam um contrato num país estranho a elas, para ser cumprido em outro país que não o das partes contraentes, tampouco no local aonde foi firmado, não é difícil supor que em situações desse jaez poderão pairar muitas dúvidas sobre qual sistema jurídico deverá reger a contratação. Some-se a isso que cada país determina suas próprias regras de direito internacional privado, que funcionam como diretrizes a respeito de qual lei prevalecerá, o que muitas vezes acaba contribuindo para a criação de situações insolúveis, gerando imprevisibilidade nos negócios internacionais.

Isto posto, uma das questões mais tormentosas, senão a maior a envolver os contratos internacionais, diz respeito à lei que se lhes aplica. Para melhor compreendermos tão complexo tema, necessário faz analisarmos previamente o princípio da autonomia das partes que orienta o direito internacional privado.

Com efeito, toda relação jurídica instituída por meio de um contrato apoia-se no princípio da autonomia, posto que o negócio jurídico faz surgir o poder de autorregulação da atividade privada, ou seja, a liberdade concedida às partes no tocante à celebração do contrato rende ensejo para a determinação de seu conteúdo.

O princípio da autonomia, fundamento de toda relação contratual, nada mais é do que o poder de que dispõem as partes de estabelecer livremente, por intermédio do acordo de vontades, a regulação de seus interesses. Inserem-se nesse princípio, não só a liberdade de contratar, mas igualmente a de não contratar, de eleger o outro contratante e de estabelecer as cláusulas do contrato, tendo por baliza não só as normas de ordem pública, mas também a função social do contrato cuja edificação secundária coube paulatinamente à doutrina e jurisprudência. Nesse ponto, é importante mais uma vez ressaltar que apesar da função mais destacada do contrato ser a de propiciar a circulação de riquezas, deslocando-a de um patrimônio para outro, a liberdade que conduz os objetivos das partes só terá validade se também cumprir a função social do contrato, "tão ou mais importante do que o aspecto econômico do contrato". (NERY, 2002, p. 181).

Sob o prisma das relações contratuais, o princípio da autonomia ao longo do tempo passou por mais de uma compreensão. Originalmente foi concebido como autonomia da vontade, privilegiando o individualismo e a liberdade absoluta de contratar, o que culminou com a exacerbação da força normativa do contrato que passou a ter a qualidade de lei entre as partes. Essa força obrigatória de que os contratos foram revestidos assentava-se no princípio *pacta sunt servanda*, de fonte romanística e que até os dias atuais continua a ser o fundamento primeiro das obrigações contratuais. A ideia da força normativa da vontade privada foi consolidada no código de Napoleão, que, sem favor algum, representa a mais relevante codificação da modernidade.

Posteriormente, percebeu-se que a teoria da autonomia da vontade encobria uma grande desigualdade entre os atores sociais, impondo-se sua transformação para o que se denomina na atualidade de autonomia privada, agora fundamentada também nos princípios da solidariedade e justiça social. Dessa forma, o princípio da autonomia da vontade convolou-se em princípio da autonomia privada, concepção moderna do princípio da autonomia e que pode ser compreendido como um poder conferido pelo ordenamento jurídico aos particulares, possibilitando-lhes estabelecer o conteúdo e os efeitos de suas relações jurídicas desde que em equilíbrio com os interesses sociais, ou seja, as estipulações contratuais não podem mais ater-se tão-somente aos interesses particulares, mas igualmente aos interesses sociais.

No direito internacional privado, o princípio da autonomia privada, aplicado essencialmente no âmbito das obrigações contratuais, tem por função fundamentalmente conferir às partes a faculdade de escolherem qual o direito deverá regular a avença firmada entre elas. Destaque-se que a aplicação da lei escolhida dependerá da admissão da autonomia privada por parte de um Estado.

No que se refere à incidência das normas que irão reger os vínculos contratuais, duas situações se apresentam, a primeira, diz respeito à hipótese das partes nada disporem sobre a lei que regerá o contrato, e a segunda, contempla o caso das partes elegerem, por vontade própria, a lei aplicável, pois essa jamais poderá contrariar a ordem pública.

Desta forma, quando os contratos internacionais do comércio nada disporem sobre a lei aplicável às obrigações contraídas pelas partes, sobrevindo o conflito, o juiz terá que solucioná-lo à luz da *lex fori,* ou seja, aplicar-se-á a lei do foro onde exerce a judicatura, somente podendo adotar uma lei estrangeira se o critério estabelecido pela norma de direito internacional privado de seu país assim admitir, em respeito ao direito positivo vigente. Questão mais complexa e que demanda maior acuidade diz respeito à escolha da lei pelas partes como será analisada mais à frente.

A lei aplicável aos contratos internacionais é uma das mais intricadas questões do direito internacional privado. No Brasil, o tema continua sendo regulado pelo Decreto-Lei nº 4.657, de 4 de setembro de 1942, cuja ementa foi alterada pela Lei º 12.376, de 30 de dezembro de 2010, passando a vigorar como Lei de Introdução às Normas do Direito Brasileiro, ressalte-se que esse diploma legal foi editado após oito anos da entrada em vigor do atual Código Civil brasileiro, e, para espanto da comunidade jurídica, o legislador preocupou-se tão-somente em redenominar a Lei Introdutória, mas não deu um único passo em direção à necessária modernização das regras de direito internacional privado.

A Lei de Introdução às Normas do Direito Brasileiro constitui o principal corpo de normas do direito internacional privado em nosso ordenamento, nada obstante existirem algumas disposições no texto do Código de Processo Civil. Trata-se de um decreto elaborado na era Vargas cujo critério de seleção da lei aplicável gira fundamentalmente em torno do local aonde foi constituída a obrigação (*lex loci contractus*) e o da residência do proponente (*lex domicilli*), e em suas dobras o da execução (*lex loci executionis*), uma vez que na interpretação da lei do local do contrato leva-se também em consideração as exigências da norma de sua execução.

Para Nadia de Araújo (2008), somente o artigo 9º da Lei de Introdução às Normas do Direito Brasileiro ocupa-se do tema, e nele está inserta a regra do local da celebração do contrato como a competente para reger as obrigações de feição internacional, não deixando espaço para uma interpretação "clara e precisa" sobre a possibilidade de as partes elegerem a lei aplicável ao contrato.

Razão assiste à autora, o artigo 9º da LICC não deixa margem alguma para as partes escolherem a lei aplicável à substância do contrato, observe-se por oportuno que melhor dispunha a Lei de Introdução ao Código Civil brasileiro de 1916, que foi substituída pela atual LICC, à medida em que no caput de seu artigo 13, embora estipulasse a lei do lugar do contrato para reger a relação contratual, abria a possibilidade para a escolha, em razão da oração intercalada, "salvo estipulação em contrário". Desta forma, o princípio da autonomia privada no âmbito das obrigações contratuais desproveu-se de base legislativa após a edição do Decreto-Lei nº 4.657, de 4 de setembro de 1942, muito embora tenha se encrustado em nosso ordenamento jurídico desde o artigo 5º do Regulamento 737, de 1850, conforme sustenta Rodas (2015).

Ipso facto, sob o prisma legal, prevalece o entendimento de que o Brasil não considera válido o princípio da autonomia da vontade no que se refere à escolha do direito material aplicável, o que representa enorme retrocesso, à medida em que a tendência mundial converge para a aceitação da autonomia das partes como elemento de conexão, mormente por facilitar o desenvolvimento do comércio internacional.

Das convenções internacionais

Os esforços no sentido de uniformização das legislações de direito internacional privado, no espaço dos Estados da América Latina, datam desde a década de 50. Na esteira da Conferência de Haia de direito internacional privado, a Assembleia Geral da OEA convocou a Conferência Especializada Interamericana sobre direito internacional privado em cujo âmbito já foram realizadas várias Conferências de Direito Internacional Privado (CIDIPs). A V CIDIP, realizada no México em 1994, deu origem à convenção sobre o Direito Aplicável aos Contratos Internacionais.(ARAÚJO, 2009, p. 191 e s.)

A Convenção sobre o Direito Aplicável aos Contratos Internacionais (*Inter-American Convention on the Law applicable to international Contracts*) contemplou o princípio da autonomia privada nos mesmos moldes estabelecidos pela Convenção de Roma, adotando inclusive o *dépeçage* voluntário, mecanismo no qual um contrato pode ser fracionado em partes diversas, sendo cada uma delas submetida a uma lei diferente. Além disso, possibilita a escolha de uma lei desvinculada com o contrato; permite a posterior modificação da lei escolhida; em caso de ausência de escolha o contrato será regido pelo direito do Estado com o qual mantenha vínculos mais estreitos (*a proper law of contract*); admite a aplicação da *lex mercatoria*.

O artigo 7º da Convenção Internacional em comento dispõe *in verbis*:

O contrato rege-se pelo direito escolhido pelas partes. O acordo das partes sobre esta escolha deve ser expresso ou, em caso de inexistência de acordo expresso, depreender-se de forma evidente da conduta das partes e das cláusulas contratuais, consideradas em seu conjunto. Essa escolha poderá referir-se à totalidade do contrato ou à parte desse. A eleição de determinado foro pelas partes não implica necessariamente a escolha do direito aplicável.

Ocorre, porém, que referido texto internacional, nada obstante representar notável avanço em relação aos contratos internacionais no continente americano, não encontrou a repercussão que se esperava tanto do ponto de vista dos participantes da conferência, como internamente no Brasil, onde nem mesmo foi levada ao Congresso Nacional para ratificação. Ressalte-se que somente a Bolívia, Brasil, México, Uruguai e Venezuela assinaram a Convenção, e, desses, apenas o México e a Venezuela a ratificaram.

Neste passo, a legislação brasileira mantém obsoleta e carece, com urgência, alinhar-se às atuais vertentes do mundo globalizado e hodierno em que as relações comerciais e jurídicas florescem velozmente para além das fronteiras dos Estados nacionais, impondo cada vez mais a necessidade de oferecer às partes segurança jurídica para o bom êxito das negociações. Sem dúvida, a incorporação do texto da Convenção sobre o Direito Aplicável aos Contratos Internacionais à legislação brasileira será a forma mais eficiente de alcançar tal desiderato.

Ainda na esteira dos instrumentos internacionais que dispõem sobre a lei aplicável aos contratos internacionais, merece destaque a convenção sobre a lei aplicável às obrigações contratuais, conhecida como Convenção de Roma. Trata-se de uma relevante uniformização do direito internacional privado forjada no seio da comunidade europeia, em 1980, cujo principal destaque é a ampla liberdade conferida às partes para elegerem a lei aplicável a suas avenças, não necessitando sequer de manifestação expressa quanto a essa escolha, e serve de exemplo para os ensaios de harmonização de normas de conflitos regionais. A Convenção de Roma foi posteriormente substituída pelo regulamentos da comunidade europeia sobre a Lei Aplicável para obrigações contratuais 593, que passou a viger em 17 de novembro de 2009, mas manteve íntegro o princípio da autonomia privada como elemento indicador da lei aplicável aos contratos.

De outro modo, a Conferência da Haia de direito internacional privado, que é uma organização intergovernamental de caráter global, da qual o Brasil é membro, dedicada à codificação e ao desenvolvimento do direito internacional, promoveu um estudo destinado a viabilizar um instrumento relativo à escolha da lei aplicável aos contratos internacionais. Nesse contexto, veio à tona o projeto conhecido como "Princípios da Haia sobre Escolha de Lei em Matéria de Contratos Internacionais"; denominação, essa, proposital "para distingui-los da carga semântica associada ao vocábulo lei ou à expressão direito (positivo)", como assevera Nadia de Araújo (Conferência, 2014).

Segundo Rodas (2015), os princípios da Haia aprovados em 2015 não fizeram mais do que exaltar, de forma concludente, o "princípio da autonomia da vontade das partes", plenamente já admitido. Seu texto é composto por 12 artigos, estabelecendo dentre o mais que: a) os princípios da Haia aplicam-se aos contratos internacionais em matérias civil e comercial, excetuados os relativos ao consumo e ao direito do trabalho; b) a eleição poderá recair sobre regras jurídicas aceitas universal ou regionalmente; c) a lei escolhida poderá ser aplicada no todo ou em parte do contrato (*dépeçage*) e ser alterada a qualquer tempo; d) a escolha tácita somente ocorrerá se a vontade defluir claramente das cláusulas ou das circunstâncias do contrato.

Contratos internacionais: foro competente

Além da questão da legislação aplicável aos contratos internacionais, também é aspecto de grande relevância o foro no qual serão conhecidos e dirimidos eventuais conflitos decorrentes da contratação internacional. Entende-se por foro a circunscrição territorial onde o conflito deve ser proposto para apreciação do Poder Judiciário.

Como sustentado linhas atrás, a globalização vem imprimindo enorme dinâmica ao comércio internacional, razão pela qual cada vez mais se impõe a necessidade de identificar e expandir as noções sobre as legislações aplicáveis aos contratos internacionais, assim como o foro competente para solucionar futuros litígios advindos dessas relações.

Imprescindível considerar que a autonomia das partes para eleger o juízo competente para julgar a causa (foro) em nada se confunde com a liberdade de escolher a lei aplicável, apesar de reinar certa confusão entre as duas modalidades, atribuída, na maior parte das vezes, à tendência fatal dos juízes em favor da aplicação da lei do foro aos contratos internacionais.

Debruçando-se sobre a questão, Haroldo Valadão (1978, p.137) sustentava que a eleição do foro constituía um prolongamento da autonomia da vontade ao processo, sobretudo, à competência. Contrariamente à possibilidade de escolher a lei aplicável ao contrato, a eleição do foro no Brasil é acolhida em nosso ordenamento jurídico, militando a seu favor, inclusive, a súmula 335 do STF, além de outros precedentes do órgão de cúpula da justiça brasileira nesse sentido.

Irineu Strenger (2003, p. 277) chama a atenção para o fato de que nem todos os Estados aceitam, sem restrição, a cláusula atributiva de competência, trazendo como paradigmas a Bélgica, os Países Baixos, a Austrália e a Nova Zelândia, que vedam a eleição de foro nos transportes marítimos. O dito-cujo sustenta também ser essencial que o consentimento das partes seja "certo e isento de vício", mormente, em contratos vultuosos, devendo ser estipulado com todo zelo possível os "litígios submetidos ao tribunal designado".

No plano internacional, a convenção sobre acordos de eleição de foro que integra o grupo de convenções processuais da Conferência da Haia, concluída em 30 de junho de 2005, e, assinada por Estados Unidos, México e União Europeia, firmando-se paulatinamente como um modelo legislativo, tem por escopo transformar a via judicial numa opção com garantias idênticas às que são atribuídas para a solução arbitral. Deste modo, assegura-se à cláusula de escolha do foro a certeza de seu reconhecimento pelos países signatários, criando um ambiente jurídico mais promissor para o investimento e o comércio internacional. (ARAÚJO, 2014)

A matéria relativa à jurisdição é tratada no sistema brasileiro pelo novel Código de Processo Civil, no Título II (Dos limites da jurisdição nacional e da cooperação Internacional), Capítulo I (Dos limites da jurisdição nacional), nos artigos, 21, 22, 23 e 24. Neste ponto, cumpre observar que no antigo diploma legal, em que vigeu até o ano de 2015, não havia disposição expressa referente à atribuição de competência pela via contratual, a citada lacuna deixou de existir com o disposto no vigente artigo 22, inciso III, reconhecendo a jurisdição da autoridade judiciária brasileira quando as partes, expressa ou tacitamente, submeterem-se à jurisdição nacional.

Assim, o inciso III do artigo 22 constitui verdadeira cláusula de eleição de foro com opção pelo Judiciário nacional, revelando a sensibilidade do legislador para a sempre crescente globalização e para a tendência de privilegiar a autonomia da vontade nas relações transnacionais. Por outro lado, não havendo cláusula de eleição de foro, aplicar-se-á diretamente as disposições contidas no Código de Processo Civil brasileiro. Já o artigo 25, dispõe sobre a validade da cláusula de eleição do foro estrangeiro, afastando a jurisdição nacional nesta hipótese, salvo nos casos de competência exclusiva do magistrado brasileiro. Contudo, tratando-se de cláusula de escolha do foro estrangeiro abusiva, o juiz brasileiro poderá torná-la sem efeito por envolver matéria de competência internacional concorrente.

Esboçado assim o tratamento legal à questão da jurisdição, pode-se inferir que, apesar de o Brasil ainda não ter aderido à convenção sobre acordos de eleição de foro da Conferência de Haia, o novo Código de Processo Civil, ao tratar a matéria relativa à eleição de foro, foi inspirado por seus princípios.

No âmbito do Mercosul, o Protocolo de Buenos Aires sobre jurisdição internacional em matéria contratual de 5 de agosto de 1994, no qual foi promulgado no Brasil pelo Decreto número 2.095, de 17 de dezembro de 1996, representou um importante avanço em direção à uniformização do direito processual civil internacional. O referido instrumento delimita seu campo de aplicação, em resumo seco, aos contratos internacionais pertencentes ao direito civil ou comercial entre sujeitos de direito privado.

O protocolo pronuncia-se a respeito de vários assuntos, dentre eles, a eleição de jurisdição, garantindo às partes a liberdade de eleger o foro, privilegiando assim o princípio da autonomia da vontade. O artigo 4 do protocolo dispõe *in verbis*:

> 1. Nos conflitos que decorram dos contratos internacionais em matéria civil ou comercial serão competentes os tribunais do Estado parte em cuja jurisdição os contratantes tenham acordado submeter-se por escrito, sempre que tal ajuste não tenha sido obtido de forma abusiva.
>
> 2. Pode-se acordar, igualmente, a eleição de tribunais arbitrais.

A redação desse artigo expõe a preocupação do protocolo com possibilidade de eventual desigualdade das partes trazer desequilíbrios ao contrato, razão pela qual ressalva a hipótese de abuso na realização do ajuste. Entretanto, há outras circunstâncias bastante relevantes envolvendo a questão da eleição de foro, mas, infelizmente, não são tratadas no protocolo.

Da arbitragem

Os conflitos de interesses fazem parte da vida em sociedade, mas necessitam ser eliminados para que não sejam abaladas as estruturas sociais. Hodiernamente, são admitidas quatro formas de solucioná-los, a saber, a autotutela, a mais primitiva e admitida somente em casos excepcionais pelo direito, consiste no uso da força e do poder para sanar o embate; a autocomposição, na qual resolve-se o conflito pelo uso do bom senso, sem que haja decisão de um terceiro; a jurisdição, função do Estado, por meio do Poder Judiciário que decide o conflito; e a arbitragem, onde as partes conferem a um terceiro, que não o Estado, o poder de decidir a colisão de interesses.

A arbitragem é uma forma extrajudicial de solucionar um conflito em que as partes submetem suas questões litigiosas ao crivo de um juízo arbitral. No Brasil, somente as matérias de natureza patrimonial, e, desde que renunciáveis, podem ser submetidas à arbitragem, essa é a dicção da Lei nº 9.307, de 23 de setembro de 1996, que regulamentou a arbitragem entre nós. Convenção de arbitragem é o acordo escrito pelo qual as partes se comprometem a submeter à arbitragem todas as divergências surgidas ou que possam surgir, a lei de arbitragem brasileira traz como espécies de convenção a cláusula compromissória e o compromisso arbitral. A primeira configura a simples promessa das partes efetuarem o compromisso arbitral. O segundo constitui verdadeiro contrato no qual as partes são obrigadas a solucionar eventual pendência com juízo arbitral.

A lei brasileira, atenta à questão das restrições contidas na Lei de Introdução às normas do Direito Brasileiro, estabeleceu expressamente (artigo 2º, § 1º) que as partes poderão escolher livremente as regras de direito a serem aplicadas à arbitragem, desde que não contrariem a ordem pública e os bons costumes, ou seja, se as partes contratantes vincularem-se a uma convenção de arbitragem, entende-se aceitável não só a escolha do direito material a ser aplicado, como também o emprego dos princípios gerais do direito, além dos usos e costumes.

Para Nadia de Araújo (2009, p. 120 a 122), a lei de arbitragem promoveu uma revolução sem procedentes no direito brasileiro, já que seu maior escopo foi mudar o comportamento dos brasileiros quanto à forma de solucionar seus conflitos de ordem patrimonial, face ao esgotamento da Justiça estatal como único meio capaz de resolver os litígios privados. Ademais, alerta que tanto nos contratos internacionais, tal como nos contratos nacionais, devem ser consideradas três cláusulas: cláusula arbitral (solução extrajudicial do litígio); cláusula de lei aplicável (utilização da autonomia da vontade); e cláusula de foro (lugar onde será proposta a ação). Aponta ainda que a lei de arbitragem nivela-se ao direito já adotado em vários países, repercutindo nas relações internacionais, na medida em que é usual as partes elegerem uma "lei aplicável neutra" e optarem por um "foro também neutro", em virtude da inquietação de litigar no Estado da parte adversa. A opção por um tribunal arbitral tem o condão de obstar boa parte dos problemas decorrentes da "incerteza jurídica das regras nacionais".

Deste modo, abre-se uma alternativa segura e previsível para as partes elegerem a lei aplicável à contratação, além do que a Suprema Corte tem decido pela constitucionalidade do afastamento do Poder Judiciário em situações desse jaez, e o Superior Tribunal de Justiça também não tem questionado a autonomia da vontade na homologação de laudos arbitrais estrangeiros. É certo, porém, que as cortes brasileiras só recentemente têm sido mais acionadas para enfrentar essa questão, e, ainda assim, persiste uma inclinação no sentido de adotar-se o contido na Lei de Introdução às Normas do Direito Brasileiro.

Embora a lei brasileira não tenha definido o que seja arbitragem internacional, infere-se pela regra contida no artigo 3º que sempre que a sentença for proferida fora do Brasil a arbitragem será considerada internacional. Considerando que a arbitragem internacional é orientada pelo princípio da autonomia da vontade, faculta-se às partes escolherem o árbitro ou critérios para sua designação, as normas de direito a serem aplicadas, o idioma adotado e o local em que se dará o julgamento, que, em geral, recai sobre um foro neutro. Não são poucas as vantagens apontadas na adoção do procedimento arbitral, valendo mencionar a simplicidade, sem porém ser simplista, a informalidade, a celeridade e o sigilo, já que não há a exigência da publicidade como sói ocorrer nos processos judiciais.

Lex mercatoria
Além das leis, dos tratados internacionais, do usos e costumes, da jurisprudência, da doutrina e dos princípios gerais do direito, é também fonte da arbitragem internacional a *lex mercatoria*.

Entende-se por *lex mercatoria* um novo direito surgido na comunidade dos comerciantes internacionais, independentemente das legislações nacionais, trata-se de uma ótica cosmopolita de um direito comercial supranacional, ou ainda, um direito anacional forjado na comunidade dos comerciantes. A *lex mercatoria* tem seu fundamento de validade nos princípios gerais do direito, em especial aqueles vinculados às relações contratuais (boa-fé, *pacta sunt servanda, culpa in contrahendo* etc), nos usos e costumes comerciais internacionais, nos contratos-tipo (*standarts*), e, sobretudo, na jurisprudência arbitral, meio por excelência de concretização desse direito.

Segundo Strenger (1966, p. 58), a *lex mercatoria* é "um conjunto de procedimentos que possibilita adequadas soluções para as expectativas do comércio internacional, sem conexões necessárias com os sistemas nacionais e de forma juridicamente eficaz".

Para Rechsteiner (2000, p. 66), no entanto, a efetiva existência da *lex mercatoria* não está plenamente dissociada dos sistemas jurídicos nacionais, mormente, constatando-se sua incompletude e lacunosidade, nada obstante a pretensão de ser reconhecida como um direito mundialmente uniformizado, de modo a regrar as relações jurídicas comerciais internacionais, tanto no sentido de normas substantivas como normas materiais diretamente aplicadas à espécie. Demais disso, há outro obstáculo substanciado nas "leis nacionais de aplicação imediata e a reserva da ordem pública" que inibem o emprego de regras jurídicas da *lex mercatoria*.

O princípio da autonomia privada presente nos contratos internacionais possibilitou às partes as criações de normas que, pela sua repetição no ambiente das operações do comércio internacional e da arbitragem, romperam os laços que ligavam os contratos às ordens jurídicas nacionais, fazendo surgir um corpo autônomo de direito denominado *lex mercatoria*. Ressalte-se, contudo, que a formulação "corpo autônomo" ainda não encontrou pacificação na doutrina e na jurisprudência, sobretudo, diante da incapacidade da *lex mercatoria* regulamentar o comércio internacional em sua inteireza, isso porque como disciplina autônoma ainda experimenta os primeiros passos, apesar dos esforços da comunidade internacional voltados para o desenvolvimento e a formação de regras uniformes de comércio internacional.

Debruçando-se sobre a questão, Strenger (1991 *apud* Rechsteiner, 2000) identifica a existência de três correntes doutrinárias que adotam diferentes concepções para a *lex mercatoria*, sendo que para a primeira delas trata-se de uma ordem jurídica autônoma, independentemente dos sistemas jurídicos estatais, originada espontaneamente pelos atores do comércio internacional; a segunda corrente doutrinária advoga a tese de que a *lex mercatoria*, por constituir um corpo pleno de regras jurídicas dispostas a solucionar os litígios ocorridos no âmbito do comércio internacional, representa uma alternativa em relação à ordem jurídica nacional; já para a terceira corrente, a *lex mercatoria*, por espelhar os usos e costumes praticados no comércio internacional, tem por escopo complementar o direito nacional aplicável.

No que tange aos responsáveis pela formulação de regras uniformes de comércio internacional, dotadas de força jurídica própria, despontam com elevado grau de importância as organizações privadas, das quais a Câmara de Comércio Internacional de Paris constitui o exemplo mais emblemático, além de organizações corporativas setoriais privadas do comércio internacional. Muitos são os instrumentos do comércio internacional, tome-se como exemplo os *incoterms* (*international comercial terms*) editados sob os auspícios da Câmara de Comércio Internacional, e que atribuem eficácia ao contrato firmado entre as partes, com fundamento em regra da *lex mercatoria*, que tem assento independentemente da natureza não vinculatória de suas regras e da origem e criação fora do âmbito da autoridade estatal. (RECHSTEINER, 2000).

A doutrina observa ainda que a elaboração de regras autônomas substanciada na *lex mercatoria*, composta por um feixe de normas jurídicas, escritas ou não, desvinculadas do direito positivo dos Estados, e dispostas a controlar as relações comerciais internacionais, também demonstram, por essa forma de administrar relações, a transnacionalidade das empresas. (MEIRELES, 2006)

A *lex mercatoria* experimenta constante evolução, pois há todo um movimento no sentido de qualificar a *lex mercatoria* como a solução ideal para os problemas que o direito nacional não foi capaz de resolver e que, hodiernamente, já não mais se coaduna com as necessidades da pós-modernidade. Frise, contudo, que tal entendimento não se estabelece pacificamente, muitos se opõem à existência de uma nova *lex mercatoria* como um sistema supranacional, dentre eles, Hermes Marcelo Huck (1994, p. 120), para quem há enorme dificuldade de compatibilização das regras da nova *lex mercatoria* com os direitos internos estatais, como forma de evitar o predomínio exclusivo das leis do mercado e a inevitável especulação daí advinda, já que os *international merchants* sempre estão em busca de suas conveniências particulares.

Ressalte-se finalmente que a aplicação de normas integrantes da nova *lex mercatoria* pelo Poder Judiciário brasileiro tem ocorrido sem maiores obstáculos.

Contratos internacionais: cláusula *hardship*

Chegado a este ponto do trabalho, já é possível formar-se uma relativa visão da problemática dos contratos internacionais. Resta, contudo, examinar um dos mais eficientes meios de garantir a manutenção da relação contratual em circunstâncias, que nos esquemas clássicos de direito levariam à resolução do contrato, consubstanciado na cláusula *hardship*.

Pelo princípio da força obrigatória dos contratados, corolário da noção do *pacta sunt servanda*, após a celebração da avença não pode a vontade de uma das partes modificá-la, isso porque o contrato representa "lei" entre as partes, e, como tal deve ser cumprido, nada obstante também sustentar-se que tal força vinculativa não poderia ser equiparada à lei, uma vez que, independentemente da ocorrência de circunstâncias que modifiquem o equilíbrio contratual, as partes podem alterar o contrato de "comum acordo", haja vista o princípio da autonomia das partes.

Certo, porém, é que mudanças sociais impulsionadas, sobretudo pela mundialização, pelo surgimento de novas formas de contratação e pelo incremento nas relações de compra e venda, têm imposto novo paradigma que relativiza o caráter absoluto e intangível do contrato. Assim, diante de acontecimentos de natureza extraordinária que não podem ser previstos no momento da contratação ou que estejam fora do poder de controle das partes e que tenham potencial capaz de atingir diretamente a execução das **respectivas obrigações, surge a possibilidade de relativizar** o princípio da força obrigatória do contrato: isso tem o nome de "força maior".

Desta forma, em regra, numa relação contratual as partes assumem a responsabilidade pela execução defeituosa do contrato ou a inadimplência, há situações, entretanto, que justificam a exoneração da responsabilidade, conhecidas como "força maior" e caracterizadas pela imprevisibilidade e inevitabilidade do evento.

Enfatiza *Strenger* (2003, p. 264) que não há controvérsia a respeito da necessidade dos contratos internacionais conterem cláusula de força maior, razão pela qual chama atenção para os efeitos variados que poderão advir de seu texto, daí a importância de se definir claramente as "regras justificadoras da inexecução" e seus desdobramentos, para que se evitem "critérios flexíveis de sanções" e "incidência de motivos fáceis para a ruptura".

Muito embora também esteja relacionada a situações imprevistas e estranhas à vontade dos contratantes que repercutem negativamente no contrato, de modo a alterar sua economia e tornar "impossível ou extremamente oneroso para uma das partes cumprir sua obrigação", pois a cláusula *hardship* não se confunde com a "força maior", na medida em que o acontecimento gerador do *hardship* altera tão-somente a economia das partes, ao tornar mais oneroso o cumprimento do contrato e romper com o equilíbrio inicial. (BASSO, 1998, 269).

A cláusula de *hardship* derivaria da formulação contemporânea do princípio rebus sic *stantibus*, que rende ensejo para a relativização do princípio da força obrigatória (*pacta sunt servanda*) dos contratos e tem sido traduzida pela doutrina como cláusula de adaptação conforme considera Bastos (1990), assentando-se no princípio da autonomia da vontade das partes e da permanência da higidez econômica do contrato. Como nem todos os sistemas jurídicos permitem a revisão da relação jurídica contratual, a cláusula *hardship* apresenta-se como solução negocial disposta a restituir o equilíbrio contratual.

A cláusula *hardship* não está tangenciada propriamente ao evento, mas sim a seus reflexos na economia do contrato. Assim, ao revés do que ocorre com a força maior, as situações imprevisíveis e externas à vontade das partes não estão jungidas às forças da natureza ou a fato de terceiros, mas às condições modificativas que vão surgindo no decorrer da contratação, especialmente as de cunho econômico. Também distintas são as consequências, enquanto a força maior conduz à dissolução do contrato, a cláusula *hardship* tem por finalidade adaptá-lo às novas circunstâncias.

Trata-se de uma cláusula de grande utilidade para o cotidiano da prática contratual internacional que emerge como alternativa para as partes em busca de instrumentos que propiciem segurança perante eventuais alterações que poderão ocorrer no transcurso do contrato, favorecendo a perpetuação contratual (*favor contractus*). A cláusula *hardship*, como fomentadora de justiça negocial, é tão essencial para o comércio internacional que a Câmara de Comércio Internacional e a *Unidroit* a tomaram como objeto de estudo.

Destarte, sempre que as condições previamente estabelecidas no contrato vierem a causar onerosidade excessiva para uma das partes, a ponto de romperem com o equilíbrio do contrato, poderão ser revistas com base na cláusula *hardship*, que abre espaço para atuação dos envolvidos objetivando a manutenção da relação jurídica contratual. Como adverte *Stranger* (2003, p. 226 e s.), a cláusula *hardship* possibilita inclusive que os contratantes determinem quais os acontecimentos que justificariam sua incidência e os eventos que poderiam ser excluídos.

No sistema jurídico brasileiro, a cláusula *hardship* é tratada em leis especiais, tais como a Lei n. 8.666, de 21 de junho de 1993, conhecida como Lei de licitações cujo artigo 65, parágrafo 6º, possibilita a modificação contratual em decorrência do aumento dos encargos do contrato, com o fim de restabelecer o equilíbrio econômico-financeiro; e o Código de defesa do consumidor, instituído pela Lei n. 8.078, de 11 de setembro de 1990, que em seu artigo 6º, inciso V, acolhe a alteração contratual, em circunstâncias especiais, como direito básico do consumidor, dispondo *in verbis*: "a modificação das cláusulas contratuais que estabeleçam prestações desproporcionais ou a sua revisão em razão de fatos supervenientes que as tornem excessivamente onerosas".

A incidência da cláusula *hardship* ocorrerá sobretudo nos contratos de longa duração e não tem efeito automático, dependendo de previsão expressa a respeito da possibilidade de as partes promoverem a renegociação do contrato, com vistas a ajustar as prestações sinalagmáticas, ou recorrer para a intervenção de terceiro para resolução da controvérsia, que poderá ser um juiz ou árbitro.

RELAÇÕES INTERNACIONAIS

Convenção das Nações Unidas sobre os contratos de compra e venda internacionais de mercadorias – CISG

Apresentados os traços gerais dos contratos internacionais, em apertada síntese, podemos chegar a duas constatações: a primeira é de que a eleição da lei de regência desses instrumentos costuma gerar enorme insegurança jurídica, legitimada pelo fato de que no momento da escolha da lei os contratantes não têm como prever se o cumprimento do contrato terá êxito ou não. Em caso de sucesso, a lei de regência não terá muita relevância, mas, sobrevindo o descumprimento, ela terá papel determinante. A segunda é de que o custo de um processo judicial ou mesmo arbitral é bastante expressivo, considerando tanto os custos diretos que abrangem as despesas processuais e honorários advocatícios, bem como os indiretos que envolvem o período de decisão, a imagem da empresa etc. Além disso, imprevisibilidade dos custos e a solução que será obtida também propiciam vulnerabilidade, tome-se como exemplo duas empresas, uma alemã e outra brasileira, que elegem a lei italiana para reger o contrato, sobrevindo a quebra contratual as empresas terão que se submeter a uma lei que lhes é estranha.

Situações como essa já podem contar com uma vantajosa alternativa de solução consubstanciada na Convenção de Viena sobre contrato de compra e venda internacional de mercadorias, conhecida pelo acrônimo CISG. A referida convenção contém uma lei uniforme para o comércio mundial e possibilita às partes contratantes, signatárias da CISG, elegê-la para reger o contrato, o que certamente implica menores custos de transação e maior previsibilidade e segurança jurídica.

A Convenção de Viena das Nações Unidas sobre contratos de compra e venda internacionais de mercadorias foi aprovada por uma conferência diplomática representada por 62 Estados, em 10 de abril de 1980 (aberta para assinatura e adesão em 11 de abril de 1980), e entrou em vigor em 1º de janeiro de 1988 para os primeiros Estados que depositaram, com o Secretário-Geral das Nações Unidas, os respectivos instrumentos de adoção, a saber: Argentina, China, Estados Unidos, França, Hungria, Itália, Iugoslávia, Lesoto, Síria e Zâmbia.

No que se refere à adesão do Brasil à CISG, o projeto de decreto legislativo foi aprovado pela Câmara dos Deputados em oito de maio de 2012 e pelo Senado em 16 de outubro de 2012, e publicado no Diário Oficial da União em 19 de outubro de 2012. O depósito do instrumento de adesão brasileira, com o Secretário-Geral da Organização das Nações Unidas, Ban Ki-moon, ocorreu em 04 de março de 2013. O Decreto Executivo n. 8.327, de 16 de outubro de 2014, que determinou a promulgação da CISG, entrou em vigor em 17 de outubro de 2014. Deste modo, no plano internacional, passou a viger em 1º de abril de 2014, por se tratar do primeiro dia do mês seguinte ao final do prazo de 12 meses, contado da data do depósito do instrumento de adesão, e, no âmbito nacional, entrou em vigor em 17 de outubro de 2014. (LEGISLAÇÃO, 2016).

Hodiernamente, mais de oitenta países já adoram a CISG, isto é, somados representam a maior parte do valor negociado no comércio internacional. Trata-se de uma notável lei uniforme sobre trocas mercantis cujo texto resulta da junção da Lei Uniforme sobre Venda Internacional de Mercadorias – LUVI (formação dos contratos de compra e venda internacionais), e da Lei Uniforme sobre a Formação dos Contratos de Venda Internacional de Mercadorias – LUF (obrigações das partes). Sua elaboração resulta da conversão de esforços de países com culturas e graus de desenvolvimento econômico distintos, coordenados pela Comissão das Nações Unidas para o direito do comércio internacional - UNCITRAL. (A CISG, 2016)

Releva considerar que a CISG, já em seu pórtico, contém cláusula exceptiva (Artigo 2), não se aplicando nas seguintes hipóteses: vendas de mercadorias adquiridas para uso pessoal, familiar ou doméstico, exceto se o vendedor, antes ou no momento da conclusão do contrato, não souber, nem devesse saber, que as mercadorias são adquiridas para tal uso; em hasta pública; em execução judicial; vendas de valores mobiliários, títulos de crédito e moeda; vendas de navios, embarcações, aerobarcos e aeronaves; vendas de eletricidade.

A CISG acolhe amplamente o princípio da autonomia da vontade, prestigiando também a boa-fé objetiva, que deve ser considerada em sua interpretação, assim como o princípio *pacta sunt servanda*, previsto em várias disposições espalhadas pelo corpo de seu texto, como, por exemplo, o artigo 30, que dispõe sobre a obrigação do vendedor entregar as mercadorias, transmitir a propriedade sobre elas e remeter os respectivos documentos em conformidade com as condições previstas no contrato e na Convenção. Assim, a CISG está estruturada basicamente em três princípios: (i) observância de seu caráter internacional; (ii) aplicação uniforme de suas regras; e (iii) respeito à boa-fé no comércio internacional.

Em linha de arremate, o intercâmbio internacional de mercadorias, fora o âmbito da CISG, e, portanto, regido por diferentes ordenamentos jurídicos, pode comprometer a regulação de aspectos essenciais do contrato, dentre outros, a responsabilidade civil, sua limitação e exclusão, transferência de risco etc. Já sob o pálio da convenção, os agentes desse mercado passam a desfrutar de um ambiente mais estável, proporcionado pela homogeneização das regras, que trazem certeza e segurança jurídica, consequentemente reduzindo custos e riscos. Andou bem o Brasil ao ratificar a CISG, não só em razão da plena compatibilidade entre as regras da convenção e o ordenamento jurídico brasileiro, mas, notadamente, pelo avanço na positivação de normas no âmbito do direito dos contratos e na melhoria das negociações brasileiras cuja parcela mais expressiva do comércio internacional de mercadorias é realizada com países que aderiram à CISG.

Considerações finais

Como decorre do exposto, o contrato internacional é assinalado por aspectos jurídicos muito mais complexos do que um contrato estritamente nacional, uma vez que promove o intercâmbio de mercadorias, capitais e serviços entre empresas estabelecidas em diferentes países.

A mundialização da economia não só ampliou e conferiu um grau maior de complexidade às negociações do comércio internacional, bem como conduziu à centralidade os interesses corporativos das empresas dedicadas ao setor de atividade da operação que desenvolvam. Além disso, a eficácia dessas negociações é do interesse não só das empresas, por óbvio, mas de toda a comunidade internacional e dos Estados, já que a economia dos países foi desenvolvida.

Os contratos internacionais estão cada vez mais presentes no cotidiano empresarial. Essa expansão para além das fronteiras impõe a necessidade de uma legislação precisa e apropriada para enfrentar as dificuldades que defluem da complexidade que envolve o tema obrigacional no âmbito do direito internacional privado.

Neste contexto, podemos inferir que a atual Lei de Introdução às normas brasileiras, que trata da matéria obrigacional, não alcança tal desiderato. Nossa legislação ainda mantém os contornos traçados há dois séculos, o que é inconcebível para o desenvolvimento do comércio internacional. Deste modo, as partes necessitam ter muito cuidado na elaboração do contrato internacional, notadamente, porque as cortes brasileiras ainda não abraçaram integralmente a tese da autonomia privada. Melhor sorte assiste à questão da eleição de foro, tendo em vista as recentes alterações das normas processuais civilistas. Para agravar mais esse quadro, o Brasil ainda não adotou as convenções internacionais mais hodiernas, que dispõem sobre a lei aplicável e a escolha do foro, consentâneas com a realidade econômico-jurídica atual. A inércia legislativa brasileira certamente traz consequências danosas ao fluxo das negociações estrangeiras, razão pela qual torna-se imprescindível que o Brasil não demore a adotar a Convenção do México sobre Lei Aplicável aos contratos internacionais.

A Lei de Arbitragem brasileira, a seu turno, desponta como alternativa viável para garantir que o princípio da autonomia da vontade seja acolhido de modo amplo, permitindo inclusive a adoção pelas partes da *lex mercatoria* para regência do contrato. A arbitragem internacional desfruta de grande prestígio no cenário internacional, especialmente por representar um modo seguro e eficaz para a solução dos conflitos internacionais.

A cláusula *hardship* converte-se numa das principais características do contrato internacional, atenuando o princípio da força obrigatória dos contratos.

Finalmente, a CISG vem se firmado como um relevante instrumento internacional disposto a unificar a legislação para a compra e venda de mercadorias, oferecendo uma abordagem atual e uniforme sobre o assunto. A adesão do Brasil à Convenção, sem qualquer ressalva, demonstra total aceitação à implementação de seu texto nos contratos com integrantes brasileiros, além do que pouquíssimas são as transações do Brasil fora da CISG.

Questões para reflexão

Como verificação de aprendizagem, propomos as reflexões:

Qual é a regra de direito internacional privado que, no Brasil, indica o sistema jurídico que será aplicado?

Um cidadão argentino e um cidadão brasileiro celebraram um contrato comercial no Chile, no qual constou cláusula expressa de aplicação da lei mexicana. Sobreveio o conflito, e o processo foi submetido à justiça brasileira, já que as partes elegeram o foro brasileiro. O juiz brasileiro poderá aplicar a lei mexicana escolhida pelas partes?

Quais são formas de convenção de arbitragem?

Na hipótese de existir no contrato a cláusula expressa de submissão à arbitragem, podem as partes escolher livremente as regras de direito que serão aplicadas na arbitragem ou tais regras já vêm preestabelecidas na Lei de Arbitragem?

Possuindo o contrato a cláusula *hardship*, na hipótese de haver uma variante que torne impossível o cumprimento da avença, ocorrerá a extinção do contrato sem indenização por perdas e danos?

A cláusula de eleição de foro prevalece mesmo na hipótese de competência exclusiva da justiça brasileira?

A *lex mercatoria* caracteriza-se pelo fracionamento de regras especializadas de mercado, normas essas que não se submetem ao moroso sistema legislativo dos países. Aponte as vantagens e desvantagens dessa peculiaridade. Quais os riscos à soberania nacional?

A CISG adota o princípio da autonomia da vontade das partes?

A adesão do Brasil à CISG coloca o empresário brasileiro em situação mais vantajosa para a celebração de seus contratos?

Desde que entrou em vigor no Brasil, a CISG passou a ser o diploma legal aplicável a todos os contratos de compra e venda internacionais?

Nos contratos com países não signatários da CISG, o empresário brasileiro poderá prever expressamente na avença a aplicação da Convenção?

Estudo de caso

Em 02.10.2013, a empresa brasileira "A", um hospital, adquiriu da empresa "B", fabricante de equipamentos médico-hospitalares, sediada na Alemanha, um conjunto de aparelhos de uso hospitalar. O contrato de compra e venda foi celebrado em moeda estrangeira e indexado ao dólar, sendo que o pagamento deveria ser efetivado mediante conversão em moeda nacional e à medida que os aparelhos fossem entregues. O cálculo seria feito com base na cotação da data de cada pagamento. Ficou estabelecido que os produtos seriam entregues parceladamente num prazo total de três anos. No primeiro ano, foram entregues 10% (dez por cento), e, no segundo ano, 20% do total dos produtos adquiridos. Os 70% (setenta por cento) dos produtos restantes foram entregues em meados de janeiro de 2016. Ocorre que, por ocasião da entrega final dos produtos remanescentes, a moeda nacional (real) passava por uma crescente desvalorização diante do dólar americano, o que provocou um aumento vultuoso (quase da ordem de 100%) no contrato, tornando-o excessivamente oneroso para a empresa "A", em razão dos efeitos externos provocados pela crise.

. A empresa "A" tem o direito de invocar a cláusula *hardship* para renegociar as condições de pagamento do contrato? Justifique.

. Pode a empresa em desvantagem suspender a execução do contrato?

. Suponha-se que os contratantes tivessem excluído expressamente no contrato os casos fortuitos ou de força maior, mesmo assim, será possível invocar a cláusula *hardship* para renegociar o contrato?

. Se as partes não chegarem a um acordo num prazo razoável, qualquer uma delas poderá recorrer ao tribunal?

Apêndice

Jurisprudência:
I - Sentença estrangeira: laudo arbitral que dirimiu conflito entre duas sociedades comerciais sobre direitos inquestionavelmente disponíveis – a existência

e o montante de crédito a título de comissão por representação comercial de empresa brasileira no exterior: compromisso firmado pela requerida que, neste processo, presta anuência ao pedido de homologação: ausência de chancela na origem de autoridade judiciária ou órgão público equivalente: homologação negada pelo Presidente do STF nos termos da jurisprudência da Corte então dominante: agravo regimental a que se dá provimento por unanimidade tendo em vista a edição posterior da Lei . 9.307, de 23.9.96 que dispõe sobre a arbitragem, para que, homologado o laudo, valha no Brasil como título executivo judicial. Laudo arbitral: homologação: Lei da Arbitragem: controle incidental de constitucionalidade e o papel do STF. A constitucionalidade da primeira das inovações da Lei da Arbitragem – a possibilidade de execução específica de compromisso arbitral – não constitui, na espécie, questão prejudicial da homologação do laudo estrangeira: a essa interessa apenas, como premissa, a extinção, no direito interno, da homologação judicial do laudo (arts. 18 e 31) e sua consequente dispensa, na origem, como requisito de reconhecimento, no Brasil, de sentença arbitral estrangeira (art. 35). A completa assimilação, no direito interno, da decisão arbitral à decisão judicial, pela nova Lei de Arbitragem, já bastaria, a rigor, para autorizar a homologação, no Brasil, do laudo arbitral estrangeiro, independentemente de sua prévia homologação pela Justiça do país de origem. Ainda que não seja essencial à solução do caso concreto, não pode o Tribunal – dado o seu papel de "guarda da Constituição" – se furtar a enfrentar o problema de constitucionalidade suscitado incidentalmente (v.g. MS 20.505, Neri). 3. Lei de Arbitragem (L. 9307/96): constitucionalidade, em tese, do juízo arbitral; discussão incidental da constitucionalidade de vários dos tópicos da nova lei, especialmente acerca da compatibilidade ou não entre a execução judicial específica para a solução de futuros conflitos da cláusula compromissória e a garantia constitucional da universalidade da jurisdição do Poder Judiciário (CF, art. 5º, XXXV). Constitucionalidade declarada pelo plenário, considerando o Tribunal, por maioria de votos, que a manifestação de vontade da parte na cláusula compromissória, quando da celebração do contrato, e a permissão legal dada ao juiz para que substitua a vontade da parte recalcitrante em firmar o compromisso não ofendem o artigo 5º, XXXV, da CF. Votos vencidos, em parte- incluindo o do relator – que entendiam inconstitucionais a cláusula compromissória – dada a indeterminação de seu objeto – e a possibilidade de a outra parte, havendo resistência quanto à instituição da arbitragem, recorrer ao Poder Judiciário para compelir a parte recalcitrante a firmar o compromisso, e, consequentemente, declaravam a inconstitucionalidade de dispositivos da Lei 9.307/96 (art. 6º, parág. Único; 7º e seus parágrafos e, no art. 41, das novas redações atribuídas ao art. 267, VII e art. 301, inciso IX do C.Pr.Civil; e art. 42), por violação da garantia da universalidade da jurisdição do Poder Judiciário. Constitucionalidade – aí por decisão unânime, dos dispositivos da Lei de Arbitragem que prescrevem a irrecorribilidade (art. 18) e os efeitos de decisão judiciária da sentença arbitral (art. 31). SE 5206 – AgR/EP – Espanha. AG.REG.NA – Sentença Estrangeira. Relator Min. Sepúlveda Pertence. Julgamento 12/12/2001. Publicado DJ 30.04.2004 PP 00029. Partes: MBV Commercial and Exporte Mangemente Establisment – Resil Indústria e Comércio Ltda.

II - Sentença estrangeira contestada. Juízo arbitral. Demanda na justiça brasileira. Impedimento à homologação. Inexistência. Exame do mérito da relação de direito material. Impossibilidade. Alegação de parcialidade dos árbitros, inviabilidade de ser feita apenas nesta seara.1. A existência de demanda no Brasil com a discussão da mesma matéria dirimida em sentença estrangeira não obsta a homologação dessa última, tendo em vista tratar-se de jurisdições concorrentes, de prevalecer aquela que transitar em julgado em primeiro lugar. 2. A teor do disposto no art. 9º da Resolução n. 9/2009 do Superior Tribunal de Justiça, no processo de homologação de sentença estrangeira, "a defesa somente poderá versar sobre autenticidade dos documentos, inteligência da decisão e observância dos requisitos desta Resolução", não sendo cabível adentrar o mérito da relação jurídica de direito material objeto da sentença estrangeira. 3. A alegação de parcialidade dos árbitros por exercerem atividade análoga à da requerida não pode ser inaugurada no processo de homologação de sentença estrangeira, se a parte deixou de impugnar tal questão no momento oportuno, em atendimento ao previsto no Regulamento de Arbitragem. 4. Sentença estrangeira homologada. Decisão: Transcafé S/A requer a homologação de sentença arbitral estrangeira prolatada pela Green Coffee Association Inc, com sede em Nova York, nos Estados Unidos, que condenou a requerida ao pagamento de US$1.029.413,54 (um milhão, vinte e nove mil, quatrocentos e treze dólares e cinquenta e quatro centavos), acrescidos de juros no importe de 6%, computados de 24.6.2011 até a data do pagamento, mais as custas da arbitragem. Narra que as partes haviam celebrado contratos internacionais, tendo por objeto a venda e o embarque de sacas de café, mediante prestação de garantia por alienação fiduciária de imóveis. Aduz que, ante o inadimplemento da requerida, que deixou de enviar a mercadoria contratada, e a existência de cláusula compromissória, foi instaurada a convenção de arbitragem que resultou na sentença cuja homologação ora requer em face do não cumprimento voluntário pela parte adversa. Em sua contestação, a requerida alega a existência de demanda (processo n. 0014814-97.2011.8.26.0562) envolvendo as mesmas partes e o mesmo objeto, já com sentença meritória proferida e aguardando juízo de admissibilidade de recurso especial pelo TJSP cujas decisões lhe foram favoráveis, inclusive afastando a análise do juízo arbitral. Afirma, outrossim, que o negócio jurídico consta de escritura pública de aditamento de contratos internacionais de comércio e de alienação fiduciária de imóveis e outras avenças, firmada em 31.1.2011, que previa duas etapas de embarques de mercadorias. Alega que a requerida não cumpriu sua parte na liberação de alienação fiduciária de imóvel, mesmo cumprida a primeira etapa do contrato, implicando quebra de confiança e onerosidade excessiva. Sustenta que o contrato previu a eleição de foro da Comarca de Santos (SP) para dirimir eventuais controvérsias e que haveria conflito de interesses entre as partes, uma vez que os árbitros são também importadores de café, atividade mercantil análoga à da autora. Em réplica, a requerente afirma que não é parte na ação que tramita no Brasil, pela qual, de qualquer forma, não obsta a homologação da sentença estrangeira; reafirma a existência de cláusula compromissória; sustenta que a requerida participou do procedimento arbitral e jamais arguiu a suspeição ou impedimento dos árbitros; e salienta que não houve alegação de quaisquer das questões previstas no art. 9º da Resolução STJ n. 09/2005. O Ministério Público Federal opinou pelo deferimento do pedido exordial. A requerente peticionou às fls. 443/450, informando a homologação, recentemente de outra sentença estrangeira (SEC 9.714) referente à mesma matéria de fundo, discutida pelo mesmo painel de árbitros e requereu preferência na análise do presente feito. É o relatório. Decido. As questões suscitadas como óbice à homologação da sentença estrangeira já foram analisadas anteriormente por esta Corte e rechaçadas, o que justifica o julgamento monocrático do presente feito. A alegação de que existe demanda tramitando no Brasil com o mesmo objeto da sentença estrangeira não impede sua homologação, visto que, tratando-se de competência internacional concorrente, podem os feitos tramitar em paralelo, vindo a prevalecer a decisão daquele que transitar em julgado em primeiro lugar. Nesse sentido, confiram-se estes precedentes: "Sentença estrangeira contestada. Laudo arbitral. Arbitragem relativa a contratos conexos. Suspensão do procedimento. Não cabimento. Inexequibilidade do laudo no país de origem. Irrelevância. Competência do tribunal arbitral. Incursão no mérito das regras contratuais. Impossibilidade. Compensação de valores. Pagamento extrajudicial. Temas a serem apreciados em sede de execução. Requisitos preenchidos. Pedido deferido.1. Cuidando-se de competência internacional concorrente, como na hipótese em exame, a tramitação de ação no Brasil ou no exterior que possua o mesmo objeto da sentença estrangeira homologada não impede o processo de homologação, sendo certo, ainda, que a suspensão do andamento desse feito ofenderia o disposto no art. 90 do Código de Processo Civil.(......)." (SEC n. 9.880/EX, Corte Especial, relatora Ministra Maria Thereza de Assis Moura, DJe de 27.5.2014.) "Processo civil. Agravo regimental em pedido de homologação de sentença estrangeira contestada. Pedido de suspensão do julgamento deferido. Prejudicialidade externa. Ação na qual se discute a validade da sentença em trâmite em primeiro grau de jurisdição.

Impossibilidade de suspensão. Reforma do decisum.1. A propositura de ação, no Brasil, discutindo a validade de cláusula arbitral porque inserida, sem destaque, em contrato de adesão, não impede a homologação de sentença arbitral estrangeira que, em procedimento instaurado de acordo com essa cláusula, reputou-a válida. 2. A jurisprudência do STF, à época em que a homologação de sentenças estrangeiras era de sua competência constitucional, orientava-se no sentido de não vislumbrar óbice à homologação o fato de tramitar, no Brasil, um processo com o mesmo objeto do processo estrangeiro. Precedentes 2. A jurisprudência do STJ, ainda em formação quanto à matéria, vem se afirmando no mesmo sentido. Precedente.3. Exceção a essa regra somente se dava em hipóteses em que se tratava de competência internacional exclusiva do Brasil ou em matéria envolvendo o interesse de menores. Precedentes.4. Se um dos elementos que impediria o deferimento do pedido de homologação de sentença estrangeira é o fato de haver, no Brasil, uma sentença transitada em julgado sobre o mesmo objeto, suspender a homologação até que se julgue uma ação no país implicaria adiantar o fato ainda inexistente, para dele extrair efeitos que, presentemente, ele não tem.5. Agravo regimental provido para o fim de determinar a continuidade do julgamento da SEC." (AgRg na SEC n. 854/EX, Corte Especial, relatora Ministra Nancy Andrighi, DJe de 14.4.2011.) Da mesma forma, é indevida a tentativa de obstar a homologação da sentença estrangeira pela discussão do mérito da questão controvertida. Consoante disposto no art. 9º, da Resolução n. 09/2009, deste Superior Tribunal de Justiça, "a defesa somente poderá versar sobre autenticidade dos documentos, inteligência da decisão e observância dos requisitos desta resolução", em que se acham enumerados no seu art. 5º. Por fim, também não obsta a homologação da sentença estrangeira a alegação de parcialidade dos árbitros por exercerem atividade análoga à da autora. Como salientado pelo parecer ministerial, essa questão não foi suscitada no momento oportuno e na forma prevista no Regulamento de Arbitragem, não sendo possível seu exame nessa seara. Verifica-se, portanto, que a sentença arbitral preenche todos os requisitos exigidos pela Resolução n. 09/2009 do STJ, na medida em que proferida por autoridade competente, com trânsito em julgado, devidamente autenticada pelo Consulado-Geral do Brasil em Nova York, traduzida por tradutor juramentado e imune a causar ofensa à soberania do Estado brasileiro ou mesmo à ordem pública. Além disso, atende às exigências previstas nos arts. 38 e 39 da Lei n. 9.307/96. Ante o exposto, defiro o pedido para homologar a sentença arbitral estrangeira, determinando a expedição de carta de sentença, e fixo os honorários advocatícios sucumbenciais em R$ 2.000,00 (dois mil reais). Publique-se. Brasília (DF), 30 de junho de 2014. Ministro João Otávio de Noronha Relator. Sentença estrangeira contestada Nº 9.713 - US (2013/0296473-2).

III- Apelação cível. Transporte. Transporte de coisas. Direito empresarial. Direito internacional privado. Ação condenatória por danos materiais. Contrato de transporte internacional de mercadorias. Transporte de flores entre Brasil e Itália. Custeio do frete pelo importador. Cláusula *Free Carrier*. *international commercial terms ("incoterms")*. Câmara de comércio internacional. *"Lex mercatoria"*. Grupo econômico de fato. Critérios. Desconsideração da personalidade jurídica. Requisitos.1- É possível a aplicação, pelo Poder Judiciário, de normas integrantes da "nova *lex mercatoria*", de que são exemplos os *incoterms* editados sob os auspícios da Câmara Internacional de Comércio. Atribuição de eficácia ao contrato firmado entre as partes, com base em norma da "nova *lex mercatoria*", que tem lugar independentemente da natureza não vinculativa das suas regras e da sua origem e criação independentes da autoridade estatal. Cláusula de *incoterm* que não confronta qualquer dispositivo do direito brasileiro, ao repartir os custos da remuneração do transporte, entre o importador e o exportador. Ajuste contratual que se dota de efeitos, em Juízo, sob pena de violação aos princípios da liberdade de contratação e da força obrigatória do contrato, entre as partes que o firmam. 2- Muito embora a Cláusula *Free Carrier* (FCA) atribua ao importador o dever de custeio do frete, a partir do local indicado... pelas partes - no caso, Porto Alegre -, o pagamento do valor pleiteado pela autora, nesta contenda, deve ficar a cargo da exportadora ré, descabendo cogitar de responsabilidade da empresa italiana importadora (alheia aos autos). Circunstâncias do caso concreto que ensejam a desconsideração de personalidade jurídica, ante a constatação da ocorrência de grupo econômico de fato entre a empresa brasileira demandada (Agroindustrial Lazzeri S.A.) e a empresa italiana que não está no polo passivo da demanda (Lazzeri Società Agrícola). Desconsideração da personalidade jurídica que permite imputar à exportadora ré o ônus que, nos termos da cláusula de *incoterm* FCA, competiria à importadora estrangeira, como se essa fosse.3- Tendo a autora comprovado a realização do serviço de transporte de mercadorias entre Porto Alegre e Roma, na forma do art. 333, I, do CPC, impõe-se a procedência do pedido inicial, ante a falha da ré em se desincumbir do ônus quanto ao fato (s) impeditivo (s), extintivo (s) ou modificativo (s) do direito da autora. Juízo de procedência do pedido e desconsideração da personalidade jurídica que tornam prejudicado o exame do pedido sucessivo de citação da empresa estrangeira, de modo a figurar no polo passivo do feito. Apelação cível provida. (TJ – RS - Apelação Cível Nº 70065097891, Décima Segunda Câmara Cível, Tribunal de Justiça do RS, Relator: Umberto Guaspari Sudbrack, Julgado em 10/12/2015).

IV- Direito internacional privado. Dívida de jogo contraída no exterior. Pagamento com cheque de conta encerrada. Art. 9º da Lei de Introdução ao Código Civil. Ordem pública. Enriquecimento ilícito. 1. O ordenamento jurídico brasileiro não considera o jogo e a aposta como negócios jurídicos exigíveis. Entretanto, no país em que ocorreram, não se consubstanciam tais atividades em qualquer ilícito, representando, ao contrário, diversão pública propalada e legalmente permitida, donde se deduz que a obrigação foi contraída pelo acionado de forma lícita. 2. Dada a colisão de ordenamentos jurídicos no tocante à exigibilidade da dívida de jogo, aplicam-se as regras do direito internacional privado para definir qual das ordens deve prevalecer. O art. 9º da LICC valorizou o *locus celebrations* como elemento de conexão, pois define que, "Para qualificar e reger as obrigações, aplicar-se-á a lei do país em que se constituírem". 3. A própria Lei de Introdução ao Código Civil limita a interferência do direito alienígena, quando houver afronta à soberania nacional, à ordem pública e aos bons costumes. A ordem pública, para o direito internacional privado, é a base social, política e jurídica de um Estado, considerada imprescindível para a sua sobrevivência, que pode excluir a aplicação do direito estrangeiro. 4. Considerando a antinomia na interpretação dos dois sistemas jurídicos, ao passo que se caracterizou uma pretensão de cobrança de dívida inexigível em nosso ordenamento, tem-se que houve enriquecimento sem causa por parte do embargante, que abusou da boa-fé da embargada; situação, essa, repudiada pelo nosso ordenamento, vez que atentatória à ordem pública, no sentido que lhe dá o direito internacional privado.5. Destarte, referendar o enriquecimento ilícito perpetrado (sic) pelo embargante representaria afronta muito mais significativa à ordem pública do ordenamento pátrio do que admitir a cobrança da dívida de jogo.6. Recurso improvido. TJ – DF – Embargos Infringentes cíveis: EIC 44929197 DF. Segunda Câmara Civil. Relator Wellington Medeiros. Julgado em 14.10.1998. DJU 10/02/1999, pág. 22.

V – Trabalho em navio estrangeiro - Empregado pré-contratado no Brasil – Conflito de leis no espaço- Legislação aplicável. 1.O princípio do centro de gravidade, ou, como chamado no direito norte-americano, *most significant relationship*, afirma que as regras de direito internacional privado deixarão de ser aplicadas, excepcionalmente, quando, observadas as circunstâncias do caso, verifica-se que a causa tem uma ligação muito mais forte com outro direito. É o que se denomina -válvula de escape-, dando maior liberdade ao juiz para decidir o direito aplicável ao caso concreto. 2. Na hipótese, em se tratando de empregada brasileira, pré-contratada no Brasil, para trabalho parcialmente exercido no Brasil, o princípio do centro de gravidade da relação jurídica atrai a aplicação da legislação brasileira. Multa dos artigos 477 e 467 da CLT - Fundada controvérsia Não se conhece do Recurso de Revista que não logra demonstrar divergência jurisprudencial específica e não aponta violação legal ou contrariedade à súmula. Recurso de Revista não conhecido. TST Recurso de Revista: RR 127004220065020446 12700-42.2006.5.02.0446. Oitava Turma. Rel. Maria Cristina Irigoyen Peduzzi. Julgado em 06/05/2009. Publicação 22/05/2009.

Referências

ACCYOLY, Hildebrando. SILVA, G.E. do Nascimento e., CASELLA, Paulo Borba. *Manual de Direito Internacional Público*. 20. ed. São Paulo: Saraiva, 2012.

ARAUJO, Nadia de. *Contratos internacionais: autonomia da vontade, mercosul e convenções internacionais*. 4. ed. Rio de Janeiro: Renovar, 2009.

BASSO, Maristela. *Contratos Internacionais do comércio: negociação, conclusão, prática*. Porto Alegre: Livraria do Advogado, 1998.

BASTOS, Celso Ribeiro. *Contratos Internacionais: compra e venda internacional*. São Paulo: Saraiva, 1990.

BATIFFOL, Henri. *Aspects Philosophiques du Droit International Privé*. Paris, Dalloz, 1956.

BATISTA, Luiz Olavo. *Contratos internacionais*. São Paulo: Lex Editora, 2010.

BULL, Hedley. *Sociedade Anárquica: um estudo da ordem na política mundial*. Trad. Sergio Bath. Brasília: Editora Universidade de Brasília, 2002.

ENGELBEG, Esther. *Contratos internacionais do comércio*. 4 ed. São Paulo: Atlas, 2010.

FERREIRA, Aurélio Buarque de Holanda. *Novo Dicionário da Língua Portuguesa*. Rio de Janeiro: Editora Nova Fronteira S.A, 1975.

GOMES, Orlando. *Contratos*. 4 ed. Rio de Janeiro: Companhia Editora Forense, 1973. HUCK, Hermes Marcelo. *Sentença estrangeira e "lex mercatoria": horizontes e fronteiras do comércio internacional*. São Paulo: Saraiva, 1994.

JAKOBSEN, Kjeld. *Comércio Internacional e desenvolvimento: Do GATT à OMC – discurso e prática*. São Paulo: Fundação Perseu Abramo, 2005.

MACCHIAVELLI, Niccolò. *O Príncipe: comentários de Napoleão Bonaparte e Cristina da Suécia*. Tradução e revisão Ana Paula Pessoa. São Paulo: Jardim dos Livros, 2007.

MELO, Jairo Silva. *Contratos Internacionais e cláusulas hardship*. São Paulo: Aduaneiras, 1999.

NAVES, Bruno Torquato de Oliveira. *Da quebra da autonomia liberal à funcionalização do direito contratual.* In FIUZA, César; SÁ, Maria de Fátima Freire de; NAVES, Bruno Torquato de Oliveira (coord.). *Direito civil: atualidades II: da autonomia privada nas situações jurídicas patrimoniais e existenciais.* Belo Horizonte: Del Rey, 2007.
NERY JUNIOR, Nelson. NERY, Rosa Maria de Andrade. *Novo Código Civil e legislação extravagante anotados.* São Paulo: Revista dos Tribunais, 2002.
REALE, Miguel. *Lições Preliminares de Direito.* 27. ed. São Paulo: Saraiva, 2005.
RECHSTEINER, Beat Walter. *Direito Internacional privado: teoria e prática.* 4. ed. rev. atual. São Paulo: Saraiva, 2000.
RODAS, João Grandino (coord.). *Contratos internacionais.* 3. ed. rev.,atual. e ampl. São Paulo: Revista dos Tribunais, 2002.
SARQUIS, Sarquis José Buainain. *Comércio internacional e crescimento econômico no Brasil.* Brasília: Fundação Alexandre Gusmão, 2011.
STELZER, Joana; GONÇALVES, Everton das Neves (orgs.). MEIRELES, André Bezerra. *Direito das Relações Internacionais.* Ijuí: Ed. Unijuí, 2006.
STRENGER, Irineu. *La notion de Lex mercatoria em droit de commerce internacional.* Recueil des Cours de l'Académie de Droit Internacional 227:209-335, 1991, apud Beat Walter Rechsteiner. *Direito Internacional privado: teoria e prática.* 4. ed. rev.atual. São Paulo: Saraiva, 2000.
Direito do Comércio Internacional e Lex mercatoria. São Paulo:Ltr, 1996.
Contratos internacionais do comércio. 4. ed. São Paulo: LTr, 2003.
THORSTENSEN, Vera. *OMC – Organização Mundial do Comércio: as regras do comércio internacional e a nova rodada de negociações multilaterais.* 2. ed. São Paulo: Aduaneira, 2001.
VALLADÃO, Haroldo. *Direito internacional privado.* Rio de Janeiro: Freitas Bastos, v. III, 1978.

Fontes da Internet
ARAUJO, Nadia de. *Contratos internacionais no Brasil: posição atual da jurisprudência no Brasil.* Revista Trimestral de Direito Civil, v. 34, pp. 267-280, 2008. Disponível em: <http://nadiadearaujo.com>. Acesso em 11 de abr. de 2016.
A Conferência da Haia de Direito Internacional Privado: reaproximação do Brasil e análise das convenções processuais. Revista de Doutrina - TRF 4ª Região, n. 62, out. 2014. Disponível em: <http://bdjur.stj.jus.br>. Acesso em 10 de maio de 2016.
CISG BRASIL. *Convenção de Viena sobre contratos de compra e venda internacional de mercadorias - CISG.* Disponível em: <http://www.cisg-brasil.net>. Acesso em 11 de abr. de 2016.
DEPARTAMENTO DE ASSUNTOS JURÍDICOS INTERNACIONAIS. *Convenção interamericana sobre direito aplicável aos contratos internacionais.* Disponível em: <http://www.oas.org>. Acesso em 19 de mar. de 2016.

HAGUE CONFERENCE ON PRIVATE INTERNATIONAL LAW- HCCH. *Conferência da Haia - Princípios da escolha de lei aplicável aos contratos internacionais.* Disponível em: <https://www.hcch.net>. Acesso em 20 de maio de 2016.

RODAS, João Grandino. *Princípios da Haia evidenciam insegurança brasileira em contratos internacionais.* Consultor Jurídico. Disponível em: <http://www.conjur.com.br>. Acesso em 28 de abr. de 2016.

THORSTENSEN, Vera. *A OMC Organização Mundial do Comércio e as negociações sobre comércio, meio ambiente e padrões sociais.* Revista Brasileira de Política Internacional v.41 n.2, Brasília, 1998. Disponível em: <http://www.scielo.br>. Acesso em 18 de abr. de 2016.

CAPÍTULO 9

Internacionalização da educação

Dra. Teresinha Covas Lisboa

DRA. TERESINHA COVAS LISBOA

> As instituições de ensino superior precisam entender a importância do processo de internacionalização não só como um facilitador de inclusão social, mas também de inclusão global, uma vez que muitos alunos consideram a internacionalização como "a grande oportunidade, e às vezes a única, de ter contato com o ambiente internacional.
> (Claudia Maffini Griboski, 2015)

Objetivos do capítulo

- Apresentar a trajetória da internacionalização na educação.
- Discutir a participação dos órgãos governamentais no processo de formação da internacionalização das carreiras docente e discente.
- Analisar os efeitos da internacionalização na formação acadêmica.
- Apresentar depoimentos de docentes e discentes sobre o tema.
- Demonstrar como a internacionalização desenvolve novas competências e lideranças.

Introdução

Com o advento da globalização, vários setores da sociedade sentiram os crescimentos econômico, social e cultural, inclusive nos meios acadêmicos.

O comércio internacional de bens e serviços integrou o mundo dos negócios e estimulou a área acadêmica em pesquisas que focassem indivíduos, empresas, nações, e, principalmente, a área da pesquisa científica.

As empresas brasileiras passaram por grandes processos de reestruturação em que alguns fatores podem ser citados, como, por exemplo:

> Redução do papel do Estado como agente de promoção econômica, principalmente por meio da desestatização de empresas; a maior abertura econômica; e um maior fluxo de capital estrangeiro destinado à aquisição de empresas.
> (DUARTE in RODRIGUES, 1999, p. 206).

O crescimento econômico fulminou numa revisão dos conteúdos acadêmicos, tendo em vista a competitividade gerada, maior fluxo de capital estrangeiro e novas fábricas instaladas no Brasil.

A partir dos anos 90, a internacionalização na educação tomou um vulto expressivo ligado a universidades nos segmentos de graduação, extensão, pesquisa e pós-graduação. As tentativas de fixarem padrões de convênios com centros universitários internacionais provocaram a ida de estudantes e de docentes para diversos continentes.

A internacionalização do ensino superior foi gratificante para as instituições, pois essas puderam adotar metodologias e didáticas adaptáveis à realidade brasileira. A própria educação a distância (EAD) propiciou ao alunado a oportunidade de buscar informações em áreas anteriormente não procuradas e de cursar programas em instituições renomadas. Consequentemente, o estímulo à opção pelo segundo ou terceiro idioma veio a ser necessário.

No contexto da globalização, nos últimos anos, várias indústrias internacionais fixaram suas fábricas e escritórios no Brasil, e, para isso, a exigência de um estágio internacional possibilitou a contratação de pessoas que obtiveram experiências no exterior. É o caso, por exemplo, de indústrias automobilísticas, de eletrônicos e de serviços, que precisam de pessoal mais qualificado e atualizado.

A apresentação do Plano de Desenvolvimento Institucional – PDI é ressaltada, neste capítulo, no intuito de demonstrar a trajetória do processo universitário, desde o estudo regional da organização até a sua operacionalização baseada no estudo financeiro. Na verdade, o plano estratégico traz uma visão ampla dos contextos atual e futuro.

Apresentou-se, também, a Declaração Mundial do Ensino Superior, elaborada na Conferência Mundial sobre educação superior, em Paris, no ano de 1998.

Nesse documento, podemos vislumbrar o compartilhamento de conhecimentos teóricos e práticos entre países e continentes.

Finalmente, uma pesquisa coadunada a profissionais e a bolsistas que relataram suas experiências na internacionalização de carreiras.

Conceitos

É importante conceituarmos "globalização", pois foi um marco para a transformação mundial, e, principalmente, para o Brasil. Bassi conceitua como "um processo de integração mundial que está ocorrendo nos setores de comunicações, economia, finanças e nos negócios" (1997, p. 29). É um fenômeno que atingiu países de vários continentes. Mas, podemos acrescentar que a globalização atingiu a área educacional, pois as oportunidades de internacionalização da carreira acadêmica aconteceram rapidamente, representadas pelos docentes que cruzaram fronteiras para levar o conhecimento em eventos científicos, e, consequentemente, discentes, que também acompanhavam suas instituições em trabalhos fora do Brasil.

Segundo Lacombe, "... A educação emerge como prioridade nacional óbvia" (2011, p. 423). O autor demonstra que a educação tem o dom de aumentar a capacidade dos avanços tecnológicos. Assim, o conhecimento antecede a tecnologia, pois necessita do homem como garantia de pesquisa científica.

Portanto, a globalização trouxe uma abertura para a internacionalização das empresas, das carreiras e das instituições acadêmicas. Para prepararmos indivíduos ao mercado externo, temos que investir no conhecimento com as universidades, buscando órgãos de fomento e programas de cooperação técnica que forneçam bolsas de estudos para os alunos e para os professores. Os programas de mestrado, doutorado e pós-doutorado são exemplos de participação no mercado globalizado.

A transnacionalização da educação corresponde aos intercâmbios existentes. O termo, quando focado na educação, limita-se a estudar essas atividades acadêmicas realizadas em países escolhidos para aperfeiçoar o idioma ou o conhecimento de alguma área específica. É comum encontrarmos *offshoring*, que é a terceirização de serviços fora de seu país de origem, onde pessoas são contratadas para atuar em educação, treinamento, legislação, infraestrutura e outros serviços. É interessante exemplificar o desenvolvimento de *software* na Índia, ou seja, a instalação de *call-centers* em outros países no intuito de minimizar custos, aproveitando as diferenças de fusos horários (LACOMBE, 2011).

Costa (2009, p. 47) menciona que:

> é possível extrair da literatura consultada diferentes definições de internacionalização da educação superior (ES) que podem ser sintetizadas nas seguintes vertentes: a internacionalização como cooperação internacional; internacionalização como mercantilização dos serviços educacionais; e internacionalização como transnacionalização das políticas de educação superior.

Assim, todo processo dependerá das ações governamentais dos programas que estarão disponibilizados para as universidades e de seu público.

Em relação às empresas transnacionais, o conceito foi dado pela Conferência das Nações Unidas para o comércio e o desenvolvimento (UNCTAD, 2010), conforme cita Carvalho Filho (2011, p. 91):

> Empresa Transnacional (ETN) é geralmente considerada como uma empresa que compreende as entidades em mais de um país que operam sob um sistema de tomada de decisão que permite políticas coerentes e de uma estratégia comum. As entidades são tão ligadas, por posse ou não, que uma ou mais delas podem ser capazes de exercer uma influência significativa sobre os outros, e, em particular, partilhar conhecimentos, recursos e responsabilidades com os outros.

A internacionalização possibilita para qualquer indivíduo a possibilidade de superar desafios, a capacidade de análise de cenários locais, o autoconhecimento e a interação com grupos multiprofissionais.

A transnacionalização cuida da internacionalização do ensino. É uma forma de estabelecer relações internacionais entre instituições.

Os efeitos da globalização na internacionalização da educação

O principal indicador de mudanças estruturais na economia é o coeficiente de importação e de exportação. No caso do Brasil, esse reflexo foi sentido, sobretudo nos últimos anos, pelo comportamento do consumidor, pois o preço e a qualidade levaram o varejo a compatibilizar as duas variáveis. A ascensão da base da pirâmide social provocou mudanças que refletiram, também, no meio universitário. O governo federal propiciou aos alunos de baixa renda a possibilidade de estudarem por meio de bolsas de estudo reembolsáveis. Em contrapartida, os estados oferecem cursos de técnicos e de tecnologia com a possibilidade de entrada no mercado após o término do curso.

Consequentemente, por tratar-se de cursos específicos, há necessidade de programas atualizados de ordens nacional e internacional. Como exemplo, no curso de gestão da tecnologia da informação, o aluno aprende linguagem de programação, desenvolvimento de *softwares* e implementação de sistema de banco de dados, dentre outros conteúdos. Já no campo gerencial, estuda administração, contabilidade, finanças, economia, negócios, *marketing*, gestão de pessoas e gestão da produção, dentre outros fatores. Os cursos podem ser oferecidos na modalidade presencial ou a distância.

Essa tendência é importante, pois o número de empresas estrangeiras tem aumentado nos últimos anos em todo o território nacional. As montadoras têm exigido, na contratação de funcionários, conhecimentos de tecnologia da informação e um segundo idioma. Portanto, há necessidade de alinharmos os estudantes de todos os níveis às exigências do mercado internacional.

O ex-ministro Paulo Renato de Souza afirmou, durante sua gestão, que o "caminho para o país reduzir o quadro agudo de desigualdade na distribuição de renda é o investimento cada vez maior em educação, dando oportunidades de escolarização para todos os brasileiros" (MACHADO NETO, 2002, p. 61).

A aprendizagem a distância é uma forma de as instituições de ensino superior oferecerem cursos nacionais ou internacionais. A internacionalização não se dá apenas na ida de estudantes ao exterior. Machado Neto (2002) comenta as conclusões que chegaram 4000 especialistas na Conferência Mundial de Educação Superior, realizada em Paris, onde chamavam a atenção para as escolas superiores virtuais que seriam a melhor forma de inserção global no mundo do conhecimento. Desta feita, o mais incrível é que essa análise foi realizada em 1998. Porém, no Brasil, segundo o autor, a maioria das universidades brasileiras já oferecia ensino a distância.

As instituições de ensino superior agem como outras organizações, à medida que buscam novos horizontes. Porém, não podem perder seu objetivo principal: educação com qualidade. Nos últimos anos, temos percebido a compra, venda e fusão de várias instituições. Grupos estrangeiros também têm procurado instituições de ensino no intuito de entrar no mercado competitivo. E como agir?

Para a internacionalização da educação, estratégias devem ser estudadas no sentido de operacionalizar as técnicas administrativas que envolvam os dirigentes, estudantes, professores e o corpo administrativo.

O planejamento estratégico é uma ferramenta de grande significância para a área de educação, tendo em vista as flutuações e os riscos iminentes. Tem como objetivo estudar todos os fatores externos à organização, estudar as forças que afetam as instituições de educação e todos os demais aspectos externos a ela. A análise que pode ser feita está apresentada no quadro 1.

Quadro 1 – Análise externa da organização educacional

Economia	Renda e sua distribuição, preços, emprego, dinamismo econômico, padrões de consumo.
Demografia	População, número de habitantes, composição, distribuição, escolaridade, faixa etária.
Política	Legislação, regulamentações, movimentos populares.
Tecnologia	Tecnologias de produto, sistemas informatizados, prestação de serviços, comunicação, internet.
Meio ambiente	Meio urbano, meio natural, social.
Cultura	Estilos de vida, valores da sociedade, cultura popular.

Serviços de saúde	Competitividade, desenvolvimento empresarial, *marketing*, conscientização da população sobre o sistema existente, atuação do setor, convênios existentes.
Mercado	Fluxo existente, mercado potencial, segmentação, estudos e pesquisas, base de dados.
Concorrência	Análises quantitativa e qualitativa, recursos, tendências, inovações.

Fonte: Adaptado de Serra, M.F.A.R, Torres, M.C.S., Torres, A.P., Reichmann, 2014.

Essas informações estão visíveis também no PDI-Plano de Desenvolvimento Institucional, elaborado para um período de cinco anos. É o documento que identifica a Instituição de Ensino Superior (IES) no que diz respeito à sua filosofia de trabalho, à missão a que se propõe, às diretrizes pedagógicas que orientam suas ações, à sua estrutura organizacional e às atividades acadêmicas que são desenvolvidas e/ou que se pretende desenvolver.

Segundo o Ministério de Educação (MEC, 2007), a elaboração do PDI deverá explicitar o modo pelo qual o documento foi construído e a interferência que exercerá sobre a dinâmica da instituição, tendo como pressuposto o atendimento ao conjunto de normas vigentes.

É imprescindível, na elaboração do PDI, considerar como princípios a clareza e a objetividade do texto, bem como a coerência, de forma a expressar a adequação entre todos os seus elementos, e a factibilidade, de modo a demonstrar a viabilidade do seu cumprimento integral.

A recomendação do Plano de Desenvolvimento Institucional não autoriza por si só que as IES implementem a expansão nele prevista, devendo a elas, de acordo com os cronogramas apresentados no PDI, proceder às solicitações que se fazem necessárias, encaminhando seus pedidos, pelo Sistema Sapiens. Os projetos pedagógicos, incluindo a denominação de curso e o perfil proposto, devem ser objeto de avaliação posterior.

Para a elaboração do PDI, o Ministério da Educação (2016) apresenta um formulário contendo as dimensões que serão analisadas posteriormente pelo próprio órgão.

RELAÇÕES INTERNACIONAIS

Instrumento – MEC

Eixos Temáticos Essenciais do PDI

I. Perfil institucional

- Breve histórico da IES;
- Missão;
- Objetivos e metas (Descrição dos objetivos e quantificação das metas com cronograma);
- Área (s) de atuação acadêmica.

II. Projeto pedagógico institucional– PPI

- Inserção regional;
- Princípios filosóficos e técnico-metodológicos gerais que norteiam as práticas acadêmicas da instituição;
- Organização didático-pedagógica da instituição:

O plano para o atendimento às diretrizes pedagógicas, estabelecendo os critérios gerais para definição de:

1. Inovações consideradas significativas, especialmente quanto à flexibilidade dos componentes curriculares;
2. Oportunidades diferenciadas de integralização curricular;
3. Atividades práticas e estágio;
4. Desenvolvimento de materiais pedagógicos;
5. Incorporação de avanços tecnológicos.

- Políticas de ensino;
- Políticas de extensão;
- Políticas de pesquisa (para as IES que propõem desenvolver essas atividades acadêmicas);
- Políticas de gestão;
- Responsabilidade social da IES (enfatizar a contribuição à inclusão social e ao desenvolvimento econômico-social da região).

III. Cronograma de implantação e desenvolvimento da instituição e dos cursos (presencial e a distância)

Oferta de cursos

As instituições deverão apresentar dados relativos ao número de vagas, dimensões das turmas, turno de funcionamento e regime de matrícula de seus cursos. Informar ainda a situação atual dos cursos (em funcionamento, em fase de autorização ou de futura solicitação), incluindo o cronograma de expansão na vigência do PDI conforme detalhamento a seguir:

- Graduação (bacharelado, licenciatura e tecnologia);
- Sequenciais (formação específica e complementação de estudos);
- Programas especiais de formação pedagógica;
- Pós-graduação (lato sensu);
- Pós-graduação (stricto sensu);
- Polos de EAD (atender Portaria Normativa nº 2 de 10 de janeiro de 2007);
- Campi e cursos fora de sede;
- Composição (titulação, regime de trabalho, experiência acadêmica no magistério superior e experiência profissional não acadêmica);
- Plano de carreira;
- Critérios de seleção e de contratação;
- Procedimentos para substituição (definitiva e eventual) dos professores do quadro;
- Cronograma e plano de expansão do corpo docente, com titulação e regime de trabalho, detalhando o perfil do quadro existente e pretendido para o período de vigência do PDI.

IV. Perfil do corpo docente

- Composição (titulação, regime de trabalho, experiência acadêmica no magistério superior e experiência profissional não acadêmica);
- Plano de carreira;
- Critérios de seleção e de contratação;
- Procedimentos para substituição (definitiva e eventual) dos professores do quadro;

- Cronograma e plano de expansão do corpo docente, com titulação e regime de trabalho, detalhando perfil do quadro existente e pretendido para o período de vigência do PDI.

V. Organização administrativa das IES
- Estrutura organizacional, instâncias de decisão e organogramas institucional e acadêmico.
- Órgãos colegiados: competências e composição.
- Órgãos de apoio às atividades acadêmicas.

VI. Políticas de atendimento aos discentes
- Programas de apoios pedagógico e financeiro (bolsas).
- Estímulos à permanência (programa de nivelamento, atendimento psicopedagógico).
- Organização estudantil (espaço para participação e convivência estudantil).
- Acompanhamento dos egressos.

VII. Infraestrutura
- Infraestrutura física (detalhar salas de aula, biblioteca, laboratórios, instalações administrativas, sala de docentes, coordenações, área de lazer e outros fatores);
- Biblioteca:
  - Quantificar acervo por área de conhecimento (livros e periódicos, assinatura de revistas e jornais, obras clássicas, dicionários, enciclopédias, vídeos, DVD, CDs Rom's e assinaturas eletrônicas);
  - Espaço físico para estudos;
  - Horário de funcionamento;
  - Pessoal técnico-administrativo;
  - Serviços oferecidos;
  - Formas de atualização e cronograma de expansão do acervo.
- Laboratórios:
  - Instalações e equipamentos existentes e a serem adquiridos, indicando sua correlação pedagógica com os cursos e programas previstos;

- Recursos de informática disponíveis;
- Relação equipamento/aluno;
- Descrição de inovações tecnológicas significativas.
- Recursos tecnológicos e de audiovisual.
- Plano de promoção de acessibilidade e de atendimento diferenciado a portadores de necessidades especiais (Decreto nº 5.296/04 e Decreto nº 5.773/06).
- Cronograma de expansão da infraestrutura para o período de vigência do PDI.

VIII. Avaliação e acompanhamento do desenvolvimento institucional
- Procedimentos de autoavaliação institucional em conformidade com a Lei nº 10.861/2004 (SINAES).

IX. Aspectos financeiros e orçamentários
- Demonstração da sustentabilidade financeira, incluindo os programas de expansão previstos no PDI:
    - Estratégia de gestão econômico-financeira;
    - Planos de investimentos;
    - Previsão orçamentária e cronograma de execução (cinco anos).
- Projeto pedagógico do(s) curso(s) solicitado(s) para o primeiro ano de vigência do PDI.

O Plano de Desenvolvimento Institucional está contido no Decreto nº 5.773, de 09 de maio de 2006, que dispõe sobre o exercício das funções de regulação, supervisão e avaliação de instituições de educação superior.

Como podemos observar, os itens apresentados são adaptáveis às regiões onde estão instaladas as instituições de ensino, sendo que as ações de ordem internacional estão contidas no PDI também.

O planejamento e o projeto pedagógico necessitam ser elaborados dentro de uma metodologia adequada, flexível, dinâmica e de fácil entendimento por todos.

A participação do corpo docente é importante, pois o resultado será visível na formação dos estudantes, na seleção dos estágios obrigatórios e na futura contratação pelas empresas.

Quadro 2 – Análise interna da organização educacional

Recursos financeiros	Receitas, orçamentos, fontes de recursos, custos praticados, rentabilidade, valor patrimonial, tarefas.
Recursos humanos	Dimensionamento, qualificação, desenvolvimento, nível de satisfação dos empregados, prevenção de acidentes, acessibilidade.
Recursos de capital	Instalações e equipamentos, nível de atualização tecnológica e informatização.
Métodos de trabalho	Divisão do trabalho, atribuição de autoridade, processos de trabalho, produtividade e qualidade, controles, atendimento ao mercado e padronização de rotinas.
Tecnologia	Atualização tecnológica dos laboratórios, utilização de sistemas de informática, internet e outros recursos de rede.
Instrumentos de *marketing*	Missão, objetivos, estratégias, planos setoriais, promoção, informação, campanhas e convênios.
Cultura organizacional	Competitividade, desenvolvimento empresarial, *marketing*, conscientização da população sobre o sistema existente, atuação do setor, convênios existentes.
Preservação ambiental	Fluxo existente, mercado potencial, segmentação, estudos e pesquisas, base de dados.
Responsabilidade social	Inserção da organização nos esforços de desenvolvimento social da comunidade onde está instalada; recolhimento de impostos; respeito às leis; programas de humanização.

Fonte: Adaptado de Serra, M.F.A.R, Torres, M.C.S., Torres, A.P., Reichmann, 2014.

No quadro 2 são apresentados os fatores gerenciais internos da organização educacional que denotam variáveis expressivas a serem observadas na ocasião da avaliação do ensino superior. Verifica-se a situação das construções, equipamentos, finanças, tecnologia, taxas de matrículas, políticas de mensalidades, métodos de ensino, *marketing* e recursos da organização, destacando:

- Valores da organização perante o público interno;
- Integridade das instalações físicas, inclusive com acessibilidade;
- Situação econômico-financeira;
- Tecnologia da informação;
- Métodos de trabalho em sala de aula;
- Atualização tecnológica de equipamentos;
- Gestão de recursos humanos;
- Nível de satisfação de alunos, de professores e de funcionários administrativos;
- Envolvimento social e compromissos com a sustentabilidade ecológica;
- Imagem com a comunidade;
- Imagem ligada aos concorrentes;
- Internacionalização;
- Regime de bolsas de estudo.

Esses padrões, conforme citados no Plano de desenvolvimento Institucional, fazem parte, também, da avaliação do Ministério da Educação, bem como da visibilidade da instituição.

Segundo Scaglione e Nitz,

> A qualidade de uma IES também pode ser definida pela sua capacidade de cumprir sua missão institucional (OECD, 1999). Essa definição é muito importante, pois não tenta buscar um conceito único, um padrão generalizável para todas as IES, mas aceita sua diversidade (2013, p. 46).

Os autores ressaltam que o governo, de acordo com o artigo 209 da Constituição de 1988, é responsável pela avaliação da qualidade das IES, quando diz que o "ensino é livre à iniciativa privada mediante a avaliação de qualidade pelo poder público". No caso, pelo Ministério da Educação, com a avaliação do ensino superior.

Conforme foi demonstrado pelas análises internas e externas da organização educacional, é difícil avaliar as IES pela complexidade de suas diversas variáveis.

A figura do Estado

Durante a Conferência Mundial sobre Educação Superior na Unesco, em 1998, em Paris, foi elaborada a declaração mundial sobre educação superior no século XXI – Visão e ação.

Em seu artigo 15, o documento explicita sobre o compartilhamento de conhecimentos teóricos e práticos entre países e continentes:

Compartilhar conhecimentos teóricos e práticos entre países e continentes:

a) O princípio de solidariedade e de uma autêntica parceria entre instituições de educação superior em todo o mundo é crucial para que a educação e a formação em todos os âmbitos motivem uma compreensão melhor de questões globais e do papel de uma direção democrática e de Recursos Humanos qualificados para a solução de tais questões, além da necessidade de se conviver com culturas e valores diferentes. O domínio de múltiplos idiomas, os programas de intercâmbio de docentes e estudantes e o estabelecimento de vínculos institucionais para promover as cooperações intelectual e científica devem ser uma parte integrante de todos os sistemas de educação superior.

b) Os princípios de cooperação internacional com base na solidariedade, no reconhecimento e apoio mútuo, na autêntica parceria que resulte de modo equitativo, em benefício mútuo e a importância de compartilhar conhecimentos teóricos e práticos em nível internacional devem guiar as relações entre instituições de educação superior em países desenvolvidos, em países em desenvolvimento e devem beneficiar particularmente os países menos desenvolvidos. Deve-se ter em conta a necessidade de salvaguardar as capacidades institucionais em matéria de educação superior nas regiões em situações de conflito ou submetidas a desastres naturais. Por conseguinte, a dimensão internacional deve estar presente nos planos curriculares e nos processos de ensino e de aprendizagem.

c) Deve-se ratificar e implementar os instrumentos normativos regionais e internacionais relativos ao reconhecimento de estudos, incluindo os que se referem à homologação de conhecimentos, competências e aptidões dos formandos, permitindo que estudantes mudem de curso com maior facilidade e tenham mais mobilidade dentro dos sistemas nacionais e na sua movimentação entre eles.

O Brasil, representado pelo Ministério da Educação, adotou algumas diretrizes, tendo em vista a expansão de Instituições de Ensino Superior - IES nos últimos anos.

Outras reuniões foram realizadas, a internacionalização foi um dos pontos discutidos e pode ser conceituada como uma forma de "invocar a dimensão transfronteiriça da educação superior, seja na graduação, nos cursos sequenciais ou na pós-graduação".

A realização dessa dimensão é vista pela realização do Programa Inglês sem Fronteiras (IsF), realizado em conjunto com a Capes e que atua complementando o Programa Ciências sem Fronteiras, promove o intercâmbio internacional de estudantes e pesquisadores brasileiros com a concessão de bolsas de estudo, incentivando o aprendizado do idioma inglês e oferecendo aos candidatos a bolsa de estudo do Programa Ciências sem Fronteiras.

O Programa de Cooperação Internacional da CAPES objetiva desenvolver atividades de pós-graduação e tem como meta apoiar grupos de pesquisa brasileiros por meio de intercâmbios, sendo que a coordenação fica sob a égide da DRI-Diretoria de Relações Internacionais.

São estabelecidos acordos bilaterais e a CAPES financia o intercâmbio de professores e alunos.

No quadro 3, podemos observar a avaliação da CAPES e do CNPQ sobre o número de participantes do Programa Ciências sem Fronteiras.

RELAÇÕES INTERNACIONAIS

Quadro 3 – Bolsas concedidas pela CAPES e pelo CNPQ por modalidade e por país no Programa Ciências sem Fronteiras

País de destino	Doutorado pleno	Doutorado sanduíche	Pós- doutorado	Graduação sanduíche	Atração de pesquisadores	Total
África do Sul	0	4	4	1	0	9
Alemanha	94	258	178	1223	0	1753
Argentina	0	0	2	0	0	2
Austrália	30	108	65	681	0	884
Áustria	4	27	7	7	0	45
Bélgica	17	68	34	75	0	194
Brasil	0	0	0	0	600	600
Canadá	53	265	141	1686	0	2145
Chile	0	4	1	29	0	34
China	1	3	2	0	0	5
Cingapura	1	2	0	1	0	4
Coreia do Sul	0	0	1	197	0	198
Costa Rica	0	0	1	0	0	1

Dinamarca	2	37	9	8	56
Espanha	49	374	193	1848	2464
Estados Unidos	118	1183	799	2927	5027
Finlândia	1	9	3	36	49
França	97	445	266	1884	2692
Grécia	0	5	0	0	5
Holanda	3	102	70	432	637
Hong Kong	0	1	0	4	5
Hungria	0	4	0	0	4
Índia	0	2	0	0	2
Irlanda	0	13	7	7	27
Israel	0	1	2	0	3
Itália	22	120	58	479	679
Japão	3	13	9	10	35
Luxemburgo	0	0	1	0	1
México	1	2	2	0	5
Noruega	3	10	3	5	21

RELAÇÕES INTERNACIONAIS

Nova Zelândia	3	5	6	6	0	20
Polônia	0	3	0	0	0	3
Portugal	129	314	136	2356	0	2935
Reino Unido	158	277	300	1204	0	1939
República Tcheca	0	6	0	0	0	6
Rússia	1	0	0	0	0	1
Suécia	3	38	20	25	0	86
Suíça	2	33	22	10	0	67
Turquia	0	2	0	0	0	2
Total geral	825	3738	2342	15141	600	22646

Fonte: http://www.cienciasemfronteiras.gov.br/web/csf/estatisticas-e-indicadores.

Vemos, assim, que o interesse pela internacionalização na educação tem propiciado às instituições a expansão de seus projetos, sendo que na sua maioria são instituições públicas.

Segundo o programa, as áreas mais escolhidas são:

- Engenharias e demais áreas tecnológicas: estudantes das dezenas de ramos dentro da engenharia, dentre eles: engenharia da computação, de alimentos, de petróleo e gás, elétrica, florestal, industrial, de materiais, de energia, química, têxtil, física, mecânica, dentre outras;

- Ciências exatas e da terra: estudantes de agronegócios, agronomia, arquitetura e urbanismo, astronomia, física, geofísica, estatística, geologia, matemática, oceanografia e química;

- Biologia, ciências biomédicas e da saúde: alunos de medicina, odontologia, medicina veterinária, e áreas correlatas;

- Indústria criativa: alunos de cursos superiores com ênfase em produtos e processos para desenvolvimento tecnológico e inovação;

- Computação e tecnologias da informação: estudantes de cursos de ciência da computação, análise de sistemas, sistemas de informação, tecnologia da informação, processamento de dados e engenharia da computação, dentre outros correlatos;

- Tecnologia aeroespacial;

- Fármacos: alunos de formação em fármacos e medicamentos;

- Produção agrícola sustentável;

- Petróleo, gás e carvão mineral;

- Energias renováveis;

- Tecnologia mineral;

- Biotecnologia;

- Nanotecnologia e novos materiais;

- Tecnologias de prevenção e mitigação de desastres naturais;
- Biodiversidade e bioprospecção;
- Ciências do mar;
- Novas tecnologias de engenharia construtiva;
- Formação de tecnólogos.

O programa abrange dezoito áreas do conhecimento e contempla apenas os alunos e professores de determinada área. Os benefícios do programa ao aluno são de grande significância, pois oferecerão a ele um diferencial em seu currículo, vantagem competitiva e qualidade na futura carreira.

> Para a professora Claudia Griboski, um dos modelos de internacionalização adotados pelas IES e com melhor custo-benefício tem sido a Internacionalização em Casa, que consiste na incorporação das dimensões interculturais e internacionais nas pesquisas científicas e nas atividades extracurriculares que se desenvolvem na própria instituição de ensino com o objetivo de proporcionar aos estudantes habilidades internacionais e interculturais sem saírem do Brasil. Na última década, além do número em instituições estrangeiras ter aumentado consideravelmente, cresceu também o recrutamento de docentes internacionais que passaram a lecionar no país. Durante o debate na ABMES, os especialistas enfatizaram aos mantenedores presentes que essa tendência é contínua e por isso merece a atenção de todos.
> (http://www.abmes.org.br/abmes/noticias/detalhe/id/)

Segundo Griboski, então diretora de avaliação da educação superior do INEP, a internacionalização não é obrigatória, mas representa um indutor de qualidade para a avaliação do ensino superior realizada pelo INEP.

O INEP - Instituto Nacional de Estudos e Pesquisas Educacionais Anísio Teixeira é uma entidade pública federal vinculada ao Ministério da Educação (MEC) e tem como objetivo atividades voltadas a avaliações em todos os níveis educacionais.

Figura 1 – Currículo internacionalizado

[Diagrama em favo de mel com os seguintes hexágonos:]

- Diversidade de idiomas e culturas
- Consciência da sua própria cultura e de outras culturas
- Experiências educacionais oferecidas em outros idiomas
- Autoformação do indivíduo
- Fazer prática, estágios e cursos no exterior
- Compartilhar com professores estrangeiros na sua universidade
- Manter contatos profissionais internacionais
- Expandir sua perspectiva intercultural da profissão
- Compartilhar com os estudantes estrangeiros
- Acesso à informação virtual de instituições internacionais
- Participar em projetos de investigação socioculturais internacionais
- Acesso a temas internacionais para o seu exercício profissional
- Acesso a diferentes perspectivas culturais
- Desenvolver uma carreira com padrões de qualidade internacionais
- Acesso às práticas internacionais de qualidade na profissão

Fonte: http://www.abmes.org.br/noticias/detalhe/1372/na-abmes-especialistas--abordam-o-processo-de-internacionalizacao-do-ensino-superior.

A figura 1 demonstra os benefícios que os programas de internacionalização oferecem aos estudantes brasileiros, sendo que sua atuação no contexto internacional proporcionará um crescimento no âmbito de sua universidade.

Para Griboski (2015), "as IES precisam entender a" importância do processo de internacionalização não só como um facilitador de inclusão social, mas também de inclusão global, uma vez que muitos alunos consideram a internacionalização como "a grande oportunidade, e, às vezes, a única de ter contato com o ambiente internacional".

Para o INEP, é importante promover a internacionalização para:

a) Conhecer as ações em desenvolvimento na educação superior;

b) Promover experiências acadêmicas e profissionais;

c) Ampliar os cenários de formação;

d) Desenvolver competências globais;

e) Desenvolver competências linguísticas e interculturais;

f) Ser um processo resultante;

g) Melhorar a qualidade da formação a partir da avaliação das políticas de internacionalização promovidas pelas IES;

h) Ser um processo resultante do amadurecimento da IES e visar à inserção no cenário mundial.

Com isso, vemos que a participação do Estado com a IES é muito significativa, pois a Constituição da República Federativa do Brasil reza que a organização político-administrativa brasileira compreende a União, os estados, o Distrito Federal e os Municípios. Todos são autônomos, possuindo modelos de gestão relevantes para as suas funções, relacionadas com a alocação de recursos tributários (REZENDE,2012).

Ainda, segundo o autor, a gestão estratégica de organizações públicas está direcionada para um processo sistemático, planejado, gerido, executado e acompanhado sob a gestão da alta administração (REZENDE, 2012).

A administração pública também está suscetível às mudanças e às adequações acerca das alterações de diretrizes curriculares.

No tocante à internacionalização, os institutos de pesquisa vinculados às universidades públicas alinham-se à legislação pertinente, ou seja, federal, estadual e municipal. No tocante às verbas de bolsas, a prestação de contas da concessão está prevista em Termo Ministerial de solicitação e concessão de apoio financeiro a projeto, onde o candidato encontrá as orientações necessárias para o cumprimento do uso de valores.

Pesquisa com profissionais/bolsistas

Uma pesquisa realizada com doze profissionais e universitários que obtiveram a oportunidade de estudar no exterior em cursos de graduação, mestrado, doutorado e pós-doutorado. A amostra foi composta conforme quadro a seguir:

Quadro 1 - Estudantes

Cursos	Número de estudantes
Administração	4 - USA
Direito	1 - Argentina
Enfermagem	1 - Uruguai
Farmácia	1 - Canadá
Educação	1 - Portugal
Engenharia	2 - Canadá
Biomedicina	2 - USA
Total	12

Os entrevistados receberam um questionário semiestruturado composto de questões abertas e fechadas sobre: gênero, idade, profissão, estado civil, curso escolhido, idioma, adaptação com o idioma, adaptação com a cultura local e importância da internacionalização na carreira. A metodologia da pesquisa escolhida foi a da acessibilidade, tendo em vista a autora conhecer os participantes da amostra.

Da amostra entrevistada, apenas quatro são casados, com idade entre 40 e 60 anos, sendo que dois cursam pós-doutorado, um doutorado e outro mestrado. Os demais são bolsistas de cursos de graduação e as idades variam de 20 a 30 anos.

Na entrevista, foi observado que a internacionalização é um fator de grande significância para os entrevistados, tendo em vista a experiência em países com idiomas diferentes proporcionarem a prática do idioma. Em relação à adaptação à cultura local, todos foram unânimes em relação à necessidade, pois o período em que ficaram possibilitou conhecer os hábitos, costumes e culinária. Quanto à volta ao país, todos foram unânimes em responder que gostariam de voltar pela família que reside no Brasil e com a perspectiva de que o conhecimento adquirido poderá ser utilizado no país.

Conclui-se, na pesquisa, que o choque cultural é pequeno, pois o brasileiro tem a facilidade de adaptar-se nos países que escolhe para aperfeiçoar sua carreira, mesmo que seja por pouco tempo.

As expectativas dos mais jovens são grandes para retornar e fixar-se por um tempo em algum país, logo que concluíssem o curso em andamento. Os entrevistados casados gostariam de trabalhar e residir no exterior por um período, desde que tivessem uma oportunidade de emprego e pudessem levar a família.

Considerações finais

Diante do estudo, podemos verificar que a internacionalização é iniciada nas universidades, onde o aluno tem condições de encontrar, nesse ambiente, condições para profissionalizar-se nos âmbitos nacional e internacional.

Verificamos que a presença do Estado se faz atuante pelas legislações e ações pertinentes ao ministério da Educação.

O estudo realizado com os doze profissionais que buscaram no exterior agregar excelência em seu currículo caracterizou o anseio em trazer para o país de origem o conhecimento necessário para disseminar em suas instituições. Trata-se de um estímulo aos alunos e a profissionais de qualquer área.

Assim, verificamos a importância do planejamento estratégico, tanto em nível público como privado, como uma oportunidade que teremos de enxergar as principais dificuldades que a instituição sofrerá, tendo em vista as oscilações econômicas, culturais, tecnológicas e sociais.

Atualmente, observamos que o mercado educacional está sofrendo uma amplitude de crescimento em nível presencial e a distância. As estratégias de compra, venda e fusão podem ser consideradas como oportunidades de crescimento, competitividade, alianças, ampliação ou diversificação e que não afastam as opções de ensino e de aprendizagem. Porém, a internacionalização estará sempre presente nas estratégias escolhidas, pois não há possibilidade de recuo nas propostas de profissionalização dos alunos e professores e o Brasil deverá estar preparado para as inovações propostas pela globalização.

Os efeitos da internacionalização da educação são visíveis pela atuação de profissionais que se destacam no mercado a que pertencem, sendo que encontramos diversos executivos e acadêmicos que destacam a importância que tiveram em participar de programas em universidades de grande expressão. São visíveis, também, pelas publicações em revistas acadêmicas e artigos apresentados em eventos do exterior pelas universidades conveniadas.

Texto para discussão

Globalização e internacionalização

Globalização e internacionalização são diferentes, mas estão associadas. A globalização tem seu foco no fluxo mundial de ideias, recursos, pessoas, economias, valores, culturas, conhecimento, bens, serviços e tecnologias. A internacionalização enfatiza o relacionamento entre as nações, povos, culturas, instituições e sistemas. A diferença entre o conceito de fluxo mundial e a noção dos relacionamentos entre as nações é ao mesmo tempo notável e profunda. A internacionalização do ensino superior recebeu da globalização influências positivas e negativas, e, embora os dois processos sejam fundamentalmente diferentes, há entre eles um elo de grande proximidade. A pauta de competitividade e comércio, por exemplo, frequentemente associada à globalização, teve um grande impacto no desenvolvimento do ensino transfronteiras. Por sua vez, o crescimento desse ensino e sua inclusão nos acordos comerciais bilaterais e regionais fortaleceram a globalização.

Os princípios fundamentais que orientam a internacionalização sempre representam objetivos distintos para diferentes pessoas, instituições e países. Ainda assim, prevê-se que a internacionalização teria evoluído a partir de algo que foi tradicionalmente visto como um processo, com base em valores de cooperação, parceria, troca, benefícios mútuos e aprimoramento da capacidade. Agora, a internacionalização é cada vez mais caracterizada pela concorrência, pelo mercantilismo, pelo interesse individual e pela construção de *status*. É necessário dedicar mais atenção à descoberta das verdades e valores subjacentes à internacionalização do ensino superior (KNIGHT, 2012)[1].

---

1 Fonte: https://www.revistaensinosuperior.gr.unicamp.br/international-higher-education/cinco-verdades-a-respeito-da-internacionalizacao

**Comente o texto, considerando as determinações governamentais.
Estudo de caso – Dificuldades no exterior**

Um estudante de engenharia mecânica está se preparando para um intercâmbio promovido por sua universidade numa cidade da Califórnia. Conhecedor da língua inglesa, sabe que alguns erros de comunicação podem ocorrer, bem como o choque de cultura. Tem uma experiência como turista, porém, não como estudante. Recebeu todas as orientações da universidade de origem, porém os aspectos culturais, de alimentação e integração com a instituição que irá estudar estão preocupando-o, mesmo sabendo que será importante esse momento de internacionalização, pois sua carreira ficará mais competitiva após a experiência nos Estados Unidos.

a) Quais os critérios de adaptação do candidato?

b) O choque de cultura dificulta o processo de adaptação? Como minimizá-lo?

c) Que resultados esse estudante poderá obter com a internacionalização dos estudos?

d) É possível que utilize habilidades interpessoais para o processo de adaptação na universidade?

e) O estudante tem consciência do significado de sua participação nesse intercâmbio?

Questões para debates

1) Quais as vantagens para os alunos e professores buscarem a internacionalização em seus estudos?

2) Como a instituição deve preparar seu público para a internacionalização?

3) A internacionalização é um cumprimento legal diante do órgão fiscalizador ou um meio de divulgação da instituição de ensino superior?

4) Os cursos *on-line* oferecidos por instituições internacionais a distância oferecem a mesma experiência aos alunos?

5) Como incentivar alunos e professores a participarem de cursos em outros países?

6) Como preparar o participante do intercâmbio com a cultura do país escolhido?

7) Quais os efeitos da internacionalização para os docentes de instituições de ensino superior?

8) Explique como deverá ser o período de adaptação na volta à universidade de origem do aluno que passou pelo processo de internacionalização.

9) Apresente os critérios de escolha para os programas de intercâmbio entre países.

10) Apresente um breve relato sobre a internacionalização do ensino superior.

Referências

AFONSO, A. Janela. *Reforma do estado e políticas educacionais: alguns tópicos para discussão*. Anuário GT Estado e Política Educacional: políticas, gestão e financiamento da educação. 23ª Reunião Anual da ANPED. Caxambu: set. 2000, p. 15-36.

ALVAREZ, Vera Cintia. *Diversidade cultural e livre-comércio: antagonismo ou oportunidade.* BRASÍLIA; UNESCO, IRBr, 2008. *A redefinição do papel do Estado e as políticas educativas: elementos para a transição.* Sociologia, Problemas e Práticas. Braga, n. 37, 2001, p. 33-48.

ANDRADE, Rui Otávio Bernardes de; AMBONI, Nério. *Gestão de cursos de administração: metodologias e diretrizes curriculares.* São Paulo: Prentice Hall, 2004.

ASSOCIAÇÃO BRASILEIRA DE MANTENEDORAS DE ENSINO SUPERIOR – ABMES. Disponível em: <http://www.abmes.org.br>. Acesso em 30 de jun. de 2016.

BARROS NETO, João Pinheiro de. *Administração de instituições de ensino superior* (org.). Campinas: Alinea, 2014.

BASSI, Eduardo. *Globalização de negócios: construindo estratégias competitivas.* São Paulo: Cultura Editores, 1997.

BRASIL. *Constituição: República Federativa do Brasil.* Brasília: Senado Federal, 1988.

BRASIL. Ministério da Educação. Plano de Desenvolvimento Institucional, 2016. Disponível em: <http://www2.mec.gov.br/sapiens/pdi.html>.

BRASIL. *Ministério da Ciência e Tecnologia/Ministério da Educação. Ciências sem fronteiras.* Disponível em: <http://www.cienciasemfronteiras.gov.br/web/csf, 2016>.

CARVALHO FILHO, José Carlos de. *O Brasil e as empresas transnacionais: os novos rumos para a transnacionalização das empresas nacionais.* Scientia Iuris, Londrina, v.15.n.1, p.89-104, jun2011.

COSTA, Karla da Silva. *Transnacionalização da educação superior: reflexos do acordo geral de comércio de serviços na regulação normativa transnacional da educação superior brasileira.* Belo Horizonte: UFMG/FaE, 2009 (dissertação de mestrado). Disponível em: <www.bibliotecadigital.ufmg/br/dspace>. Acesso em 25 de jun. de 2016.

DAVEL, Eduardo; VERGARA, Sylvia Constant (organizadores). *Gestão com pessoas e subjetividade.* São Paulo: Atlas, 2007.

DUARTE, Roberto Gonzalez in RODRIGUES, Suzana Braga (org.). *Competitividade, alianças estratégicas e gerência internacional.* São Paulo: Atlas, 1999.

FERNANDES, Bruno Rocha. *Gestão estratégica de pessoas com foco em competências.* Rio de Janeiro: Elsevier, 2013.

FIELDS, Martha R.A. *Como lidar com diversidades culturais.* Rio de Janeiro: Elsevier, 2009.

GRIBOSKI, Claudia. *Associação Brasileira de Mantenedores. Processo de Internacionalização do Ensino Superior.* Disponível em: <https://abmes.org.br/abmes-internacional/noticias/detalhe/1372/na-abmes-especialistas-abordam-o-processo-de-internacionalizacao-do-ensino-superior>. Acesso em 04 de ago. de 2015.

KNIGHT, Jane. *Cinco verdades a respeito da internacionalização.* Revista Ensino Superior. 2012. Disponível em: <https://www.revistaensinosuperior.gr.unicamp.br/international-higher-education/cinco- verdades-a-respeito-da-internacionalizacao>

LACOMBE, Francisco. *Recursos humanos: princípios e tendências.* 2. ed. São Paulo: Saraiva, 2011.

MACHADO NETO, Alfredo. *Globalização e gestão universitária.* Franca: FACEF, 2002.

MEIRELLES, Manuel; PAIXÃO, Marisa Regina. *Teorias da administração: clássicas e modernas.* São Paulo: Futura, 2003.

NOGUEIRA, Cleber Suckow; LISBOA, Teresinha Covas (orgs.). *Administração: avanços e desafios.* Rio de Janeiro: Nova Terra, 2015.

NUNES, Leni Hidalgo; VASCONCELOS, Isabella F.Gouveia de; JAUSSAUD, Jacques. *Expatriação de executivos.* São Paulo: Thomson Learning, 2008.

REIS, Fábio; COVAC, José Roberto; SIMÕES, Priscila; CAPELATO, Rodrigo. *Novos desafios no ensino superior.* Brasília: Ensinamento Editora, 2013.

REZENDE, Denis Alcides. *Planejamento estratégico público ou privado: guia para pro-*

jetos em organizações de governo ou de negócios. 2. ed. São Paulo: Atlas, 2012.

SCAGLIONE, Vera Lúcia Telles; NITZ, Marcello. *A avaliação da educação superior e a gestão universitária in:* COLOMBO, Sonia Simões. *Gestão universitária: os caminhos para a excelência* (org.). Porto Alegre: Penso, 2013.

SERRA, Fernando; TORRES, Maria Cândida; TORRES, Alexandre Pavan. *Administração estratégica: conceitos, roteiro prático e casos.* Rio de Janeiro: Reichmann & Affonso, 2014.

UNICAMP. *Cinco verdades a respeito da internacionalização.*

VERGARA, Sylvia Constant. *Projetos e relatórios de pesquisa em administração.* 15.ed. São Paulo: Atlas, 2014.

_____.*Métodos de coleta de dados no campo.* São Paulo: Atlas, 2009.

ZEICHNER, Kenneth M. *Políticas de formação de professores nos Estados Unidos: como e porquê afetam vários países no mundo.* Belo Horizonte: Autêntica Editores, 2013.

CAPÍTULO 10

Economia criativa: desenvolvimento pelo uso de recursos intangíveis

Dra. Vera Lúcia Saikovitch

DRA. VERA LÚCIA SAIKOVITCH

> As instituições de ensino superior precisam entender que cultura... é quem somos, forma nossa identidade é um meio de criar respeito e tolerância entre as pessoas, é um caminho para criar empregos e melhorar a vida das pessoas, é um caminho para incluir outros e compreendê-los, ajuda a preservar nossa herança e dá sentido a nosso futuro dá poder ao povo... trabalha pelo desenvolvimento.
> UNDP/UNESCO, 2013 (tradução nossa).

Objetivos do capítulo

- Comentar a economia criativa em países em desenvolvimento.
- Apresentar as instituições de apoio à criatividade empresarial.
- Discutir a internacionalização da economia criativa.
- Discutir casos de sucesso em economia criativa.
- Considerações finais.

Introdução

A cultura, definida como a soma de conhecimentos acumulados e transmitidos pelo ser humano por meio das gerações, pode ser o caminho para a inclusão, a compreensão entre povos e o desenvolvimento sustentável, uma vez que utiliza principalmente recursos intangíveis. Com as tecnologias da informação e da comunicação (TIC), a capacidade de multiplicar e disseminar cultura tornou-se imensa, e a economia criativa nela se apoia.

Numa época em que mudanças políticas e sociais são uma constante e a tecnologia ocupa cada vez mais espaço na vida das pessoas, é importante enfatizar o valor dos intangíveis (ilimitados) para modificar a própria economia, reduzindo o papel do *hardware* – base da revolução industrial e da produção em massa – e ampliando o do *software*, o conhecimento envolvido na inovação e em sua concretização. Isso inclui, segundo Deheinzelin (2011), não só a economia da cultura (artes e cultura popular), mas também a indústria (conteúdo para mídias tradicionais e novas) e os serviços criativos (moda, arquitetura e afins).

A economia criativa começou a ser estudada como economia da cultura, e, segundo Miguez (2009, p. 19), a cultura é:

> um dos mais relevantes eixos que organizam a agenda contemporânea. Seus múltiplos enlaces e sua transversalidade em meio a outras dimensões societárias têm lhe reservado uma posição de indiscutível centralidade no mundo, hoje.

Ademais, excede os antigos limites das ciências sociais e envolve comunicação, ciências ambientais, direito, economia, gestão, engenharias e tecnologia da informação (TI), tornando-se um amplo campo de estudos para os pesquisadores.

Essas modificações levaram os novos empreendimentos a se voltarem principalmente à área tecnológica: programas, jogos, entretenimento etc. Seu crescimento no Brasil, nesta segunda década do século XXI, tem sido significativo apesar da (ou talvez devido à) inflação elevada, de juros altos e de encolhimento e/ou fechamento de negócios de diversos ramos e portes, pois pode oferecer soluções para muitos problemas com baixo investimento, diferentemente dos tradicionais.

A economia criativa, contudo, só foi reconhecida pela Convenção sobre a Proteção e Promoção da Diversidade das Expressões Culturais, na 33ª Conferência Geral da Organização das Nações Unidas para Educação, a Ciência e Cultura (Unesco), em vigor desde 20 de outubro de 2005 e ratificada pelo Brasil em 2006 (Decreto Legislativo 485/2006), para, dentre seus objetivos,

> Reafirmar a importância do vínculo entre cultura e desenvolvimento para todos os países, especialmente para países em desenvolvimento, e encorajar as ações empreendidas nos planos nacional e internacional para que se reconheça o au-

têntico valor desse vínculo; reconhecer natureza específica das atividades, bens e serviços culturais enquanto portadores de identidades, valores e significados (UNESCO, 2007, p. 5).

Esse documento fornece um marco abrangente, com validade jurídica internacional, para encorajar e orientar as nações na implantação de políticas públicas na proteção e promoção da cultura, atendendo às definições a seguir:

> Diversidade cultural' refere-se à multiplicidade de formas pelas quais as culturas dos grupos e sociedades encontram sua expressão. Tais expressões são transmitidas entre e dentro dos grupos e sociedades. A diversidade cultural se manifesta não apenas nas variadas formas pelas quais se expressa, se enriquece e se transmite o patrimônio cultural da humanidade mediante a variedade das expressões culturais, mas também por meio dos diversos modos de criação, produção, difusão, distribuição e fruição das expressões culturais, quaisquer que sejam os meios e tecnologias empregados (UNESCO, 2007, p. 5).
> Atividades, bens e serviços culturais" referem-se às atividades, bens e serviços que, considerados sob o ponto de vista da sua qualidade, uso ou finalidade específica, incorporam ou transmitem expressões culturais, independentemente do valor comercial que possam ter. As atividades culturais podem ser um fim em si mesmas ou contribuir para a produção de bens e serviços culturais (UNESCO, 2007, p. 6).

O Brasil teve participação decisiva na elaboração da convenção que hoje conta com 139 países e a União Europeia (UE) como signatários, e que estabelece medidas de promoção como:

> As partes procurarão criar em seu território um ambiente que encoraje indivíduos e grupos sociais a:
> (a) criar, produzir, difundir, distribuir suas próprias expressões culturais, e a elas ter acesso, conferindo a devida atenção às circunstâncias e necessidades especiais da mulher, assim como dos diversos grupos sociais, incluindo as pessoas pertencentes às minorias e povos indígenas;
> (b) ter acesso às diversas expressões culturais provenientes do seu território e dos demais países do mundo (UNESCO, 2007, p. 7).

As conquistas da convenção podem ser divididas em dois âmbitos: no político, muito têm colaborado para os países desenvolverem ou aperfeiçoarem suas políticas públicas de cultura; no internacional, foram financiados 71 projetos de fortalecimento da indústria cultural em 43 países em desenvolvimento, principalmente na África e na América Central, por meio do Fundo Internacional da Diversidade Cultural (FIDC) que, mesmo com poucos recursos, financia projetos estruturantes, que costumam ter impactos significativos. A não adesão dos Estados Unidos à convenção dificulta o enfrentamento de questões que ultrapassam a governabilidade entre países, mas toda a América do Sul e quase toda a América Central já estão integradas, além do México, o que facilita trabalhar o tema da diversidade cultural no Mercosul e no espaço ibero-americano (DUPIN, 2014).

Segundo Tremblay (2011), que enfatiza a importância da criação e da intuição sem deixar de lado o pensamento crítico e a metodologia científica, "a criatividade pode ser considerada como base de uma nova abordagem à economia e à sociedade", sendo que o "conceito de indústrias criativas refere-se ao desenvolvimento de uma política econômico-cultural", o que o Brasil está procurando realizar.

As indústrias criativas e culturais (ICC) geram, segundo o mapa global (CISAC, 2015), US$2,250 trilhões de receita em nível global, além de 29,5 milhões de empregos, propiciados principalmente por TV (US$447 bilhões), artes visuais (US$391 bilhões) e jornais e revistas (US$354 bilhões), ocupando 1% da população ativa mundial. A distribuição desses valores nas cinco regiões mundiais é: Ásia e Pacífico, 33% da receita e 43% do total de empregos; em segundo e terceiro lugares estão a Europa e a América do Norte; seguidas por América Latina e Caribe e a África e o Oriente Médio, em último lugar.

Nos países emergentes, a economia informal é uma vasta reserva de empregos: estima-se que as vendas informais da ICC alcançaram US$33 bilhões e 1,2 milhão de empregos em 2013, nela se destacando as artes performáticas (apresentações nas ruas, festivais e concertos sem pagamento de direitos autorais, apresentações privadas em festas, casamentos etc.)

No Brasil, o Ministério da Cultura lançou o Plano da Secretaria da Economia Criativa: políticas, diretrizes e ações de 2011 a 2014 para integrar outras áreas governamentais e instituições privadas a fim de estimular a criatividade dos empreendedores culturais.

Entretanto, as informações sobre sua implantação são escassas. Segundo ele, os setores criativos, em 2010, empregavam 3,76 milhões de pessoas e mais 866 mil em seu núcleo, com salários 44% mais altos do que a média dos trabalhadores formais brasileiros, tendo exportado, em 2008, US$ 1,222 bilhões em bens e US$ 6,331 bilhões em serviços criativos.

Nos Estados Unidos, a classe criativa, denominada por Florida (2011), concentra 38 milhões de indivíduos economicamente ativos nas áreas de ciências, de engenharias, de arquitetura e de *design*, de educação, de artes plásticas, de música e de entretenimento, concebendo novas ideias, tecnologias ou conteúdos criativos.

Abrange também "um grupo mais amplo de profissionais criativos que trabalham com negócios e finanças, leis, saúde e outras áreas afins", em geral com alto nível de instrução, experiência e capacidade de julgamento, que "valorizam a criatividade, a individualidade, as diferenças e o mérito" e consideram que "todas as manifestações da criatividade – tecnológicas, culturais e econômicas – estão interligadas e são inseparáveis" (FLORIDA, 2011).

Friques (2013), discutindo a relação entre economia da cultura, mais tradicional, e a economia do entretenimento, mais recente, aborda o escopo de ambas no que denomina de economia positiva (que, a nosso ver, é economia criativa).

Fig. 1 - Economia criativa

Economia do Entretenimento	• Televisão • Games • Cassinos • Esportes • Parques Temáticos
Economia da Cultura	• Indústrias Culturais (livro, cinema e disco) • Mercados de Arte • Patrimônio • Espetáculos ao vivo

Fonte: FRIQUES, 2013.

O autor ainda acrescenta que as economias da cultura e do entretenimento buscam fotografar o momento, mas a economia criativa brasileira é normativa, uma vez que o Plano da Secretaria da Economia Criativa apresenta intenções, políticas, diretrizes e ações do campo para ampliá-la. De maneira distinta, no Reino Unido, por exemplo, mesmo reduzindo subsídios ao segmento criativo, a circulação de bens e de serviços culturais cresceu sugestivamente (FRIQUES, 2013).

Dados da conferência das Nações Unidas sobre comércio e desenvolvimento (UNCTAD) de 2010 mostram que as exportações de bens criativos do hemisfério sul para o mundo atingiram US$ 176 bilhões em 2008, 43% do total do comércio de indústrias criativas, com uma taxa de crescimento de 13,5% no período 2002-2008. As vendas sul-sul chegaram próximo a US$ 60 bilhões, um aumento de 20% no mesmo período, tendo os serviços criativos atingido US$ 21 bilhões, partindo de US$7,6 bilhões, em 2002.

Convém lembrar que os serviços criativos podem ser mais afetados por mudanças culturais ou preferências de consumo do que os tecnológicos, trazendo maior incerteza para seus criadores. Sendo uma nova face do empreendedorismo, confirma-se seu papel como uma das forças motoras do desenvolvimento e compete à área pública facilitar, ou, pelo menos, não impedir o crescimento da economia criativa.

Este capítulo baseia-se nos conceitos de economia da cultura, economia criativa e indústrias criativas e seu desenvolvimento após a assinatura da convenção. Esses termos são usados de formas diferentes por países ou instituições, mas têm muitos elementos e mecanismos em comum, usados para estimulá-las em distintas regiões do mundo (particularmente nos países em desenvolvimento, seu alvo prioritário).

A difusão do termo economia criativa é associada ao governo de Tony Blair, primeiro-ministro do Reino Unido (1997-2007), no programa *Creative Britain*.

A economia criativa já era importante desde o século passado, mas, após o salto da tecnologia da informação e comunicação, com a popularização da internet e o alto das vendas de *smartphones* e *tablets*, seu crescimento foi acelerado e pessoas, empresas e governos buscaram formas de lucrar com ela, usando-a como ferramenta de desenvolvimento de setores ou regiões.

Após essa visão geral, apresenta-se uma perspectiva do desenvolvimento da economia criativa no mundo, particularmente no Brasil.

Segue-se a discussão de empreendimentos criativos que contribuíram, com estímulo autóctone, governamental ou privado, para os crescimentos social e econômico da região em que estão localizados, buscando identificar os fatores que influíram nos resultados apresentados, indo de atividades turísticas a entretenimento, até o uso de ferramentas da TI para facilitar e melhorar a vida de pessoas e de empresas.

Vêm depois as instituições e órgãos cuja finalidade é apoiar e desenvolver atividades criativas e de internacionalização no país e fora dele, frisando algumas organizações que têm tido muito sucesso na área.

Nas considerações finais, são comentados os principais pontos deste capítulo e seus possíveis desdobramentos.

A economia criativa em países em desenvolvimento

A convenção sobre a proteção e promoção da diversidade das expressões culturais da Unesco foi um marco divisor das medidas de estímulo às atividades no mundo, pois veio organizar os esforços de instituições privadas e públicas para essa finalidade. Entretanto, as organizações têm visões distintas sobre economia criativa. Veja o quadro a seguir.

Instituição	Conceito	Definição
UNESCO (2005)	Economia da cultura	Engloba atividades relacionadas à criação, à produção e à comercialização de conteúdos que são intangíveis e culturais em sua natureza, protegidos pelo direito autoral e sob a forma de bens e serviços. São intensivos em trabalho e conhecimento, estimulam a criatividade e incentivam a inovação dos processos de produção e comercialização.
UNCTAD	Economia criativa	Ciclo que engloba a criação, produção e distribuição de produtos e serviços que usam o conhecimento, a criatividade e o ativo intelectual como principais recursos.

Estados Unidos (2006)	Economia criativa	Consiste num dos setores produtivos mais dinâmicos do comércio internacional que geram crescimento, empregos, divisas, inclusão social e desenvolvimento humano; indústrias que têm sua origem na criatividade individual, habilidade e talento, com potencial para criação de riqueza e trabalho pela geração de ideias, produtos e/ou serviços.
Departamento de cultura, mídia e esporte (Reino Unido, 2001)	Indústrias criativas	Indústrias criativas são aquelas que têm sua origem na criatividade, na habilidade e no talento individuais e que têm potencial para a geração de riqueza e de trabalho por meio da criação e da exploração da propriedade intelectual (no que muito se assemelha à definição americana de economia criativa).

Fonte: CAIADO, 2008. Adaptado.

À definição da UNCTAD, Caiado (2008) acrescenta que economia criativa combina criatividade com técnicas e/ou tecnologias, agrega valor ao ativo intelectual, associa o talento a objetivos econômicos, sendo, simultaneamente, ativo cultural e produto ou serviço comercializável, incluindo elementos tangíveis e intangíveis com valor simbólico, por exemplo, a "indústria da moda".

Os primeiros estudos sobre o tema tiveram início no século XX, dentro da Teoria Crítica, como indústria cultural, tendo por função a reorientação de massas, impondo-lhes esquemas para um comportamento conformista. Ao adequar os indivíduos ao seu papel de consumidor, a indústria cultural atingiria o seu objetivo: a dependência e servidão dos homens, à medida que "impede a formação de indivíduos autônomos, independentes, capazes de julgar e de decidir conscientemente", garantindo a manutenção do sistema capitalista (ADORNO, 1987, p. 295 *apud* MACHADO, 2006).

Já Roysman (2014) destaca que as questões iniciais da indústria cultural surgiram com o crescimento do cinema e da "indústria do entretenimento", primeiramente na França e depois nos Estados Unidos, e, a partir da Primeira Guerra Mundial, assumem a hegemonia, devido à "linha de produção" instalada em Hollywood e ao controle da cadeia de comercialização, distribuição e locais de exibição.

Corazza (2013) comenta haver duas posturas distintas no Brasil no que concerne à proteção e à promoção da diversidade cultural: as políticas públicas não parecem ser políticas de Estado, mas de determinadas gestões de segmentos do governo e há falta de harmonia entre os setores governamentais de cultura, educação e comunicação, o que tende a criar problemas na sua concretização. Isso se repete em muitos países em desenvolvimento, dificultando o crescimento da economia criativa que demanda ambiente favorável e apoio.

A arquiteta Lina Bo Bardi, nos anos 50-60, tinha o sonho de construir um museu de arte popular em Salvador, de modo a permitir o diálogo entre o conhecimento acadêmico e o de mestres artesãos e formar um *design* original e brasileiro. Coletou peças pelo Nordeste em feiras, mercados e lojas de material religioso, reunindo um acervo de quase duas mil obras. Entretanto, seus projetos foram interrompidos em 1964, quando foi afastada do museu pela ditadura militar.

Corazza (2013) descreve ainda o trabalho de Beth Costa, pesquisadora do Museu de Folclore Edison Carneiro (RJ), sobre difusão e fomento da arte popular e artesanato em caráter permanente: as mostras duram em média um mês, catálogos são distribuídos e os artistas recebem um *pro labore* durante a exposição; aos artistas/artesãos catalogados é propiciado um espaço permanente para venda de suas obras. Essa atividade, iniciada em 1983, permitiu contato direto dos participantes com museus, galerias e lojas, tornando seu trabalho econômica, social e ambientalmente sustentável, além de lhes dar oportunidade de participar de cursos, oficinas e projetos audiovisuais, atendendo inteiramente aos objetivos da convenção sobre diversidade cultural.

Na Argentina, o tango triplicou a receita de Buenos Aires nos primeiros anos do século XXI, gerando uma renda direta anual de US$ 135 milhões e quase o triplo em indireta, totalizando 4% da renda total das indústrias criativas nessa cidade. Suas atividades diretas incluem espetáculos, CDs, aulas e eventos ou atividades correlatas, tendo os serviços como atividades indiretas. Também aumentou a demanda de turistas estrangeiros por jantares com *shows* e cursos de tango. Em 2009, a Unesco declarou o tango patrimônio cultural intangível da humanidade que "personifica e encoraja a diversidade e o diálogo culturais".

Seu símbolo é a Señor Tango, uma casa de tango de Buenos Aires, que conta com 40 artistas e uma orquestra dirigida por Ernesto Franco, além de profissionais de iluminação, som, efeitos especiais, coreógrafos, estilistas, um *chef* de cozinha e uma equipe de assessores que atende, em média, 1.500 espectadores por sessão (UNESCO, 2013).

Na Costa Rica, na província de Cartago, empreendedores locais criaram a Rota da Água para promover em conjunto os atrativos naturais, culturais e históricos ao longo do rio Orosí. Turistas podem visitar as ruínas da igreja mais antiga do país, construída entre 1575 e 1580, pedalar, caminhar, cavalgar, tomar banho de cachoeira ou de rio, visitar a cratera do vulcão Irazú, a 3.432 m. de altura, e um parque de aventuras, além de outras atrações, como as vistas incríveis das cidadezinhas, visto que o vale do Orozí tem o formato de um anfiteatro, com isso revitalizando a região e dando melhores condições de vida aos seus habitantes (NOGUEIRA, 2016).

Voltando ao Brasil e ainda tratando da promoção de lugares, foi um desafio para as antigas fazendas do Vale do Café, no interior do Rio de Janeiro, famosas no século XIX pela sua produção desse grão, entrar no projeto do Sebrae para incentivar o turismo nas cidades de Rio das Pedras, Valença, Vassouras, Barra do Piraí e Piraí, que, com a adesão de 18 estabelecimentos, procura resgatar a história do Brasil no período imperial, de 1822 a 1889.

Preservando objetos e construções de dois séculos atrás e a gastronomia da época, revisitada para a atualidade, realizando eventos como saraus, encenação de fatos históricos e apresentação de danças típicas dos escravos, como maculelê e capoeira, a região passou a atrair o turismo histórico. Para melhor recriar o clima, os guias, e, muitas vezes, os donos das fazendas, usam trajes da época, bem como os serviçais são negros e não falam, deixando claras as diferenças de classe do século XIX. As fazendas hospedam turistas e algumas mantêm as antigas senzalas sem reformas.

Uma das fazendas, apesar de preservar o casarão e sua memória, inovou na atividade: agora é um empreendimento de produção orgânica e agroecológica, funcionando até como "pegue e pague" de frutas e verduras colhidas pelos visitantes. Um hotel e restaurante em Piraí entrou no roteiro imperial pela sua cozinha inovativa: sua *chef* reinventou a feijoada dos escravos usando tilápia e macadâmia, principais produtos da cidade (TONI, 2016).

Outro exemplo de desenvolvimento por meio da economia criativa é o de Várzea Queimada, cidade no interior do Piauí com o menor IDH do país, em que moradores atingiram melhor qualidade de vida com a assistência do artista Marcelo Rosenbaum, que lá chegou em 2012, encantou-se com sua cestaria tradicional e os ajudou a transformar cestos de palha de carnaúba e pneus de caminhão em objetos de *design*.

Várzea Queimada foi o laboratório de criação da metodologia de *design* essencial, que inclui o olhar para uma cultura, potencializando seus valores em projetos inovadores e mudando a realidade por meio do *design*. Esse trabalho deu origem ao instituto A Gente Transforma, criado em 2016, que tem por objetivo aplicar a metodologia desenvolvida em vários projetos, gerir o relacionamento com as comunidades, zelar por seus direitos de propriedade intelectual e pela repartição de benefícios. A articulação de parcerias entre setores públicos, privados e universidades será facilitada por meio da instituição (PATSCH, 2016).

Já entre a Bolívia e o Peru, a valorização da cultura local ocorreu por iniciativa dos indígenas da ilha Taquile, no lago Titicaca, que controlam seu próprio ambiente, a fim de evitar a poluição causada pelos grandes hotéis e a banalização da cultura de suas comunidades: os visitantes são hospedados em moradias construídas pelos indígenas com materiais locais, consomem o que eles produzem e o museu mostra o cotidiano do grupo, enfatizando o trabalho agrícola e cultural comunitário (YÚDICE, s.d.).

Atividades solidárias também podem ajudar a gerar renda em regiões carentes de recursos. Na Costa Rica, um grupo de mulheres formou uma cooperativa para produzir *tortillas* cuja renda é distribuída dentre todas as participantes ou o site Calabashmusic.com, que está revitalizando a indústria da música em países em desenvolvimento, usando tecnologia da informação e comunicação, o que evita custos de produção, *marketing* e distribuição, e entrega metade da renda aos artistas participantes que, dessa forma, conseguem controlar sua arte, produzir sua música e ter relação direta com seus fãs. Um aspecto importante dessa ação coletiva é a visibilidade dada a empresas pequenas ou grupos de pessoas que, com poucos recursos, não conseguiriam atingir uma visibilidade semelhante à de grandes organizações (YÚDICE, s.d.).

RELAÇÕES INTERNACIONAIS

Em Peekskill, ao norte de Nova York, moradores portorriquenhos e afrodescendentes perderam seus empregos no setor têxtil nos anos 60/70, ocasionando aumento significativo de delinquência e uso de drogas. Como outras cidades/bairros haviam se revitalizado pela presença de artistas, grupos dos setores público e privado e do terceiro setor se uniram para atraí-los, criando empregos e integrando essas minorias ao projeto de renovação da cidade. Uma corporação público-privada ofereceu *lofts* a 1/5 do preço praticado em Nova York; as fábricas foram transformadas em *lofts* e num museu para gerar atividades artísticas; empréstimos e créditos foram concedidos aos moradores para abrirem negócios ligados às artes, além de incentivos especiais. Viagens turísticas foram organizadas a partir de Nova York para visitar a cidade e museus vizinhos, integrando desenvolvimentos econômico, cultural e social.

Um exemplo de indústria criativa é o carnaval do Rio de Janeiro, que há tempos deixou o amadorismo e a informalidade de lado e usou todos os recursos da tecnologia moderna para transformar-se em espetáculo, formando uma cadeia produtiva grande e intrincada.

O desfile das escolas de samba demanda o fornecimento de materiais para carros alegóricos e fantasias, gera empregos em áreas como marcenaria, coreografia, modelagem e costura, e, indiretamente, atinge a indústria do turismo (hospedagem, alimentação, transporte), audiovisual (televisão, cinema, DVDs), fonográfica (CDs), editorial e gráfica (livros, jornais, revistas, *posters* etc.), entretenimento, instrumentos de percussão, bebidas, serviços do comércio, sites da internet e diversas atividades informais, ou seja, praticamente todos os setores envolvidos em economia criativa, segundo Prestes Filho (2012).

Visto em números, o carnaval do Rio, com 310 mil turistas em 2000, gerou uma receita de R$ 416,1 milhões, e, em 2012, atingiu R$ 1,100 bilhão, atraindo 850 mil turistas, quase triplicando seu número em 12 anos, o que comprova sua importância.

Outras atrações, como o carnaval de Salvador, com seus carros elétricos e seus blocos, os bonecos carnavalescos de Recife e seu desfile do Galo da Madrugada deixaram de ser locais e se tornaram nacionais ou até internacionais. O mesmo acontece com as festas juninas e a representação da Paixão de Cristo no Nordeste, a festa do Boi de Parintins no Norte e outros eventos que estimulam e ampliam a participação da população na economia criativa.

Nas artes visuais, Parga (2010) comenta o espaço que as indústrias culturais e a comunicação ocupam na atualidade: em cada dez indústrias na França, seis são culturais; na Inglaterra, são cinco, e, nos Estados Unidos, a maior receita direta provém da indústria audiovisual (filmes) que detém 80% do mercado consumidor de cinema no mundo.

Na América Latina, em 70 anos (1930-2000), 12.500 filmes foram produzidos: 44% no México, 24% no Brasil e 20% na Argentina. A importância da indústria do audiovisual para a formação das identidades coletivas é fundamental. Tem-se observado um aumento do consumo de obras cinematográficas nos últimos anos, particularmente por parte de setores sociais médios e médio-altos em certas regiões da América Latina, mas as desigualdades regionais ensejam uma dimensão econômica comparativa no que tange também à cultura.

Segundo Parga (2010), a oferta de filmes é entre 300 e 400 vezes maior nas televisões do que nas salas tradicionais, estimando-se um consumo televisivo de duas/três horas diárias, em média. Contudo, desde meados da década de 90, os investimentos aplicados na criação de modernos complexos de multissalas elevaram o total para, aproximadamente, de oito a nove mil salas de exibição, quase dobrando o número das décadas de 80 e 90.

No Brasil, com a obrigatoriedade de exibição de obras brasileiras tanto no cinema como na televisão, a indústria cresceu significativamente, principalmente pela adoção de multimeios para divulgar filmes, que podem ser vistos em salas convencionais, na televisão, na internet, no *smartphone* e outros: uma novela pode ser transformada em filme e em musical (caso de *Os 10 Mandamentos*, novela da Record já em sua segunda temporada, filme de longa metragem e musical). Na Globo, minisséries foram transformadas em filmes ou o inverso (*O Auto da Compadecida, Os Normais*). As séries são vendidas em DVDs. As trilhas sonoras, em CDs. E os produtos usados nas novelas e séries também têm demanda...

O *Bem Amado* foi a primeira novela a ser exportada pela Globo, tendo atingido 30 países em 1977, dentre eles, os Estados Unidos e toda a América Latina, exceto a Venezuela. Gabriela foi a primeira a ser vendida para Portugal, em 1975. Em 1976, a *Escrava Isaura* foi o primeiro grande sucesso da emissora, vendida para 80 países, seguida de outros sucessos, como, por exemplo, *Da Cor do Pecado, O Clone* e *Terra Nostra*.

RELAÇÕES INTERNACIONAIS

Em 1990, começaram as coproduções da Globo com países como Espanha, Estados Unidos (público hispânico), Portugal e México, em *remakes* de novelas de sucesso. Sua atuação no exterior também abrangeu a criação da TV Globo Portugal, em 2007, em parceria com a TV Cabo, e da IPCTV no Japão, para a comunidade brasileira naquele país, em 2009.

O grupo Globo seguiu um caminho de expansão para o exterior buscando mercados com semelhança de cultura ou brasileiros em outros países, o que se revelou uma estratégia bem-sucedida. Nessa trajetória, visto a competitividade internacional, mostra-se a capacidade de uma indústria criativa nacional forte na área de entretenimento.

Além disso, obras e atores nacionais têm ganhado reconhecimento internacional. *O Pagador de Promessas* foi o desbravador em Cannes, e artistas como Fernanda Montenegro, Sonia Braga, Rodrigo Santoro e Wagner Moura também fizeram sucesso; os diretores Hector Babenco e Fernando Meirelles foram convidados a dirigir filmes nos EUA. São exemplos de que criatividade em área cultural gera desenvolvimento e internacionalização.

O mapeamento feito pela Firjan (2014) da cadeia de valor da indústria criativa revelou algo equivalente a 2,6% do PIB, tendo crescido 69,8% desde 2004, empregando 892,5 mil trabalhadores formais, em 251 mil empresas, sendo os setores de pesquisa & desenvolvimento, moda, *design* e publicidade os mais relevantes, ou seja, a TIC está crescendo, mas a cultura é o menor segmento (62,1 mil empregados); em praticamente todos os setores, os salários excedem a média do mercado.

Passando para a tecnologia da informação, Ronaldo Tenório, publicitário, teve a ideia, em 2008, de unir comunicação e tecnologia da informação no *hand talk*, um aplicativo para tradução digital e automática da língua de sinais. Quatro anos depois, com dois sócios, fundou a empresa que se destina à comunidade de deficientes auditivos: 360 milhões no mundo, sendo quase 10 milhões no Brasil. O aplicativo complementa o trabalho do intérprete para auxiliar a comunicação entre surdos e ouvintes. Foi premiado numa competição de *startups*, e, além de outros prêmios, em 2013 recebeu o de melhor aplicativo social do mundo, dado pela Organização das Nações Unidas (ONU), concorrendo com cerca de 15.000 aplicativos.

Seu intérprete virtual é Hugo, simpática animação interativa e de fácil entendimento, que também participa do Hugo ensina, vídeos que ensinam crianças e adultos palavras e expressões em Libras (Língua Brasileira de Sinais). O aplicativo gratuito já teve mais de um milhão de downloads, está disponível para *smartphones* e *tablets* e também em *tablets* de escolas públicas no Brasil, graças a uma parceria com o MEC. O *hand talk* também é um tradutor de *websites* para Libras, bastando o visitante acessar um botão na tela para início automático da tradução do texto selecionado. Esse empreendimento recebeu apoio de mentorias e aceleradoras no Brasil e nos Estados Unidos.

Na área de TI, é importante o papel desempenhado pela Campus Party Brasil, evento que ocorre em São Paulo desde 2008, tal como em Recife, a partir de 2012, cujas vagas para participação ou apresentação de "produtos" de informática são disputadas por jovens estudantes e novos empreendedores em tecnologia e cultura digitais.

No outro lado do Atlântico, Moçambique, um dos países mais pobres do mundo, recebe ajuda e investimentos internacionais para reduzir a pobreza e melhorar seu índice de desenvolvimento. O turismo é uma fonte valiosa de crescimento a longo prazo e chave para sua estratégia de desenvolvimento, tendo recebido, de 1995 a 2010, projetos no valor de US$ 1,8 bilhão, equivalente a 14% dos investimentos aprovados pelo seu centro de promoção de investimentos. Os setores criativos com melhor perspectiva de contribuir para o emprego, as exportações e o PIB são os ligados ao turismo, destacando-se artes e artesanatos, artes visuais e indústrias do *design*. Além disso, as indústrias criativas podem ampliar a igualdade de gênero, oferecendo possibilidades para a atividade das mulheres e contribuindo para a inclusão social, por sua atratividade para os mais jovens, até mesmo oriundos da zona rural (UNCTAD, 2011a).

Um exemplo de artes visuais em Moçambique é o festival *Dockanema* de filmes e documentários, que deve ser mantido vivo, em nome da memória coletiva e da afirmação cultural individual, além de ser um ponto para reuniões, discussões, contatos e reflexões sobre o presente e o futuro. Os filmes são exibidos em muitos cinemas, sendo obras locais e internacionais, filmes premiados, alguns polêmicos, mas sucessos comerciais, atraindo grandes audiências e buscando tirar a apatia dos 'viciados' em televisão.

Na parte de moda, o estilista Taibo, grande vencedor da *Fashion Week* de Moçambique em 2008, foi seu representante no evento anual da África do Sul em 2009, a Audi Joburg Fashion Week, que contou com a participação de vários países africanos, incluindo Egito, Nigéria e Moçambique. O estilista moçambicano mostrou sua classe num desfile marcado pelo glamour e inovação, sua marca registrada e seu estilo, destacando-se dentre outros estilistas prestigiados e diante de uma audiência composta de mestres da costura e críticos, enaltecendo o nome de Moçambique (UNCTAD, 2011a)

Outro exemplo de Moçambique é o Centro de Artes e Artesanato Nairucu, inaugurado em 2009 e localizado em Rapale. Objetos de arte e artesanato de alta qualidade para os mercados nacional e internacional são produzidos e vendidos para sustentar as atividades do centro. Para otimizar suas atividades e explorar sua criatividade, as pessoas selecionadas para lá trabalhar e se especializar recebem refeições e um pequeno auxílio em dinheiro. As atividades são sustentadas pelo centro até se tornarem autossuficientes. A meta é construir uma herança cultural, interligar cultura, economia criativa e educação e investir em talento e inovação. O centro realizou uma exposição, com o apoio da ONU em Genebra e da UNCTAD, mostrando a arte de Makonde, no norte de Moçambique e divulgando as realizações em educação e desenvolvimento do país (UNCTAD, 2011a).

A Bienal de Arte Africana Contemporânea de Dacar faz parte da diversificação de eventos para promover diferentes formas de expressão artística na África, tendo surgido para posicionar essa cidade como local de encontros e intercâmbio cultural em todo o continente. Começou como *Bienal de Arte e Literatura* em 1990, com predominância da literatura. A primeira *Dak'Art* foi em 1992, e, a partir daí, as artes visuais passaram à frente. Em 1996, incorporou o salão de *design*, com vitrinas exibindo o trabalho de *designers* africanos.

Da *Dak'art* 2006, participaram 63 críticos de arte, 25 jornalistas especializados, 19 jornalistas africanos, 32 representantes de galerias e museus, 13 organizadores de sete bienais de nível internacional e uma dúzia de colecionadores de arte. A edição 2010 da *Dak'Art* abordando "Retrospectiva e perspectiva" teve a participação de 28 artistas de 16 países africanos que nunca tinham exibido numa bienal.

Os resultados econômicos do evento estão relacionados principalmente à venda de importantes obras de arte da África, mas ele é benéfico também para o turismo e o transporte internacional, o transporte local, a indústria da hospitalidade e outros serviços. Em resumo, essa bienal ilustra o impacto positivo das manifestações culturais internacionais no desenvolvimento socioeconômico (UNCTAD, 2011b).

DRA. VERA LÚCIA SAIKOVITCH

Contrastando com os exemplos de Moçambique, um país com dificuldades semelhantes as nossas, temos uma pesquisa a respeito do artesão brasileiro, realizada pelo Sebrae (2013) com 1.301 entrevistados em todos os estados do Brasil. A grande maioria dos entrevistados não possui loja virtual (90%) e nem site (72%), mas a internet é seu principal meio de comunicação. Apenas 15% exportam ou já o fizeram, e quase a metade dos entrevistados diz querer exportar; dois terços já participaram de algum curso, evento ou consultoria sobre artesanato.

Dentre as dificuldades que os brasileiros encontram, as mais frequentes estão ligadas à comercialização, à falta de visão de mercado e à valorização da atividade. Também foram expressas críticas à falta de conhecimentos específicos dos profissionais do Sebrae, de pessoal capacitado para ministrar cursos sobre artesanato e da baixa divulgação desses cursos. Enfim, para movimentar a economia criativa, os artesãos demandam apoio de uma equipe multidisciplinar para ajudá-los a aprimorar seu trabalho e divulgar sua produção.

As instituições de apoio à criatividade empresarial

Organismos internacionais

A seguir listam-se alguns organismos que atuam em nível mundial, presentes na maioria dos países, sendo fontes de informação para empreendedores e empresários em geral. Algumas como o Itc, a Unesco, a Unctad e a Wipo são muito importantes para o desenvolvimento da economia criativa. Todavia, as organizações governamentais e privadas que atuam em empreendedorismo ou economia criativa, em segmentos específicos, nem sempre são de fácil acesso a quem vive em locais mais distantes dos grandes centros.

Principais organizações envolvidas no comércio de acordo com o *International Trade Centre*:

- **Organização Internacional do Trabalho (OIT):** agência das Nações Unidas que busca a promoção da justiça social e o reconhecimento internacional dos direitos humanos e trabalhistas. A OIT formula padrões internacionais de trabalho estabelecendo direitos básicos, negociação coletiva e outros padrões que regulam as condições de trabalho.

- **Conferência sobre Comércio e Desenvolvimento das Nações Unidas (UNCTAD)**: principal órgão da Assembleia Geral das Nações Unidas que trata de assuntos de comércio, investimento e desenvolvimento. Suas principais metas são maximizar as oportunidades de comércio, investimento e crescimento de países em desenvolvimento e auxiliá-los a serem integrados à economia mundial.

- **Organização das Nações Unidas para a Educação, a Ciência e a Cultura (UNESCO)**: seu objetivo é construir redes entre as nações, mobilizando-se para que a educação de qualidade seja um direito fundamental para levar ao desenvolvimento humano. Busca a diversidade cultural, cooperação científica e a liberdade de expressão.

- **Organização para o Desenvolvimento Industrial das Nações Unidas (UNIDO)**: seu objetivo é promover o desenvolvimento industrial inclusivo e sustentável em países em desenvolvimento e economias em transição a fim de reduzir a pobreza, atingir globalização inclusiva e sustentabilidade ambiental.

- **Banco Mundial:** estabelecido em 1944, é uma fonte vital de assistências financeira e técnica para países em desenvolvimento para reduzir a pobreza e apoiar o desenvolvimento. Suas metas até 2030: acabar com a pobreza extrema, reduzindo o percentual de pessoas que vivem com menos de US$ 1,90 por dia a menos de 3% e promover o aumento da renda básica para todos os países em 40%. Faz empréstimos a taxas baixas, créditos sem juros ou subsidiados e doações a países em desenvolvimento.

- **Organização Mundial de Propriedade Intelectual (WIPO)**: organização que promove o uso e a proteção aos trabalhos de propriedade intelectual. Estimula a obtenção de patentes para um conhecimento ou produto que pode ser patenteado, protegendo seus criadores por meio de registro ou de acordos de confidencialidade

- **Centro Internacional de Comércio (ITC):** órgão conjunto da OIT e da ONU totalmente dedicado à internacionalização das pequenas e médias empresas e a focar e expandir as oportunidades de negócio com desenvolvimento sustentável. Busca oferecer soluções para construir capacidades institucionais, administrativas e empreendedoras em níveis governamental, institucional e empresarial, voltadas às pequenas e médias empresas.

Instituições brasileiras

Existem várias instituições nacionais que visam ao desenvolvimento de empresas, apoiando-as em diversos setores relacionados à sua área de atuação. Seguem algumas delas.

• **Ministério das Relações Exteriores (MRE):** além de atender interessados em exportar ou importar no país, apoia empresários nacionais e estrangeiros em suas atividades comerciais, de investimento ou de promoção, como em feiras e exposições. Na atualidade, o MRE está dando mais ênfase a potenciais resultados econômicos dos acordos do que a seus efeitos políticos.

• **Ministério do Desenvolvimento, Indústria e Comércio Exterior (MDIC):** envolve-se na ampliação das atividades criativas empreendedoras no país, por meio de planos de exportação, visando à diversificação de produtos e serviços, ao desenvolvimento regional e à agregação de valor, com participação de micro e pequenos empresários por meio de acesso a mercados; promoção; financiamento e garantia às exportações; aperfeiçoamento de mecanismos e regimes tributários de apoio às exportações, dentre outros.

• **Confederações e federações de indústria, comércio, agricultura e serviços:** fornecem assessoria e cursos em áreas específicas, coletam informações do mercado e identificam e divulgam casos de sucesso. Destacam-se, por seu comportamento dinâmico, as federações da indústria e do comércio de São Paulo e do Rio de Janeiro. Essa atividade chega até o nível municipal, com centros ou associações locais, que fazem o "pequeno varejo", disseminando conhecimentos e fortalecendo o relacionamento entre associados.

• **Serviço Brasileiro de Apoio à Pequena e Microempresa (Sebrae):** ainda de acordo com o Plano da Secretaria da Economia Criativa, além de continuar a apoiar a produção cultural, forma e reforça redes de empreendimentos criativos, inova em processos, dissemina novos modelos de negócios, atrai investimentos para esses segmentos, qualifica profissionais em competências criativas, identifica oportunidades de desenvolvimento, alavanca a distribuição de bens e de serviços criativos, atuando em áreas da arquitetura, expressões culturais, artes visuais, audiovisual, *design*, área digital (*games*, aplicativos e *startups*), editoração, moda, música e comunicação.

RELAÇÕES INTERNACIONAIS

O atual Sebrae foi criado nos anos 70 com o nome de Centro de Apoio Gerencial à Pequena e Média Empresa (CEAG), pois na época as microempresas como classificação eram inexistentes e pouco estudadas. Para a diversificação da pauta exportadora, o CEAG-SP criou consórcios que permitiram a união de empresas de pequeno porte para exportarem em conjunto, recebendo treinamento e suporte, além de poderem participar de feiras internacionais.

Em São Paulo, havia consórcios de joias, de confecções infantis e de produtos industriais, de ônibus a artigos de eletricidade. O programa foi descontinuado no início dos anos 80 pelas dificuldades enfrentadas. Era difícil fazer com que concorrentes se unissem para trabalhar em grupo no mercado externo, os subsídios para promoção tinham duração limitada (dois anos) e os consorciados não podiam ou não queriam investir por mais tempo até obter resultados, mas alguns grupos foram bem-sucedidos.

Dentro da mesma linha, de 1975 a 1980, o Ministério das Relações Exteriores manteve um programa de formação de especialistas em promoção comercial no exterior, com aulas na Universidade Federal de Brasília e um estágio de dois anos em um setor de promoção comercial do MRE no exterior para treinamento prático.

Para o Sebrae, produtores e empreendedores em negócios criativos necessitam tornar sustentáveis seus empreendimentos, ou seja, não depender dos recursos do Estado, profissionalizar-se, buscando longevidade, desenvolvendo ou ampliando competências e capacidades para sustento. Estudos do IBGE e da FIRJAN, em 2010, mostravam que os segmentos criativos participaram com 2,84% do PIB (R$ 104 bilhões), dando empregos formais a 867 mil indivíduos (1,96% do total), sendo que cada emprego na economia criativa gerava outros quatro em atividades relacionadas.

- **Agência Brasileira de Promoção de Exportações e Investimentos (ApexBrasil):** órgão criado pelo Ministério do Desenvolvimento, Indústria e Comércio Exterior, estimula empresas a trabalharem com inovação, *design* e sustentabilidade, além de qualificar seus profissionais para que se tornem competitivas internacionalmente.

Realiza missões prospectivas e comerciais em mercados externos, rodadas de negócios, suporte em feiras internacionais, divulgação de produtos e serviços e aproximação de empresas nacionais e compradores estrangeiros. Também procura atrair investimentos estrangeiros por meio de seus diversos escritórios de negócios no exterior, auxiliando as empresas brasileiras na internacionalização.

Trabalho de outras instituições no Brasil

Não pode ser esquecido ainda o trabalho de instituições de ensino pioneiras na criação de cursos de graduação e pós-graduação, por exemplo, em moda e *design* (FAAP, IEDI), focos de inovação nesse segmento, bem como cooperativas de moda surgidas em regiões carentes, gerando receita e autoestima para seus participantes.

Na mesma linha, é louvável a atuação de organizações sociais sem fins lucrativos que criam fontes de renda e inserção social, como a Orquestra Sinfônica de Heliópolis cujos membros são moradores dessa comunidade em São Paulo. A OSH atende cerca de 1.000 crianças e jovens em programas para formações musical e artística, proporcionando oportunidade de profissionalização na música.

Mas foi na área de tecnologia que a economia criativa mais se expandiu, propiciando o surgimento de organizações privadas voltadas a estimular novos empreendimentos (as *startups*) e a congregar potenciais investidores.

Uma delas é a Associação Brasileira de Startups (ABStartups), fundada em 2011, em São Paulo. Sua visão é "ajudar o Brasil a ser uma das cinco maiores potências globais de inovação e empreendedorismo tecnológico, para que as *startups* brasileiras possam representar 5% do PIB brasileiro até 2035". Seu principal objetivo é a busca de soluções tecnológicas para as necessidades de inovação de todos os setores, a participação na concepção e gestão de mecanismos de suporte à pesquisa científica, ao desenvolvimento tecnológico e à formação de capital humano, dentre outros.

A Fundação Itaú, em conjunto com a *Redpoint e.ventures*, criou na mesma cidade o Cubo, organização sem fins lucrativos, para incentivar empreendedores na área de tecnologia e reunir interessados para troca de experiências, alojando até 250 pessoas em *coworking* (trabalho colaborativo); sua missão é transformar o ecossistema de *startups* (empreendedores, investidores, grandes empresas, universidades, estudantes e outros agentes) e oferecer uma ferramenta para o mercado (ZUINI, 2015).

RELAÇÕES INTERNACIONAIS

O Google inaugurou em 2016 o Google Campus São Paulo para estimular o empreendedorismo e as *startups*. Inicialmente, serão escolhidas até dez *startups* para serem residentes durante seis meses, prorrogáveis por mais meio ano, com orientação de funcionários e parceiros da empresa e contato com investidores. A participação no programa é gratuita, mas, se o projeto for interessante, os braços de investimento do Google podem fazer aportes na empresa. No mesmo prédio, será instalada a Launchpad Accelerator, aceleradora de *startups*, que já investiu US$ 700 mil no Brasil em 14 empresas iniciantes e em parceiros como a Startup Farm (CAPELAS, 2016).

A Endeavor, fundada nos Estados Unidos, atua em 20 países, e, no Brasil, seu objetivo é multiplicar o número de empreendedores de alto crescimento e criar um ambiente de negócios melhor. Para isso, seleciona e apoia os melhores empreendedores, compartilha aprendizados e promove estudos para entender e direcionar o ecossistema empreendedor no país. As empresas associadas empregam mais de 400.000 pessoas e faturam US$ 8 bilhões.

Levantamento recente da Fundação Getulio Vargas de São Paulo mostra que existem 41 aceleradoras no país que já ajudaram 865 *startups* com um investimento total de R$ 51 milhões, sendo que cinco novas aceleradoras surgiram por ano, em média, nos últimos cinco anos. O tempo médio de aceleração é de 29 meses (CAPELAS e SAWADA. 2016). Dando uma ideia de quantidade, Israel conta com cerca de 6.000 *startups* em fase inicial, e, o Brasil, com 4.100, o que permite prever o aumento de aceleradoras no país (TOZETTO, 2016).

Também não é desprezível o número de incubadoras ligadas a instituições de ensino públicas e também privadas, sendo que essas não se restringem à TIC. Dedicam-se a apoiar e desenvolver empresas iniciantes ou jovens que demonstrem potencial de crescimento cujos criadores necessitem de um local para trabalhar, maiores conhecimentos ou infraestrutura e investimento para progredirem. As aceleradoras estão em melhores condições para isso, pois costumam contar com investidores para dar suporte aos negócios mais promissores, recebendo uma participação em troca do seu aporte financeiro. As incubadoras, por sua vez, podem ter limitações em número de atendidos e de recursos financeiros. Em comum, ambas fazem uma pré-seleção dos projetos aceitáveis e estabelecem um prazo para prestação de suporte.

Dentre as empresas aceleradoras nacionais, a Ace, anteriormente Ace-

Ieratech, foi a primeira apoiada por uma instituição de ensino, a Escola Superior de Propaganda e *Marketing*. Fundada em 2012 por Pedro Waengertner e Mike Ajnsztajn, dois empreendedores seriais com ampla experiência no país, no exterior e em negócios próprios, já recebeu cinco prêmios e acelerou mais de 60 *startups*. Seu objetivo é ajudar o empreendedorismo na América Latina a criar empresas que tivessem impacto sobre a economia, oferecendo soluções para cada fase de seu ciclo de vida, até terem condições para serem mantidas e consolidadas no mercado.

A Ace desenvolveu metodologias de aceleração e conta com mentores e parceiros que prestam serviços gratuitamente ou a baixo custo. Provê um "dinheiro de sobrevivência", de modo a ajudar os empreendedores a financiarem seus negócios e suas vidas pessoais durante o programa, recebendo uma participação no novo negócio, mas só ganha se eles ganharem. A base do seu processo é o 'mão na massa', trabalho intenso para, em seis meses, fazer o negócio ser desenvolvido. Quanto ao investimento, apesar de a Ace contar com investidores e fundos e realizar eventos para colocá-los em contato com os empreendedores, seu objetivo é o crescimento da empresa.

Competições também são realizadas por instituições para estimular o empreendedorismo em segmentos criativos tecnológicos, como o 1º. Festival de Curtas do canal pago TNT, que recebeu 1.477 inscrições de 25 estados da federação no primeiro semestre de 2016; 894 curtas estavam aptos para serem produzidos, mas apenas seis receberão financiamento e vitrine para um curta de 15 minutos de duração.

Em 2015, o Banco Interamericano de Desenvolvimento e a NEXSO lançaram um concurso para tornar conhecidas *startups* dos setores criativo e cultural e fortalecê-las, sendo uma oportunidade para as empresas que transformam ideias em bens e serviços culturais e que produzem valor pelo seu conteúdo de propriedade intelectual.

Essas *startups* devem estar em funcionamento, ser escaláveis e replicáveis. As *startups* selecionadas receberão convite para participar do 4º. Construir Soluções 2016, terão acesso à plataforma ConnectAmericas do BID e competirão pelos três primeiros lugares no evento, com prêmios de US$ 30.000 para a primeira colocada, US$ 15.000 para a segunda e US$ 7.000 para a terceira.

Esse evento procura destacar a importância e o potencial dessas empresas para o desenvolvimento da região e contará com a participação de investidores, representantes dos setores público e privado e empreendedores que procurem contribuir para o desenvolvimento da região fazendo uso de sua criatividade e cultura[1].

Como nem todas as empresas criativas são tecnológicas, isto é, precisam pensar onde obter o investimento necessário que pode advir de recursos próprios ou de familiares (os mais interessantes, uma vez que seu custo é quase nulo), investidores-anjo (que apoiam empresas iniciantes com bom potencial de crescimento, em troca de uma participação no seu capital), financiamento bancário (menos interessante, pois gera dívida antes de criar receita) e financiamento coletivo ou *crowdfunding* - sites especializados recebem um projeto, e, se ele for enquadrado em seus objetivos, é divulgado durante um prazo predeterminado para atingir ou superar o valor previsto, podendo ser para fins beneficentes, ou de negócio (auxiliar uma empresa iniciante a começar suas atividades, eventualmente com o fito de lucro futuro).

Dentre os investidores-anjo, um bem conhecido é a Anjos do Brasil, organização sem fins lucrativos, criada por Cassio A. Spina (fundador da Trellis, em que atuou por 25 anos) para fomentar o crescimento desse tipo de investimento para o empreendedor inovador no país. O investidor-anjo investe não só recursos financeiros, mas também conhecimento, experiência e relacionamento para aumentar as chances de sucesso do negócio.

As operações da Anjos do Brasil são sustentadas pelas contribuições e trabalho voluntário dos seus membros e colaboradores e pelas doações de patrocinadores e apoiadores, além da renda de cursos, eventos, direitos autorais de publicações e outras atividades. A empresa não exerce intermediação de negócios, somente coloca em contato empreendedores e investidores-anjo.

Projetos culturais: como obter investimento

Para projetos culturais tradicionais, segundo o Sebrae (2012), as opções para obter investimento são:

Patrocínio empresarial/doação – uso de recursos próprios ou incentivados, provenientes de parte do imposto devido e aplicado em projetos aprovados pelo MinC, em condições de captar recursos por meio de leis de incentivo fiscal (Lei Rouanet, principalmente).

1 (Disponível em: <www.nexso.org/pt-br/c/EconomiaNaranja>. Acesso em 10 de ago. de 2016).

Apoio cultural – obtenção de recursos de organizações públicas ou privadas para resolver o dia a dia do desenvolvimento de um projeto, fazer permutas, emprestar equipamentos e outros.

Fundações e agências – podem ser empresariais, familiares e comunitárias e oferecem recursos para instituições e projetos, incluindo os da área cultural, por tempo determinado, com o objetivo claro de financiar ações que tragam bem público, estando distribuídas pelo mundo todo. Quanto às agências internacionais, em geral disponibilizam recursos para ONGs e grupos que agem em comunidades carentes. Como essas instituições têm foco de atuação bem definido, é necessário analisar se o projeto está em conformidade com a missão da escolhida e se ela está incentivando projetos externos. A Ancine, por exemplo, atua no estímulo e financiamento ao cinema nacional, de acordo com projetos por ela aprovados.

O Banco Nacional de Desenvolvimento Econômico e Social (BNDES) conta com uma linha de financiamento para micro e pequenas empresas, mas não é específica para empresas criativas, independentemente do seu setor. As regras utilizadas são as de um banco de fomento – juros abaixo dos do mercado, prazos de carência e de financiamento um pouco mais longos; todavia, garantias são quase sempre exigidas, o que um negócio de pequeno porte tem dificuldade em atender.

Bancos governamentais, como o Banco do Brasil e a Caixa Econômica Federal, podem ter condições de financiamento mais atrativas do que bancos privados e também manter linhas de microcrédito para pequenos empreendedores. Muitas vezes atuam como repassadores dos fundos do BNDES.

Em vista dessa situação, micro e pequenas empresas costumam optar por financiamento próprio e de familiares ou aceleradoras/investidores-anjo, se o setor criativo de sua atividade for enquadrado nos objetivos dessas; principalmente para empresas iniciantes não costuma ser fácil obter dinheiro para se manter ou crescer.

Toda iniciativa cultural precisa de financiamento e existem muitos modelos, desde os subsídios estatais às parcerias das *Venture Capital Firms* (algumas das quais se especializam em investimento social) até a moeda social. Uma iniciativa interessante nos Estados Unidos é a *Creative Capital*, uma fundação que surgiu para compensar os artistas pela queda de fundos públicos devido ao escândalo provocado por uma mostra de fotografias do artista Robert Mapplethorpe, que alguns senadores conservadores acharam obscenas. Várias fundações colaboraram na criação desse fundo que procurou oferecer bolsas, mas exigiu dos artistas que as receberam a participação em oficinas numa sinergia com a ação da fundação. A ideia era criar um espírito mais empreendedor nos artistas, para que conhecessem melhor seus públicos e passassem a ser sustentáveis.

O *crowdfunding*, comentado no item anterior, também pode ser usado para finalidades culturais, além das econômicas: a autora contribuiu na arrecadação de fundos para um músico ganhador de uma bolsa de estudos no exterior mudar de país, bem como para a instalação de uma biblioteca em cidade pequena da região Norte, criada com recursos coletados por uma organização chamada "Benfeitoria". Em geral, busca arrecadar valores relativamente pequenos.

Setores e desafios da economia criativa

Alguns países não incluem atividades que o IBGE considera como parte da economia criativa: atividades desportivas; de lazer; jardins botânicos, zoológicos, parques nacionais; comércio de antiguidades; artesanato; *design*; *games*; pesquisa e desenvolvimento em ciências; educação profissional. Todavia, exclui o *design* de moda, já estudado na economia criativa no Brasil e parte do Plano da Secretaria da Economia Criativa para os anos 2011-2014, o que consolida essas informações no quadro abaixo:

Setores criativos do Ministério da Cultura (2011)

Campos	Áreas abrangidas
Patrimônio	Patrimônio material Patrimônio imaterial Arquivos Museus
Expressões culturais	Artesanato Culturas populares Culturas indígenas Culturas afro-brasileiras Artes visuais

Artes de espetáculo	Dança Música Circo Teatro
Audiovisual, livro, leitura e literatura	Cinema e vídeo Publicações e mídias impressas
Criações funcionais	Moda *Design* Arquitetura Arte digital

Fonte: Plano da Secretaria da Economia Criativa 2011-2014, MinC.

A esses setores nucleares juntam-se os relacionados como turismo (roteiros de viagem, serviços de turismo e de hospitalidade) e esportes e lazer (esportes, preparação física e bem-estar e parques temáticos e de diversão).

Apesar de a economia criativa resultar da interligação de inovação, sustentabilidade, diversidade cultural e inclusão social, o segmento ainda enfrenta uma série de desafios essenciais para a formulação de políticas concretas e efetivas, segundo o plano quadrienal da Secretaria de Economia Criativa, que são (2011):

- Levantamento de dados sobre economia criativa no Brasil, hoje escassos e pontuais, partindo em geral de dados secundários, o que impede um conhecimento mais amplo de seu potencial e de suas características;
- Articulação e estímulo ao fomento de empreendimentos criativos;
- Educação para competências criativas;
- Infraestrutura de criação, de produção, de distribuição/circulação e de consumo/fruição de bens e de serviços criativos;
- Criação/adequação de marcos legais para os setores criativos.

Esses desafios seriam enfrentados por meio de uma rede de cidades, polos e bacias criativas, desenvolvidas com órgãos públicos, além de instituições de financiamento e treinamento; também pela criação de uma conta-satélite de cultura (IBGE/IPEA levantando dados sobre ocupação e renda gerada pela economia criativa), o mapeamento de informações sobre economia criativa e o desenvolvimento de observatórios para produzir informações e conhecimento e gerar experiências e experimentações na área. Igualmente, nos marcos legais, necessita-se buscar a redução da carga tributária incidente sobre atividades criativas e incluir os micro e pequenos empreendimentos criativos na Lei Geral das MPEs e de atividades criativas na Lei do MEI.

Economia criativa no Quênia

Uma pesquisa realizada no Quênia (ACRI, 2012) sobre as gemas da cultura local, enfocou os praticantes da economia criativa, os criadores de bens e de serviços culturais, e tinha o objetivo de desenvolver e apoiar os criadores para serem mais produtivos e sustentáveis, gerando empregos, tratando do lado do suprimento do Ciclo da Cultura (interligações das atividades culturais, incluindo o *feedback* do consumo, a inspirar a criação de novos produtos e artefatos culturais), pois o lado da demanda enfoca o consumo ou os consumidores, pagantes pelos bens e serviços culturais ou participantes de atividades da comunidade, relativas à qualidade de vida, tradições e crenças, o que daria um estudo totalmente diverso.

Também foi feito um levantamento de grupos marginalizados (pessoas com deficiência) nas atividades culturais e criativas, tendo sido entrevistados 1984 indivíduos.

Nas organizações, grupos e indivíduos analisados em *Nairobi*, com deficiências como visão reduzida, paralíticos e vítimas de AIDS, suas atividades culturais e criativas incluíam dança, música e artesanato.

Em *Kisumu*, os respondentes foram antigos estudantes de uma escola luterana para deficientes intelectuais, com vistas a torná-los menos dependentes, reabilitá-los e integrá-los para serem úteis à sociedade. Para isso, recebiam treinamento em atividades criativas para auferir uma renda após o término dos estudos. A instituição mantenedora fornece pequenos empréstimos para expandir suas atividades criativas, como tecelagem, crochê, confecção de colares etc.

Em *Mombasa*, os entrevistados eram paralíticos ou com dificuldades de locomoção atuantes em um centro cultural. Seus produtos eram ornamentos, esculturas, bolsas, escovas, chapéus, tecidos, lonas, cadeiras de rodas, tambores e peças únicas de mobiliário. Os principais desafios que os entrevistados enfrentam nas indústrias cultural e criativa africana são:

- Financiamento inadequado
- Sazonalidade do mercado ou falta de demanda por seus produtos
- Falta de local para trabalhar
- Falta de apoio do governo
- Desvio de dinheiro dos fundos governamentais pelas organizações que deveriam apoiá-los.

Quanto às vendas ao exterior, somente cerca de 10% do total produzido tem esse destino, porque, ainda que seus produtos sejam únicos, o nível de qualidade do mercado internacional é muito alto; a estratégia de *marketing* e o financiamento inadequados impedem a exportação e há falta de apoio governamental.

Eles também não faziam uso do Registro de Propriedade Intelectual por falta de conhecimento dos procedimentos, que são caros e demorados, além das altas taxas de registro, medo de vazamento de informação etc.

A pesquisa também mostrou a grande necessidade de educar os praticantes da economia criativa no uso da tecnologia digital para melhorar seus negócios e a importância dos bairros (*villages*) digitais que estão se espalhando pelo país, implicando a realização de campanhas públicas e de educação em tecnologia.

A maioria dos respondentes diz sentir necessidade da promoção de atividades de pesquisa e desenvolvimento em seu setor, pois se interessara pelos programas para apoiar seu crescimento.

Alguns resultados da pesquisa com criadores culturais indicam:

1. Diversificar e ampliar atividades culturais criativas em todos os domínios, exceto em artes visuais, artesanato e *design*, performance e celebrações.

2. Estímulo significativo nas indústrias culturais criativas na região vem da paixão, do talento ou da herança.

3. A igualdade de gêneros pode ser ampliada nessa área por meio de financiamento e apoio às mulheres.

4. Medidas como reduções tributárias, facilidade de registro de empresas e remoção de impedimentos estimulariam a participação dos empreendedores.

5. Boa parte dos participantes da pesquisa tinha de ensino fundamental à graduação, mas estava aumentando o nível de escolaridade, o que implica aumento da produtividade das empresas criativas.

6. A maioria dos negócios é unipessoal, o que limita seu crescimento. Deveria haver educação e incentivo para formar empresas com melhor gestão e *marketing*.

7. Pouca interação dos empreendedores para obter informações ou receber novidades.

8. A maioria das empresas é autofinanciada, o que é um ponto fraco. Instituições deveriam prover educação financeira e facilitar o acesso a fundos.

9. A maioria dos entrevistados não tinha informação para obter o Registro de Propriedade Intelectual, o que pode fazer com que as inovações sejam roubadas. O governo deveria facilitar e simplificar a obtenção desse registro.

10. O uso de TI no Quênia está centrado no celular, mas deveria ser ampliado para desenvolver empresas usando sua herança cultural e apresentá-la ao mundo.

Ainda que essas informações se refiram a um país africano, podem ser úteis para qualquer país emergente - no caso brasileiro, as dificuldades enfrentadas são praticamente idênticas.

Os festivais culturais são muito importantes para forjar a identidade da comunidade, estimulando a união por meio de atividades coletivas. No Quênia, local da pesquisa (ACRI, 2012), cada festival promove a interação entre habitantes de regiões vizinhas, além de transmitir a herança cultural intangível, ou seja, tradições e expressões orais. Esses festivais ainda promovem produtos, artefatos e serviços, além do turismo cultural.

No Brasil, conforme visto, a economia cultural tem sido desenvolvida graças à iniciativa individual ou empresarial; o apoio público surge depois, pela pressão por melhores condições de atuação nessa atividade. Foram vistos exemplos de instituições, lugares, alimentação, tecnologia da informação e comunicação (incluindo e destacando cinema e artes audiovisuais) que tiveram sucesso e que indicam possíveis caminhos de crescimento. A área de TI é a mais ativa atualmente, mas isso pode estar atrelado às rápidas mudanças a que está sujeita, haja vista seus serviços constarem dentre os dez mais exportados.

Note-se que o mapa global da CISAC (2015) mostra que, para alavancar um mundo mais criativo, algumas medidas devem ser implementadas: promover os direitos autorais, a fim de que autores e criadores culturais sejam remunerados de forma justa para continuar a exercer suas atividades; buscar o crescimento empresarial, com o intuito de atingir a economia de escala e melhor explorar o conteúdo de suas ideias, por meio de consolidações; expandir-se globalmente, pois os mercados maduros são mais atraentes para as ICC, mas a China e a Índia têm obtido destaque pelo seu forte crescimento e potencial em longo prazo; equilibrar a monetização *on--line*, visto que os participantes das empresas culturais e criativas encontram dificuldade em cobrar dos seus consumidores por serviços anteriormente gratuitos – os criadores devem ser remunerados pelo valor agregado e políticas públicas deveriam proteger esse direito para além de fronteiras; alimentar talentos, pois *designers*, artistas e trabalhadores intelectuais altamente especializados agem como motores de inovação e desenvolvimento urbano, estruturando redes e pontos de criatividade para desenvolver economica, social e culturalmente suas cidades e regiões nativas.

Particularmente, essa publicação destaca que, nos países desenvolvidos, a produção cultural é feita por jovens (15 a 29 anos), é inclusiva (50% dos empregados do setor musical no Reino Unido são mulheres), e empreendedora (53% dos desenvolvedores de jogos no Canadá são autônomos e os artistas nos Estados Unidos têm 3,5 vezes maior probabilidade de serem autônomos do que trabalhadores em outras áreas), mas essa situação é similar a que se encontra no Brasil.

Nosso desejo é que esse crescimento se amplie para as outras áreas da economia criativa, ajudando o país a ter maior participação no comércio internacional.

Considerações finais

A economia criativa, uma ampliação do conceito de economia da cultura, que abrangia basicamente as artes, inclui hoje todas as formas de artesanato, a exploração de locais e atrações pertinentes, e, principalmente, as aplicações das TICs, começou a ser desenvolvida no século passado, com o crescimento da indústria cinematográfica e a reação de outros países à hegemonia norte-americana.

O estímulo à produção intelectual em todas as áreas, artísticas principalmente, começou a incomodar os órgãos de proteção à propriedade intelectual. Assim, teve início a discussão de uma forma mais ampla de proteger a diversidade cultural, para que não fosse distorcida e seus criadores pudessem auferir dos seus resultados pecuniários.

RELAÇÕES INTERNACIONAIS

Foi importante a assinatura da Convenção para a Promoção e Proteção da Diversidade Cultural na Unesco, um meio de inclusão social e desenvolvimento econômico, que utiliza os saberes de quem produz bens culturais, tornando cada produto único e diferente, uma vez que se serve de recursos intangíveis e ilimitados, diferentemente da era da industrialização, que usava recursos não renováveis e escassos.

A economia criativa é particularmente relevante para os países em desenvolvimento, podendo aumentar suas vendas para o exterior, seduzir turistas para conhecer seu patrimônio cultural ou seus eventos únicos, como o carnaval brasileiro. O Rio de Janeiro já atrai próximo de um milhão de visitantes por ano, com o correspondente ganho para a cidade, seus organizadores e participantes e *stakeholders*.

Na área de tecnologia da informação e comunicação, o Brasil já sedia eventos como a *Campus Party* em que estudantes ou empreendedores apresentam projetos, discutem a tecnologia da informação e seus usos e desenvolvem novos aplicativos que venham a beneficiar pessoas, empresas ou governos em suas atividades. O primeiro evento ocorreu em São Paulo em 2008 e acolheu cerca de 10.000 participantes, recebendo 120.000 em 2014. Como alguns já saem do evento com um investidor para seu projeto, sobretudo devido à sua criatividade, isso atrai novos interessados.

Foram apresentadas as instituições que estimulam e apoiam as atividades criativas no país e os meios pelos quais buscam atingir seus objetivos. Comenta-se que houve iniciativas bem-sucedidas no país e fora dele com promoção de lugares, festas, atividades etc.

Um ponto que mereceu atenção foi o papel das aceleradoras no crescimento de *startups* no Brasil. Mais de meio milhão de empresas iniciantes na área de TIC já recebeu apoio e investimento dessas instituições, que são 41 em território nacional. Esforços têm sido feitos pelo governo brasileiro no sentido de ampliar a participação da economia criativa no PIB, como o Plano de Economia Criativa 2011-2014 e o trabalho do SEBRAE, que se ocupa desse segmento desde 2006, bem antes da assinatura da Convenção; setores privados também estão presentes na economia criativa, principalmente nas áreas de artesanato, de música, de espetáculo, de *design* e de moda e muitos outras.

No setor internacional, a APEX inclui setores criativos dentre aqueles prioritários para exportação, como arquitetura e *design*. O país tem ampliado sua participação, mas ainda há um longo caminho à frente.

Existe algum modelo para um negócio crescer quando pertence à economia criativa? A resposta é não. Um negócio ou serviço criativo pode surgir da identificação de uma necessidade patente ou latente observada pelo empreendedor, de sua visão, de um incentivo para tanto, do apoio de alguém (pessoa ou instituição interessada – para que servem os investidores-anjos?), da combinação ou descombinação de vários desses fatores, mas um ponto importante é que o governo, em vários níveis, o apoie (com informações, recursos financeiros, menos burocracia, legislação não impeditiva etc.), ou, na pior das hipóteses, não atrapalhe o novo empreendedor da economia criativa.

O setor mais dinâmico da economia criativa, neste início de século, tem sido o de tecnologia da informação e comunicação, responsável por parte da explosão de micro e pequenas empresas no país. Isso influi no aumento de aceleradoras no país e de eventos para estimular a formação de novos empreendimentos, criativos ou culturais.

Questões para reflexão

1 - Quais são as diferenças que podem ser encontradas entre economia tradicional e economia criativa?

2 - Qual foi o ponto de inflexão do crescimento acelerado da economia criativa?

3 - Onde se encontram mais exemplos de economia da cultura – no hemisfério norte ou sul? Por quê?

4 - Sustentabilidade é a palavra-chave em desenvolvimento na atualidade. Qual é a sua opinião sobre o destaque da economia criativa nesse quesito?

5 - Sabe-se que o crescimento do uso da TIC para novos empreendimentos tem sido mais elevado do que a criação de produtos tangíveis. Qual poderia ser a explicação para essa tendência?

6 - Na parte de ensino, tanto regular quanto corporativo, qual o papel do EAD? Pode substituir o contato pessoal em sala de aula? Justifique sua resposta.

7 - Os exemplos dados de empresas criativas no Brasil, América Latina e África podem ser generalizados ou dependem do contexto? Explique.

8 - Por que as atividades culturais clássicas (teatro, música, dança) têm dificuldade para serem sustentáveis? O que pode ser feito para mudar esse cenário?

9 - O Plano da Economia Criativa 2011-2014 apresentou resultados mensuráveis? Quais?

10 – Atividades da economia criativa devem ser subsidiadas por ações governamentais? Justifique sua resposta.

Caso ilustrativo: Academia da Estratégia

No âmbito da convenção para a diversidade cultural, educação e treinamento têm espaço reconhecido, e a Academia da Estratégia (Acad) é um exemplo de empreendedorismo na área.

A Acad, criada em 2008 por Graziela e Euclides Moreno, tem por objetivo oferecer consultoria estratégica e educação corporativa com um foco diferente do das consultorias existentes, não voltado ao treinamento como resultado, mas sim ao desenvolvimento humano como meio para atingir resultados.

Segundo a presidente Graziela, o começo foi difícil, pois ela trabalhou sozinha durante cinco anos, e, em 2008, também foi no auge da crise mundial, até pensou em desistir, mas resistiu e insistiu.

O fechamento do primeiro contrato, depois de um ano do empreendimento, foi a partida para o sucesso, visto que atraiu consultores qualificados para a equipe e tornou viáveis outras vendas. Graziela não investiu dinheiro no negócio, pois acredita que "o bom negócio se faz sozinho" e a Acad cresceu rapida e organicamente, conforme as vendas ocorriam.

A CEO também pratica outro mandamento importante do empreendedor: não misturar as finanças pessoais com as da empresa, porque assim sabe realmente como o negócio está se comportando.

Em 2014, a empresa faturou R$ 13 milhões, e, em 2015, perto de R$ 14 milhões, com um aumento pequeno devido à crise nacional. Em 2016, empresas adiaram a contratação de programas de treinamento, mas mesmo assim a Acad obteve 14 novos clientes, com valor médio menor. Outras medidas tomadas foram cortar pessoas e ter uma política de preços mais competitiva, com produtos de investimento mais baixo.

A experiência ensinou a Graziela que o empreendedor deve pensar rapidamente nas alternativas para os problemas que se avizinham, pois isso faz toda a diferença no resultado.

DRA. VERA LÚCIA SAIKOVITCH

A Acad acumula prêmios pela qualidade de seus serviços, inovação e bom atendimento e já treinou mais de 300 mil pessoas, tem 80 funcionários e 300 consultores no Brasil: os consultores atuam em sala de aula, e a equipe interna cuida da logística, desenvolvimento de treinamento e o que mais for necessário para a boa gestão da empresa. Dentre seus clientes, contam-se grandes empresas nacionais e multinacionais, como Itaú, Caixa Econômica Federal, Natura, Avon, Nestlé, Allianz, Honda, IBM e Samsung.

As recomendações da CEO para empreender são ter garra, disposição e resiliência para enfrentar as situações fora de controle, mas também curtir cada dia do negócio, e, sobretudo, entregar-se de corpo e alma para engajar sua equipe. 'Não é fácil, mas é muito prazeroso", diz ela. Questões:

1- Quais foram os motivos do sucesso desse empreendimento?

2.- A seu ver, quais são suas ligações com a economia criativa?

3 - Seu modelo poderia ser aplicado em outros contextos e países? Por quê?

4 - Qual o peso de experiência prévia na criação de um negócio novo em educação?

5 - Avalie a possibilidade de o projeto da Acad ser virtual. Quais seriam os prós e os contras de sua implantação?

Referências

ACRI – *African Cultural Regeneration Institute. Unearthing the Gems of Culture: Mapping Exercise of Kenya's Creative Cultural Industries.* Nairobi, Kenya: African Cultural Regeneration Institute, 2012.

ALVES, Elder P. Maia. *A economia criativa do Brasil: modernização cultural, criação e mercado.* Latitude, vol. 6, n°2, pp.11-47, 2012. Disponível em: <http://www.seer.ufal.br/index.php/latitude/article/view/873 >. Acesso em 29 de abr. de 2016.

APEX BRASIL. *Relatório de Gestão 2014.* Disponível em: <http://arq.apexbrasil.com.br/portal/relatoriogestao2014(1).pdf>. Acesso em 28 de jul. de 2016.

BOTELHO, Isaura. *Criatividade em pauta: alguns elementos para reflexão.* Disponível em: <http://www.viacultural.org.br/site/wp-content/uploads/2012/08/livro-portugues-web.pdf#page=80>. Acesso em de 10 mar. de 2016.

BRASIL. *Plano da Secretaria de Economia Criativa 2011-2014.* Brasília, DF: Ministério da Cultura, 2012.

CAIADO, Aurílio Sérgio Costa. *Algumas considerações sobre economia criativa.* IV ENE-

CULT - Encontro de Estudos Multidisciplinares em Cultura, 28 a 30 de maio de 2008. Faculdade de Comunicação/UFBa, Salvador-BA. Disponível em: <http://www.cult.ufba.br/enecult2008/14643-04.pdf>. Acesso em 12 de jan. de 2016.

CAPELAS, Bruno, SAWASA, Thigo. *Aceleradoras já investiram mais de R$ 50 milhões em startups no Brasil*. O Estado de S. Paulo. São Paulo,. 28 jul. 2016, Caderno Economia, p. B

CAPELAS, Bruno. *Google abre espaço para startups em São Paulo*. O Estado de S. Paulo. São Paulo. 8 jun. 2016, Caderno Economia, p. B12.

CISAC. *Cultural Times – the first global map of cultural and creative industries*. December 2015. Disponível em: <www.worldcreative.org?up-content/uploads/2015/12/EYCultural times2015_download.pdf>. Acesso em 6 de jan. de 2017.

CORAZZA, Rosana Icassatti. *Criatividade, inovação e economia da cultura: abordagens multidisciplinares e ferramentas analíticas*. Revista Brasileira de Inovação, Campinas (SP), 12 (1), jan./jun. 2013, p.207-231.

COSTA, Armando Dalla, SOUZA-SANTOS, Elson Rodrigo. *Economia criativa: novas oportunidades baseadas no capital intelectual*. Economia & Tecnologia - Ano 07, Vol. 25 Abril/Junho de 2011. Disponível em: <http://revistas.ufpr.br/ret/article/view/26832/17797>. Acesso em 20 de jan. de 2016.

DE CARLI, Ana Mery Sehbe; BATTISTEL, Michele; LAIN, Isabel; RÜCKER, Úrsula. *Design e artesanato: novidade e tradição, um diálogo possível*. REDIGE v. 2, n. 02, ago. 2011. Disponível em: <www.cetiqt.senai.br>. Acesso em 15 fev. 2016.

DEHEINZELIN, Lala. *Economia criativa e métodos para dar uma mão ao futuro*. Redige,v. 2, n. 02, ago. 2011, CETIQT/SENAI. Disponível em: <www.cetiqt.senai.br>, Acesso em 14 jan. 2016.

_____. *Políticas culturais, economia criativa e desenvolvimento*. Disponível em: <https://pt.scribd.com/document/373059905/2006-Poli-ticas-Culturais--Economia-Criativa-e-Desenvolvimento-1>. Acesso em 14 de jan. de 2016.

DOCPLAYER. *Economia e cultura da moda no Brasil*. Disponível em: <http://docplayer.com.br/2990180- Economia-e-cultura-da-moda-no-brasil-134-135.html>. Acesso em 22 de fev. de 2016.

DUPIN, Giselle. *Convenção da Unesco na atualidade*. O Observatório da diversidade. 24/06/2014. Disponível em: <http://observatoriodadiversidade.org.br/site/convencao-da-unesco-na-atualidade/>. Acesso em 15 de fev. de 2016.

FLORIDA, Richard. *A ascensão da classe criativa*. Trad. Ana Luiz Lopes. São Paulo: LP&M Editores, 2011.

FRIQUES, Manoel Silvestre. *O escopo da economia criativa no contexto brasileiro*. Redige v. 4, n. 01, abr. 2013.

G1.*Campus Party Brasil recebeu 82 mil visitantes*. Disponível em: <http://g1.globo.com/tecnologia/campus-party/2016/noticia/2016/02/campus-party-2016-recebeu-82-mil-visitantes.html>. Acesso em 17 de maio de 2016.

INICIATIVA CULTURAL. *Economia e cultura da moda: perspectivas para o setor*. Instituto das Indústrias Criativas, Conselho Nacional de Políticas Culturais e Ministério da Cultura, 2011. Disponível em: <http://www.iniciativacultural.org.br>. Acesso em 24 de mar. de 2016.
MACHADO, Rosi Marques. *Da indústria cultural à economia criativa*. ALCEU v. 9,- n.18, jan./jun. 2009, pp.83 a 95.
MIGUEZ, Paulo. *Aspectos de constituição do campo de estudos em economia da cultura*. In CRIBARI, Isabela (org.). Economia da Cultura. Recife: Fundação Joaquim Nabuco, 2009.
NOGUEIRA, Monica. *Cartago, para ver de camarote*. O Estado de São Paulo, São Paulo. 5 jul. 2016. Caderno Viagem, p. D8.
O ESTADO DE S. PAULO, Caderno Oportunidades, p. 2, 3 jul. 2016.
ACAD. Disponível em: <http://www.acad.com.br>. Acesso em 14 de jul. de 2016.
OLIVEIRA, João Maria de, ARAUJO, Bruno César, SILVA, Leandro Valério. *Panorama da Economia Criativa no Brasil*. Texto para Discussão. Brasília: Rio de Janeiro: Instituto de Pesquisa Econômica Aplicada – IPEA, 2013. Disponível em: <http://www.ipea.gov.br>. Acesso em 18 de jan. de 2016.
OLIVETTI, Cris. *Começo solitário é o primeiro desafio*.
PARGA, Eduardo Antonio Lucas. *A economia criativa, a indústria cultural e o cinema na América Latina*. O olho da História, n. 14, Salvador (BA), junho de 2010.
PATSCH, Sofia. *Arte no sertão*. O Estado de S. Paulo. São Paulo. 26 jun. 2016. Caderno 2, p. C2.
PLANO da Secretaria da Economia Criativa: *políticas, diretrizes e ações*, 2011 – 2014. Brasília, DF: Ministério da Cultura, 2011. Disponível em: <http://cultura.gov.br/documents/10913/636523/PLANO+DA+SECRETARIA+DA%20+ECONOMIA+CRIATIVA/81dd57b6-e43b-43ec-93cf-2a29be1dd071>. Acesso em 20 de mar. de 2016.
PRESTES FILHO, Luiz Carlos. *A economia criativa do carnaval*. XXIV Fórum Nacional – Instituto Nacional de Altos Estudos – Maio de 2012.
ROIZMAN, Maysa Blay. *A Convenção para a proteção e Promoção da Diversidade Cultural e o Direito Interno - PIDCC*, Aracaju, Ano II, Edição no. 05/2014, p. 140 a160, Fev/2014, Disponível em: <www.pidcc.com.br/artigos/052014/07052014.pdf>. Acesso em 14 mar. 2016.
SEBRAE. *Connect Americas – a primeira rede social de negócios da américa*. Sebrae, 2017. Disponível em: <https://sebraeinteligenciasetorial.com.br/produtos/noticias-de-impacto/connect-americas-a-primeira-rede-social-de-negocios-da-america/5890b-4f037a6ad1800ab4eff>. Acesso em 06 de abr. de 2018.
SEBRAE. *Pesquisa O artesão brasileiro*. Brasília, *DF: Serviço Brasileiro de Apoio às Micro e Pequenas Empresas* – Sebrae, 2013.
SEBRAE. *Termo de Referência de Economia Criativa*. Brasília, DF: Serviço Brasileiro de Apoio às Micro e Pequenas Empresas – Sebrae, 2012.
TONI, Bruna. *Retrato do passado*. O Estado de S. Paulo, Caderno Viagem, p.D-6-D8, 12 jul. 2016.

TOZETTO, Claudia. *Segunda maior potência em startups, Israel agora tenta criar 'gigantes'*. O Estado de S. Paulo, Caderno Economia, p. B12-13, 4 jul. 2016.

TREMBLAY, Gaetan. *Criatividade e pensamento crítico*. Intercom, Rev. Bras. Ciênc. Comun. vol.34 no.1 São Paulo Jan./June 2011. Disponível em: <http://dx.doi.org/10.1590/S1809-58442011000100013 >. Acesso em 15 de abr. de 2016.

UNDP-UNESCO. *Creative Economy Report. 2013 Special Edition. Widening local development pathways*. New York, NY 10017: United Nations Development Programme (UNDP), 2013 e Paris 07 SP, France: United Nations Educational, Scientific and Cultural Organization (UNESCO), 2013.

UNDP. *Creative Economy Report 2010 - Creative economy: A feasible development option*. New York, NY: United Nations Development Programme (UNDP), 2010.

UNESCO. *Measuring the economic contribution of cultural industries: A review and assessment of current methodological approaches*. Montreal, Quebec: UNESCO Institute for Statistics, 2012.

UNCTAD. *Strengthening the creative industries for development in Mozambique*. UNCTAD, 2011a. Disponível em: <http://unctad.org/en/pages/newsdetails.aspx?OriginalVersionID=456>. Acesso em 20 de mar. de 2016.

UNCTAD. *Strengthening the creative industries for development in zambia*. UNCTAD, 2011b. Disponível em: <http://unctad.org/en/docs/ditctab20091_en.pdf>. Acesso em 20 de mar. de 2016.

YÚDICE, George. *Economia da cultura no marco da proteção e promoção da diversidade cultural*. Paper. New York University, s/d. Disponível em: <https://works.bepress.com/george_yudice/4/>. Acesso em 13 de maio de 2016.

ZUINI, Priscila. *Itaú e Redpoint lançam coworking e centro de empreendedorismo em SP*. Disponível em: <http://revistapegn.globo.com/Startups/noticia/2015/05/itau-e-redpoint-lancam-coworking-e-centro-de-empreendedorismo-em-sp.html>. Acesso em 18 de mar. de 2016.

Sites

www.abstartups.com
www.anjosdobrasil.net
www.endeavor.org.br
www.globo.com
www.goace.vc
www.handtalk.me

CAPÍTULO 11

Mentoria internacional

Angelita G. Drunkenmolle

ANGELITA G. DRUNKENMOLLE

> As culturas estão em constante evolução por causa dos pensamentos, dos sentimentos e das ações das pessoas que vivem nelas. Como o curso da vida de cada um, os processos mais amplos de desenvolvimento cultural não são lineares nem fáceis de serem previstos, mas sim dinâmicos, orgânicos e complexos. (ROBINSON, 2011, p. 199)

Objetivos do capítulo

- Observar a evolução e conflitos entre as gerações: tradicional, *baby boomers*, X e Y.
- Compreender a interferência cultural e os modelos internacionais de mentoria.
- Discutir a reação do mercado profissional na transição entre as gerações.
- Sugerir: como, quando e a quem a mentoria pode ser aplicada como intervenção.
- Analisar as necessidades e dificuldades entre as gerações.
- Apresentar um *case* de mentoria *on-line* como solução inovadora.

Introdução

Nas últimas décadas, o desenvolvimento humano tem nos remetido a diferentes barreiras culturais, econômicas e sociais, o que direta ou indiretamente afeta nos processos evolutivo e cognitivo de cada indivíduo, criando novos conceitos individuais de necessidades, independentemente da geração inserida.

A cada redefinição de interesses, podemos reconhecer uma mudança cultural no hábito de consumo, e, até mesmo, no desempenho profissional e estilo de vida.

As grandes corporações vêm acompanhando sistematicamente essa evolução e seus conflitos, de maneira a mensurar não somente a produtividade de seus colaboradores, mas para identificar novas oportunidades de negócios (culturalmente falando), e no desenvolvimento de novos produtos, com o único intuito de permanecer na liderança de mercado.

Grande parte da literatura encontrada a respeito das transições entre as gerações transcreve o esforço e o desconforto sofrido pelas empresas, reforçando a necessidade da implementação de um processo de sucessão de cargo, principalmente se houver gerações com diferentes experiências, o que demandará extrema compreensão nas transições entre cada geração envolvida, buscando maior integração, autonomia e respeito.

A integração de uma comunidade, ou, neste caso, entre gerações, ocorrerá quando a comunicação entre as partes for a favor do desenvolvimento efetivo das partes que se relacionam. Não importando a que comunidade ela pertença, seja corporativa ou acadêmica, será a troca de experiências o grande pivô central, classificado como o melhor recurso dentro dos processos evolutivo e cultural.

Neste capítulo, iremos passar pelas gerações delineando seus pontos fracos e fortes, ressaltando a importância da mentoria como ferramenta de apoio no compartilhamento de conhecimentos. Entenderemos as implicações para com a ausência da mentoria e os ganhos por meio de sua implementação.

O *case* "Mentoria internacional *on-line*", a ser apresentado, irá ilustrar o quanto a troca de experiências em diferentes esferas de conhecimento reflete desde o início da formação do profissional, ainda no ensino médio, até a escolha de profissão a partir da entrada na universidade. Esse *case* vem ao encontro com os interesses das novas gerações conectadas ao mundo digital, dando-nos uma breve ideia dos novos métodos de comunicação e integração realizados entre eles.

Evolução e conflitos entre gerações: tradicional, *baby boomers*, X e Y

Embora estejamos em pleno século XXI, onde acreditamos estar mais integrados, ainda nos deparamos com conflitos de gerações; fato, esse, a cada dia mais latente. Ainda necessitamos entender os diferentes perfis que permeiam as gerações, suas culturas e valores, de maneira a norteá-los, interagindo com cada grupo, provocando maior interatividade, e, consequentemente, maior produtividade.

Conforme a publicação realizada por Deyoe e Terry (2011) no *Journal of Behavioral Studies in Business*, a geração conhecida como "Os tradicionais" estava mais preocupada com o desempenho da corporação do que com seu próprio sucesso. Essa geração ainda está ativa nas grandes corporações internacionais, hoje ainda ocupando cargos como o de grande líder estratégico e repleta de conhecimentos. Nascida por volta de 1945, teve suas experiências condicionadas ao período da grande depressão mundial, da guerra e pós-guerra, desenvolvendo grandes habilidades de reorganização, construção, ordem e produtividade.

A geração seguinte, denominada como os *baby boomers*, é fruto do período pós-guerra, considerada a geração que nasceu para reconstruir e consumir. A indústria nesse período teve de ser adaptada a novas demandas de produtos e serviços, devido à grande quantidade de novos consumidores (KUAZAQUI, 2012, p. 115). Os *baby boomers* tornaram-se detalhistas em suas observâncias e seguem ativos no mercado de trabalho atual.

Por sua vez, a geração X, nascida entre 1965 e 1979, enfrentou um período de reestruturação e de desenvolvimento tecnológico. Uma geração independente e individualista que presenciou eventos distintos, como a crise de saúde mundial diante da AIDS, os desafios climáticos e o terrorismo, sendo essa a geração mais conflitante perante a geração mais nova, a geração Y (DEYOE; FOX, 2011, p. 3).

A geração Y, que chegou entre 1984 e 1990, é positivamente caracterizada por uma geração muito determinada dentre todas as anteriores, isto é, é imediata, profundamente otimista e sedenta de *feedback* de seus atos. Por possuir uma visão diferente do mundo, ela está literalmente redefinindo o sentido de "sucesso e profissionalidade" (BRACK; KELLY, 2012, p. 2).

Em contrapartida, é uma geração que não se alia à hierarquia ou objetiva a conclusão de projetos, apresenta uma comunicação pobre e com dificuldade em resolver problemas e tende a ter distração com facilidade, devido à tamanha adesão de tecnologia, causando, assim, grande preocupação no pleno aproveitamento de seus conhecimentos, devido à tamanha adesão à tecnologia (DEYOE; FOX, 2011, p. 3).

O grande desafio dos dias atuais é incorporar a rapidez e tecnologia aos velhos e eficientes processos, gerando maior equilíbrio e desempenho produtivo, baseados na força de trabalho das atuais gerações.

A frase de Abramo (2005 citada por Ferrigno, 2013, p.89): "Reclamações indignadas ou esperanças entusiasmadas", nos traduz os conflitos encontrados na transição entre as gerações cuja geração Y representa a reclamação latente, mas surge como a esperança com o seu entusiasmo.

Ano após ano, as novas gerações chegam ao mercado de trabalho sedentas por trilhar uma carreira meteórica sem culpa e sem dor, o que gera altíssimas expectativas, conflitos perante os mais experientes, contra a produtividade e o estresse dentro do ambiente de trabalho.

O grande desafio para a atualidade e para os próximos anos está centrado em unir essas forças na busca da integração entre as gerações, sem que haja perda de conhecimento.

Dado o fato, a mentoria poderá vir a preencher essa lacuna, provendo maior conhecimento e interação entre as gerações, ressaltando suas competências, com isso, aumentando a consistência da produtividade da força de trabalho.

Segundo Bryant (2015), as grandes corporações internacionais como: General Eletric, Intel, Google, Time Warner Cable e outras vêm investindo milhões de dólares em projetos de mentoria na integração entre as gerações. Os Estados Unidos possuem grandes centros de integração e mentoria, esses amplamente divulgados, tendo seus programas implementados nas universidades desde o primeiro período nos cursos de graduação. Em contrapartida, na Europa, mais especificamente na Bulgária, não se encontra a mesma aplicabilidade, sendo mais restritiva ao âmbito corporativo (Ilieva- Koleva, 2015, p. 9).

No Brasil, ainda temos certa resistência na exploração dessa ferramenta, até mesmo a literatura dentro desse contexto ainda é bastante escassa (Azevedo; Dias, 2002 *apud* Cunha; Dias, 2010, p. 2), promovendo uma busca pelo "Modelo ideal" e a comparação ao "Modelo internacional" que questiona a influência que a multiculturalidade dentro da empresa possa apresentar.

Conforme Kochan *et al.*(2015), é notório compreender que a mentoria pode ser adaptada de acordo com a cultura e valores da "comunidade" envolvida, suas funções de carreira, funções psicossociais, *match* entre mentor e mentorado – aceitação e confirmação, amizade e aconselhamento, não sendo um empecilho a sua aplicabilidade, desde que bem definidos os objetivos do processo.

Mentoria ou *coaching*?
Para compreender a mentoria internacional, se faz necessário o entendimento das diferenças entre mentoria e *coaching*.

O *coaching*, grosseiramente falando, está centrado em: despertar a sua automotivação, melhorar a sua comunicação social, treiná-lo (de certa forma) de modo a controlar as suas emoções, despertar seu potencial em liderança e perseguir seus objetivos e satisfações de carreira ou de vida por curto período.

Em outras palavras, o *coaching* busca alcançar um objetivo identificado por meio dos fortalecimentos emocional e cognitivo (normalmente utilizado na área esportiva, sendo atualmente utilizado no meio corporativo).

A mentoria por sua vez busca: elencar o melhor de suas qualidades e interesses de maneira a direcioná-lo na melhor escolha para os seus desenvolvimentos acadêmico e profissional, despertar interesse em novos processos de aprendizado acadêmico, empresarial ou social, unindo forças e conhecimento entre setores e diferentes papéis ou níveis de experiência dentro da hierarquia interna de uma empresa e até mesmo universidade, evitando com isso distrações, reforçando a afinidade no que se faz e criando novos vínculos com outros indivíduos com mesmos interesses e experiências.

A publicação de Gallo (2011), "*Demystifying mentoring*" para a *Harvard Business Review*, discorre em como ainda se acredita que a mentoria seja um aconselhamento executivo a ser dado apenas aos jovens iniciantes em suas carreiras e que para muitos esse processo é algo do passado, embora exista muito caos no mundo corporativo.

Existem alguns mitos quanto à mentoria, sendo necessário desmitificá-los.

Vejamos como: (GALLO, 2011, n.p.)

Mito 1 - Encontrar o mentor perfeito
O mentor perfeito não existe e estar centrado em apenas um te limitará na percepção de diferentes aspectos diante de uma situação de conflito ou até mesmo diante de uma decisão crucial em que você esteja enfrentando. Diferentes percepções te fornecerão diferentes perspectivas nas decisões a serem tomadas.

Mito 2 - A mentoria é uma relação formal de longo termo
Não se pode mais dizer que a mentoria ideal é a de longo termo, mes-

mo porque, nos dias atuais o mercado corporativo reage muito rapidamente às mudanças, e, necessariamente, a mentoria deve se adaptar a esse movimento. Não é o tempo de duração da mentoria que deve ser levado em conta, mas sim a riqueza e relevância em que os conselhos e as orientações possam te guiar para as suas metas.

Mito 3 - Mentoria é para jovens

Crer que a mentoria seja apenas para o início de carreira é um grande erro, acredita-se que a mentoria seja útil em todos os estágios de carreira.

Num exemplo mencionado por Gallo (2015), o livro *The 2020 workplace* de Meister e Willyerd, trata da mentoria reversa, onde os mais jovens tornam-se mentores de profissionais seniores no desempenho e uso da tecnologia. Portanto, a mentoria pode ser aplicada para os mais velhos de forma reversa.

Mito 4 – Mentoria é algo feito por pessoas mais experientes

A mentoria pode ser proveitosa para ambos, mentor e mentorado. O tempo investido deve ser percebido como reflexivo e recíproco. A experiência não pode estar baseada pelo fator tempo, mas sim pelo conhecimento.

Num novo conceito estudado por Higgins e Kram (2001), há um entendimento de que a mentoria deva ser "reconceitualizada" diante de uma nova perspectiva de comportamento cultural das novas gerações, o que confirma as desmistificações dos mitos relacionados anteriormente por Gallo (2015).

O mentor perfeito não é encontrado por meio da singularidade de um indivíduo, mas numa múltipla relação entre outros indivíduos, sendo esses de diferentes culturas e diferentes interesses, o que torna o período de mentoria variável em sua duração e inserções. Higgins e Kram (2001) enfatizam em sua pesquisa que a revisão dos conceitos de mentoria é necessária, pois vivemos num momento onde a tecnologia pode aproximar ou distanciar as pessoas, dependendo apenas em que ponta possa estar situada no conhecimento e uso dessa ferramenta. Atualmente, as corporações estão mais conectadas internacionalmente, o que aumenta a diversidade de talentos entre as gerações, e, particularmente em termos de raça, nacionalidade e sexo, exigindo maior elasticidade no desenvolvimento de suas redes de relacionamento, suporte no desenvolvimento de carreira internacional e receptividade a novas ideias e projetos.

Interessante perceber que estamos inseridos na sociedade com diferentes objetivos, com sistemas próprios de cultura, de certa forma entrelaçados por meio da conectividade e da comunicação virtual. Essas variações comportamentais provocam mudanças em nossa forma de aprendizado, e por que não dizer que propiciam novos experimentos na aprendizagem, o que nos força a fugir das limitações impostas por mitos criados no passado. A exemplo disso, podemos destacar quando há alguns anos Jack Welch, o CEO da General Eletric Co., tornou a mentoria reversa uma prática com seus colaboradores. Os gestores em tecnologia foram incentivados a trabalhar em pares com os mais jovens, em busca de soluções e desenvolvimento por meio da troca de conhecimento, fato que acabou se tornando uma tendência entre as empresas de tecnologia e propaganda desde então (ELMORE, 2015, p. 38).

Robinson (2011), em seu livro *Libertando o poder criativo*, vem alfinetar a baixa qualidade que estamos propondo no desenvolvimento do conhecimento das novas gerações em suas formações escolares e profissionais, isto é, o que exigir das novas gerações, se não propomos um movimento de transferência de conhecimento, inovação e prática?

Foi por meio da inquietude dos jovens que sempre percorremos a passos largos para uma fase de aprendizado diante do futuro. Observando exemplos como *Microsoft, Apple, Google, Twitter, Facebok, Flickr* e outros tantos, o que seria dessas inovações de comunicação e tecnologia se jovens sagazes não tivessem partilhado suas ideias e conhecimento? Provavelmente estaríamos estagnados em velhos mitos.

Interferências cultural e internacional na mentoria

Interessante notar que de alguma forma nos tornamos especialistas em algo, mesmo quando inseridos em um pequeno universo cultural. E apesar de nos considerarmos especialistas em algumas áreas, sempre haverá um ponto pelo qual seremos deficitários ou até mesmo totalmente desprovidos de conhecimento. E de certa forma sempre dependemos de uma outra fonte de conhecimento para a nossa própria expansão (ROBINSON, 2011, p. 201).

A forma pela qual adquirimos conhecimento é primordial para o desenvolvimento cultural de uma sociedade. O como e o quanto nos especializamos permitem apenas aprofundar num ponto do objeto de estudo, o que pode nos distanciar de novas experiências. Daí a necessidade de trocar conhecimento com aqueles que possuem determinada especialização. Essa expansão de experiências pode gerar novos conceitos, definições e soluções.

RELAÇÕES INTERNACIONAIS

Conforme Kotler (2011), um ambiente cultural pode apresentar ou gerar diferentes valores, percepções, preferências e comportamentos dentro de uma sociedade.

Portanto, a cada dia se faz mais necessária a observação, a avaliação e a validação do ambiente a inserir ou a ser inserido, seja como indivíduo numa comunidade ou numa corporação. Possuímos crenças e valores próprios, o que nos leva a atrair ou repelir outros indivíduos diante das novas circunstâncias. É relevante atentar que, dentro de um ambiente internacional, essas crenças e valores, por um lado, podem nos restringir, não permitindo o nosso próprio desenvolvimento enquanto indivíduo naquela sociedade. Por outro lado, elas podem nos fazer trilhar por novos e instigantes caminhos.

A busca pela internacionalização ocupou um fator de grande interesse na geração X e mais efetivamente na geração Y.

Segundo o Instituto Internacional de Estudantes - IIE dos Estados Unidos (2015), há 974.926 estudantes internacionais no país. O número de brasileiros estudando nos EUA é estimado em 23.675, contra 304.040 da China e 132.888 da Índia. Se compararmos o Brasil com a China e com a Índia, ainda estamos muito aquém do considerado ideal. Essa é uma amostragem do grande potencial de mudança cultural que necessitamos incentivar no Brasil, buscando o preparo das futuras forças de trabalho, não nos limitando somente aos contrapontos entre as gerações, de maneira que no futuro o mercado de trabalho brasileiro seja composto por líderes mais preparados para suas funções e flexíveis o bastante para enfrentar as mudanças.

Vivemos um tempo em que a criatividade está em grande voga e a diversidade de talentos é enorme. Se considerarmos a geração Y, umas das mais inteligentes, como transformá-la em profissionais valorizados por suas atribuições se os restringimos?

Conforme Robinson (2011), infelizmente temos uma visão estreita e concentrada nas habilidades acadêmicas e em matérias específicas, o que de certa maneira marginaliza a amplitude de conhecimento dos jovens, consequentemente limitando o desenvolvimento de seus talentos. Embora a geração Y mostre ser mais interessada pela experiência internacional, profundas mudanças precisam ocorrer na visão limitada do ensinar e do aprender (mentor e mentorado).

A "forma" de educação futura vem sendo vista como um fator de grande interesse das empresas e organizações, de tal forma que já se tem conhecimento da existência de centros de desenvolvimento de métodos de ensino como a *Patnership for Twenty First Century Learning*, que é mantida por grandes corporações como: a *AOL Time Warner*, a *Apple Computers*, a *Cisco Systems*, a *Dell Computer* e a *Microsoft*. Existe uma preocupação latente em combinar o ensino tradicional com o pensamento crítico e com a capacidade de solução de problemas (ROBINSON, 2011, p. 249).

O desenvolvimento dessas capacidades está além dos recursos de uma sala de aula tradicional, fazendo com que a mentoria assuma o seu papel com relevância, na medida do possível, observando o comportamento e a cultura, transferindo assim o conhecimento necessário para atender às necessidades futuras das comunidades e das organizações.

Diante das mudanças comportamentais e culturais enfrentadas atualmente pelas corporações, diversas pesquisas de modelos de mentoria passaram a ter maior relevância nos últimos anos, ganhando conotação científica de comportamento e cultura.

Segundo Costa e Dias (2011), os modelos de teóricos mentoria e liderança tiveram suas validações em diferentes países, sugerindo adaptações diante das diferentes culturas, desenvolvimento tecnológico e método de aprendizado, sendo essas uma validação muito importante para uma mudança consistente.

De acordo com Kochan *et al.* (2015), observamos que não há uma denominação mais ampla para a palavra cultura, mas alguns pesquisadores conseguiram captar um conceito que define bem a cultura, e, desta forma, pode haver facilidade na compreensão para a aplicação da mentoria, vejamos:

> Motivações compartilhadas, valores, crenças, identidades e interpretações ou sentido de significantes eventos que resultam de experiências em comum dos membros e de uma comunidade que são transmitidos por meio de gerações.
>
> (House and Javidan) Tradução nossa.

Em essência, somos de certa forma orgânicos, portanto, sugestionados a processos de crescimento e de desenvolvimento. Necessitamos de reforços culturais e estruturais para fundamentar a estabilidade enquanto comunidade. Não existe um processo único de transformação e aprendizado, ele pode ser apresentado e compartilhado em etapas por meio da família, da comunidade, da universidade e do trabalho. É por meio das experiências comuns que construímos sólidos aprendizados.

A representação e importância da cultura para com a mentoria têm crescido, embora ainda de forma restrita. Existem fatores que restringem a identificação das conexões entre a cultura e o próprio relacionamento da mentoria, sejam nos programas com estruturas, estratégias ou mesmo nos resultados. Devido a certo interesse nessa área, Kohan e Pascarelli (2012, *apud* KOCHAN, F. *et al.*, 2015, p. 87) conceituaram o quadro cultural para a mentoria (Cultural Framework for Mentoring), pois a estrutura propõe três situações culturais de mentoria, determinando a interação entre mentor e mentorado: tradicional, transicional e a transformadora.

A finalidade da mentoria num quadro tradicional é para transmitir a cultura, valores ou crenças de uma organização em que o professor é o mentor e o mentorado é o aluno. Aqui a base de ensino está centrada na força executada de cima para baixo, numa estrutura organizacional de cargo e poder.

Na cultura transicional, tanto o mentor como o mentorado atuam em parceria de forma mais colaborativa quando comparada à tradicional. A proposta é ajudar o mentorado a ter desenvolvimento, bem como "caminhar" com sucesso, dentro da organização, sem perder a sua identidade cultural. Os programas de *trainees* atuais servem como um bom exemplo na execução desse formato, onde se incentiva a dedicação em forma de resultados.

Quanto ao modelo de cultura transformadora, o mentor e o mentorado atuam de maneira mais fluida. A proposta é estimular um desenvolvimento mútuo. Esse tipo de mentoria possui foco e fins diversos que envolvem grupos de mentoria ou *networks* em que os papéis de mentor e mentorado serão determinados por quem tiver um conhecimento mais específico ao problema abordado. O modelo de cultura transformadora pode ser comumente encontrado em corporações como a *Apple* e o *Google*, ambas com culturas abertas para a diversidade e a troca de experiências.

Os ambientes organizacionais podem apresentar diferentes contrapontos na implementação da mentoria, sendo eles individuais, de aspecto organizacional ou de aspecto social.

Um extensivo estudo organizacional realizado por Hofsted (1980, *apud* KOCHAN, F. *et al.*, 2015, p. 90) identificou quatro dimensões de valores presentes numa cultura em que podem influenciar no bom desempenho da mentoria, sendo elas: a distância do poder – relação que as pessoas possuem sobre valores sociais e grau de igualdade e desigualdade entre eles, baseados no poder e riqueza; o individualismo ou coletivismo – valor aplicado sobre os direitos de cada um em relação ao grupo inserido; a masculinidade e feminilidade – foco sobre a identidade de gênero; a aversão à incerteza – relacionada ao grau de conforto diante das incertezas. Perceba que esses valores poderão mudar de acordo com a cultura local ou organizacional. Para alguns países, temos diferentes percepções quanto à distância do poder, se a cultura local é determinada por castas, como no caso da Índia, essa relação de valores não se consegue aplicar com mesmo teor caso aplicada em um país como a Finlândia. O mesmo acontece para os valores quanto ao individualismo, gênero e aversão à incerteza.

Seguindo o raciocínio, podemos ainda definir quatro barreiras culturais que podem impedir o sucesso da mentoria: a) o processo de *match* - quando afetado pela atitude do mentorado diante da recusa do *match*; b) suporte por parte da empresa - ausência de apoio, c) cultura organizacional estática ou fechada – a antiga estrutura organizacional não cede para a nova estruturação; d) valores culturais da comunidade ou organização - os valores culturais internos são mais intensos e presentes que os externos, não aceitando mudanças.

Uma vez identificadas as barreiras, existem fatores que podem facilitar o processo de mentoria, dentre eles destacamos: a compreensiva flexibilidade ao *match* entre mentor e mentorado, um treinamento bem-estruturado, uma cultura organizacional que demonstre compromisso e foco nos mentorados.

Conforme Kram (1985), um dos papéis importantes ainda fica para as empresas que podem facilitar o percurso da mentoria, criando processos e estruturas que incentivem a troca de conhecimento. Desta maneira, a mentoria recebe um conceito além da educação, passando criticamente a ser responsável por oportunizar a socialização entre novos membros numa corporação independentemente de suas culturas, posições hierárquicas e identidade de gênero (feminino ou masculino). Em contrapartida, as empresas que não possuem uma cultura de encorajamento na aplicação de conhecimentos e aprendizado certamente não poderão usar a mentoria como a ferramenta mais apropriada na implementação de mudanças.

Conforme Luttrell (2014), os gestores precisam apoiar a diversidade de uma forma geral, mostrando respeito e promovendo claras e positivas respostas. Caso contrário, gerações como a Y não encontrarão futuro dentro dessas corporações. Como exemplo de diversidade, a Nike criou uma diversidade de cultura e inclusão em seu time de colaboradores, com foco na diversidade de opiniões, conhecimento e perspectivas.

Sem a flexibilização quanto à diversidade e ao compartilhamento de conhecimentos, as empresas não conseguirão se manter por longo tempo no mercado, pois as novas concepções de influência cultural e comportamentos exigem ideias frescas e adaptadas às novas necessidades de seus colaboradores e consumidores (LUTTRELL, 2014).

Reação do mercado profissional na transição entre as gerações

Num contexto global, as empresas podem apresentar diferentes percepções e reações diante das transições entre as gerações e suas substituições, algumas investem em treinamentos e programas de transição, enquanto outras se aventuram na intuição.

Arriscar que a estrutura organizacional de uma empresa corra de mãos em mãos sem a devida orientação ou implementação de um programa de transição pode ser considerado um prejuízo intelectual.

Adaptar-se aos novos anseios dos consumidores não é o único fator determinante para o sucesso de um empreendimento. Estar preparado para lidar com as situações psicossociais dentro da corporação pode vir a ser mais importante do que atender às requisições externas, uma vez que, ao construir uma comunidade interna devidamente "resolvida" em suas funções, objetivos, posição hierárquica, carreira e vida, a empresa, de certa forma, se beneficiará no atendimento de seus clientes internos e externos. É chegado o momento de ser reconsiderada a importância da modernização da mentoria e sua implementação, acompanhando as novas exigências psicossociais. O método tradicional vem sendo aplicado há décadas, atendendo a boa parte da cultura de diversas empresas, porém gestores ao redor do mundo seguem insatisfeitos com a qualidade de desempenho de seus colaboradores (EMELO, 2015, p. 36-38).

Joanne L. Stewart é presidente de uma empresa americana de soluções com contrato pela *Dale Carniege Training of Central Florida*, em seu artigo, relata que 30% das empresas ao redor do mundo não conseguem encontrar profissionais realmente qualificados de maneira a preencher as vagas disponíveis. Isso confirma que, embora estratégias de treinamento sejam adotadas, o esforço segue sendo tremendo para aquelas empresas que ainda possuem recursos nesse setor. A cada ano, diversas empresas vêm reduzindo seus investimentos em treinamento, o que pode afetar ainda mais os resultados. Para aquelas empresas que não abrem mão do treinamento e estão realmente imbuídas em ensinar, pode-se considerar que o tempo empregado deve ser consistente e contínuo, de maneira que a ansiedade por profissionais leais, capacitados, éticos e conscientes seja saciada.

STEWART (2011) adverte que devemos levar em conta o fato de que os *baby boomers* estão por se aposentar, sendo eles ainda considerados os mais preparados para suas funções, se faz necessário o início de um processo de conscientização das empresas, de modo a transferir o conhecimento para as novas gerações.

Baseado em estudos realizados nos EUA, dezenas de empresas definiram como prioridade um programa com plano de sucessão, confirmando a importância a ser dada aos treinamentos de liderança com foco no plano de sucessão por meio da mentoria.

Para construir um processo de sucesso com o plano de sucessão, empresas como a Coca-Cola reconhecem que o primeiro empecilho encontrado entre as gerações está centrado na comunicação. Conforme Zelevansky (2014), o grande desafio para as empresas é aprender como tirar proveito dessa dificuldade e ao mesmo tempo reduzir os pontos de atrito, o que somente será possível se os envolvidos conseguirem se comunicar, prontificando-se na troca de conhecimentos. Para isso, se faz necessário o conhecimento dos perfis de cada geração inserida na empresa, envolvimento e compromisso individual no programa a ser aplicado, de forma que se conheçam e entendam o perfil e a forma de comunicação da outra geração.

A empresa *Price Water House Coopers*, recentemente, realizou uma pesquisa observando os conflitos entres as gerações e a necessidade da internacionalização como um programa de capacitação da força de trabalho, ressaltando que as empresas devem estar dispostas em investir não somente localmente, mas internacionalmente. A pesquisa destaca que o deslocamento dos funcionários a outros países tende a ser premissa básica para que eles possam interagir com maior produtividade interna. A PwC sugere que para uma melhor performance das empresas, elas terão de buscar novos recursos de talentos ao redor do mundo, alcançando diferentes estágios de gerações e cultura, o que representará para as novas gerações uma situação *"sine qua non"* para as suas futuras contratações.

Os grandes *players* somente conseguirão ser mantidos no topo caso ajustem suas estratégias imediatamente, criando uma ponte de interação e comunicação entre as gerações. A internacionalização dos talentos deve ser considerada o ponto crucial de sobrevivência para as empresas, proporcionando no futuro maior mobilidade para as companhias nas relocações de funcionários. A pesquisa também inclui responsabilidades aos governos, independentemente de suas localizações, de estarem atentos quanto ao investimento no setor de educação das novas gerações, não se esquecendo de levar em conta que muitos funcionários poderão estar por se aposentar nos próximos anos, o que faz do alerta uma necessidade imediata a ser atendida.

Segundo a pesquisa da PwC, 2020 é o tempo limite para que as empresas coloquem em prática a compreensão das necessidades de cada geração, notando que a geração *baby boomer*s exigirá a permanência de alguns benefícios como o pacote financeiro, o cargo e a localização, caso as empresas queiram mantê-los por perto. Para a geração X, as empresas deverão manter contratos de longo tempo com pacotes de benefícios e flexibilidade entre a vida pessoal e trabalho. Já a geração Y, esses seguirão exigindo altos cargos, salários expressivos e oportunidades internacionais. Todas essas manutenções exigirão de Recursos Humanos maior intensidade em seus esforços para captar e manter a força de trabalho, levando em conta a interação entre as gerações, a localização desses talentos, a qualificação, o deslocamento internacional e a integração para a nova cultura local. Esses são processos necessários e inevitáveis para qualquer corporação que deseje se manter ativa e lucrativa.

Conforme Emelo (2015), "as pessoas (os profissionais) querem imediato e contínuo *feedback*, somado a oportunidades de desenvolvimento", o que aumenta ainda mais a exigência na participação efetiva de seus gestores de Recursos Humanos com seus colaboradores.

Como, quando e a quem a mentoria pode ser aplicada como intervenção?

Segundo a pesquisa realizada pela *PwC* (2015, *apud* EMELO, 2015, p. 36), há um aumento do *gap* de habilidades encontradas no conhecimento dos colaboradores, o que aumenta proporcionalmente a gama de habilidades procuradas pelos empregadores, logo, as habilidades procuradas são a cada dia mais amplas. A mentoria pode proporcionar o desenvolvimento de boa parte destas habilidades, dentre elas, o senso de cooperação e empatia social.

Embora a intervenção da mentoria possa ser realizada de maneira imediata a partir do momento que os pontos de tensão sejam identificados e compreendidos, não se pode contar com o sucesso pleno. Conforme Kram (1985), a tentação é grande em implementar a mentoria com rapidez, mas se deve atentar para uma possível falha que poderá conduzir a erros de diagnósticos que criarão maior resistência em sua implementação e até insucesso.

Existem concepções teóricas que devem ser consideradas e que são compreendidas nas funções atribuídas à carreira ou nos fatores psicossociais, sendo esses passíveis de variações conforme o grau da relação dos envolvidos.

Dentro do modelo internacional de mentoria de Kram citado por Costa e Dias (2011), encontramos duas concepções teóricas, a mentoria quando voltada para a função de carreira que vem atender e acentuar o aprendizado dos papéis organizacionais e apoiar o desenvolvimento de carreira para que se obtenha o desempenho esperado na função designada ou a cargos superiores, sendo isso possível por meio de uma pessoa mais experiente (mentor) que guiará o mentorado a caminhar de forma mais efetiva nos moldes esperados pela empresa.

Quanto à mentoria em sua função psicossocial, o mentor ocupará a sua função com maior identidade, afinidade e efetividade em seu papel profissional, elevando a autoestima do mentorado e criando laços de confiança e intimidade e transferindo ao mentor uma espécie de modelo de inspiração. Essa intervenção poderá ser efetuada a qualquer momento, seja na identificação de um ponto de tensão, na contratação de um novo funcionário e na promoção e/ou saída de um funcionário.

De acordo com Kram (1985), a mentoria há décadas vem sendo aplicada como um modelo de desenvolvimento e estreitamento da relação entre as gerações mais jovens e os mais experientes, definindo e dissolvendo os pontos críticos e de tensão encontrados. Sabe-se que os pontos de tensão são em grande parte constituídos pela resistência dos mais velhos em ouvir e compartilhar seus conhecimentos com os mais jovens.

Recentemente uma publicação realizada por Moore (2014), na Revista *Forbes*, menciona o desejo dos jovens por serem ouvidos e que devem ser ouvidos, aliás, devem ser consultados caso a empresa pretenda seguir no mercado, afinal, isso é o que essa geração vem aprendendo dentro das universidades. Portanto, ouvir mais as novas gerações pode trazer bons resultados no desempenho e no aprendizado. Apesar dessa necessidade, os líderes seniores seguem resistentes a mudanças e a perseguir um novo caminho com os mais jovens, embora eles representem o futuro e precisem ser ouvidos. A questão não é quem tem razão, mas quem tem o conhecimento e a quem se pode compartilhar.

As duas extremidades (seniores e jovens) necessitam adquirir confiança mútua em suas posições como mentor e mentorado, de maneira a encontrar satisfação ao trabalharem juntas, não como concorrentes, mas como gerenciadoras de conhecimento.

Há uma relevância no posicionamento e na ação dos gestores mentores (gerações *baby boomers* e X) quanto ao desenvolvimento da maturidade da geração Y (*millennials*), e essa deveria ser a motivação central para se obter sucesso ao trabalhar com a geração tecnológica. "Se você não os ouve, eles não te respeitam" (MOORE, 2014, n.p.).

Numa visão internacional de mentoria e formação de novos líderes, os modelos internacionais reforçam que para uma boa performance devem ser buscados novos conceitos de gestão e de cultura. Para tanto, os modelos internacionais de liderança podem estabelecer novas rotinas de interação entre as gerações, buscando o equilíbrio no desempenho e no aprendizado mútuos.

Como o ambiente cultural e os fatores psicossociais podem determinar diferentemente os focos de atrito, os modelos internacionais de liderança podem ser executados de formas distintas, estando assim subdivididos: liderança transacional e liderança transformacional.

Conforme Bass (1985, *apud* COSTA; DIAS, 2011), a liderança transacional propõe o alcance de um objetivo por meio de um acordo preestabelecido. O líder e o subordinado em comum acordo aceitam atuar seus papéis, pois o líder guiará o seu subordinado à meta estabelecida, tendo o líder a função de guia para o alcance das metas, removendo possíveis barreiras e assegurando que o subordinado possa perseguir a meta, e, por conseguinte, motivar o subordinado a alcançar os objetivos. Nesse processo, recompensas podem ser estabelecidas, algo que é muito bem-vindo para a geração Y.

Ademais, a liderança transformacional propõe um processo de construção de comprometimento, tanto com os objetivos da organização, tal como na delegação de poder aos envolvidos na realização dos objetivos estabelecidos.

Neste modelo, o líder tem o papel de transformar os valores pessoais de seus colaboradores para dentro da visão da empresa. Sua liderança deve ser inspiradora, diferentemente do modelo de liderança transacional que rege a promoção mediante recompensa. Já a liderança transformacional, incentiva o empoderamento e a formação de líderes, desenvolvendo com isso uma confiança mútua entre os envolvidos, de maneira a atingir com alto desempenho as metas estabelecidas pela empresa.

Evidentemente, para que o líder possa assumir o seu papel de mentor, ele também necessitará ser guiado pelo processo de mentoria, conhecendo a si mesmo e reconhecendo em seu mentorado a sua sucessão.

Segundo o artigo publicado na *Harvard Business Review* por Janasz e Peiperl (2015), os CEO's também necessitam de mentoria. De certa forma, os grandes gestores já foram mentorados e viraram mentores ao longo de suas carreiras, sendo esse, inclusive, um dos grandes atrativos para mantê-los dentro das empresas nos dias atuais. Embora os grandes gestores estejam no topo da empresa, eles necessitam seguir "jogando" de maneira a manter seus cargos, salários e a alta performance pessoal e de seus colaboradores. A manutenção de seus conhecimentos os mantêm sempre atentos quanto à resolução de situações ou opiniões conflitantes que possam tirar a concentração do objetivo principal desejado pela alta cúpula da empresa.

Existem ações circunstanciais que reforçam a necessidade da mentoria para os CEO's, e essa função não é atribuída a um *coach*, pois o mentor em seu mais amplo sentido estará lá para conduzir o gestor a resolver pontualmente o problema da maneira mais prática possível e com confiança, e não propriamente a realização de um resultado.

As grandes corporações como a *Apple*, a *Nokia*, a *Microsoft* e outras já se renderam à mentoria internacional direcionada aos elevados cargos, tendo realizado encontros e trocas de ideias entre outras companhias, sem infringir suas normas ou estratégias. Os encontros entre líderes podem gerar novas oportunidades de negócios, inclusive de âmbito internacional. Deve-se levar em conta que a confiança deve ser absoluta na relação de mentoria, principalmente quando se trata de altos cargos em busca de experiência externa. Por vezes, os encontros realizados em culturas diferentes podem "ensinar novos truques", se forem comparados a situações de similaridade de negócios (JANASZ; PEIPERL, 2015, n.p.).

Ainda que o processo de mentoria esteja voltado aos grandes CEO's, ele segue com os mesmos processos de aplicação. O que difere é a maneira pela qual se atribui o *"match"* entre mentor e mentorado, sendo imprescindível ter uma rede de contatos entre grandes líderes e disponibilizando esses contatos a ambos, mentor e mentorado, levando em consideração o perfil de cada CEO na realização de encontros e reuniões.

Sintetizando, a mentoria não possui restrição em sua aplicabilidade, contudo exige a definição da cultura organizacional e a identificação dos fatores de atrito a serem solucionados, observando quais funções de relação (carreiras ou psicossociais) estejam afetando o desenvolvimento comum.

Análise das necessidades e dificuldades entre as gerações

> Uma geração pode ser definida como um grupo identificável ou *cohort*, no qual compartilha ano de nascimento, idade, localização e significantes eventos de vida em estágios críticos de desenvolvimento. (Baford & Hester, 2011 *apud* Schweyer, 2015, n.p.)

A incompreensão das necessidades e dificuldades de outro indivíduo pode causar atraso em seu próprio desenvolvimento e desempenho, enquanto que experiências quando compartilhadas geram entendimento e aprendizado entre as partes, e, podem amenizar os conflitos entre ambos, desde que os envolvidos passem a reconhecer a necessidade de seu par "opositor". Não se trata de reconhecer apenas o perfil de cada indivíduo ou geração envolvida, mas é fator relevante entender as suas necessidades individuais; essas, muitas vezes, baseadas em sua cultura, poder aquisitivo, nível de educação, comunidade inserida, interesses sociais etc. Tecer uma definição por meio de estereótipos poderá de certa forma restringir novas possibilidades de desenvolvimento, seja em qual for a geração.

O ponto crucial é reconhecer que podemos encontrar pontos em comum entre as gerações, independentemente de seus próprios recursos culturais, sendo eles baseados ou não em experiências locais ou internacionais.

Os empregadores necessitam reconhecer as diferenças culturais e pontos comuns de seus colaboradores, gerindo-os de tal maneira que as informações se tornem pontos motivadores e não críticos, criando novas perspectivas (SHWEYER, 2015, n.p.).

A identificação e reconhecimento dessas necessidades culturais possibilitam o entendimento do desenvolvimento de seus membros por meio de um esforço tanto do ponto de vista macro, bem como micro.

Num ponto de vista macro, as empresas precisam adaptar-se a uma nova forma de relacionamento junto com as novas gerações, transformando os seus ambientes mais atrativos. Em contrapartida, no ponto de vista micro, necessitam concomitantemente "ensinar" seus gestores a compartilhar seus conhecimentos e espaço com os mais jovens.

A geração Y, nos últimos anos, recebeu diversas denominações como: imediatista, infiel ao pragmatismo corporativo, multifocal, digital e superficialmente informada, embora seja altamente capacitada. Diferentes fontes de pesquisas informam que a geração Y é a geração mais inteligente e que enfrentará novas situações drásticas e mundiais, inclusive o desemprego. Essa geração terá de colocar em prática seus conhecimentos vinculados à conectividade global e a novas experiências internacionais na resolução de grandes problemas ambientais e sociais causados pelas gerações anteriores (SHWEYER, 2015, n.p.).

Por sua vez, a geração X é considerada mais madura, experiente, resistente a mudanças e caminha num sentido contrário da geração Y, mantendo-se inflexível a novos processos de desenvolvimento.

Em fato, a responsabilidade no aprendizado não está nas mãos dos mais jovens, e sim na experiência dos mais experientes, que devem demonstrar interesse pela mudança por meio dos mais jovens, eximindo-se de velhos conceitos e estando abertos aos novos, de maneira a ensinar a responsabilidade e o comprometimento a novas gerações.

Portanto, observar e orientar a geração Y por meio da experiência de mentores-gestores e de gerações anteriores, parece ser uma das soluções mais viáveis, de maneira que todos possam ser bem guiados, levando em conta os erros e acertos cometidos no passado.

Observação dos potenciais conflitos entre as gerações:

Gerações	Potenciais conflitos	Motivações
Baby Boomers	Trabalha arduamente por meio de horas de dedicação *Facetime* – dedica tempo presencial, ainda apreciado e respeitado Deseja maturidade Perfeccionista Exige respeito e observância a políticas	Fazer a diferença Informação Remuneração Reconhecimento
Geração X	Desconfiança "Não me perturbe, prefiro trabalhar sozinho" Fortemente comprometido entre o balanço família e trabalho Incomoda-se pelo desperdício de tempo em conversas não relacionadas ao trabalho ou politizações internas	Bons benefícios, salário competitivo Balanço entre trabalho e vida privada Tempo livre, intervalo Autonomia Flexibilidade no trabalho Orientação profissional (treinamento); Desenvolvimento pessoal Reconhecimento (individual)

Geração Y ou *Millennials*	Forte senso de direito, posse, título	Salário competitivo (alto)
		Coaching
	Onde, como e quando não são importantes, o resultado conta mais	*Feedback* constante e com reconhecimento público
		Desenvolvimento pessoal
	Igualdade pode triunfar a hierarquia	Trabalho com propósito
	Sempre quer explicações, não gosta de realizar nada sem razão ou explicação	Senso comunitário
		Múltiplas experiências (viagens, intercâmbios)
	Impaciente, gosta de mudar constantemente de função	Diversão
	Irrita-se com líderes injustos, condescendentes ou inconsistentes	Liberdade de tempo, acesso a informações digitais

Fonte: (SCHWEYER, Allan. *Generations in the workforce & marketplace: preferences in rewards, recognition & incentives*, 2015, n.p.) Tradução nossa.

Observados os pontos de conflito, o engajamento entre as gerações pode ser realizado por meio de atividades sociais comuns dentro da corporação, criando um laço descontraído, porém direcionado por meio da mentoria.

A aplicação da mentoria em certas atividades pode criar um ambiente de maior engajamento (SCHWEYER, 2015, n.p., Tradução nossa), vejamos algumas:

• Reunir as diferentes gerações com um ponto em comum, mas sempre trazendo algo novo;

• Criar temáticas de jogos que apelem para o envolvimento entre as gerações envolvidas;

• Promover eventos que reúnam diferentes gerações, colocando-as uma ao lado da outra;

• Incentivar eventos de *team building*, atividades "quebra-gelo" com a participação mesclada das gerações;

• Permitir a participação de várias gerações nas reuniões de planejamento;

• Fornecer atividades externas de *coaching*, de maneira a envolver as gerações e incentivar contribuições em conjunto;

• Engajar a participação das gerações em programas sociais.

De acordo com Kram (1985), a interação entre juniores e seniores por meio de um programa de mentoria é uma responsabilidade comum que inclui riscos que se sobressaem aos benefícios, o que não necessariamente torna a mentoria uma ferramenta sem aplicabilidade.

A criação de um sistema estruturado ajuda na construção das habilidades interpessoais, enfatizando a mutualidade que deve existir entre mentor e mentorado. Caso não ocorra o *"match"* entre a "dupla", de um lado teremos mentores, cada vez mais pessimistas quanto à sua autoridade, e, de outro lado, teremos mentorados ainda mais ressentidos sobre suas perspectivas de carreira.

Kram (1985, p.40-41) sugere quatro passos para serem obtidos um desenvolvimento organizacional estruturado de mentoria que devem ser seguidos:

1 - Definir objetivos e escopo do projeto;

2 - Diagnosticar as circunstâncias individuais e organizacionais que promovem ou interferem em uma mentoria eficaz;

3 - Implementar programas educacionais, mudanças no sistema de recompensa (promoção) e criar modelos de tarefas ou práticas de gestão;

4 - Avaliar a intervenção ideal para determinar as modificações necessárias.

Ao definir os objetivos e o escopo do projeto de mentoria, a empresa estará relacionando seus objetivos com a cultura organizacional, e, ao mesmo tempo, proporcionando que seu capital de Recursos Humanos seja aprimorado conforme seus conhecimentos. Tomando como exemplo, um processo de integração de novos funcionários numa empresa que não recruta há um certo tempo.

Na mentoria, um bom diagnóstico das interferências internas e externas torna-se primordial e se faz necessário coletar fatos que possam interferir ou inibir o processo de implementação. O diagnóstico pode incluir informações sobre atitudes individuais, conhecimento e habilidades interpessoais, performance na gestão, em como a cultura corporativa está sendo aplicada e a qualidade de relacionamento interno.

A implementação de programas educacionais ou a mudança no sistema de recompensa é, em sua grande maioria, muito bem-vinda, os obstáculos normalmente ficam para os novos modelos de tarefas ou práticas de gestão. A questão é: como educar ou introduzir novas práticas e conceitos para gestores resistentes? Na mentoria, a "educação" pode ser desenhada individualmente, independentemente de cargo e a qualquer momento da carreira. E a realização de entrevistas prévias com os gestores/mentores pode promover maior engajamento no processo de mentoria, gerando maior interação com os seus mentorados.

Infelizmente, as ações de interação entre os grupos de trabalho nem sempre desenvolvem colaboração e oportunidades. Deve-se observar que, potencialmente, haverá situações onde os gestores recusam ser mentores por nunca terem recebido a mentoria, vindo inclusive a negar a mentoria de seus colaboradores. É fato conhecido que alguns gestores possuem perfis bloqueados e não se dispõem a dar suporte aos mais jovens, atingindo negativamente no desempenho dos mais jovens, que, por conseguinte, não confiarão em seus superiores, uma vez que não haverá respeito mútuo e respeito sobre as suas competências. Os gestores resistentes podem gerar resultados que diferem dos objetivos da empresa, bloqueando o desenvolvimento de outros profissionais (KRAM, 1985).

Em situações específicas, podem ser oferecidos reuniões, discussões, exercícios de autoavaliação e filmes estratégicos que poderão proporcionar suporte e estabelecer atitudes de desenvolvimento interpessoal que aprimore os relacionamentos internos na empresa. Após o processo de implementação e observação, se faz necessário realizar uma avaliação da intervenção como parte integrante do processo, mensurando o impacto e evolução da ação, seja ele negativo ou positivo. Essa evolução deve ser realizada por meio de pré-testes, testes durante o processo e até mesmo pós-testes como um *follow up* de desempenho. Monitorar as etapas colabora para investigar as mudanças de atitudes, melhorias pessoais, autoconsciência e persistência das barreiras, funcionando como termômetro para a mentoria. O monitoramento irá revelar se o treinamento deve ser melhorado e a possibilidade de levar o processo para um novo ciclo de quatro etapas. E embora as intervenções indiquem não existir possibilidade de progresso, a intervenção pode ser adiada e revista, de maneira a priorizar os interesses da empresa. Além do monitoramento, há razões para desenvolver mentores dentro de uma empresa por diferentes motivações, e, não apenas uma forma de se estabelecer a comunicação interpessoal, mas de se criar uma consciência nos objetivos e interesses da empresa; esses diretamente relacionados aos negócios existentes e às estratégias de Recursos Humanos. Diferentes "correntes" de trabalho podem atuar juntas, desenvolvendo novas relações de trabalho, inclusive entre outros fatores antes excludentes, dentre eles: os fatores raciais, culturais, sociais, hierárquicos etc. Sem uma definição clara dos objetivos da empresa a mentoria pode ser considerada totalmente supérflua e inapropriada (KRAM, 1985).

Embora barreiras possam ser criadas durante o processo, necessita-se criar um ambiente com diferentes opiniões e ideais, onde os colaboradores possam aprender uns com os outros, gerando com isso o sucesso da mentoria, reforçando ser vital que as empresas verifiquem antes as suas práticas, valores e conceitos de maneira a implementar as suas estratégias para promover a mentoria, e, com isso, obter uma comunidade de trabalho diversificada (KOCHAN, F. *et al.*, 2015 *apud* Green *et al.*, 2012; Kochan, 2012; Poulsen, 2012).

A mentoria exige tempo e esforço entre os membros envolvidos, busca constante de envolvimento colaborativo, mesmo diante daqueles que possam seguir resistentes e de certa forma se beneficiar do processo. O processo poderá afetar a empresa como um todo, sendo necessários tempo, paciência e esforço de todos os envolvidos (KRAM, 1985, p.42).

Dos ganhos: mentoria versus empresa versus colaboradores

A mentoria vem ganhando reconhecimento dentro do ambiente corporativo de forma muito recente, despertando grande interesse de Recursos Humanos como excelente ferramenta de intervenção na assistência dos colaboradores e no desenvolvimento de suas carreiras. Sua forma estruturada de atuação maximiza as oportunidades para todos os envolvidos, colaboradores e corporação, com o bônus da experiência em criar novas perspectivas, inclusive para as minorias (Cummings & Worley,1997 *apud* Hegstad & Wentling, 2005, p. 468).

A retenção e a satisfação dos colaboradores não são os únicos benefícios na implementação da mentoria. É necessário acrescentar que a empresa ao implementar a mentoria também se beneficiará dos desenvolvimentos pessoal e profissional estabelecidos entre mentor e mentorado. A soma desses fatores atrairá maior comprometimento e motivação de ambos, que serão contabilizados nos resultados finais, gerando maior produtividade e melhor desempenho.

Conforme artigo realizado por Hegstad & Wentling (2005), um grande número de empresas americanas, listadas dentre as melhores empresas pela revista Fortune de 2001, reconhece a mentoria como uma conduta estratégica de negócios já implementada por eles. Dentre essas empresas, destacam-se: *IBM, Johnson & Johson, AT&T, Honeywell, Apple Computers e Motorola*, sendo essas, avaliadas conforme o seu valor de mercado, lucro e outros indicadores pertinentes para a performance de mercado.

Hegstad & Wentling (2005) nos concedem um artigo com a avaliação de uma pesquisa realizada em outras empresas de porte e *ranking* diferentes dos grandes *players* cujo estudo final submeteu 17 empresas ao processo. Nesse estudo, confirmamos o comprometimento que deve existir entre todos os funcionários para a obtenção do êxito do programa, e, consequentemente, o atingimento dos objetivos da empresa. Não esquecendo que o comprometimento deve partir desde o mais alto cargo até o mais jovem ou menor função, sendo exatamente este o segredo do sucesso dessas empresas, isto é, conciliar o comprometimento de todos junto com o planejamento proposto pela mentoria, não esquecendo do foco, incentivo, *feedback*, motivação, dentre outros pontos.

A mentoria poderá eliminar diferentes pontos de conflitos, de diversas esferas culturais ou sociais, gerando um retorno favorável em curto e em médio prazos. Em testemunho para a pesquisa realizada por HEGSTAD & WENTLING (2005), um dos funcionários de uma das empresas entrevistadas menciona o quanto é confortante ver a participação e o empenho da alta cúpula dentro das reuniões propostas pela mentoria, não somente pela presença física, mas também pelas iniciativas ali decididas.

O artigo de Hegstad & Wentling (2005) não só descreve o sucesso da mentoria e das grandes empresas, como também ressalta que o velho jargão *teamwork focus* deve ser efetivo e imprescindível. Os melhores resultados não são obtidos se o empenho vier somente de uma única direção. As novas gerações não aprenderam a valorizar o faturamento ou o resultado financeiro de seus empregadores. Elas aprenderam a valorizar cargos e salários, e, mais uma vez, este é o papel da mentoria, que é ensinar, via mentores, a gerar esse conhecimento dotado de responsabilidades e reciprocidade.

Mentoria internacional *on-line* como solução inovadora

Em recente pesquisa realizada por Higgins e Kram (2001), foi observado que a mentoria está passando por um processo de adaptação, devendo ser reconsiderado o seu conceito. A mentoria não é mais um processo único de aprendizado, mas sim um fenômeno de relacionamento múltiplo de desenvolvimento. Essa reconsideração deve-se pelo fato de que o indivíduo recebe mentoria de várias maneiras e passa por diversos mentores no decorrer de sua vida, dentre eles, colegas mais velhos, pares, familiares, membros da comunidade, professores e gestores.

Dentro do modelo tradicional de mentoria, o mentorado desenvolve um relacionamento de trabalho ou estudo de forma individual, onde o mentor geralmente presta assistência tanto emocional quanto de ordem "educacional" (HIGGINS; KRAM, 2001).

A efetividade da mentoria depende da assistência praticada e da quantidade em que as partes atuem em conjunto (mentor-mentorado), sendo relevante observar algumas mudanças que os meios educacional e corporativo vêm atravessando por meio de novas demandas de perfis profissionais, como: a natureza de aprendizado por meio da tecnologia, as novas estruturas organizacionais nacionais e internacionais das empresas e a diversidade cultural inserida.

As novas gerações aprendem muito mais rápido e possuem grandes expectativas quanto ao futuro, possuem redes de amizades amplas e ecléticas, o que descompõe a possibilidade da prática tradicional de mentoria.

Existe uma necessidade latente de modernizar o modelo de ensino não somente das universidades, mas adicionalmente estendido aos programas internos das empresas, endereçando diretamente na modernização da mentoria como processo de desenvolvimento.

Conforme Emelo (2015), a grande chave para o sucesso num processo de modernização da mentoria pode ser prevista em quatro ações práticas. Sendo elas: a) conectar a mentoria ao momento em que seus funcionários estão em suas carreiras, tomando como exemplo o período de novas contratações; b) concentrar os esforços em pessoas que necessitam resolver um problema eminente nos negócios. Essa ação é positiva quando aplicada com as pessoas que precisam desenvolver um conhecimento para atingir uma melhor performance, tornando-se um grande aliado, tanto na capacitação quanto na solução do problema; c) definir uma possível solução.

O apoio e incentivo não devem ser considerados suficientes para o desenvolvimento de seus colaboradores (mentores ou mentorados), deve-se criar caminhos para a obtenção dos resultados; d) incentivar o uso de *networks*. O incentivo do uso de *networks* pode favorecer no encontro de novos contatos, o que acrescenta ganhos na troca de conhecimento.

A sugestão do novo modelo "Developmental Network Perspective" é definida como um modelo individual de *network*, com certa diversidade de relacionamentos e interesses. Esse modelo consiste no relacionamento de mentorados, de diferentes culturas cujo perfil tenha um particular tempo para o desenvolvimento de sua carreira (HIGGINS; KRAM, 2001, p. 264-288).

Conceitos de mentoria - Passado e presente

	Mentoria tradicional	*Developmental network perspective*
Relacionamentos na mentoria	Hierárquica Relacionamento mentor/mentorado Provisão de relacionamentos em sequência por meio da carreira	Intra e extra organizacional (profissão, comunidade, família) Multilevel Múltiplos pares/redes de relacionamento. Mutualidade e reciprocidade Provisão simultânea por meio de múltiplos relacionamentos em qualquer nível de carreira
Funções	Organização/relacionado ao trabalho	Relacionado à carreira ou ao indivíduo
Níveis de análise	Mentor/mentorado	Rede de relacionamentos ou mentor/mentorado

Fonte: (HIGGINS; KRAM, 2001, Reconceptualizing Mentoring at Work: A Developmental Network Perspective. vol. 26, No.2, p. 268) Tradução nossa.

Alguns aspectos dentro da estrutura de mentoria devem ser observados mais de perto. Primeiro: o contrato empregatício entre empresa e profissional mudou, não há mais segurança ou garantia de trabalho devido às condições de pressão e competitividade encontradas para atender ao novo formato de perfil dos consumidores.

Há maior competência e agilidade nas negociações, bem como certa internacionalidade nas ações. Segundo ponto: a mudança na natureza e o uso da tecnologia mudaram o comportamento das relações internas e externas, consequentemente afetando o desenvolvimento e suas carreiras. Atualmente se consegue aprender qualquer coisa por meio da tecnologia, e, embora haja flexibilidade em decidir o que aprender, resta saber como organizar esse aprendizado, com quem, com que frequência e com que profundidade. Terceira observação: a mudança da natureza da estrutura organizacional das empresas afeta em como os indivíduos receberão assistência para o desenvolvimento de seus conhecimentos, pois embora tudo tenha se tornado mais rápido e eficiente, ainda deve ser reconsiderado como um indivíduo poderá desenvolver profissionalmente e onde buscar ajuda. E adicionalmente, como a relação entre mentor e mentorado pode ser afetada diante da nova percepção de estrutura organizacional, trazendo certo constrangimento para ambos a cada nova redefinição. Quarta e última: a diversificação da força de trabalho aumentou em diferentes ângulos e perspectivas, ampliando conceitos em termos de raça, nacionalidade e gênero. Essa diversificação sugere mudanças na natureza com que a mentoria se relaciona entre a cultura externa e a própria cultura da empresa, provendo maior apoio psicossocial.

O professor Gardner (2006), um grande estudioso das habilidades múltiplas, desenvolvimento e comportamento educacional, vinculado à Universidade de Harvard, fez uma observação muito importante em um de seus estudos, concluindo que a sobrevivência de nossa civilização depende exclusivamente de nossa capacidade de conseguir orientar os potenciais que são distintamente humanos (valores morais, saberes e sabedoria), e não meramente tecnológicos.

Questões para reflexão (10)

1 - Como solucionar a dificuldade na comunicação entre as gerações no ambiente corporativo?

2 - Existem frustrações nos processos de treinamentos realizados pelas empresas?

3 - Como você definiria a sua geração dentro do processo de mentoria (*Baby Boomers,* Geração X Geração Y etc) e qual o seu posicionamento na participação de um programa de mentoria que viesse a revelar os seus próprios conflitos?

4 - Embora a situação econômica possa ser apresentada em crise, seria oportuno cortar os investimentos na área de treinamento/educação?

5 - De que forma o modelo internacional e tradicional de mentoria pode trazer benefícios à empresa? Explique.

6 - Que estratégias podem ser atribuídas à mentoria diante de novas percepções de inclusão e diversidade cultural dentro de uma empresa?

7 - As novas práticas (modernização) de mentoria internacional podem favorecer a fidelização das novas gerações em seus postos de trabalho?

8 - O Brasil poderá capacitar seu patrimônio intelectual mediante a mentoria internacional? E como retê-lo de maneira a colaborar para o seu próprio desenvolvimento?

9 - Explique os pontos relevantes entre a mentoria internacional tradicional e o novo conceito de mentoria (*Developmental Network Perspective*).

10 - A experiência internacional pode afetar positivamente na cultura organizacional da empresa diante do processo de implementação da mentoria? Explique.

Estudo de caso: projeto MYTB – *Mentoring Young Talents Brazil*

Em meados de 2014, foi criado o grupo fechado de mentoria *on-line*, o projeto MYTB

- *Mentoring Young Talents Brazil*, dentro da comunidade Facebook. A ideia principal de formação desse grupo surgiu da necessidade de suprir uma demanda criada por jovens ainda no ensino médio e com alto perfil acadêmico. Esses jovens de forma muito particular questionavam novas oportunidades acadêmicas nacionais e internacionais.

Os questionamentos eram os mais diversos possíveis, como: onde encontrar oportunidades acadêmicas em feiras, olimpíadas, congressos e bolsas de estudo ou como aplicar para universidades no exterior, tirar dúvidas de carreira com um profissional mais experiente, onde encontrar programas que ofereçam a experiência prática e até mesmo oportunidade de estágio ou emprego...(?)

Identificadas a necessidade e sua demanda, foi exercida uma força de contatos dentro da própria rede pessoal profissional e acadêmica já existente na busca de apoio de voluntários seniores, criando assim uma nova rede acadêmica, mas com perfil de mentoria mútua.

Dezenas de contatos diretos foram realizados na busca de estudantes de graduação, mestrado e doutorado, ex-colegas de estudo e profissão, instituições acadêmicas e grupos de grêmios acadêmicos.

O projeto MYTB trouxe uma ideia, não inédita, mas inovadora, passando a cativar dia a dia novos membros colaboradores com perfis nacional e internacional.

O objetivo principal da mentoria oferecida pelo projeto MYTB está centrado no apoio e aconselhamento de jovens entre 15 e 28 anos (ensino médio-graduação-mestrado) que desejam planejar o futuro acadêmico, e, até mesmo, iniciar no mercado de trabalho.

Conforme o contato gerado pelo *Facebook*, o grupo atualmente é composto por cerca de 2.250 membros, dentre estudantes e profissionais seniores de diversas áreas e experiências. A captação orgânica de novos membros está entre cinco e quinze/dia, pois o grupo ainda possui perfil fechado, o que requer a aprovação da administração do grupo para cada admissão.

Os interesses do grupo são distintos, o que faz seu número de membros restrito se comparado a outros grupos de grêmios acadêmicos. Grande parte de seus integrantes são jovens que buscam a melhor performance de seus talentos com o objetivo de alcançar seus sonhos acadêmicos.

Do projeto:

O projeto inicial foi elaborado para atender à demanda de jovens do ensino médio com excelência acadêmica, porém, após sete meses de sua formação, o grupo tomou outra dimensão, ganhando membros de diversas regiões do mundo, inclusive do país.

Hoje sua composição principal é de jovens do ensino médio, porém conta com o apoio de jovens voluntários (graduandos, pós-graduandos, mestrandos e doutorandos), profissionais seniores de diversas áreas de formação e setores de atuação. Nessa rede, encontramos alunos e ex-alunos advindos de universidades de destaque, como: USP, ITA, UNICAMP, FGV, *Yale, Harvard, Princeton, UCLA, MIT, Cornell, Stanford, Chicago University, Purdue University, Jonhs Hopkins University, Columbia University* etc.

Apesar da realidade socioeconômica atual, esses jovens talentos estão ultrapassando a linha do impossível para a possível. Possuem grande facilidade de movimentação por meio das ferramentas digitais, e, em sua maioria, tendem a buscar informações em diversos canais e localizam as oportunidades mais "instigantes" dentro de suas comunidades virtuais. Certamente, esse é um novo nicho de mercado que já começa a ser explorado nos mundos educacional e profissional brasileiros por meio de plataformas educativas e empreendedoras, tomando como exemplo a Geekie, Coursera e outras.

Os jovens do projeto MYTB possuem intensa vontade em aprender, contudo, a pressa pelo alcance de seus objetivos os leva a transpor informações que são necessárias para uma boa conclusão de opinião. Quando bem orientados, conseguem concluir rapidamente as operações de comando, estando, por muitas vezes, completamente embebidos em seu próprio sucesso, gostam de receber *feedback* e reconhecimento público constante.

Ainda que representem uma geração bastante competitiva, criou-se um senso comunitário de apoio mútuo no desenvolvimento educacional dentro do grupo. Ao coletar informações de seus perfis, foi constatado que cerca de 60% dos membros já possui um segundo idioma e pelo menos 10% um terceiro idioma.

A geração envolvida é dinâmica e criativa, dotada de alta performance acadêmica, e boa parte desses jovens (brasileiros) está conquistando prêmios acadêmicos internacionais ou bolsas de 100% em universidades altamente reconhecidas.

Ressaltando que alguns deles já possuem ou tiveram coordenadores, tutores ou mentores em suas escolas de base. O grupo não apresenta muitos conflitos, salvo quando orientados com maior rigidez, mas se orientados com certo grau de afetividade e frequência, respondem com reciprocidade.

Problemas encontrados:

1- Uma vez atendido, seus objetivos se distanciam do grupo. Não criam vínculo; 2- Se contrariados em suas percepções, tendem a abandonar o grupo;

3- Possuem alto índice de ansiedade pelo *feedback* imediato; 4- Há certa dificuldade na abstração de informações;

5- Apresentam mais de um interesse de estudo; 6- Não reconhecem a carreira de atuação futura; 7- Não reconhecem a hierarquia; 8- Em alguns casos, não apresentam responsabilidade nos compromissos e horários estipulados.

Observando o comportamento dos membros do grupo, foi confirmado o perfil da geração Y, alguns membros após encontrar respostas às suas dúvidas e aos seus anseios, abandonam a sua frequência de participação no grupo, deixando de criar vínculo com a própria comunidade.

Quando ofertado um tema de discussão atual, os membros do grupo participam com intensidade, mas se contrariadas as suas opiniões, tendem a abandonar o grupo como resposta de desagrado.

Ao procurar a mentoria de um membro sênior, demostram ser bastante interessados e aplicados, com alto grau de ansiedade em saciar todas as dúvidas, e, muitas vezes, informam desejar um *feedback* público de suas ações. Interessante notar que muitos dos jovens, ao receber as informações enviadas por seus mentores, seja por meio de textos ou artigos, não conseguem abstrair o conteúdo principal de suas leituras, rebatendo com perguntas que já deveriam ter sido respondidas mediante uma boa leitura do material encaminhado.

Espantosamente, esses jovens, em sua grande maioria, ainda não conseguem definir qual carreira pretendem seguir, chegam ao grupo com duas ou três escolhas acadêmicas em áreas completamente equidistantes; um ponto que merece boa observação, acompanhamento e mudança, pois em um país como os Estados Unidos é possível aplicar em até três áreas distintas e no decorrer do curso definir pela área de maior afinidade por meio de um acompanhamento de um tutor; fato, esse, impensável na realidade do sistema educacional brasileiro.

Embora componham uma geração bastante participativa e colaborativa, não conseguem reconhecer a hierarquia entre seus pares ou mentores, extrapolam até esgotar as suas perguntas.

Da solução proposta:
Ao repensar a efetividade de aplicação desse projeto, verificou-se a necessidade de migrá-lo para uma plataforma de atendimento *on-line* que possa gerar benefícios para diversos setores da sociedade, educação, corporativo e Recursos Humanos.

A nova proposta de estrutura poderá ser aplicada por meio de um planejamento estrutural, estabelecendo *targets* para medir o sucesso da mentoria e segmentos para avaliar o desempenho de atuação (a população envolvida, comportamento, metas individuais e conquistas). Tomando como base os objetivos organizacionais do projeto e seus respectivos KPI's (*Key Performance Indicators*).

Sendo importante observar os indicadores abaixo descritos:

Objetivos	Iniciativas
Aumentar a competência de gestão e administração do projeto	Buscar mentores seniores que "abracem" a causa como sócios; Conquistar investidores; Conquistar *partners* como: escolas, universidades, empresas e RH's; Criar identidade e plataforma *web*.
Reter e transferir conhecimento	Reconhecer os talentos e valorizar por meio da mentoria.
Criar e incluir oportunidades com diversidade cultural	Oferecer oportunidades acadêmicas, de mentoria e de trabalho com diversidade cultural.
Oportunizar lideranças objetivando o futuro	Criar mentoria com diferentes potenciais, observando liderança e conhecimento para indicar possível investidor/patrocinador individual (bolsa complementar, estágio ou emprego).
Alinhar o grupo para novos avanços Evitar a dispersão e falta de foco	Fornecer ciclos de mentoria (seis meses) para desenvolver conhecimentos de organização, planejamento e administração de carreira.

Reter talentos	Gerar oportunidades de contribuição dos trabalhos realizados pelos mentores e mentorados posteriores à mentoria, com publicações, artigos e criação de clube de veteranos (*banco de dados a ser ofertado a empresas de Recursos Humanos). Ofertar palestras e treinamentos por meio de mentores a empresas e RH's parceiros do projeto.
	Gerar eventos onde seus perfis e talentos acadêmicos possam ser expostos, atendendo à sua própria demanda de reconhecimento.

Da conclusão:

O *case* é considerado um caso de sucesso por sua amplitude, adesão, variedade e originalidade em atualidade. A proposta do projeto MYTB vai ao encontro com os objetivos de pesquisa realizados por Higgins e Kram (2001, p. 281), que é proporcionar e estimular uma relação múltipla de informações aos indivíduos do grupo, para que recebam a assistência de mentoria em suas carreiras acadêmicas ou profissionais, na mesma proporção de suas necessidades, diversidade e cultura, facilitando o encontro com seus pares de diferentes culturas, gerações e opiniões.

O projeto MYTB está por completar um ano de existência, e, nesse período desde a sua formação, foram muitas as conquistas, foram criadas novas oportunidades, novas amizades, com orientações que encaminharam dezenas de jovens a seus objetivos na conquista de suas vagas com bolsas de estudo, inclusive na decisão de suas futuras profissões.

A iniciativa do projeto MYTB não é somente criar oportunidades, mas sim tornar a mentoria tão acessível quanto necessária, trazendo uma mudança de conceito de que a mentoria se restringe ao âmbito corporativo, devendo ela iniciar desde o ensino médio, estendendo-se ao nível universitário, e, então, ao corporativo.

Uma vez compreendida essa necessidade, teremos um maior aproveitamento dos talentos dispostos no mercado de trabalho, gerando uma identificação mais pontual e com escolhas mais assertivas quanto à escolha dos colaboradores para os postos de trabalho. Esse movimento poderá atender aos KPI's internos das corporações, bem como seus respectivos objetivos (desenvolvimento de carreira, diversidade, comprometimento, engajamento, retenção e transferência de conhecimento etc.), conduzindo a resultados positivos com retorno financeiro.

Sabe-se que, dentre os objetivos mais desejados pelas empresas está a retenção de talentos, que ainda representa uma emblemática situação dentro do processo de administração de pessoal. O custo causado por um *turnover* alto pode gerar transtornos e perda de clientes de alto valor, mas a retenção de talentos somente ocorrerá se houver engajamento das partes num amplo horizonte entre colaborador e empresa.

O *match* não é necessário somente na mentoria de pares (subordinado e gestor). Como num casamento, a escolha de um novo colaborador ou empresa deve ser recíproca, com simpatia, amizade, namoro, e, então, casamento, observando tanto as benesses quanto o comprometimento das partes dentro do relacionamento.

Em dias atuais, ao se contratar, ainda se observa por parte da empresa o currículo do candidato quanto à sua formação e experiência, porém passam despercebidas as afinidades pessoais e interpessoais com o novo mentor (gestor). Fato é que a mentoria deve ser aplicada desde a identificação da vaga em aberto, ao traçar os objetivos quando ainda no processo de planejamento, e, não após a contratação, de forma a atender aos objetivos da empresa em "cooperação" com o mentor (gestor).

Tomando como exemplo uma das jovens mentoradas no projeto MYTB, e conforme o seu próprio relato, uma empresa australiana, que é conhecedora de seus talentos acadêmicos em pesquisa, se prontificou a ajudá-la em seus projetos científicos. Inicialmente, a empresa teve a prontificação de patrocinar todos os custos de sua participação em uma feira internacional nos Estados Unidos. Evidentemente, a empresa já observa seu desenvolvimento para uma futura contratação e suporte de suas pesquisas. Dentro de uma visão realizada por meio desse investimento, a ação conduzirá a empresa australiana a um processo de contratação benéfica, assertiva e de relação duradoura, meramente por perceber a importância da mentoria desde o processo de desenvolvimento educacional.

Faz-se notório informar que novos projetos voltados para as ações de mentoria têm se tornado mais comuns com a área de pesquisa e tecnologia, no desenvolvimento de um segundo idioma, aproximação de novas oportunidades com o meio acadêmico, por meio do empenho e da participação da geração *millenium* como mentores de outros jovens, tomando como exemplo os projetos: Inspirasonho, Brasilitas, BSCUE (*Brazilian Student Council on Undergraduate Education*), Cidadão Pró-Mundo, EMP (*Empowerment Mentoring Program*), Cientista Beta, dentre outros. Aparentemente, a mentoria com a força das mídias sociais tem se ampliado, tornando-se uma nova fonte de recursos de apoio nos desenvolvimentos acadêmico e profissional, não se limitando a barreiras convencionais que permeiam a academia ou a profissionais da área de treinamento e gestão.

Em resumo, todos os profissionais necessitam de mentoria, cada qual com sua necessidade particular de desenvolvimento. As novas gerações por sua vez desejam um atendimento personalizado, e não um atendimento sistematizado oferecido pelas empresas (ou universidades) por meio de velhos modelos de mentoria.

O *feedback* esperado pelos mais jovens não está centrado somente na observância de execução de tarefas, mas em como ele em si é entregue. Se o *feedback* for positivo, ele deve ser público. Caso negativo, espera-se discrição e orientação para nova tentativa de execução.

O projeto MYTB vem a atender às demandas de uma nova geração dotada de muita energia. Uma geração que representa a sede pelo saber, o idealizar, o criar, o inventar, o experimentar, o testar, o implementar, o concretizar e o errar em que a linguagem e a cultura acompanham essa evolução. Portanto, é necessário mudar a maneira de educá-los, treiná-los e prepará-los para a substituição inevitável e futura da força de trabalho.

Questões sobre o estudo de caso (05)

1 - De que forma um programa de mentoria *on-line* pode influenciar nas escolhas profissionais?

2 - A mentoria *on-line* pode representar um canal de observação, preparo e captação de profissionais?

3 - É possível criar vínculo e permanência de seus integrantes após a conquista de seus objetivos?

4 - Como proporcionar um índice maior e melhor de *feedback* nos resultados das mentorias aplicadas?

5 - Como aproveitar o patrimônio intelectual do grupo no mercado de trabalho?

Considerações finais

A proposta deste capítulo é estimular novos conceitos de desenvolvimentos profissional e acadêmico, provocando novas percepções quanto à forma de realizar transições de cargos, lidar com conflitos, entender a importância e a interferência causada pelas culturas individual e da organização, observar as diferentes formas de aprendizado por meio dos relacionamentos, responder a diferentes perspectivas e ansiedades entre as gerações. Cada indivíduo possui uma necessidade particular de atendimento ao seu desenvolvimento e de sua carreira, e, embora se possa relacionar com diferentes grupos ou comunidades, há um desprovimento de referenciais que são necessários para um bom desempenho.

Portanto, é necessário reconhecer que o maior benefício do desenvolvimento de uma carreira via um programa de mentoria tradicional provavelmente seja em como o indivíduo possa ser efetivamente afetado pela relação com o seu mentor, uma vez realizado o *match*, passando o mentor a ser o ponto de inspiração e referência ao mentorado, gerando reciprocidade de aprendizado e qualidade na relação.

Em contrapartida, não podemos ignorar que mudanças estão ocorrendo no comportamento social mundial, impossibilitando uma única perspectiva de ação da mentoria. Perceba que, se afirmamos que cada indivíduo possui uma necessidade única, estamos afirmando que possuímos uma diversidade escalonada de necessidades, fazendo com que o aprendizado por meio de múltiplas redes de relacionamento ou a assistência de mentoria *on-line* seja uma das soluções mais viáveis para atender a esse novo perfil de demanda.

Lembrando que o mercado de trabalho tornou-se hipercompetitivo, ou seja, espera-se superprofissionais para atender a uma demanda de clientes com alta exigência, mas não nos comprometemos a melhorar o processo de desenvolvimento educacional, de forma a atender às necessidades encontradas. É chegado o momento de criar uma base de recursos por meio dos talentos. E esse deve ser o grande *mind*set tanto para Recursos Humanos, tal como para as corporações, ou seguiremos ampliando o *gap* entre as gerações, e, consequentemente, a perda de talentos.

Referências

BRACK, Jessica & KELLY, Kip. *Maximizing millennials in the workplace*. 2012. UNC Kenan-Flagler Business School, *Executive Development*, 06 nov. 2014. Disponível em: <http://execdev.kenan-flagler.unc.edu/blog/maximizing-millennials-in-the-workplace>. Acesso em 24 de maio de 2016.

BRYANT, Sean. *The best fortune 500 mentorship programs (GE,INTC)*, Investopedia.com. 23 fev. 2015. Disponível em: <http://www.investopedia.com/articles/personal-finance/022315/best-fortune-500-mentorship-programs.asp>. Acesso em 05 de abr. de 2016.

CARRAHER, S.M.; SULLIVAN, S.E.; CROCITTO, M.M. *Mentoring across global boundaries: an empirical examination of home- and host-country mentors on expatriate career outcomes*. Journal of International Business Studies, Basingstoke, v. 39, n. 8, p. 1310-1326, dez. 2008. Disponível em: <https://link.springer.com/article/10.1057/palgrave.jibs.8400407>. Acesso em 29 de mar. de 2016.

COSTA, Marisílvia A. G. D; DIAS, Sônia M.R.C. *Adequação de modelos internacionais de mentoria e de liderança a empresas brasileiras: investigação em um call center*. XXXV Encontro da ANPAD. Rio de Janeiro, 2011. Disponível em: <http://www.anpad.org.br/admin/pdf/GPR2580.pdf>. Acesso em 25 de fev. de 2016.

CUNHA, Djailton P.; DIAS, Sonia Maria R. C. *Mentoria ideal x Modelo Kram: um caso brasileiro*. XXXIV Encontro da ANPAD. Rio de Janeiro, 2010. Disponível em: <http://www.anpad.org.br/admin/pdf/gpr1492.pdf>. Acesso em 25 de fev. de 2016.

DEYOE, Rodney H.; FOX, Terry L. *Identifying strategies to minimize workplace conflict due to generational differences*. Academic and Business Reaserch Institute, 2011. Disponível em: <http://connection.ebscohost.com/c/articles/78382197/identifying-strategies-minimize-workplace-conflict-due-generational-differences>. Acesso em 25 de fev de 2016.

DELONG, Thomas J.; GABARRO, John J.; LEES, Robert J. *Why mentoring matters in a hypercompetitive world?* Leadership Development. Havard Business Review. Jan. 2008. Disponível em: <https://hbr.org/2008/01/why-mentoring-matters-in-a-hypercompetitive-world>. Acesso em 14 de jun. de 2016.

ELMORE, Tim. *Drive business forward with reverse mentoring*. Chief Learning Officer. Sep 2015, Vol. 14 Issue 9, p36 Disponível em: <http://connection.ebscohost.com/c/articles/108887498/drive-business-forward-reverse-mentoring>. Acesso em 29 de abr. de 2016.

EMELO, Randy. *Shift your focus with modern mentoring*. TD: Talent Development. Sept. 2015. Disponível em: <https://www.td.org/magazines/td-magazine/shift-your-focus-with-modern-mentoring>. Acesso em 29 de abr. de 2016.

FERRIGNO, José C. *Conflito e cooperação entre gerações*. São Paulo: Edições Sesc, 2013.

FICKENSCHER, Kira. *How to measure the effectiveness of your mentoring program*. Estados Unidos. 31. Out. 2013. Talent Managment and HR. Disponível em: <http://www.eremedia.com/tlnt/how-to-measure-the-effectiveness-of-your-mentoring-program/>. Acesso em: 14 de jun. de 2016.

FICKENSCHER, Kira. *Tips for measuring & evaluating mentoring program success*. Estados Unidos. 11 abr. 2016. Chronus Blog. Disponível em: <http://chronus.com/blog/guide-measuring-mentoring-program-success>. Acesso em 14 de jun. de 2016.

GALLO, Amy. *Demystifying mentoring. Managing yourself.* Harvard Business Review. Estados Unidos. 01 fev. 2011. Disponível em: <https://hbr.org/2011/02/demystifying-mentoring >. Acesso em 29 de abr. de 2016.

GARDNER, Howard. *Five minds for the future.* Harvard Business School Press, Boston- Massachusetts, EUA, p. 163-167.

HEGSTAD, CD; WENTLING, RM. *Organizational antecedents and moderators that impact on the effectiveness of exemplary formal mentoring programs in fortune 500 companies in the United States.* Human Resource Development International. 8, 4, 467- 487, Dec. 2005. ISSN: 13678868.

HIGGINS, M.C.; KRAM, K.E. *Reconceptualizing mentoring at work: a developmental network perspective.* Academy of Management. The Academy of Management Review, Briarcliff Manor, v. 26, n. 2, p. 264-288, abr.2001.

HOOD, SB. *Learn from the best.* Canadian Business. 77, 24, 107-110, Dec. 6, 2004. ISSN: 00083100. Link permanente para este registro (Permalink): <http://search.ebscohost.com/login.aspx?direct=true&db=aph&AN=15378099&lang=pt- br&site=ehost-live>. Acesso em 04 de maio de 2016.

ILIEVA-KOLEVA, Daniela. *Applying mentoring programs in universities to improve the communication between business and academia.* VUZF University, Sofia, Bulgaria. Journal of International Scientific Publications. ISSN 1314-7277, Volume 13, 2015. Disponível em: <http://www.scientific-publications.net/en/article/1000815/>. Acesso em 21 de abr. de 2016.

INSTITUTE OF INTERNATIONAL EDUCATION - IIE. *Open Doors Data.* Disponível em: <http://www.iie.org/Research-and-Publications/Open-Doors/Data/Fact-Sheets-by--Country/2015#.VxmQEWM4fRA>. Acesso em 21 de abr. de 2016.

JANASZ, Suzanne; PEIPERL, Maury. *CEOs need mentors too. Leadership Development.* Harvard Business Review. Abril/2015. Disponível em: <https://hbr.org/2015/04/ceos-need--mentors-too>. Acesso em 23 de abr. de 2016.

JOHNSON, W. B. *The intentional mentor: strategies and guidelines for the practice of mentoring.* Unites States. Naval Academy. Professional Psychology: Research and Practice. 2002, Vol. 33, No. 1, 88-96. Disponível em: <http://web.mit.edu/cortiz/www/Diversity/TheIntentionalMentor.pdf>. Acesso em 28 de abr. de 2016.

KOCHAN, F. et al. *Cultural influences in mentoring endeavors: applying the Cultural framework analysis process.* International Journal of Mentoring and Coaching in Education, Bingley, v. 4, n. 2, p. 86-106, 2015. Disponível em: <https://www.emeraldinsight.com/doi/abs/10.1108/IJMCE-03-2015-0010>. Acesso em 28 de abr. de 2016.

KOTLER, Philip; ARMSTRONG, Gary. *Princípios de marketing.* Tradução de Cristina Yamagami. Revisão técnica de Dilson Gabriel dos Santos. 12.ed. São Paulo; Pearson Prentice Hall, 2007, p. 73-74.

KRAM, Kathy E. *Improving the mentoring process.* Training & Development Journal. 39, 4, 40, Apr. 1985. ISSN: 00410861. Disponível em: <https://eric.ed.gov/?id=EJ314819>. Acesso em 04 de maio de 2016.

KUAZAQUI, Edmir. *A economia e os novos mercados consumidores.* Revista ESPM., São Paulo, v 19, ano 18, n.2, p. 114-119, mar./abr., 2012.

LUTTRELL, R. *Diversity and inclusion in the 21st century: guidelines for managers.* Public Relations Tactics. 21, 12, 12, Dec. 2014. ISSN: 10806792.

MANAGEMENT MENTORS. *The differences between coaching & mentoring.* Disponível em: <http://www.management-mentors.com/resources/coaching-mentoring-differences>. Acesso em 11 de abr. de 2016.

MCKENNA, Regis. *Steve Jobs, por Regis Mckenna (o empresário por seu mentor)*, HSM Management, 12 fev. 2016. Disponível em: <http://www.revistahsm.com.br/lideranca-e-pessoas/steve-jobs-por-regis-mckenna-o-empresario-por-seu-mentor/>. Acesso em 01 de abr. de 2016.

MOORE, Karl. *Working with millennials: why you need to listen more and talk less.* Forbes. Estados Unidos. 08 jul. 2014. Disponível em: http://www.forbes.com/sites/karlmoore/2014/07/08/working-with-millennials-why-you-need-to-listen-more-and-talk-less/#2c1c968b39f2. Acesso em 23 de abr. de 2016.

MOORE, Karl. *The modern mentor in a millennial workplace.* Forbes. Estados Unidos. 11 set. 2014. Disponível em: <http://www.forbes.com/sites/karlmoore/2014/09/11/the-modern-mentor-in-a-millennial-workplace/#43a082fe5c78>. Acesso em 23 de abr. de 2016.

OLIVEIRA, Sidnei. *Mentoria: elevando a maturidade e desempenho dos jovens.* Sao Paulo; Integrare Editora, 2015.

ROBINSIN, Ken. *Libertando o poder criativo: a chave para o crescimento pessoal e das organizações.* Tradução: Rosemarie Ziegelmaier. Título Original: Out of our minds. 1. ed. HSM Editora. 2011. pp.199- 251.

SCHEIN, Edgar H. *The corporate culture survival guide.* New and Revised Edition, Jossey-Bass, EUA, 2009, páginas 105-106, 112- 113.

SCHWEYER, Allan. *Generations in the workforce & marketplace: preferences in rewards, recognition & incentives.* Incentive Research Foundation. 21 jul. 2015. Disponível em: <http://theirf.org/research/generations-in-the-workforce-marketplacepreferences-in-rewards-recognition-incentives/1427/>. Acesso em 26 de abr. de 2016.

SCHWARTZMAN, Simon. *Educação média profissional no Brasil: situação e caminhos.* São Paulo: Fundação Santillana, 2016.

STEWART, Joanne L. *Train for the future: invest in learning.* T+D. 65, 7, 54-57, July 2011. Disponível em: <https://www.td.org/magazines/td-magazine/train-for-the-future-invest-in-learning>. Acesso em 04 de abr. de 2016.

TALENT MOBILITY 2020. *The next generation of international assignments.* Pricewaterhousecoopers. Disponível em: <http://pt.slideshare.net/imremyrk/talent-pwc-talentmobility2020>. Acesso em 22 de abr. de 2015.

ZELEVANSKY, Nora. *Bridging the gap at work: improving intergenerational communication.* 01 dez. 2014. Disponível em: <http://www.coca-colacompany.com/stories/bridging-the-gap-at-work-improving-intergenerational-communication/>. Acesso em 22 de abr. de 2016.